湖北省公益学术著作出版专项资金

Hubei Special Funds for Academic and Public-Interest Publications

法治政府建设背景下
我国行政诉讼运行机制完善研究丛书

丛书总主编／林莉红

中国行政诉讼立案制度研究

常晓云　著

WUHAN UNIVERSITY PRESS

武汉大学出版社

图书在版编目（CIP）数据

中国行政诉讼立案制度研究／常晓云著． -- 武汉 ：武汉大学出版社，2024. 11. -- 法治政府建设背景下我国行政诉讼运行机制完善研究丛书. -- ISBN 978-7-307-24585-3

Ⅰ. D925.310.4

中国国家版本馆 CIP 数据核字第 2024V41V36 号

责任编辑:张　欣　　　责任校对:汪欣怡　　　版式设计:马　佳

出版发行：**武汉大学出版社**　　（430072　武昌　珞珈山）

（电子邮箱：cbs22@ whu.edu.cn　网址：www.wdp.com.cn）

印刷:湖北金港彩印有限公司

开本:720×1000　1/16　印张:28　字数:453 千字　插页:2

版次:2024 年 11 月第 1 版　　　2024 年 11 月第 1 次印刷

ISBN 978-7-307-24585-3　　　定价:98.00 元

丛书总主编简介

林莉红，武汉大学法学院教授，博士生导师，中国法学会行政法学研究会常务理事，湖北省法学会行政法学研究会副会长。研究方向为行政法、行政诉讼法、行政救济基本理论等。著有《行政诉讼法学》（第五版，武汉大学出版社）、《行政法治的理想与现实——〈行政诉讼法〉实施状况实证研究报告》（北京大学出版社，主编）、《行政诉讼法问题专论》（武汉大学出版社，合著）、《社会救助法研究》（法律出版社，合著）等著作，在《中国法学》《法学研究》等刊物发表论文90余篇。

作者简介

常晓云，女，武汉科技大学法学与经济学院副教授，硕士生导师，法学博士。本、硕、博均就读于武汉大学法学院。2005年至今一直从事行政法与行政诉讼法领域的教学和研究工作，研究专长是政府法治。曾主持过国家社科基金项目一项、教育部人文社会科学项目一项，厅级项目多项，出版专著一部，在《行政法学研究》《湖北社会科学》等期刊上公开发表学术论文十多篇。现担任湖北省行政法学研究会理事，武汉市汉阳法治政府研究院智库专家。

目　　录

绪　　论

立案是诉讼的开端，是启动诉讼程序的第一步，是法律权利和义务得以实现的必经之路。在行政诉讼中，对原告而言，立案以后，原告的诉讼权利被激活，原告有权启动一系列的法律程序，其权利及权益才有获得司法保护的可能。对被告而言，立案以后，被诉行为主体会成为行政诉讼的被告，被告要履行因诉讼产生的诸如应诉、答辩、出庭、证明被诉行为合法性等诉讼义务。对法院而言，立案以后，法院获得审理该案的资格，可以对该案行使司法权，案件正式进入司法程序，相关的司法活动开始启动，应诉、答辩、举证、质证、庭审等各环节都将按照法律程序逐步展开。对社会而言，立案以后，社会学意义上的行政纠纷才能转化为法学意义上的行政案件，法院才能代表国家公权力正式介入行政纠纷的处理，实现其维护相对人合法权益、监督行政、参与社会治理的功能。

一、研究背景

1989 年颁布的《中华人民共和国行政诉讼法》是我国民主法治建设历程中的重要里程碑，标志着具有中国特色的行政诉讼制度正式确立。在 2015 年 5 月 1 日施行的《行政诉讼法》[①]（以下简称《行政诉讼法》（2014 年））规定的立案登记制实施之前，司法实践对立案一直采用审查制，当事人起诉后，受各种条件的限制，难以立案。

"立案难"实际上是当事人对提起行政诉讼的主观心理感受。这种感受主要

---

① 《中华人民共和国行政诉讼法》1989 年 4 月 4 日第七届全国人民代表大会第二次会议通过，1990 年 10 月 1 日起实施。2014 年 11 月 1 日第十二届全国人民代表大会常务委员会第十一次会议通过了《关于修改〈中华人民共和国行政诉讼法〉的决定》，修改后的新《行政诉讼法》于 2015 年 5 月 1 日起施行。

来自两个方面：一方面是当事人感觉向法院提起诉讼至法院立案的过程烦琐、复杂、不便，比如由于当事人缺乏行政诉讼专业知识，起诉时法院反复要求当事人补充、更正起诉状和起诉材料；当事人等待立案结果的时间过长等。另一方面是当事人认为起诉符合法定条件，但法院还是不予立案，或虽立案，案件却难以进入开庭审理。人民群众诉病的主要是后者。行政诉讼司法实践中，不仅行政相对人感觉立案难，法院同样感觉"立案难"。法官觉得有些行政案件受理了，很难"送出去"；或者原告诉求涉及的问题不是法院能够解决的法律问题；又或者受理了某些案件，可能会给法院或承办法官带来诸多麻烦和困扰。法院对这些案件的立案，就会犹豫，甚至不愿意立案。

"立案难"并不是从来就有的，也不是立案审查制导致的。"立案难"是改革开放以后，我国社会生产力不断变革、物质财富急剧增长、社会生活急剧变化产生的必然结果。"立案难"的根本原因是人民群众想用法律维护自己既得利益的诉求与司法能力和司法资源的有限性之间的矛盾。

1978年中国共产党十一届三中全会后我国开始实行改革开放，经济迅速增长，人民群众的生活水平和生活质量逐步提高，人民群众的收入、财富稳步增长[1]，尤其进入21世纪我国经济进入了高速发展阶段[2]，可伴随着改革与发展，新型的社会纠纷层出不穷。改革开放后，与国外的思想文化交流也越来越频繁。随着我国经济的飞速发展和国民经济实力的日益加强，我国高等教育逐渐进入了普及化阶段，国民素质也随之提升。随着外来思想文化的输入、国民素质的提

---

[1]　1978年，我国人均国内生产总值385元，居民人均可支配收入171元。1990年《行政诉讼法》实施时，人均国内生产总值1663元，居民人均可支配收入904元。1997年最高人民法院颁布《关于人民法院立案工作的暂行规定》，那年人均国内生产总值6481元，居民人均可支配收入3070元。2014年立案登记制实施前夕，那年人均国内生产总值46912元，居民人均可支配收入20167元。详细数据见附录4。数据来源于国家统计局国家数据，https：//data. stats. gov. cn/easyquery. htm？ cn = C01，https：//data. stats. gov. cn/easyquery. htm？ cn = C01&zb = A0201&sj = 2023。

[2]　1978年改革开放至2000年之前，在这23年间，只有1979—1982年、1984年5个年度，居民人均可支配收入比上年增长达到两位数。而2001年之后，中国经济进入高速增长，从2002年到2012年11年间有8个年度，居民人均可支配收入比上年增长达到两位数。详细数据见附录4。数据来源于国家统计局国家数据，https：//data. stats. gov. cn/easyquery. htm？ cn = C01。

升，人民群众维护自己既得利益的意识逐步觉醒，司法需求日益增长，通过诉讼定分止争的愿望愈加强烈。人们生活的重心不再只是关心温饱，而是要追求有幸福感的美好生活。其中通过法律维护自己利益的诉求能得到司法的满足是人民群众社会幸福感的应有之义。

然而我国司法资源的增长速度远远赶不法律案件的增长速度。人民法院一审案件收案数，1978 年为 447755 件，1982 年突破 100 万件，达到 1024160 件，1996 年突破 500 万件，达到 5312580 件，历时 14 年。从 1996 年到 2007 年这 12 年间全国一审案件收案数都在 500 万到 600 万。2008 年突破 600 万，2011 年突破 700 万，2012 年突破 800 万，2014 年突破 900 万，2015 年突破 1000 万。① 2011 年以后全国一审案件收案数基本上每年增加 100 万（全国一审案件收案数增长趋势见图 1）。这只是人民法院一审案件的收案数，还不包括二审案件、再审案件与执行案件的数量。

图 1　全国一审法院案件收案数趋势图（1978—2014）

我们再来看一看我国法官有多少人，据有关研究测算，全国法官人数 1981 年为 60439 人；1987 年突破 10 万，达到 117647 人；1990 年，突破 13 万，达到

---

①　相关数据源自国家统计局国家数据，https：//data. stats. gov. cn/easyquery. htm？ cn＝C01。

131460 人；1998 年突破 17 万；2002 年达到历史最高值 21 万。进入 21 世纪，随着国家机构精简改革，全国各级法院按照政法行政编制控制数的 10% 进行精简，因此 2003 年全国法官人数减少到 194622 人，此后一直到 2014 年，全国法官人数保持在 19 万左右。① 这 11 年间法官人数没有增长（全国法官人数发展趋势见图 2）。2014 年 7 月《人民法院第四个五年改革纲要》首次明确提出建立法官员额制，至 2017 年 6 月，全国各级人民法院均已完成员额制法官选任工作。员额制选任工作结束以后，中国现有法官 12 万余人。②

图 2　全国法官人数趋势图（1981—2014）

　　随着案件数量的不断增长，法官人数应当有所增长，但是法官人数不可能按照案件增长率来增长。作为发展中的国家，在我国目前改革、发展趋势向好的背

① 相关数据源自下列文献，朱景文：《中国法律发展报告数据库和指标体系》，中国人民出版社 2007 年版，第 33 页；最高人民法院办公厅：《大法官论审判管理》，法律出版社 2011 年版，第 100~101 页；陈陟云等：《法院人员分类管理改革研究》，法律出版社 2014 年版，第 85 页；范志明：《人民法院队伍建设改革策论》，《人民司法》2009 年第 11 期，第 55 页。转引自王成财：《中国法官员额制问题研究》，吉林大学博士学位论文，2019 年，第 54 页。

② 《把最优秀的人才吸引到办案一线——人民法院法官员额制改革综述》，https://www.court.gov.cn/zixun/xiangqing/83752.html。

景下，新型社会纠纷不断凸显的情况下，我国案件增长至今看不到拐点。相比之下，法官的增长是有顶峰的，2002 年我国法官人数达到 21 万历史最高值以后，反而在逐步精简。面对人民群众日益增长的司法需求，法院只能通过立案审查制设立门槛，在立案环节过滤掉一部分案件。立案审查制就成为纠纷进入诉讼的瓶颈，"立案难"逐渐凸显。全国司法资源应对全国法院案件都如此左支右绌，法院行政庭的法官应对行政案件只会更加艰难。

解决"立案难"是催生立案登记制度最直接的因素。由于行政诉讼的特殊性，行政诉讼"立案难"在司法实践中表现更为突出。笔者曾经参加过武汉大学法学院林莉红教授主持的"中国行政诉讼制度改革与实践"项目①，考察当时行政诉讼立案的状况是此次项目的调研内容之一。从调研情况来看，法院对行政案件的立案在法院所在地域、立案时间、案件类型以及案件当事人等方面存在明显的选择性。由于司法资源捉襟见肘，面对人民群众日益增长的司法需求，法院只能通过立案审查制设立门槛，在立案环节进行选择。立案审查制只是使立案变得难的手段。在立案审查制下，当事人起诉后，受困于各种条件的限制，"有状无

---

① "中国行政诉讼制度改革与实践"项目由武汉大学法学院林莉红教授主持，项目于 2010 年 11 月启动，于 2013 年 12 月结项。自 2010 年 11 月调查研究项目启动到 2012 年 6 月，林莉红教授带领武汉大学法学院青年教师、博士生以及硕士生十余人，先后赴我国 17 个省级区域（包括 12 个省份、3 个直辖市和 2 个自治区）开展调查研究。项目调查主要包括问卷调查、访谈调查以及裁判文书收集与研读。调研涉及全国五十余座城市，共发放调查问卷 9600 份，调查四类对象共计 8155 人次，包括法官 1203 人，行政机关工作人员 2986 人、律师 1321 人、民众 2645 人，共回收问卷 8155 份，其中有效问卷 7669 份，有效问卷回收率达 94%。研究组还收集了 906 份网络调查问卷（民众卷）。与此同时，研究组在调查期间先后到访各级法院 61 个（有的中级法院在座谈时通知了基层法院法官参加，涉及的法院总数至少有 78 个），到访各级政府机关法制工作部门 3 个，到访律师事务所 4 个，访问作为原告的公民、法人或其他组织 7 次。在访谈对象中，法官 198 位，政府法制部门工作人员 7 位，执业律师 11 位，访谈曾为行政诉讼原告的公民和组织负责人 14 位。另外，研究组还收集了全国 12 个省级区域（分别是山东省、浙江省、广东省、河南省、湖北省、湖南省、辽宁省、江苏省、青海省、广西壮族自治区、上海市和重庆市）共计 72 个法院的 11532 份行政裁判文书。研究组将缺失文书占全部建档文书比例在 10% 以上的法院予以剔除。最终选择了 38 个法院 2009—2010 年 2760 份一审行政裁判文书（基层人民法院 2573 份，中级人民法院 187 份）和 8 个法院 2009—2010 年 3980 份二审行政裁判文书（中级人民法院 3065 份，高级人民法院 915 份）进行信息统计。参见林莉红主编：《行政法治的理想与现实——〈行政诉讼法〉实施状况实证研究报告》，北京大学出版社 2014 年版。本书中的数据若未做特殊说明，均来自此次调查数据。

处告，有冤无处申"，诸多行政纠纷难以进入司法程序，剥夺了当事人通过司法维护自身合法权益的机会。保障公民行政诉权、"努力让人民群众在每一个司法案件中感受到公平正义"愿景的实现①，必须改革法院的立案制度。行政诉讼这扇门不向当事人打开，诉讼就不能开始，一切诉求都无从谈起。行政权力就得不到有效监督，依法行政也无从谈起。依法立案是公正司法的开始，立不了案，司法公正更无从谈起。如果严把立案关，拒绝行政纠纷进入法院，大量纠纷会因此滞留于社会。人民群众的正当利益得不到司法的保障，纠纷就会陷入长期争执、无法解决的状态。纠纷得不到解决，权利得不到救济，矛盾就可能会升级，这将威胁社会的和谐稳定。久而久之，司法的权威以及人民群众对司法的信任将不断被消解。

"立案难"是行政诉讼中的一大顽疾，也是我国法治进程的一大难题，立案登记制不只是用来解决"立案难"问题，也是司法改革的破局之举，更是推动全面依法治国的关键一招，是推进社会主义法治建设的必然选择。我国经济已由高速增长阶段转向高质量发展阶段，我国社会主要矛盾已转化为人民日益增长的美好生活需要和不平衡不充分的发展之间的矛盾，作为国家上层建筑的司法制度，必须为国家经济、社会的改革发展保驾护航。国家经济、社会的改革发展需要司法制度的支撑，司法改革势在必行。立案登记制是中国共产党站在中国改革发展大局上，对司法改革作出的政治指示。

2014年10月23日，中国共产党十八届四中全会通过《中共中央关于全面推进依法治国若干重大问题的决定》（以下简称《决定》）提出"全面推进依法治国"，重点提出了若干完善行政诉讼制度的措施，特别提到了解决行政诉讼"立案难"问题。《决定》中明确提出："改革法院案件受理制度，变立案审查制为立案登记制，对人民法院依法应该受理的案件，做到有案必立、有诉必理，保障当事人诉权。"党中央的顶层指示为行政诉讼立案登记制度的确立提供了直接的政策依据。立案登记制改革的序幕揭开了。在《决定》的指导下，2014年11月《行政诉讼法》进行了修订，第51条第1款规定"人民法

---

① 《习近平在中央全面依法治国工作会议上发表重要讲话》，中国政府网，https：//www. gov. cn/xinwen/2020-11/17/Content_5562085. htm（访问日期：2023年11月24日）。

院在接到起诉状时对符合本法规定的起诉条件的，应当登记立案"，立案登记制正式进入立法。2015 年 4 月 1 日，中央全面深化改革领导小组第十一次会议审议通过了《关于人民法院推行立案登记制改革的意见》（以下简称《意见》），对即将实施的立案登记制作出具体部署。《意见》要求改革案件受理制度，变立案审查制为立案登记制，对人民法院依法应该受理的案件，做到有案必立、有诉必理，保障当事人诉权，切实解决人民群众反映的"立案难"问题。2015 年 4 月 15 日最高人民法院出台《关于人民法院登记立案若干问题的规定》（以下简称《规定》），对立案登记制的实施作出了可操作性的规范。2015 年 5 月 1 日，《意见》《规定》和修改后的《行政诉讼法》同时实施，立案登记制改革由顶层设计进入了具体执行阶段。

立案登记制向人民群众打开了法院的大门，不论行政诉讼的被告是谁，不论纠纷简单还是复杂，只要当事人愿意通过司法途径解决，法院就能依法立案。立案登记制标志着立案程序由职权模式向诉权保障模式转变，为解决"立案难"提供了制度依据。立案登记制是法院向人民群众释放的善意和努力，体现了司法为民的宗旨，表达了法院无惧行政纠纷的勇气，敢于解决最难、最硬案件的决心。立案登记制也促使行政机关坚定了依法行政的决心。立案登记制允许各类纠纷进入司法，从一定程度上缓解了信访事件的发生，缓解了相关部门的压力，维护了社会和谐稳定，在社会上形成了相信法律、相信法治的社会氛围。立案登记制也体现了中国共产党坚定的人民立场和自我革新的锐意。立案登记制的确立充分体现了我国推进司法改革的决心，是我国法治建设道路上的又一座里程碑。

二、研究意义

（一）理论意义

第一，本研究推动了行政纠纷解决机制的系统论研究。本研究在现有行政纠纷解决机制研究的基础上，整合所有行政纠纷解决机制，借鉴系统论来探讨行政诉讼立案登记制的良性运行问题。立案登记制会倒逼行政复议制度、行政裁决制度的修改与完善。

第二，本研究推进了行政诉讼案件分流机制的理论发展。本研究认为案件进入诉讼后，不仅应有诉讼要件审查程序阻止不合法的起诉进入案件实质审理程序，还应有多样的简易程序来分流简单的行政案件，更应有案件类型化审理程序以提高审判效率。本研究探讨了诉讼要件审查程序、简易程序、诉讼类型化程序，进一步深化上述理论的研究。

第三，本研究促进了行政诉讼电子化的研究。行政诉讼电子化是行政诉讼的内在需求，是应对电子政务浪潮与电子行政行为冲击的应有之义。网上立案是对立案登记制与"互联网+"结合的体现，也是诉讼电子化在司法上的应用。研究立案登记审查的标准，研究网上立案便民性的提升，均是为线上立案的步骤与提交材料的要求提供理论支持。

（二）实践意义

第一，本研究为完善相关立法提供建议。本研究希望能为行政诉讼立案登记制度的细化、诉讼要件审查程序的构建、简易程序的完善、判决制度的完善提供建议。

第二，本研究为深化司法改革提供参考。本研究将通过实证研究考察我国行政诉讼立案登记制的实施现状，为网上立案的建设提供实证参考。

第三，本研究为推进全面依法治国贡献力量。本研究成果的应用，对于提升法院的解纷能力、树立司法公信力、促进行政机关依法行政、增强行政复议的解纷功能、引导当事人理性地行使诉权、从根本上解决"立案难"的问题，将会起到积极作用。

三、主要研究内容

本研究从三个层面研究立案登记制。

首先，从微观层面完善立案登记制本身，主要以立案登记审查的标准为切入点，明确立案时法院应如何进行形式审查。同时观察了立案登记制在司法实践中的落实——网上立案的建设。网上立案目前已经取得了阶段性成果，网上立案的步骤、环节设计都是按照立案登记制来设计的，全国大部分省内的网上立案系统基本做到了省内统一，智能答疑等更多的便民措施也在开发与测试过程中。

其次，从中观层面将立案登记制置于整个行政诉讼制度中予以探讨。立案是行政诉讼的"入口"，立案登记制的实施打开了行政诉讼的大门，短时间内法院受理案件的数量激增，在不能关闭大门或抬高门槛的情况下，我们只能考虑理顺案件"出口"，使进入诉讼的案件能够得到快速有效的解决。秉承案件解决专业化、类型化的思想，我们研究了行政诉讼的简易程序，希望通过繁简分流，使简单的行政案件能够被快速地解决。判决制度是行政诉讼的"出口"制度，在诉讼类型化制度尚未构建的前提下，我们可以完善相关的判决制度，使法院能够精准、快速地处理案件，从而提升司法效率，通畅诉讼出口。

最后，从宏观层面将立案登记制置于整个行政纠纷解决机制中进行探索。立案登记制能否良性运行不仅是行政诉讼是否良性运行的风向标，也是整个行政纠纷解决机制能否良性运行的风向标。行政纠纷不可能仅靠行政诉讼这一种方式解决，甚至行政诉讼都不应成为行政纠纷解决的主渠道。立案登记制能够良性运行不仅要求行政诉讼从"入口"到"出口"的通道要顺畅，更要求所有行政纠纷解决机制发挥自身的效能形成合力共同消解行政纠纷。只有诉讼外的行政复议、行政裁决、行政调解等方式能有效地消解行政纠纷，使进入法院的案件数量处于合理的范围，法院才能保质保量地解决进入诉讼的纠纷，立案登记制才能真正地良性运行，行政诉讼也才能真正地良性运行。

四、研究综述

（一）国内研究综述

国内对立案登记制的研究可以分为三个阶段。

1. 探索阶段：2015 年 5 月 1 日之前

在 2015 年 5 月 1 日行政诉讼立案登记制实施之前，国内研究主要集中在行政诉讼"立案难"的原因分析及其解决对策研究。

（1）有关"立案难"原因的研究

①制度上的原因

许多学者认为《行政诉讼法》（1989 年）规定的起诉条件中置入了诉讼要件，法院实施立案审查制，许多案件因未满足起诉条件而被法院拒之门外，这是行政诉讼"立案难"的制度原因。张卫平（2004）认为立案审查制中起诉条件设置得过高，其实质是将起诉要件与诉讼要件混同，应当对起诉制度进行改革，实行起诉要件和诉讼要件并行的"二元复式结构"。① 段文波（2015）认为立案审查制的弊端主要是权限配置关系失衡和程序保障缺失。权限配置关系失衡是指我国行政诉讼中职权主义色彩过重，法院职权主义在一定程度上干预了当事人的诉权，以及对处分权的漠视。程序保障缺失是指应当在审理中审查的诉讼要件被提前到起诉程序中予以审查。② 唐力（2015）提出正是我国对当事人起诉采用的"立案审查"而后"受理"之程序机制，不利于当事人利用司法途径解决实际问题，实践中出现的"告状难"是对"立案审查"制度弊端的一个真实反映。③

②实践中的因素

何海波（2001）、陈端洪（2003）通过实证研究认为中国行政诉讼面临的困境不仅是制度本身的问题，更有制度外的原因。④ 汪庆华（2007）提出法院在立案时存在"多中心主义+选择性司法"模式。⑤ 应星、汪庆华（2008）直接将行政诉讼"立案难"概念化为"立案政治学"。⑥ 应星、徐胤（2009）认为行政诉讼立案存在"立审分离的形式主义"。⑦

（2）有关"立案难"解决对策的研究

随着时代的发展，人们的权利意识逐渐提升，越来越多的专家学者认为立案审查制对于起诉条件的审查过于严苛，对于权利的约束限制过多，立案审查制实际上是法院选择性司法的体现，在一定程度上限制了当事人的诉权。为解决"立

---

① 张卫平：《起诉条件与实体判决要件》，载《法学研究》2004年第6期。

② 段文波：《起诉程序的理论基础与制度前景》，载《中外法学》2015年第4期。

③ 唐力：《司法公正实现之程序机制——以当事人诉讼权保障为侧重》，载《现代法学》2015年第4期。

④ 何海波：《行政诉讼撤诉考》，载《中外法学》2001年第2期。陈端洪：《排他性与他者化：中国农村"外嫁女"案件的财产权分析》，载《北大法律评论》（第5卷第2辑），法律出版社2004年版，第321~333页。

⑤ 汪庆华：《中国行政诉讼：多中心主义的司法》，载《中外法学》2007年第5期。

⑥ 应星、汪庆华：《涉法信访、行政诉讼与公民行政救济中的二重理性》，载吴敬琏、江平主编：《洪范评论》（第3卷第1辑），中国政法大学出版社2006年版，第198页。

⑦ 应星、徐胤：《"立案政治学"与行政诉讼率的徘徊——华北两市基层法院的对比研究》，载《政法论坛》2009年第6期。

案难"，学者们基本上都认为在制度上应改立案审查制为立案登记制。张坤世
（2008）认为我国应当建立登记立案制度，法院只需要对当事人提交诉状的形式
要件予以程序性审查，符合规定的，就予以登记立案，立案登记制能够在一定程
度上完善我国现行案件受理制度，保障当事人的诉权。① 罗重海、张坤世
（2012）认为我国立案审查制规定严格，设置了较多的起诉条件，违背了基本的
诉讼原理，同时也限制了当事人的诉权，因此有必要建立登记立案制度。② 针对
"立案难"制度外的原因，最高人民法院江必新副院长（2009）指出行政案件受
理必须坚持"法律标准"这一唯一的受理标准。③ 上述研究为《行政诉讼法》
（2014 年）规定立案登记制提供了理论支持。

2. 认识阶段：2015 年 5 月 1 日以后立案登记制实施初期

2015 年 5 月 1 日，立案登记制正式实施。在立案登记制实施初期，理论界和
实务界对新生的立案登记制有一个认识、接受、摸索的阶段。这个阶段对立案登
记制的研究主要集中在两个方面：

一是澄清司法实践中对立案登记制存在的错误认识。立案登记制实施初期，
司法实务部门为了落实立案登记制，提升当场立案率④，一些法院一度对当事人
的起诉不审查，认为立案登记制就是只要到法院起诉，法院就应立案受理。对此
学界纷纷表示不赞同，认为立案登记制对当事人起诉的起诉条件，要进行形式上
的审查，至于"起诉条件形式审查"的具体内容是什么，各学者观点不尽相同。
张卫平（2015）认为将实体判决要件（诉讼要件）放在起诉要件里审查是错误
的做法，因此必须修正起诉条件，只有将实体判决要件（诉讼要件）的审理置于
受理后的诉讼阶段，才能真正实现立案登记制，废除立案审查制，实现保障当事

① 张坤世：《行政起诉权保障与行政案件受理制度的完善》，载《湖南大学学报（社会科学版）》2008 年第 6 期。
② 罗重海、张坤世：《行政案件起诉审查制度之检讨与重构》，载《法律适用》2012 年第 2 期。
③ 江必新：《论行政案件的受理标准》，载《法学》2009 年第 6 期。
④ 2017 年 5 月 18 日，最高人民法院立案庭副庭长甘雯在全国法院立案登记制改革两周年新闻发布会上表示，2015 年 5 月 1 日至 2017 年 3 月，全国法院登记立案数量超过 3100 万件，同比上升 33.92%。当场立案率超过 95%，上海、重庆、宁夏等地超过 98%。《全国法院立案登记制改革两周年新闻发布会》，https：//www.court.gov.cn/zixun/xiangqing/45022.html。

人诉权的目的。① 黄先雄、黄婷（2015）认为我国有关立案登记制是"准立案登记制"，存在立法条文含义不清晰的问题，在实践中仍有倾向于"立案审查制"的危险，有权机关应当进一步明确立案条件，将立案条件约束在一定范围内，同时明确对起诉状的审查标准，不再增设其他条件。② 梁君瑜（2016）认为我国行政诉讼立案登记制并不限于对起诉状的形式审查，而是在对起诉要件的审查中穿插了本该后置的诉讼要件乃至本案要件，从而导致立案难度加大与"立审分离"弱化，因此，应当改良我国立案登记制，将现行起诉规定中属于诉讼要件和本案要件的内容抽离出来，放在立案后的诉讼审理过程中予以审查，法院在立案阶段仅通过形式核对的方式，审查起诉状中是否包含必要记载事项。③ 许尚豪（2016）认为立案审查制向立案登记制的转变，只是将案件进行了登记，使案件成为登记之诉案，并没有从根本上改善法院审理的条件，只是将"门外审查"转变为"门里审查"，对于起诉条件进行审查的实质并没有改变。因此，要完善立案登记制，使当事人提出的诉讼尽快获得案件身份，从而得到案内程序保障。④

二是研判立案登记制实施后出现的新情况、新挑战及其解决对策。立案登记制实施后，最高人民法院（2015）、湖南高院（2015）、江苏淮安中院（2015）等司法实务部门对立案登记制实施后出现的新情况进行了实证研究，指出立案登记制的实施导致行政诉讼案件大幅增长。姜明安（2015）提出要加强对法院立案工作人员的培训，使之熟练掌握登记立案的立案条件、立案程序以及相关要求。⑤ 王春业（2015）认为立案登记制的实施有利于保障当事人的诉权，但是《行政诉讼法》中还存在着与登记立案制度不相协调的相关条款，影响了登记立

---

① 张卫平：《民事案件受理制度的反思与重构》，载《法商研究》2015 年第 3 期。

② 黄先雄、黄婷：《行政诉讼立案登记制的立法缺陷及应对》，载《行政法学研究》2015 年第 6 期。

③ 梁君瑜：《我国行政诉讼立案登记制的实质意涵与应然面向》，载《行政法学研究》2016 年第 6 期。

④ 许尚豪：《立案登记制应避免两个误区：材料登记与放弃审查》，载《人民法治》2016 年第 5 期。

⑤ 姜明安：《论新〈行政诉讼法〉的若干制度创新》，载《行政法学研究》2015 年第 4 期。

案制度的实施，因此需要制定相关配套制度确保登记立案制度得到有效实施。① 陆永棣（2016）在浙江省高级人民法院担任法官时，站在人民法院的角度提出立案登记制实施初期，应当平衡好立案登记制有诉必理、有案必立与受理"依法应该受理的案件"之间的关系。在人民法院立案工作中，应当把握好登记和审查的关系。② 王亚新（2017）在立案登记制实施近一年的时间节点，深入基层进行调研和访谈，访谈涉及当地律师协会、调解组织、行政复议机关和信访部门等机构和个人，站在不同的角度考察登记立案制度的运行和发展。通过对三地法院的调研可以看到，登记立案改革取得了较大成效，三地法院立案数量都有所提高，同时行政案件受理数量的大幅度增加还给行政复议制度等相关领域带来良好的影响。但是立案登记制虽然让法院将行政案件收入法院，仍存在法院受理案件后再裁定驳回起诉，采用各种方式让行政机关不太难堪的情形。针对这个问题，王亚新教授认为应当在行政领域完善各项配套措施，例如基层法院"人、财、物"不再受到基层行政机关的直接管理，设立跨行政区域法院，减少法院受到来自行政机关的干扰，杜绝领导干部对法院审理案件的干预。③ 立案登记制实施初期，相关专家学者提出了革新司法理念以及明确审查标准的观点，为立案登记制的后续发展奠定了基础。

3. 完善阶段：立案登记制稳定实施以后

在立案登记制实施并逐渐稳定之后，理论界与实务界的研究主要围绕如何完善立案登记制。江必新（2018）提出立案登记制改革的实质是要取消不合法、不合理的限制性条件，坚持合法合理的立案条件，取消一些不合法不合理的立案限制。同时，最高人民法院应当加强起诉阶段的指导和释明工作，基层法院在落实立案登记制度时也要注意区分行政案件和民事案件，将案件是否受理的问题尽可

---

① 王春业：《论行政诉讼的登记立案制度——兼评新行政诉讼法相关条款》，载《北京社会科学》2015 年第 11 期。

② 陆永棣：《从立案审查到立案登记：法院在社会转型中的司法角色》，载《中国法学》2016 年第 2 期。

③ 王亚新：《立案登记制改革：成效、问题及对策——基于对三地法院调研的思考》，载《法治研究》2017 年第 5 期。

能在立案阶段解决，防止滥诉的发生。① 杨寅、李晓（2018）认为立案登记制实施以来，取得了一系列成效，但是存在相关规定不协调、审查范围缺乏统一标准，配套制度缺失等问题，因此需要进一步完善立案程序，建立健全相关配套措施。② 张嘉军（2018）认为立案登记制的施行给立案庭也带来了一系列挑战，应当逐步完善登记立案程序，弱化立案庭审查过滤和纠纷化解的功能，强化其案件分流和提供诉讼服务的功能，立案庭不再审查起诉要件，而是仅审查诉状本身的完整性。③ 程琥（2023）是北京市中级人民法院的法官，在日常工作中也对立案登记制的运行有着丰富经验和深刻认识。程琥法官发现在立案登记制实施后，有50%左右的行政案件被裁定不予立案或者驳回起诉，这就意味着立案登记制的成效正在被不合理的起诉条件对冲。他认为我国在施行立案登记制以来，行政案件裁定驳回起诉比率上升，这只是将当事人之间的争议暂时搁置，争议并没有得到实际解决，还易导致当事人重复起诉。因此应当正确把握起诉要件和诉讼要件，同时严格限制裁定驳回起诉，将法院裁定驳回起诉的绝大多数情形放在案件审理时审查，并作出实体判决。④

立案登记制对于保障当事人诉权起到了重要作用，但同时也存在着一些问题。此时，专家学者们主要的理论研究是立案登记制度中立案条件的进一步明确以及立案程序的完善问题，这使得立案登记制在我国能够良好运行和发展。同时，一些法院的法官结合自己的工作经历也提出了相关问题，一是立案工作中需要把握好立案条件；二是法院裁定驳回起诉的做法实际上并没能帮助当事人解决实际问题。

（二）国外研究综述

随着"接近正义（司法）"（Access to Justice）运动的推行，西方国家在行

---

① 江必新：《论行政诉讼法司法解释对行政诉讼制度的发展和创新》，载《法律适用》2018 年第 7 期。江必新：《行政审判中的立案问题研究》，载《法律适用》2018 年第 3 期。

② 杨寅、李晓：《行政诉讼立案登记制的成效与完善》，载《行政法学研究》2018 年第 2 期。

③ 张嘉军：《立案登记背景下立案庭的定位及其未来走向》，载《中国法学》2018 年第 4 期。

④ 程琥：《行政审判现代化与行政争议实质性解决》，载《法律适用》2023 年第 2 期。

政诉讼起诉制度中，几乎都实行立案登记制。域外法治程度较高的国家或地区对于立案的研究重点是立案后如何解决案件分流、诉讼程序烦琐、诉讼成本过高、如何提高诉讼效率等问题。

1. 精细的庭前程序。两大法系对案件的分流和过滤机制有所不同，大陆法系司法奉行职权主义模式，认为诉的合法性问题是法官职权判断的事项，设计了诉讼要件审查制度与诉讼系属制度，避免不合法的起诉进入案件实质审理阶段（弗里德赫尔穆·胡芬，2003；哈特穆特·毛雷尔，2003；盐野宏，1999）。英美法系司法奉行当事人主义模式，其认为诉讼是当事人的私人事务，在诉讼程序上实行对抗制，诉讼程序的进行由当事人自行负责。英美法系一般实行律师强制代理制度，同时要求当事人对起诉状的真实性负责，这些配套措施也能有效地过滤不合法的起诉（Deirder H. Robbins，2000；彼得·莱兰、戈登·安东尼，2007；伯纳德·施瓦茨，1996；威廉·韦德，1997）。

2. 完善的类型化案件审理程序。英美法系的令状制度、大陆法系的诉讼类型制度，使进入法院的案件进行类型化分类审理，能有效地提高审判效率（彼得·莱兰、戈登·安东尼，2007；弗里德赫尔穆·胡芬，2003；盐野宏，1999）。

3. 多元的替代性纠纷解决机制。国外研究以行政纠纷的解决为核心，系统地整合了行政纠纷的解决机制，使得行政诉讼案件的数量较为平稳，立案登记制能够良性运行。在域外法治程度较高的国家或地区，学者并没有将诉讼作为解决行政纠纷的主要方式（Gehrlein，2006；Michael D. Axline，2004）。有的国家确立了行政救济穷尽原则，行政纠纷在进入法院之前都应先经过行政救济，他们认为行政救济比司法救济在解决行政纠纷方面更具专业性和效率性，也体现了司法权对行政权的尊重，比如英、美的行政裁决制度可以消解大部分行政纠纷（Deirder H. Robbins，2000；威廉·韦德，1997）。

（三）研究评述

上述研究为后续研究提供了理论和制度参考，并打下坚实的基础。后续研究可以在以下几方面继续探索。

第一，研究视角将注重系统性、整体性研究。当前研究虽然提出了一些完善立案登记制的解决思路，但这些思路显得比较零散，相互之间缺乏逻辑联系，尚未形成系统性、整体性的研究框架。

第二，研究内容将注重现实问题的解决。立案登记制实施后，我国行政审判司法供给矛盾如何、立案登记制本身如何更具操作性、行政纠纷的替代性纠纷解决机制如何整合等问题尚待解决。

第三，研究方法将注重实证研究。现有理论研究成果丰富，实证研究相对匮乏，既有的实证研究也只是对立案登记制实施现状进行了浅层次、局部的描述，尚缺乏深层次、全面的分析。

五、研究创新点

1. 学术观点创新。本研究认为立案登记制的良性运行依赖制度本身进化与外部环境优化的结合。本研究认为起诉到法院的行政案件数量不宜过多，大部分行政纠纷需要司法外的解纷机制来消解。当行政纠纷解决机制趋于完善、合理，起诉到法院的行政案件数量会趋于稳定，使得行政案件数量与行政审判力量以及司法功能之间趋于平衡，从而达到立案登记制的良性运行。

2. 研究视角创新。本研究不是孤立地研究立案登记制本身的完善，而是从三个层面考察立案登记制如何良性运行。微观层面，细化与完善立案登记制本身；中观层面，构建行政诉讼相关配套制度，比如诉讼要件审查制度、简易程序等案件分流制度、类型化案件的审理程序等；宏观层面，在整个行政纠纷解决机制系统中，控制行政纠纷的流转，将进入法院的案件数量控制在司法能力范围之内。

3. 研究方法创新。本研究应用系统论来研究立案登记制。立案登记制不单单是一项立案制度，其是一个缩影，是一个晴雨表，从立案登记制可以看到国家经济的发展、公民权利意识的表现、依法行政的改善以及司法改革的进程。立案登记制是一个国家政治、经济、社会、法治发展到一定程度才能实施的制度，立案登记制在实践中实施的宽严程度会随着国家经济状况、法治程度、公民权利意识等情况的变化而变化。

第一章　行政诉讼立案制度概述

科学、规范、合理、公正的制度是在特定社会活动领域中创设和形成的一整套持续而稳定的规范体系，引导着该社会活动领域内的主体进行有序的合目的的行为。立案作为行政诉讼程序的起点，行政诉讼立案制度是否科学、规范、合理、公正，直接关乎行政诉讼制度的实施效果。行政诉讼立案制度应以保障当事人的行政起诉权为目的。

第一节　起诉与立案

立案是一个法律术语，其在行政程序、侦查程序、诉讼程序等法律程序中多有出现。本书所研究的行政诉讼立案是指人民法院对行政初审案件的受理，是公民、法人或者其他组织认为行政行为侵犯其合法权益向人民法院提起诉讼，法院对其提交的案件材料进行审查，认为符合起诉条件，决定对其进行审判的一种诉讼活动。我国行政诉讼立案制度规定在《行政诉讼法》第六章"起诉和受理"。起诉是公民、法人或其他组织向法院提起诉讼的行为；受理也即立案，是人民法院对起诉材料进行审查，对符合起诉条件的予以受理，对于不符合起诉条件的作出不予受理裁定的行为。在我国，当事人的起诉行为结合法院的立案行为才能使得案件进入诉讼程序。

一、起诉与行政起诉

（一）起诉

起诉（Sue），是当事人依法向人民法院提出特定的诉讼请求的诉讼行为。在我国，当事人的起诉行为包括民事诉讼中的起诉、行政诉讼中的起诉以及刑事自诉中的起诉。

（二）行政起诉

关于行政起诉的表述及概念，各国和地区有所不同。在英美法系国家，与行政诉讼类似的制度称为司法审查（Judicial Review），与行政起诉相对应的概念称为"司法审查申请"。在英国，司法审查申请，是指原告向法院提出的，请求法院对行政机关某一决定予以司法审查的诉讼行为。[1] 在美国，司法审查申请，是指原告认为自己的权益受到或者可能受到行政机关行政行为的侵犯，向法院提出请求法院对该行政行为进行司法审查，给予其司法救济的诉讼行为。大陆法系有行政诉讼制度，在法国行政诉讼中，行政起诉是指"当事人主张行政机关的行为违法，侵害了自己的权利和利益，请求行政法院通过审判程序给予救济的行为"[2]。在德国行政诉讼中，行政起诉是指，权利受到或即将受到行政决定侵害的当事人向法院提交诉状，请求行政法院启动行政诉讼程序对其予以裁判的活动。[3] 在我国台湾地区，行政起诉是指居民不服公权力机关的处分或决定，向法院提起诉讼的行为。[4] 尽管两大法系在用语上有所不同，但行政起诉的基本内涵是一致的，都是指权益受到（或可能受到）行政行为侵犯的行政相对人，向法院提出要求审查行政机关的行为并救济自己权益的诉讼请求，请求法院启动诉讼程序并进行裁判的诉讼行为。

我国学术界对行政起诉的定义主要有以下几种表述：行政起诉，是指"公民、法人或者其他组织认为行政主体的行为侵犯其合法权益，依法请求人民法院行使国家行政审判权力给予司法救济的诉讼行为"[5]。行政起诉是指"公民、法人或者其他组织认为自己的合法权益受到侵犯或者与行政机关发生争议，向人民

---

[1]　吴越编：《英国行政法》，中国政法大学出版社 2004 年版，第 747 页。
[2]　王名扬：《法国行政法》，中国政法大学出版社 1988 年版，第 641 页。
[3]　于安：《德国行政法》，清华大学出版社 1997 年版，第 302 页。
[4]　吴庚：《行政争讼法论》，台湾三民书局 2003 年版，第 367 页。
[5]　江必新、梁凤云：《行政诉讼法理论与实务》（第二版）（下卷），北京大学出版社 2011 年版，第 729 页。

法院提出诉讼请求，要求人民法院行使审判权，依法予以保护的行为"①。行政起诉是指"公民、法人或者其他组织认为自己的权利受到违法行政行为侵犯时，请求法院通过司法程序对其权利进行保护、对违法行政行为进行制裁的行为"②。行政起诉是指"公民、法人或者其他组织认为行政机关的行政行为侵犯自己的合法权益，依法向人民法院提起诉讼请求，旨在引起第一审行政审判程序对行政机关的具体行政行为予以审查和作出裁判，以保护自己合法权益的诉讼行为"③。行政诉讼的起诉是指"公民、法人或者其他组织，认为行政机关的具体行政行为侵犯其合法权益，向法院提起诉讼，请求法院行使国家审判权、审查具体行政行为的合法性并向起诉人提供法律救济，以保护其合法权益的诉讼行为"④。

学界对行政起诉定义的表述虽有差别，但内涵基本相同，认为行政起诉是指公民、法人或者其他组织认为自己的合法权益受到侵犯或者与行政机关发生争议，依法向人民法院提起诉讼请求，旨在引起第一审行政审判程序，并请求法院对行政机关的具体行政行为予以审查和作出裁判，以保护自己合法权益的诉讼行为。笔者认为行政起诉的内涵包括以下几点：

第一，提起行政诉讼的主体只能是行政相对人。这里的行政相对人是在行政管理法律关系中，与行政主体相对，受行政行为影响的一方当事人，包括行政行为直接针对的行政相对人，也包括合法权益受行政行为间接影响的行政相关人。

第二，行政相对人起诉的原因是认为自己的合法权益受到或可能受到行政行为的侵犯或者影响，需要寻求救济，或者与行政主体产生了行政争议，需要中立的第三方公正地解决争议。

第三，对行政相对人的起诉负有义务的主体是人民法院。行政起诉是行政相对人行使起诉权的表现，行政相对人的诉讼请求是向法院提出的。在我国，当行

---

① 林莉红：《行政诉讼法学》（第三版），武汉大学出版社 2009 年版，第 183 页。
② 马怀德主编：《行政诉讼法原理》（第二版），法律出版社 2009 年版，第 348 页。
③ 黄学贤、杨海坤：《新编行政诉讼法学》，中国人事出版社 2001 年版，第 166～167 页。
④ 姜明安主编：《行政法与行政诉讼法》（第五版），北京大学出版社、高等教育出版社 2011 年版，第 486 页。

政相对人的合法权益受到行政行为的侵犯，或与行政主体发生行政争议时，行政相对人有请求司法救济的权利，国家有提供司法救济的义务，该义务具体体现为法院对当事人起诉的立案。

第四，行政相对人提起行政诉讼的直接目的是启动行政诉讼第一审程序，将有争议的行政行为置于司法审查之中；根本目的是希望法院能够代表国家行使行政审判权对其进行司法救济，从而保护自己的合法权益或使争议得到解决。

第五，行政起诉的性质，从诉讼行为的角度来讲，是行政相对人行使起诉权的具体体现，是当事人向法院递交起诉状并要求获得司法救济的诉讼行为。从行政纠纷解决途径的选择来说，起诉表达了当事人有将纠纷提交法院运用司法程序予以解决的意愿。从诉讼程序的角度来看，起诉是开启行政诉讼第一审程序的唯一动因，也是人民法院得以行使行政审判权的基础和前提。

二、立案与行政诉讼立案

在我国，诉讼虽然是由原告提起，但原告的起诉行为并不必然引起行政诉讼第一审程序的开始，还需经法院立案，第一审程序才能真正得以启动。

（一）立案

立案是一个法律术语，其在行政程序、侦查程序、诉讼程序等法律程序中多有出现。立案有广义和狭义之分。广义上的立案，是指有关组织或国家机关，根据其权限，决定对某一问题是否作为一种责任予以追究的社会行为。狭义上的立案，是指有关组织或者机关依职权处理解决某一特定问题所经历的一种程序。[1]本书所讨论的立案是人民法院对诉讼案件的立案。人民法院对诉讼案件的立案，又称为"受理"[2]，是指人民法院对当事人的起诉、反诉、上诉、申诉、申请再审或对公诉机关的抗诉、受害人的自诉行为进行审查后，认为起诉或上诉、抗诉符合法定条件，在法定期限内予以立案；或认为不符合法律规定，决定不予立案

---

[1] 张名实：《立案导读》，法律出版社1999年版，第1页。
[2] 在诉讼法上，立案与受理具有同样的含义和意义。

的行为。① 本书讨论的立案是人民法院对初审案件的受理。

在不同的语境下，立案所表达的内涵略有不同。从动态上看，立案是一个诉讼过程，是法院将社会学意义上的"纠纷"转换成法学意义上的"案件"的过程。在此过程中，法院立案的工作人员，会审查原告的起诉，符合立案条件（起诉条件）的起诉，工作人员会填写立案登记表，该案件获得法院的案号，法院向当事人下达案件受理通知书，当事人缴纳诉讼费用后，一起诉讼法意义上的"案件"就此诞生。从静态上看，立案是法院对当事人起诉的肯定性回复，此肯定性回复以获得法院的案号作为标志。无论哪种语境下，立案的目的就是为了获得法院的案号。案号相当于法院的入场券，有了案号，当事人的"诉"才能成为法院的正式案件，才能正式开启法院的诉讼程序。

（二）行政诉讼立案

我国行政诉讼法学界对行政诉讼立案的界定主要分为两种观点：第一种观点是从整个立案程序的角度来说，认为行政诉讼的立案，是指"人民法院对原告的起诉行为进行审查后，认为起诉符合法律规定的要件，在法定期限内予以立案；或者认为起诉不符合法律规定，作出不予受理裁定的行为"②。该观点将立案视为从原告起诉后到法院对原告的起诉作出是否受理决定的整个程序，该程序包括对起诉的审查以及根据审查结果所作的处理，我们可以将之称为诉讼法广义上的立案。第二种观点是从法院对起诉的肯定性审查结果来说，认为立案"是指人民法院对公民、法人或者其他组织的起诉进行审查，对符合法律规定的起诉条件的案件决定立案的诉讼行为"③。行政诉讼的立案是指"人民法院对当事人的起诉进行审查后，对符合起诉条件的案件予以接收的诉讼行为"④。该观点认为立案是人民法院对符合起诉条件之起诉的接受，是法院对起诉的积极回应。上述两种观点只是认识的角度和层面不同，并无实质区别。

---

① 姜启波、李玉林：《案件受理》，人民法院出版社 2008 年版，第 1~2 页。
② 姜明安主编：《行政法与行政诉讼法》（第五版），北京大学出版社、高等教育出版社 2011 年版，第 492 页。
③ 张树义：《行政法与行政诉讼法学》，高等教育出版社 2002 年版，第 222 页。
④ 林莉红：《行政诉讼法学》（第三版），武汉大学出版社 2009 年版，第 184 页。

(三) 审查起诉

在起诉与立案之间，还存在一个环节，即审查起诉。审查起诉是指法院对原告的起诉是否符合法定的起诉条件进行审查的行为或过程。起诉是审查起诉的原因和对象，立案是法院审查起诉后作出的肯定性结论。只要存在立案制度，当事人的起诉都不必然引起第一审诉讼程序的发生。人民法院收到当事人的起诉状后，会对起诉状进行审查，此审查被称为"审查起诉"或"立案审查"。无论是立案审查制还是立案登记制，都存在审查起诉，只是审查的内容不一样。我国颁布的每版《行政诉讼法》都规定，人民法院收到起诉状后，应审查起诉是否符合法定的起诉条件，主要审查起诉状的内容是否完整、附件材料是否齐全。审查起诉的过程，就是决定原告起诉是否成立，案件是否应受理的过程。

三、起诉与立案的关系

起诉和立案是性质相异的两种行为。起诉是当事人行使起诉权的诉讼行为，其直接目的是获得法院的立案从而启动诉讼程序，使受侵害的合法权益得到救济，其法律后果是法院要对公民的起诉作出立案或不予立案的回应。起诉是立案的前提，但立案并非起诉的必然结果。立案是法院行使审判权的职权行为，是法院对原告的起诉行为进行审查后单方面作出的结论。可见，在我国，起诉并不必然引起第一审程序的开始，立案才是诉讼程序真正启动的标志，是人民法院行政审判权作用于行政争议案件的实质性开端。但起诉与立案不可分割。依据我国《行政诉讼法》关于"起诉和受理"的规定来看，当事人的起诉和法院的立案是诉讼程序启动的两个必要条件。两者的结合使第一审诉讼程序得以启动。没有原告的起诉，就谈不上法院的立案；仅有原告的起诉，没有法院的立案，诉讼程序仍然无法开启。

立案是诉讼的开端，是启动诉讼程序的第一步。在行政诉讼中，对当事人而言，立案以后，当事人得以确定，原告的诉讼权利被激活，原告有权启动一系列的法律程序，原告对同一纠纷不得二次起诉；被诉行为主体成为行政诉讼的被告，被告要履行因诉讼产生的诸如应诉、答辩、出庭、证明被诉行为合法性等诉讼义务。对法院而言，立案以后，法院获得审理该案的资格，可以对该案行使审判权，案件正式进入司法程序，相关的司法活动开始启动，应诉、答辩、举证、质证、庭审等各环节都将按照法律程序逐步展开。

四、行政诉讼立案制度的范畴

起诉与立案密不可分，立案制度将公民的起诉权和法院的司法权紧密联系起来。我国《行政诉讼法》称行政诉讼立案制度为"起诉和受理"。法院的立案程序包括原告起诉、法院对起诉的审查以及审查后作出结论三个环节。本书所研究的行政诉讼立案制度，是立法为了保障当事人诉权，做到有案必立、有诉必理而规定的一系列法律规则，其并非仅是行政诉讼第一审程序中的起诉与受理规则，而是由多项内容组合而成的权利保障体系，具体包括原告提起诉讼的条件与方式，法院对诉状审查的内容、标准、方式与期限，以及法院不予立案后当事人权利救济途径等相关配套制度。

1. 起诉条件

行政诉讼的起诉条件也是法院决定是否立案的标准。行政诉讼的起诉条件，应分为起诉的成立条件与起诉的合法条件。

诉的成立要件，又称为起诉要件或提起诉讼的条件，是诉得以成立、客观存在的条件，是行政诉讼得以开始的条件。一般来说诉的成立要件与诉的构成要素相关，只要具备了诉的构成要素，"诉"就成立了。诉的构成要素包括当事人、诉讼标的和诉的理由。原告的起诉只要能够明确当事人，能够明确诉讼标的，以及有诉的理由，其就成为诉讼法意义上的"诉"，就可以成为法院审理的对象。如果欠缺诉的成立要件，法院对该起诉将不予立案。

诉的合法要件，又称为诉讼要件、本案判决要件，是法院对案件进行实体审理并作出本案实体判决的前提条件。当事人的起诉具备了诉的成立要件，只表明诉成立了，该诉能够进入诉讼程序，第一审程序得以开启。但进入诉讼程序的诉并非都是合法的，还须具备诉的合法要件。诉的合法要件是由法律规定的，各个国家和地区的规定不尽相同。诉的合法要件一般包括法院是否有管辖权、当事人是否适格、是否存在重复起诉、是否超过起诉期限、是否属于行政复议前置等。具备诉的合法要件，该诉在诉讼法上才是合法的，法院才能对案件进行实体审理。如果欠缺诉的合法要件，法院会裁定驳回原告起诉。

2. 起诉方式

起诉的方式又称为起诉的形式要件，是指当事人起诉应以何种方式提出。世界上现行的行政诉讼制度无一例外都规定以书面方式起诉为原则。当事人向法院提起行政诉讼，应当提交书面的行政起诉状，起诉状中记载的内容以及附带提交的材料应当能够表明原告的起诉具备诉的成立要件。行政起诉状是法院立案审查的具体对象，法院在立案审查时要审查行政起诉状的内容是否完备、明确。

3. 立案审查

立案审查又称为审查起诉。即使是域外实行立案登记制的国家或地区，法院对当事人的起诉也并非完全不审查，只是审查的内容、方式和程序有所区别。法院对起诉的审查，无疑是当事人行使起诉权遇到的第一道门槛。法院对起诉是否审查、在诉讼何阶段审查、审查的标准是成立要件还是合法要件、是法院依职权进行还是由对方当事人抗辩，在法院审查起诉的过程中当事人是否有权表达自己的意见，法院要在多长时间之内对当事人的起诉给予回应等，这些内容与当事人的起诉权之保障息息相关。

4. 起诉与立案的效力

从前述分析可得，起诉与立案两者结合才能开启行政诉讼第一审程序，相关的法律效果必须是在法院立案以后才会产生，立案才是第一审程序真正的开端。当事人的起诉如果只能产生得到法院是否立案回应的法律效果，显然与诉权的宪法性权利的地位是不相匹配的。当事人向法院提起行政诉讼在诉讼法上会产生怎样的效力，在实体法上尤其是对被诉行政行为会产生怎样的效力，这是当事人起诉最关心的内容。当事人行使起诉权除了发动诉讼程序之外最希望获得的效果是被诉行政行为的效力能暂时中止。

5. 起诉权的救济与保障制度

我国行政诉讼中存在的"起诉难"，有两个层面的表现：一是指当事人感觉向法院提起诉讼至法院立案的过程烦琐、复杂、不便。这主要是制度的问题，《行政诉讼法》（1989 年）规定的起诉条件太高，实行立案审查制。我们可以通过实施立案登记制，简化起诉程序，加强法院的诉讼指引、释明、告知义务来解决。二是指当事人认为起诉符合法定条件，但法院还是不予立案，或虽立案，案件却难以进入实质审理阶段。人民群众诟病的主要是这种"起诉难"。这种情况使当事人感到自己的权益救济无门，会让当事人对诉讼丧失希望，进而对司法、对法律丧失信任。对本应立案的起诉，法院却以各种理由推脱或拒绝立案，就属于侵害当事人起诉权的行为，对此，我们应当设置相应的救济制度，使当事人的起诉权能得以真正地实现。另外，还应当实行司法救助与法律援助制度，不让经济困难成为当事人行使起诉权的障碍，让每一位当事人都能平等地行使诉诸司法的权利。

作为诉讼程序的启动阶段，立案制度保障立案程序的有效运行，立案制度的有效运行直接影响着当事人起诉权的保障。在行政诉讼中，立案制度的设计充分体现出当事人（起诉权）、法院（司法权）与行政机关（行政权）三者之间权利（力）的博弈状况。

第二节　我国行政诉讼立案制度的发展历史

从行政诉讼法产生发展的历程来看，我国行政诉讼制度是从民事诉讼制度中逐步分离、逐步独立，并在民事诉讼制度基础上逐步发展起来的。在 1989 年《行政诉讼法》实施之前，根据 1982 年《中华人民共和国民事诉讼法（试行）》第 3 条第 2 款的规定，法院审理行政案件完全遵照民事诉讼法规定的制度和程序进行。即便是在 1989 年《行政诉讼法》颁行之后，两者之间的先天联系依然没有割断。1989 年《行政诉讼法》有关立案制度的规定基本沿用了 1982 年《民事诉讼法（试行）》的立案制度。行政诉讼的立案制度与民事诉讼的立案制度具有同源性。

一、我国民事诉讼立案制度的历史发展

（一）新中国成立初期立案制度的萌芽阶段

新中国成立以后，有关立案制度最早的正式规定见于 1956 年 10 月最高人民法院发布的《关于各级人民法院民事案件审判程序总结》（以下简称《民事审判

程序总结》）。① 该总结在当时起着相当于民事诉讼法的作用，其规定的立案制度与后来的民事诉讼法、行政诉讼法规定的立案制度颇为相近。这些规定可视为我国民事诉讼立案制度的萌芽。

《民事审判程序总结》第一部分"案件的接受"规定了起诉的方式，起诉应使用书面诉状，并按被告人数提交诉状副本。当事人不能写诉状的，可以由法律顾问处或者人民法院接待室代写。诉状格式参照司法部印发的格式书写。第二部分"审理案件前的准备工作"规定法院受理案件之前要对起诉进行审查，应审查原告人有无诉讼请求权，案件是否属于人民法院主管范围和该法院的管辖范围。如果原告人没有诉讼请求权的，应当用裁定驳回；对依法应当由行政机关处理的或者不属于本法院管辖的案件，应当分别移送有关机关或者有管辖权的人民法院处理。立案以后，审判人员还要对起诉状进行程式审查（形式审查），包括原告是否在诉状上签字或盖章、原被告的住址是否明确、诉状副本是否已按人数提交、所交证据与附件种类是否与诉状所载相符。若形式欠缺或内容不符，应通知原告予以补正。② 《民事审判程序总结》第一次比较系统地规定了人民法院受理民事案件的规则，使人民法院民事诉讼立案有了一个可操作性的规范，这些规定

---

① 1956 年上半年，最高人民法院在《关于北京、天津、上海等十三个大城市高、中级人民法院民事案件审理程序的初步总结（草案）》的基础上，经反复研究修改后写出《关于各级人民法院民事案件审判程序总结》（以下简称《民事审判程序总结》），并获得最高人民法院审委会通过，于 1956 年 10 月 17 日印发全国各级人民法院参酌试行。《民事审判程序总结》共 84 条，具体内容包括案件的接受、审理案件前的准备工作、审理、裁判、上诉、再审、执行七个部分，该总结在当时实际上起到了民事诉讼法的作用。参见中国社会科学院法学研究所民法研究室民诉组、北京政法学院诉讼法教研室民诉组合编：《民事诉讼法参考资料（第二辑·第一分册）》，法律出版社 1981 年版，第 209～210 页。

② 根据《民事审判程序总结》第一部分即"案件的接受"的规定，起诉须以诉状的方式提出，不论是个人起诉还是机关、企业、团体起诉，以及人民检察院对于有关国家和人民利益的重要民事案件提起诉讼，都应当提交诉状并按被告人数提出诉状副本。当事人不能写诉状的，可以由法律顾问处或者人民法院接待室代写。同时强调诉状格式可以参照司法部印发的格式试行，但对群众自写的诉状则不宜强求使用一定格式的状纸。在此基础上，第二部分即"审理案件前的准备工作"补充规定了接受案件实行实质审查原则。具体而言，法院在接受案件的时候，应当审查原告人有无诉讼请求权，案件是否应归人民法院处理和应否归本法院管辖。原告人没有诉讼请求权的，应当用裁定驳回，并将裁定书送达原告人；对依法应当由行政机关处理的或者不属于本法院管辖的案件，应当分别移送有关机关或者有管辖权的人民法院处理。参见中国社会科学院法学研究所民法研究室民诉组、北京政法学院诉讼法教研室民诉组合编：《民事诉讼法参考资料（第二辑·第一分册）》，法律出版社 1981 年版，第 209～210 页。

已经呈现出立案制度的雏形，大大促进了我国立案制度的体系化和制度化，为后来民事诉讼法、行政诉讼法规定立案制度奠定了基础。

但新中国成立初期，我国几乎照搬苏联高度集中的计划经济体制，整个社会的运转完全依靠行政命令和指定性计划。在这种体制下，民事纠纷产生的机会相对较少，仅有的民事纠纷也主要集中在婚姻家庭领域。同时，我国社会主义法制建设几乎是从零开始的，"从零开始"意味着我国既缺少民事案件判决的实体法依据，也缺少专业的审判人才。这一时期的情况客观上造成了"调解"成为民事审判工作最主要的方式，1963 年，第一次全国民事审判工作会议提出了"调查研究、就地解决、调解为主"的十二字方针，1964 年又将该方针发展为"依靠群众、调查研究、就地解决、调解为主"的十六字方针。在之后的十多年里，民事审判工作均依此方针展开，法院判决的空间不大，这也导致这段时期我国民事实体法和程序法发展不够充分。

此后"文革"期间，国家民主法制遭到严重破坏，人民法院各项工作受到严重冲击，来之不易的《民事审判程序总结》也随着公检法一起被"砸烂"，民事审判制度的发展处于停滞状态。直至 1978 年改革开放以后，民事诉讼才进入了全面的恢复和发展阶段。

（二）改革开放后立案制度的正规化建设阶段

1. 我国立案审查制的确立

1978 年十一届三中全会后，改革开放成为整个国家和社会的主旋律。几乎停滞的法制建设迎来了一个快速发展的阶段，各类为配合改革所需的法律法规相继出台，社会主义法制建设重新开始。

1979 年最高人民法院为了恢复民事诉讼制度，颁发了《人民法院审判民事案件程序制度的规定（试行）》，其第一部分"案件受理"中规定的法院立案要求比 1956 年《民事审判程序总结》规定的立案要求宽松，"凡有明确的原告、被告和具体的诉讼要求，应由人民法院调查处理的民事纠纷，均应立案处理。人民法院不得把基层组织、有关单位的调解和介绍信作为受理案件的必要条件"。①

---

① 《人民法院审判民事案件程序制度的规定（试行）》，http：//www.law-lib.com/law/law_view1.asp？id=43871，2023 年 12 月 10 日最后访问。

此时法院民事诉讼立案的要求包括：有明确的当事人，有具体的诉讼请求，属于法院主管的范围。如此表述已经比较接近当今实行的立案登记制了，可惜这只是昙花一现。

随着 1982 年《民事诉讼法（试行）》的颁布，民事诉讼制度基本确立。"起诉和受理"作为单独的章节专门规定在第一审程序普通程序之中，从程序结构设计来看，立案被作为一个独立于审判的专门的诉讼阶段。《民事诉讼法（试行）》规定了民事案件的起诉条件（第 81 条），起诉方式（第 82、83 条），法院对不符合受理条件之起诉的处理（第 84 条）以及法院对起诉审查的程序（第 85 条）。① 从第 84、85 条规定可见，此时立案模式实行立案审查制度，法院会对当事人、法院的主管、法院的管辖、是否重复起诉以及特殊案件的起诉条件进行审查，符合"受理条件"的，法院才会立案。

1991 年通过的《民事诉讼法》基本沿袭了《民事诉讼法（试行）》关于立

---

① 1982 年 3 月 8 日第五届全国人民代表大会常务委员会第二十二次会议通过的《中华人民共和国民事诉讼法（试行）》第二编"第一审程序"第十章"普通程序"第一节"起诉和受理"。

第 81 条规定，起诉必须符合以下条件：

（一）原告是与本案有直接利害关系的个人、企业事业单位、机关、团体；

（二）有明确的被告、具体的诉讼请求和事实根据；

（三）属于人民法院管辖范围和受诉人民法院管辖。

第 82 条规定，起诉应当向人民法院递交起诉状，并按被告人数提出副本。

书写起诉状确有困难的，可以口诉，由人民法院记入笔录，并告知对方当事人。

第 83 条规定，起诉状应当记明以下事项：

（一）当事人的姓名、性别、年龄、民族、籍贯、职业、工作单位和住址，企业事业单位、机关、团体的名称、所在地和法定代表人的姓名、职务；

（二）诉讼请求和所根据的事实与理由；

（三）证据和证据来源，证人姓名和住址。

第 84 条规定，人民法院对于下列起诉，分别情况，予以处理：

（一）违反治安管理处罚条例的案件，告知原告向公安机关申请解决；

（二）依法应当由其他行政机关处理的争议，告知原告向有关行政机关申请解决；

（三）对判决、裁定已经发生法律效力的案件，当事人又起诉的，告知原告按申诉处理；

（四）依法在一定时期内不得起诉的案件，在不得起诉的期限内起诉的，不予受理；

（五）判决不准离婚的案件，没有新情况、新理由，在六个月内又起诉的，不予受理。

第 85 条规定，人民法院接到起诉状或者口头起诉，经审查，符合本法规定的受理条件的，应当在七日内立案；不符合本法规定的受理条件的，应当在七日内通知原告不予受理，并说明理由。

案的规定，我国的立案审查制度得以确立。《民事诉讼法》（1991 年）规定了民事案件的起诉条件（第 108 条）、起诉方式（第 109、110 条）、法院对起诉的处理（第 111 条）以及法院对起诉审查的程序（第 112 条）。①

1997 年《最高人民法院关于人民法院立案工作的暂行规定》进一步将立案审查制具体化，规定了立案工作的范围、人民法院对当事人的起诉应当审查的内容、原告起诉时要提交证明其诉讼请求的主要证据、立案的详细过程、立案后案件向审判庭的移送、二审的立案程序等内容，为法院的立案审查工作提供了具有可操作性的规范依据。

2007 年修改的《民事诉讼法》对"立案与受理"的规定没有改动。2012 年

---

①　1991 年 4 月 9 日第七届全国人民代表大会第四次会议通过《中华人民共和国民事诉讼法》，第二编"审判程序"第十二章"第一审普通程序"第一节"起诉和受理"。

第 108 条规定，起诉必须符合下列条件：

（一）原告是与本案有直接利害关系的公民、法人和其他组织；

（二）有明确的被告；

（三）有具体的诉讼请求和事实、理由；

（四）属于人民法院受理民事诉讼的范围和受诉人民法院管辖。

第 109 条规定，起诉应当向人民法院递交起诉状，并按照被告人数提出副本。

书写起诉状确有困难的，可以口头起诉，由人民法院记入笔录，并告知对方当事人。

第 110 条规定，起诉状应当记明下列事项：（一）当事人的姓名、性别、年龄、民族、职业、工作单位和住所，法人或者其他组织的名称、住所和法定代表人或者主要负责人的姓名、职务；（二）诉讼请求和所根据的事实与理由；（三）证据和证据来源，证人姓名和住所。

第 111 条规定，人民法院对符合本法第一百零八条的起诉，必须受理；对下列起诉，分别情形，予以处理：（一）依照行政诉讼法的规定，属于行政诉讼受案范围的，告知原告提起行政诉讼；（二）依照法律规定，双方当事人对合同纠纷自愿达成书面仲裁协议向仲裁机构申请仲裁、不得向人民法院起诉的，告知原告向仲裁机构申请仲裁；（三）依照法律规定，应当由其他机关处理的争议，告知原告向有关机关申请解决；（四）对不属于本院管辖的案件，告知原告向有管辖权的人民法院起诉；（五）对判决、裁定已经发生法律效力的案件，当事人又起诉的，告知原告按照申诉处理，但人民法院准许撤诉的裁定除外；（六）依照法律规定，在一定期限内不得起诉的案件，在不得起诉的期限内起诉的，不予受理；（七）判决不准离婚和调解和好的离婚案件，判决、调解维持收养关系的案件，没有新情况、新理由，原告在六个月内又起诉的，不予受理。

第 112 条规定，人民法院收到起诉状或者口头起诉，经审查，认为符合起诉条件的，应当在七日内立案，并通知当事人；认为不符合起诉条件的，应当在七日内裁定不予受理；原告对裁定不服的，可以提起上诉。

修改的《民事诉讼法》在立案环节增加了先行调解制度①，在立法上首次规定了"人民法院应当保障当事人依照法律规定享有的起诉权利"②。虽然此次修改关注到要保障当事人的起诉权，但从第 124 条③关于人民法院对原告的起诉分情形予以处理的规定来看，立案审查制的本质属性没有改变。

在立案审查制下，我国立案制度又经历了"立审合一"与"立审分立"两个阶段。

2. "立审合一"阶段

1982 年《民事诉讼法（试行）》施行时，法院并未设置专门的立案庭，民事案件的立案是由民事审判庭进行的，即"立审合一"模式。"立审合一"是指由法院各个业务庭独自对案件进行立案审查与案件审理，即"谁立案谁审理"。

"立审合一"模式使立案审查依附于审判程序，同一审判庭负责同一案件的立案和审理，立案、审理没有明确的区分，容易发生以结代立、不结不立；容易

---

① 《民事诉讼法》（2012 年）第 122 条规定，当事人起诉到人民法院的民事纠纷，适宜调解的，先行调解，但当事人拒绝调解的除外。

② 《民事诉讼法》（2012 年）第 123 条规定，人民法院应当保障当事人依照法律规定享有的起诉权利。对符合本法第 119 条的起诉，必须受理。符合起诉条件的，应当在七日内立案，并通知当事人；不符合起诉条件的，应当在七日内作出裁定书，不予受理；原告对裁定不服的，可以提起上诉。

③ 《民事诉讼法》（2012 年）第 124 条规定，人民法院对下列起诉，分别情形，予以处理：

（一）依照行政诉讼法的规定，属于行政诉讼受案范围的，告知原告提起行政诉讼；

（二）依照法律规定，双方当事人达成书面仲裁协议申请仲裁、不得向人民法院起诉的，告知原告向仲裁机构申请仲裁；

（三）依照法律规定，应当由其他机关处理的争议，告知原告向有关机关申请解决；

（四）对不属于本院管辖的案件，告知原告向有管辖权的人民法院起诉；

（五）对判决、裁定、调解书已经发生法律效力的案件，当事人又起诉的，告知原告申请再审，但人民法院准许撤诉的裁定除外；

（六）依照法律规定，在一定期限内不得起诉的案件，在不得起诉的期限内起诉的，不予受理；

（七）判决不准离婚和调解和好的离婚案件，判决、调解维持收养关系的案件，没有新情况、新理由，原告在六个月内又起诉的，不予受理。

《民事诉讼法》（2012 年）第 124 条的表述与《民事诉讼法》（2007 年）第 111 条《民事诉讼法》（1991 年）第 111 条的表述基本一致。

发生以结果为导向的选择性立案。立案与审理的职能分工存在一定的模糊性和随意性，导致该立案不立案、不该立案却予以立案等立案的"难与乱"现象时有发生。① "立审合一"模式带来的弊端为"立审分立"改革埋下了伏笔。

3. "立审分立"探索

我国法院系统自 20 世纪 80 年代末开始了"立审分立"的改革与探索。在 1986 年 11 月召开的全国法院信访工作座谈会上，最高人民法院宣布重大改革举措，设置告诉申诉庭，专门负责对民事、经济、刑事自诉案件的起诉进行审查，凡符合起诉条件者，由告诉申诉庭立案后交由相关审判庭进行审理。② 随后，在这一改革措施的引领下，全国各地法院逐步试行立审分立、审监分立，相继设立立案与审监合一的"统管型"告诉申诉庭。③ 虽然全国各地许多法院设立了告诉申诉庭，但实务操作依然遵循立审合一的惯常模式，由各业务庭先对案件进行立案审查，再将案件移交告诉申诉庭登记备案，这导致告诉申诉庭的设置流于形式。④ 为改变这一局面，1993 年 7 月 27 日，时任最高人民法院副院长高昌礼在全国高级法院院长座谈会上讲话指出要对"立审分立"问题进行试验，以健全法院内部监督机制，解决群众"告状难"的问题。⑤

经过几年司法实践的探索与积累，最高人民法院于 1997 年 4 月 21 日颁行的《最高人民法院关于全国立案工作的暂行规定》（以下简称《立案暂行规定》）第 5 条规定"人民法院实行立案与审判分开的原则"，从此，"立审分立"原则正式确立。作为制度改革的配套，《立案暂行规定》明确了人民法院的立案工作由专门机构负责。此专门机构可以设立在告诉申诉庭内，命名为"某某人民法院立案室"；也可以单独设立，命名为"某某人民法院立案庭"。⑥ 此后全国各级法

---

① 参见姜启波、李玉林：《案件受理》，人民法院出版社 2005 年版，第 36 页。

② 参见王靖红：《推行立审分离改革势在必行》，载《人民司法》1994 年第 9 期。

③ 参见姜启波、李玉林：《案件受理》，人民法院出版社 2005 年版，第 37 页。

④ 参见张嘉军：《立案登记制背景下立案庭的定位及其未来走向》，载《中国法学》2018 年第 4 期。

⑤ 高昌礼：《在全国高级法院院长座谈会上的讲话》，载《最高人民法院公报》1993 年第 3 期，http：//gongbao. court. gov. cn/Details/c046dd7bb33198eb1624c595ca26aa. html。

⑥ 《最高人民法院关于全国立案工作的暂行规定》第 6 条规定，人民法院的立案工作由专门机构负责，可以设在告诉申诉审判庭内；不设告诉申诉审判庭的，可以单独设立。

院积极响应，建立专门的立案机构。

至 1999 年 6 月，全国 31 个省、自治区、直辖市的 3424 个法院中有 3315 个法院成立了立案机构，实现了全部或部分的立审分立，占 96.82%。① 在 1999 年 9 月全国法院立案工作座谈会上，最高人民法院肯定了"立审分立"改革取得的成绩，对"立审分立"的落实工作做了进一步指示，要求健全机构，统一职责，完善制度，规范管理，在全面实施立审分立、贯彻落实暂行规定的基础上，逐步建立起公开、公正、高效、规范、有序的立案工作机制和审判管理模式。② 1999 年 10 月 20 日，最高人民法院公布《人民法院五年改革纲要》，明确将"三个分立"③ 与建立科学的案件流程管理制度作为各级法院的改革目标。④ 到了 2000 年，最高人民法院要求进行机构改革，设立专门的立案庭，明确立案庭的职能为承担一审、二审、执行、再审案件的立案与案件审判流程管理等。⑤ 自此，这种由立案庭专门负责立案、由审判庭负责案件审理的"立审分立"模式被固定了下来并沿用至今。

"立审合一"到"立审分立"是由传统"粗放式"审判到"精细化"审判的转变，也是从重实体轻程序到重视程序的观念转变，是经济体制改革对司法改革影响的一个缩影。"立审分立"模式下，立案与审理职能相互分立，两者独立运行，互不干扰，一方面有利于解决"立审合一"模式下业务庭以结果为导向选择性立案、以结代立、不结不立的问题；使审判权的内部分工更加科学，有利于提高法院办案效率与办案质量。但另一方面，立案庭利用立案审查制设立"层层关卡"，将大量的纠纷挡在了法院大门之外，"立案难"的问题并没有得到根本解决。

二、我国行政诉讼立案制度的发展历程

行政诉讼是改革开放以后市场经济发展的产物。1978 年改革开放以后，在

---

① 参见《最高人民法院关于全国法院立案工作座谈会纪要》（法 ［1999］ 186 号）。
② 参见《最高人民法院关于全国法院立案工作座谈会纪要》（法 ［1999］ 186 号）。
③ 即立案与审判、审判与监督、审判与执行"三个分立"。
④ 参见《人民法院五年改革纲要 （1999—2003）》（法发 ［1999］ 28 号）。
⑤ 参见《中国改革开放新时期年鉴 2000》，中国民主法制出版社 2014 年版，第 636 页。

市场经济体制下，政府在用法律手段管理经济、社会的过程中，行政许可、行政指导、行政合同等新型管理手段不断涌现，随着行政管理手段和方式逐渐多元化、复杂化，行政纠纷也日益增多。为了保护自己的合法权益不受违法行政行为的侵害，人民群众迫切希望建立行政救济制度。行政机关为适应改革开放，建立廉洁高效的政府，也需要有一套对行政机关及其工作人员依法行使职权的外部监督机制。行政诉讼制度正是通过日常的诉讼程序对受到违法行政行为侵犯的公民、法人和其他组织提供一个广泛而经常的救济手段，来达到促使行政机关依法行政的目的。客观的需要、主观的需求与现实的可能相结合，就使得行政诉讼制度在改革开放形势下得以迅速建立起来。①

在 1989 年《行政诉讼法》实施之前，关于行政诉讼的规定散见于一些单行法中，例如 1980 年《中外合资经营企业所得税法》第 15 条规定："合营企业同税务机关在纳税问题上发生争议时，必须先按照规定纳税，然后再向上级税务机关申请复议。如果不服复议后的决定，可以向当地人民法院提起诉讼。"此后 1982 年《海洋环境保护法》、1985 年《外国人入境出境管理法》《中国公民出境入境管理法》、1986 年《治安管理处罚条例》等法律法规中都出现了当事人对行政机关的行政决定不服可以向人民法院起诉的规定。

在 1989 年之前法院审理行政案件程序法方面，是依据 1982 年《民事诉讼法（试行）》第 3 条第 2 款，"法律规定由人民法院审理的行政案件，适用本法规定"。该条款的含义是依据单行法律的规定，当事人可以以行政机关为被告向法院提起诉讼，法院依据民事诉讼法的规定受理并审理案件。可见我国行政诉讼制度是在民事诉讼制度的基础之上发展起来的。行政诉讼很多制度与民事诉讼具有同源性，立案制度就是如此。但在当时的司法实践中，由于缺乏可供借鉴的经验，行政案件的立案并没有像《民事诉讼法（试行）》规定立案程序进行。1987 年被称为全国"民告官"第一案的包郑照诉苍南县政府强制拆除案，最开始法院没有受理原告包郑照的起诉，包郑照为立案四处奔走，最后受到浙江省高级人民法院院长的关注，浙江省高院通过指定管辖，指定温州中院受理此案，案

---

① 参见林莉红著：《行政诉讼法学》（第三版），武汉大学出版社 2009 年版，第 38~39 页。

件才得以进入司法程序。① 这段时期行政诉讼案件少，但很珍贵，为以后的行政审判积累了经验。

经过长期的实践和探索，1989 年《行政诉讼法》诞生了。1989 年《行政诉讼法》对"起诉与受理"专门作为一章进行规定。其中第 41 条②关于起诉条件的规定，第 42 条③关于立案审查的规定与 1982 年《民事诉讼法（试行）》第 81 条（起诉条件）和第 85 条（立案审查）的规定基本相似，我国行政诉讼立案制度沿用了民事诉讼的立案审查制。

行政诉讼的立案制度同样也经历了"立审合一"到"立审分立"的过程。"立审分立"模式推动了行政诉讼立案工作的规范化与专业化。行政诉讼的"立审分立"更多是在形式上表现为立案庭与审判庭的分立。由于行政诉讼起诉条件异于民事诉讼起诉条件，立案庭的法官对行政诉讼起诉条件的审查并不专业，行政案件的立案一般由行政庭审查，认为符合受理条件再转交立案庭登记立案。所以这一时期行政诉讼的"立审分立"，并不是真正意义上的"立审分立"。"立审分立"模式同样没有改变行政诉讼"立案难"的困境。

三、21 世纪立案制度的突破性发展

为了解决司法实践中的"立案难"问题，我国诉讼法学界和实务界就立案制度的改革进行了诸多论述和探讨，2004 年张卫平教授发表了《起诉条件与实体判决要件》一文，指出我国的立案审查制是导致"立案难"的制度上的原因，法院立案审查的起诉条件太高，当事人的诉状很难进入法院。④ 2005 年江伟教授在《〈中华人民共和国民事诉讼法〉修改建议稿（第 3 稿）》第 268 条明确提出："当事人向人民法院提起诉讼，人民法院应当立案登记。人民法院不得拒收

---

① 孟焕良：《中国行政诉讼第一案始末》，载《人民法院报》2018 年 10 月 29 日第 5 版。

② 1989 年《行政诉讼法》第 41 条规定，提起诉讼应当符合下列条件：（一）原告是认为具体行政行为侵犯其合法权益的公民、法人或者其他组织；（二）有明确的被告；（三）有具体的诉讼请求和事实根据；（四）属于人民法院受案范围和受诉人民法院管辖。

③ 1989 年《行政诉讼法》第 42 条规定，人民法院接到起诉状，经审查，应当在七日内立案或者作出裁定不予受理。原告对裁定不服的，可以提起上诉。

④ 参见张卫平：《起诉条件与实体判决要件》，载《法学研究》2004 年第 6 期，第 64 页。

当事人的起诉状。当事人将起诉状提交人民法院之时期间开始计算，并发生诉讼时效中断的效力。"① 江伟教授以立法建议的形式，首次提出了立案登记制，即当事人提交的起诉状只要符合规定的格式要求，法院就应当登记立案，不需要进行审查，对起诉条件的审查应放在登记立案之后，只有这样才能解决立案难，有效保障当事人的诉权。② 这部讨论稿，一经发表就引起学术界的强烈反响。与此同时，实务部门却提出了不同意见，认为立案登记制会给法院带来无法承受的案件压力，我国设立立案登记制度的时机并不成熟。虽然 2007 年、2012 年两次修改《民事诉讼法》都没有采纳立案登记制，但这并不代表我国立案制度的改革就此画上句号。有关立案制度改革的争论与分歧，让我们对"立案难"问题有了更加全面的认识，也为立案制度的改革做了更充分的准备。

进入 21 世纪我国经济进入了高速发展阶段③，人民日益增长的司法需求与有限的司法资源之间的矛盾日益突出。2000 年以后，不论是全国法院一审案件收案数，还是全国法院行政案件一审案件收案数都呈增长趋势。尤其 2006 年以后，增长趋势越发明显。④（见图 1.1、1.2）立案难问题已成为司法改革中迫切需要解决的首要问题。

最高人民法院为了解决行政诉讼"立案难"，在这段时间也做了很多探索。最高人民法院曾在 2007 年出台了《关于行政案件管辖若干问题的规定》，希望通过提高审级来应对行政机关对行政立案施加的影响，这是希望通过制度规则减少外部因素对立案的影响。2009 年，最高人民法院印发了《关于依法保护行政诉讼当事人诉权的意见》，针对行政诉讼"告状难"的问题提出了六条意见，明确

---

① 参见江伟：《〈中华人民共和国民事诉讼法〉修改建议稿（第 3 稿）及立法理由》，人民法院出版社 2005 年版，第 240 页。

② 参见江伟：《〈中华人民共和国民事诉讼法〉修改建议稿（第 3 稿）及立法理由》，人民法院出版社 2005 年版，第 240 页。

③ 1978 年改革开放至 2000 年之前，在这 23 年间，只有 1979—1982、1984 年 5 个年度，居民人均可支配收入比上年增长率达到两位数。而 2001 年之后，中国经济进入高速增长，从 2002 年到 2012 年 11 年间有 8 个年度，居民人均可支配收入比上年增长率达到两位数。详细数据见附录 2。数据来源国家统计局国家数据，https：//data. stats. gov. cn/easyquery. htm？cn＝C01。

④ 数据来源：国家统计局. 国家数据. 年度数据. 人民法院审理一审案件情况，https：//data. stats. gov. cn/easyquery. htm？cn＝C01。

图 1.1 全国法院一审案件收案数（2000 年—2014 年）

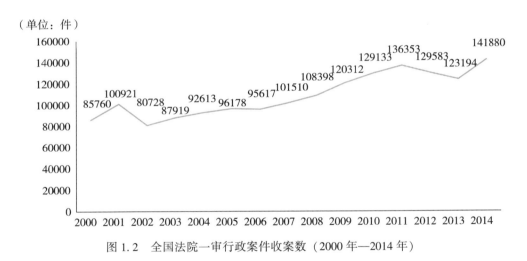

图 1.2 全国法院一审行政案件收案数（2000 年—2014 年）

了法院立案时不得随意限缩受案范围以及违法增设受理条件。但在立案审查制下，单就行政诉讼法规定的起诉条件之审查，行政诉讼的立案就是一道难以逾越的门槛。

依学术探讨的理论准备、解决"立案难"的现实需求、司法实践中探索经验的积累以及党中央坚持以人民为中心的决心，2014 年中国共产党在十八届四中全会中明确提出改革法院案件受理制度，变立案审查制为立案登记制。

四、立案登记制的全面布局阶段

(一) 党中央文件对立案登记制的部署

为保障公民诉讼利益，全面推进依法治国进程，中共中央审时度势，2014 年 10 月 23 日，中国共产党第十八届中央委员会第四次全体会议通过《中共中央关于全面推进依法治国若干重大问题的决定》（以下简称《决定》），首次提出"改革法院案件受理制度，变立案审查制为立案登记制，对人民法院依法应该受理的案件，做到有案必立、有诉必理，保障当事人诉权"。虽然《决定》对立案登记制只做了原则性的规定，但是《决定》为立案制度由立案审查制变为立案登记制提供了强有力的政治支持，对后续相关立法、司法解释和司法文件的制定起到了引领作用。

(二) 立法对立案登记制的确认

《决定》通过后，《行政诉讼法》几乎立刻对立案登记制作出了回应。2014 年 11 月 1 日修改的《中华人民共和国行政诉讼法》新增了立案登记制。这一修改标志着立案登记制在我国首次得到立法的确认。《行政诉讼法》（2014 年）第 51 条对立案登记制作了具体规定，该规定契合了《决定》确立的立案登记制度改革精神，其中"应当登记立案"在字面上呼应了《决定》中"变立案审查制为立案登记制"的表述，自此司法实践中的立案工作有法可依。随后，2014 年 12 月 18 日通过的《最高人民法院关于适用〈中华人民共和国民事诉讼法〉的解释》第 208 条①也规定了对民事起诉应当登记立案。2015 年 2 月 4 日，为全面深

---

① 《民事诉讼法》中一直没有出现立案登记制。在 2017 年、2021 年两次修改民事诉讼法，都没有规定立案登记制。民事诉讼的立案登记制规定在民事诉讼法的司法解释中。2014 年 12 月 18 日最高人民法院审判委员会第 1636 次会议通过的法释〔2015〕5 号《最高人民法院关于适用〈中华人民共和国民事诉讼法〉的解释》第 208 条规定，人民法院接到当事人提交的民事起诉状时，对符合民事诉讼法第 119 条的规定，且不属于第 124 条规定情形的，应当登记立案；对当场不能判定是否符合起诉条件的，应当接收起诉材料，并出具注明收到日期的书面凭证。需要补充必要相关材料的，人民法院应当及时告知当事人。在补齐相关材料后，应当在七日内决定是否立案。立案后发现不符合起诉条件或者属于民事诉讼法第 124 条规定情形的，裁定驳回起诉。最高人民法院在 2020 年和 2022 年两次修改该司法解释，但这一条规定一直沿用。

化法院各项改革，最高人民法院以法发〔2015〕3号印发《关于全面深化人民法院改革的意见——人民法院第四个五年改革纲要（2014—2018）》在"优化人民法院内部职权配置"部分，重申《决定》对立案登记制的改革精神，指出"改革案件受理制度。变立案审查制为立案登记制，对人民法院依法应该受理的案件，做到有案必立、有诉必理，保障当事人诉权"。

（三）司法文件对立案登记制的落实

从2014年底到2015年初，立案登记制改革在江苏省沭阳县人民法院、辽宁省沈阳市和平区法院、四川省郫县人民法院和北京市第四中级人民法院进行试点。在试点经验的基础上，2015年4月1日中央全面深化改革领导小组第十一次会议审议通过《关于人民法院推行立案登记制改革的意见》（以下简称《立案改革意见》）。《立案改革意见》对立案登记制改革的具体内容进行了详细说明，其从指导思想、登记立案范围、登记立案程序、健全配套机制、制裁违法滥诉与加强立案监督六个方面对立案登记制度进行了全面且详细的说明。自此，我国立案登记制度的框架与具体内容基本明晰。之后，在《立案改革意见》的基础上，2015年4月13日最高人民法院通过《最高人民法院关于人民法院登记立案若干问题的规定》（以下简称《立案若干规定》）。《立案若干规定》又对实践中人民法院关于立案登记制的具体操作做了更为细化的规定。以上两份文件的出台，标志着我国已经在制度层面上基本实现了立案审查制到立案登记制的改革。2015年5月1日，随着《行政诉讼法》《立案若干规定》的实施，立案登记制在全国开始全面施行。从此我国司法制度翻开了新的篇章。

通过多年的探索，一个畅通的立案入口逐渐建立起来。从"立案审查制"到"立案登记制"，人民法院案件受理制度发生了根本性、革命性变化。"有案不立、有诉不理、拖延立案、抬高门槛"等问题基本得到解决，更多的纠纷矛盾得以被纳入法治渠道解决，司法信任、司法权威得以加强，司法制度更加自信。

对事物的认识是一个辩证发展的过程。不论是"立审合一"还是"立审分立"，无论是立案审查制还是立案登记制，都是当时历史条件下对"立案"认识的客观反映，只有经历前一个阶段的辩证认识之后，才会有下一个阶段的科学认识。无论是"立审合一""立审分立"，还是立案审查制的探索都是有意义的。

这些宝贵的探索经验为立案登记制的出台奠定了基础。

"立案难"问题也不是自改革开放就有的，它也是随着经济体制改革的发展，当人民群众的司法需求与司法资源之间不平衡的矛盾出现时，才逐步产生。这么多年来，我国法院为解决"立案难"一直在努力。随着立案制度更加科学、便民，法院的机构管理也更加科学、高效。

立案制度的改革是我国司法改革的一个缩影，也是我国整个经济体制改革的一个缩影，立案制度的改革发展与我国经济体制改革的发展是相适应的。如今实行的立案登记制也并不完美，随着社会的发展，还会出现新情况新问题。我们一直要坚持"以人民为中心"，保持初心，无惧新情况新问题，不断进行改革。

第三节　立　案　模　式

只要有诉讼制度存在，立案制度就必然以某种模式运行着。立案模式，是在当事人向法院起诉后，法院工作人员审查起诉材料并决定受理与否的标准与程序。在不同国家、地区以及不同历史时期，由于立法价值及司法政策的差异，立案模式不尽相同。在探讨立案模式之前，我们先来辨析起诉要件、诉讼要件、本案要件以及诉讼系属这四个概念。①

首先，起诉要件，又称为"诉的成立要件"或"提起诉讼的条件"，是诉得以成立、客观存在的条件，是行政诉讼得以开始的条件。一般来说诉的成立要件与诉的构成要素相关，只要具备了诉的构成要素，"诉"就成立了。诉的构成要素包括当事人、诉讼标的和诉的理由。原告的起诉只要能够明确当事人，能够明确诉讼标的，以及有诉的理由，其作为诉讼法意义上的"诉"就成立了，就可以成为法院审理的对象。如果欠缺起诉要件，法院会退回原告的起诉。起诉要件并不等于我国诉讼法上规定的"起诉条件"。域外相关立法没有"起诉条件"的规

---

① "诉讼要件"与"本案要件"这两个概念来自于大陆法系诉讼法。"起诉要件"是我国诉讼法上的概念，我国诉讼立法上有"起诉条件"的规定，但没有"诉讼要件"和"本案要件"的规定。英美法系没有这些要件的规定和学说。"诉讼系属"是大陆法系诉讼法上的概念。

定，域外对起诉，一般只规定以起诉状的方式提起诉讼以及起诉状应当记载的内容。起诉状中应记载的内容就是起诉要件的体现，这些只是起诉的形式要求，对于起诉来说不能称之为"条件"。而我国诉讼法上的起诉条件比起诉要件的范围要广，不仅包括起诉要件还包括诉讼要件。

其次，诉讼要件，又称为"诉的合法要件""诉的适法要件"，是案件能够进行实体审理作出本案实体判决的前提条件。"通俗地说是运用国家制定的诉讼制度的条件。"① 当事人的起诉具备了起诉要件，只表明诉成立了，该诉能够进入诉讼程序，第一审程序得以开启。但进入诉讼程序的诉并非都是合法的，还须具备诉讼要件。诉讼要件是由法律规定的，大陆法系各国家和地区对诉讼要件的规定不尽相同。诉讼要件一般包括法院是否有管辖权、当事人是否适格、是否存在重复起诉、是否超过起诉期限、是否属于行政复议前置等。具备诉讼要件，该诉在诉讼法上才是合法的，法院才能对案件进行实体审理进而作出实体裁判。如果欠缺诉讼要件，法院会驳回原告起诉。

再次，本案要件是指原告诉讼请求获得法院肯定性支持的条件。满足起诉要件，案件进入诉讼程序，第一审程序开始；满足诉讼要件后，当事人可以获得法院的实体裁判；但当事人想要获得胜诉的实体裁判，还需具备本案要件。起诉要件与诉讼要件与案件的程序事项相关，而每个案件的本案要件与该案的实体内容相关。

最后，诉讼系属是指因起诉而使有关诉讼案件处于法院对其进行审理和裁判的一种状态。这种状态要持续至该诉讼作出确定判决为止，或当事人提出撤诉而终结诉讼为止。② 诉讼系属是大陆法系诉讼法上的概念。在大陆法系，一般认为原告提起诉讼就产生诉讼系属。诉讼系属会产生诸如管辖恒定、当事人确定、诉讼标的恒定、禁止重复起诉等诉讼法上的效果。从开启第一审诉讼程序这一点来说，诉讼系属与我国的立案相类似。

纵观现代法治国家和地区的司法实践，根据法院对起诉审查内容的不同以及

---

① ［日］盐野宏著：《行政法》，杨建顺译，姜明安审校，法律出版社1999年版，第313页。

② 毕玉谦：《民事诉讼起诉要件与诉讼系属之间关系的定位》，载《华东政法学院学报》2006年第4期。

何时进行审查为标准，可将立案制度分为诉状模式、事前审查模式、诉案模式以及可审案模式四种。①

一、诉状模式

诉状模式，是指只要当事人向法院提交符合形式要求的诉状，法院就将诉状登记在登记簿上，给该案以案号，诉讼程序开启。此诉讼程序开启的形式主要是通过将诉状登记在登记簿上，取得登记簿上的案号，从而成为法院的案件。因此，诉状模式也被称为"诉状登记模式"或"登记簿模式"②。诉状模式对诉讼程序的开启几乎没有条件，如果说有条件，也只要求原告的起诉状形式合格，即起诉状具备法律规定的内容。在诉状模式下，法院不对纠纷本身进行任何程序或实体审查，当事人提交了符合形式要求的诉状，法院就必须予以登记，故我国学界所称的"立案登记制"指的是诉状模式，③ 也有学者称之为"立案登记制的绝对模式"。④

（一）英美法系的诉状模式

英美法系的行政诉讼称为司法审查（Judicial Review），司法审查作为民事诉讼的特别程序，由普通法院适用民事诉讼程序进行。英美法系国家在民事诉讼立法上没有起诉条件的规定，法院只对诉状作形式上的审查，通过登记程序即可确认原告起诉行为的效力，一份合格的诉状即可导致诉讼程序的启动。在英美法系，原告向法院递交起诉状，诉讼就开始了。

英美法系国家的诉讼程序由审前准备和开庭审理两个阶段构成，其中诉答程序又可作为审前准备阶段一个相对独立的部分。英美法系奉行当事人主义，即诉讼程序的启动、继续和发展完全依赖当事人，法官不能主动依职权推动诉讼程序

---

① 参见许尚豪、欧元捷：《有诉必案——立案模式及立案登记制构建研究》，载《山东社会科学》2015 年第 7 期。

② 参见段文波：《起诉程序的理论基础与制度前景》，载《中外法学》2015 年第 4 期。

③ 参见夏敏：《"立案登记制"能否穿越现实屏障》，载《中国审判》2007 年第 1 期。

④ 参见梁君瑜：《行政诉讼立案登记制的模式选择及其正当性》，载《上海政法学院学报（法治论丛）》2016 年第 6 期。

的进行。① 在英美法系国家和地区，原告向法院提交起诉状，法院对原告起诉进行登记后，向原告签发诉状表，诉讼程序即告开始。法院签发的诉状表副本由原告向被告送达，再由被告对原告的起诉是否合法进行抗辩。由此观之，英美法系是通过诉答程序中当事人之间的互动来决定程序的开展与进行。由于诉答程序的存在，英美法系几乎不存在由法官依职权来审查判断当事人的起诉是否成立的情形。因此，在英美法系诉讼法上不存在"立案"和"审查起诉"一说，对原告的起诉仅有"登记"。

（二）大陆法系的诉状模式

在大陆法系的法国、德国和我国台湾地区，一份形式完备的诉状就能启动行政诉讼程序，法院对诉状进行登记后产生诉讼系属。当事人向法院提交诉状时诉讼程序开启，这是两大法系诉状模式的相同点。但两者在诉讼程序开启后的做法就不一样，这是当事人主义和职权主义区别的体现。在英美法系，原告起诉，诉讼程序开始，基于当事人主义起诉状的副本由原告向被告送达，原告的起诉是否成立、是否合法由被告进行抗辩。而在大陆法系，原告起诉以后案件诉讼系属于法院，基于职权主义，由法院依职权对原告之诉的起诉要件、诉讼要件进行审查。

《法国行政诉讼法典》规定的起诉方式没有民事诉讼五种起诉方式那么多，只有提交诉状这一种方式。② 法院书记室的书记员收到原告诉状以后，会审查诉

---

① 当事人主义的基本含义可以概括为两个方面，一是指民事诉讼程序的启动、继续和发展依赖于当事人，法官不能主动依职权推动民事诉讼程序的进行。二是指裁判所依据的证据资料只能依赖于当事人，作为法院判断对象的主张只能来源于当事人，法官不能在当事人指明的证据范围以外依职权主动收集证据。参见张卫平：《大陆法系民事诉讼与英美法系民事诉讼——两种诉讼体制的比较分析（上）》，载《法学评论》1996 年第 4 期。

② 根据《法国行政诉讼法典》（2000 年）第 R411-1 条 "向行政审判机关起诉需要提交诉讼状。诉讼状中应该载明各方当事人的姓名和住址。诉讼状包括对事实和理由的陈述，以及向法官提出的诉讼请求。若诉讼状中未陈述任何的理由，其必须在诉讼时效截止前向法院提交一份包括了一项或数项理由的补充诉讼状，该诉讼状才得到补正变得合法有效"之规定，在法国提起行政诉讼，只有提交诉讼状这一种方式。

而依《法国民事诉讼法》第 54 条 "除当事人向法院书记室提交诉状或声明以及诸当事人愿意出庭，诉讼由此提起之情形以外，本诉得以当事人提出传唤状或者以向法院书记室提交共同诉状提出"之规定，在法国提起民事诉讼的方式有五种，包括：原告向被告提出传唤状、当事人自愿到庭、向法院书记室提交共同诉状、提交诉状、向法院书记室提出口头声明或者寄送挂号信。

状记载的内容是否完备;① 原告是否提供了符合法律规定的诉状副本数量;② 当事人或诉讼代理人是否签名。③ 诉状符合要求,书记室的书记员予以登记,同时在诉状上盖章证明收到诉状的时间。另外会给各方当事人出具一份注明诉状到达书记室日期的证明。④ 即使前述形式要求有欠缺,书记室一般不会退回诉状,而是给予原告补正的机会。也就是说,起诉形式上的瑕疵或诉具有不合法的情形都不妨碍诉讼成立。法国行政诉讼的立案,以书记室对诉状进行登记为完成标志。

在德国行政法院进行的第一审程序以诉的提起作为开始。⑤ 德国行政诉讼之

---

① 《法国行政诉讼法典》(2000 年)第 R411-1 条规定,向行政审判机关起诉需要提交诉讼状。诉讼状中应该载明各方当事人的姓名和住址。诉讼状包括对事实和理由的陈述,以及向法官提出的诉讼请求。若诉讼状中未陈述任何的理由,其必须在诉讼时效截止前向法院提交一份包括了一项或数项理由的补充诉讼状,该诉讼状才得到补正变得合法有效。

② 《法国行政诉讼法典》(2000 年)第 R411-3 条规定,提交诉讼状时应该一同提交数份副本,副本的数量应该等于其他涉案当事人的数量再另加两本副本。否则不得受理该诉讼状。

③ 《法国行政诉讼法典》(2000 年)第 R411-5 条规定,若一份诉讼状是由多名自然人或法人提交,原告方的唯一代理人也应该在诉讼状上签字,除非该诉讼状已由通过合法方式任命的一位委托人签字。

否则,书记室就自动视诉讼状上的第一位签字人为上一款所述的唯一代理人,除非其他签字人在他们中任命一位唯一代理人并通知行政审判机关。

④ 《法国行政诉讼法典》(2000 年)第 R413-1 条规定,诉讼状应该提交或邮寄至书记室,除非其他规范有不同规定。

第 R413-2 条规定,若根据其他规定,诉讼状和附带文件被提交或邮寄至非书记室的其他办公室,该办公室的负责人应该在全部文件上盖章注明收到全部文件的日期后,将全部文件转送至书记室。

第 R413-5 条规定,诉讼状由主任书记员登记,若在最高行政法院则由诉讼秘书登记。

此外,诉讼状和附带文件还必须盖章注明收到文件的日期。

第 R413-6 条规定,主任书记员应该向各方当事人出具一份证明,其中注明诉讼状到达书记室的日期,若在最高行政法院则由诉讼秘书出具该证明。若当事人提出请求,该证明也可以证明提交了各项补充诉讼状。

⑤ 《德国行政法院法》第 81 条(诉讼的提起)规定,1. 诉讼以书面方式向法院提起。在行政法院的起诉也可以通过由法院书记官作成笔录的方式提起。2. 除第 55a 条第 2 款第 2 句的规定之外,起诉状与其他所有书状应作成复本送交其他当事人。第 82 条规定(起诉状的内容),1. 起诉必须列明原告、被告及诉讼请求所指向的对象。起诉中应包含有一个确定的请求。应提交作为理由的事实与证据材料,应以原件或复件附具被诉的处置与复议决定。2. 如果起诉不符合上述要求,首席法官或法院组织法第 21g 条规定的主管案件的专职法官(主办法官)应要求原告在一定期限内作出必要的补正。如果起诉缺少第 1 款第 1 句中规定的要件,法官可以对原告确定一个具有排除效力的补正期限。适用第 60 条回复原状的规定。

诉讼系属开始的节点与民事诉讼诉讼系属开始的节点不同，在德国行政诉讼中，诉讼系属并不是随着诉状送达被告才出现，而是随着诉状到达法院产生的。① 这是德国行政诉讼与民事诉讼最主要的区别。②《德国行政法院法》第 81 条有关起诉状的规定属于起诉要件的规定，不是诉讼要件，准确地说不适法的诉，也具有诉讼系属效力。③ 德国行政诉讼诉讼系属开始的实质性时点就是诉状到达法院的时间，即使该法院无管辖权，此诉亦已成立，诉讼程序已开启。

在诉状模式下，诉讼程序的开启都遵循当事人主义，即诉讼程序的开启是由原告起诉行为决定的，原告只要行使了起诉权，提出了合格的诉状，行政诉讼第一审程序就开始了（或者案件系属于法院了）。在诉讼程序开启之前，由法院书记室（或登记处）的工作人员接待当事人起诉。法院书记室的工作人员属于司法辅助人员，其只能接收并登记当事人的诉状，可以对当事人诉状的瑕疵提出建议，但不得拒收当事人的诉状，即使原告的起诉看起来不合法。换言之，在诉讼程序开启之前，无论是英美法系还是大陆法系，都没有法院行使权力的空间。

诉状登记以后，诉讼程序开启。在英美法系，基于当事人主义，由被告对原告的起诉是否成立、是否合法进行抗辩，法官不会主动过问。在大陆法系，诉讼系属以后，诉才开始受职权进行原则的约束，法院才可以依职权对案件的起诉要件、诉讼要件进行审查，并按照必要的步骤，促使程序向前推进。如果发现不符合起诉要件或诉讼要件，能够补正的，先给予当事人限期补正，不能补正的，驳回起诉，而不是"不予受理""不予立案"。

在诉状模式下，起诉状的瑕疵甚至诉"看起来"不合法都不妨碍诉讼成立，即诉的成立要件与合法要件概由诉讼程序开始后一并判断。

---

① 《德国行政法院法》第 90 条（诉讼系属）规定，1. 争议事项因起诉而系属于法院。

② 德国行政诉讼与民事诉讼之诉讼系属发生的时间节点不同，是因为《德国行政法院法》与《德国民事诉讼法》关于起诉的规定不同。《德国民事诉讼法》第 253 条第 1 款规定"起诉，以书状（诉状）之送达为之"。换言之，在德国民事诉讼中，原告的诉状送达到被告起诉才算完成。而《德国行政法院法》第 81 条第 1 款规定"诉讼以书面方式向法院提起。在行政法院的起诉也可以通过由法院书记官作成笔录的方式提起。诉讼"。即原告的诉状提交到法院，原告的起诉就完成了。

③ 参见［德］弗里德赫尔穆·胡芬：《行政诉讼法》，莫光华译，法律出版社 2003 年版，第 550 页。

二、事前审查模式

事前审查模式是指原告提交诉状到被告收到诉状（即诉讼系属）前还存在一时间段，该时间段构成了程序开启的缓冲期间，在此缓冲期间内，法官须对诉状进行"事前审查"。事前审查模式体现在大陆法系德国民事诉讼与日本民事、行政诉讼。

根据《德国民事诉讼法》第 253 条第 1 款规定"起诉，以书状（诉状）之送达为之"。换言之，在德国民事诉讼中，当原告向法院提起诉讼后，诉讼系属尚未发生，要等原告的诉状送达到被告起诉才算完成，诉讼才正式开始。① 当起诉状送达被告之前，法院会对当事人提交的诉状否符合法律规定展开审查。② 确认诉状符合《德国民事诉讼法》第 253 条第 2 款第 2 项的要件后，将传票与诉状

①　《德国民事诉讼法》第 261 条（诉讼系属）规定，诉讼案件于起诉后即发生诉讼系属。在诉讼进行中才提起的请求，如该请求是于言词辩论中提起的，也即发生诉讼系属；或者在合于第 253 条第 2 款第 2 项的要件的书状送达时发生诉讼系属。诉讼系属有下列效力：1. 在诉讼系属期间，当事人双方都不能使该诉讼案性另行发生系属关系；2. 受诉法院的管辖不因决定管辖的情况有变动而受影响。

②　《德国民事诉讼法》第 130 条（书状的内容）规定，准备书状的内容如下：1. 记明当事人及其法定代理人的姓名、身份或职业、住所与当事人的地位；记明法院与诉讼标的；附属文件的件数；2. 当事人要在法院开庭时提出的申请；3. 作为申请的根据用的事实关系；4. 对于对方当事人所主张的事实的陈述；5. 当事人用来证明或反驳事实主张的证据方法，以及对于对方当事人提出的证据方法的陈述；6. 在必须由律师代理进行的诉讼，律师的署名；在其他诉讼，当事人本人的署名，或者当事人的诉讼代理人的署名，或无因管理人的署名。

第 253 条（诉状）规定，起诉，以书状（诉状）之送达为之。诉状应记明下列各点：1. 当事人与法院；2. 提出的请求的标的与原因，以及一定的申请；在法院管辖决定于诉讼标的的价额，而诉讼标的并不是一定的金额时，诉状应记明诉讼标的的价额，并且要表明，是否有不能把案件交付独任法官的原因。除此之外，关于准备书状的一般规定，也适用于诉状。应该送达的诉状和当事人的其他声明与陈述，都应该用书面提出，并且按照其送达或通知所要的份数，附具缮本提交给法院。

第 261 条（诉讼系属）规定，诉讼案件于起诉后即发生诉讼系属。在诉讼进行中才提起的请求，如该请求是于言词辩论中提起的，也即发生诉讼系属；或者在合于第 253 条第 2 项的要件的书状送达时发生诉讼系属。诉讼系属有下列效力：1. 在诉讼系属期间，当事人双方都不能使该诉讼案性另行发生系属关系；2. 受诉法院的管辖不因决定管辖的情况有变动而受影响。

第 271 条（诉状的送达）规定，诉状，应立即送达。送达诉状时，应同时要求被告，如果他要向原告提出防御方法，应即选任律师。

副本送达被告，原告的起诉才算成立，此时产生诉讼系属。

　　《日本行政事件诉讼法》对行政起诉没有规定，依该法第7条①之规定，行政案件的起诉准用日本民事诉讼法之规定。在日本无论是提起民事诉讼还是提起行政诉讼，原告需要向法院提交诉状，诉状必须记载当事人及法定代理人、诉讼请求及原因。② 原告向负责立案的办公室递交诉状，由书记员接收并登记诉状，出具诉状收讫的证明文书。同时，原告应缴纳提起诉讼的手续费。书记员将诉状移交给随机确定的主审法官。法官会对诉状进行形式审查，即审查诉状记载事项是否符合法律规定，是否已缴纳相关费用。如果诉状必须记载事项有欠缺，法官会命令原告限期补正；未缴纳提起诉讼的手续费，法官会命令原告限期缴纳。原告如果没有补正诉状或诉讼费用的缺陷，法官会以命令"驳回诉状"。③ 驳回诉状意味着法院退回原告的诉状。经审查，诉状符合形式要求，法院会将其送达给被告。诉状送达于被告，原告的起诉才算成立，诉讼系属开始产生，法官可以指定口头辩论期日，并传唤当事人。④ 如果诉状无法送达给被告，法院同样以命令形式驳回诉状。⑤

　　日本民事诉讼法虽没有明确规定诉讼系属从何时开始，从有关诉讼费用的规定上看，原告提交诉状时缴纳的是"提起诉讼的手续费"，该费用只用于法院向被告送达所支出的费用。被告收到答辩状之后，原告还要向法院缴纳"期日传唤当事人所必要的费用"。未缴纳提起诉讼的手续费，法院驳回诉状；而未缴纳期

---

　　① 《日本行政事件诉讼法》第7条（本法没有规定的事项）规定，关于行政事件诉讼，本法没有规定的事项，依照民事诉讼之例。

　　② 《日本民事诉讼法》第133条（提起诉讼的方式）规定，提起诉讼，应当向法院提出诉状。诉状应记载下列事项：1. 当事人及法定代理人；2. 请求的目的及原因。

　　③ 《日本民事诉讼法》第137条（审判长审查诉状的权限）规定，诉状违反本法第133条第2款的规定时，审判长应当指定适当的期限，命令原告在该期间内补正其缺陷。遵照关于民事诉讼费用等法律（日本昭和46年（1971年）第40号法律）规定，未缴纳提起诉讼的手续费的，亦同。在本条前款规定的情况下，如果原告不补正缺陷时，审判长应当以命令驳回诉状。对于本条前款的命令，可以提出即时抗告。

　　④ 《日本民事诉讼法》第139条（指定口头辩论期日）规定，经提起诉讼，审判长应指定口头辩论期日，并传唤当事人。

　　⑤ 《日本民事诉讼法》第138条（诉状的送达）规定，诉状应当向被告送达。诉状送达不能时（包括未预缴送达诉状所必要的费用的情况），准用本法前条规定。

日传唤当事人的费用则是驳回诉讼。① 由此可以推断出，日本民事诉讼的诉讼系属始于诉状送达到被告。日本法学界通说也认为，诉讼系属的发生时点为诉状送达于被告，因为此时被告可以参与诉讼。从起诉后到诉状送达于被告之前，仅仅是原告与法院之间的诉状受理关系，尚未达到系属状态。② 法院在诉状送达被告之前，仅限于审查诉状的形式要求以及是否缴纳了提起诉讼的手续费。在诉状送达被告以后，即诉讼系属以后，才会对起诉是否合法（诉讼要件）进行审查。③

可见在事前审查模式下，诉讼系属始于诉状送达到被告，诉讼程序的开启由原告的起诉行为和法院送达诉状行为共同完成。在诉状送达到被告之前，法院会对诉状必要记载的事项及诉讼费是否缴纳等进行审查。我国有学者称此模式为"立案登记制的相对模式"④，也有学者称之为"立案审查制的事前审查模式"⑤。之所以认为这种模式属于立案登记制，是因为在立案（诉讼系属）之前，法院并不对案件的诉讼要件、本案要件进行审查。认为其属于立案审查制，是因为单凭原告的起诉并不必然引起诉讼系属，在诉状送达到被告之前，法院对原告的起诉有一些形式上的审查，审查不通过或者诉状无法送达到被告，都将导致原告起诉失败。

事前审查模式与诉状模式最主要的区别是诉讼开始的节点不同。由于价值取向的侧重点不同，德国行政诉讼法诉讼系属开始的时间采用"诉状提出说"，即认为当原告将诉状提交法院时，就产生诉讼效果，诉讼程序被启动，诉讼系属得以发生。而德国民事诉讼诉讼系属开始的时间遵循"诉状送达说"，认为只有当起诉状副本送达到被告时，该案才系属于法院。如果原告向法院提交的诉状无法送达给被告，该诉亦不能成立，法院应当驳回原告的诉状，此时不能产生诉讼系

---

① 《日本民事诉讼法》第 141 条（未预缴传唤费用时驳回诉讼）规定，依照关于民事诉讼费用等法律规定，法院命令原告限期预缴期日传唤当事人所必要的费用，如果不预缴，以被告无异议为限，可以裁定驳回诉讼。对于本条前款规定的裁定，可以提出即时抗告。

② 参见曹云吉译：《日本民事诉讼法》，厦门大学出版社 2017 年版，第 50 页。

③ 《日本民事诉讼法》第 140 条（不经过口头辩论能驳回的诉讼）规定，对于起诉不合法并且不能补正其缺陷时，法院可不经过口头辩论以判决驳回诉讼。

④ 参见梁君瑜：《行政诉讼立案登记制的模式选择及其正当性》，载《上海政法学院学报（法治论丛）》2016 年第 6 期。

⑤ 参见段文波：《起诉程序的理论基础与制度前景》，载《中外法学》2015 年第 4 期。

属的效果。可见，"诉状提出说"侧重于保护原告的利益，"诉状送达说"则侧重于保护被告的利益。

三、诉案模式

诉案模式，是指当事人向法院提交起诉材料之后，法院工作人员不仅对其诉状是否符合法律规定进行审查，还对当事人的"诉"的合法性进行审查。当事人的"诉"存在并符合法定条件，法院才会给予案号，将"诉"转变为法院审理的案件，诉讼程序才会开启。在诉案模式下，"诉"的合法要件即诉讼要件是立案的核心内容。可以说，法院对"诉"的审查，就是对起诉要件与诉讼要件进行审查。在 2015 年 5 月 1 日立案登记制实施之前，我国民事诉讼、行政诉讼以及刑事自诉采取的立案审查制就属于"诉案模式"。

我国诉讼法学界对于诉的定义和诉的要素没有形成统一的认识，[①] 导致我国民事诉讼法与行政诉讼法上有"起诉条件"的规定。起诉条件按字面意思理解就是起诉应当符合的条件。在立案审查制下，起诉条件是法院在立案之前的必审内容。符合起诉条件的起诉法院才会立案，不符合起诉条件的法院则不予立案。而立法上规定的起诉条件既包括起诉要件也包括诉讼要件。换言之，法院在立案之前，不仅要审查原告的诉是否成立，还要审查原告的诉是否合法。

在诉状模式下，诉讼程序的开启是由原告的起诉行为引起的，原告的起诉行为是诉讼程序开启（诉讼系属产生）的唯一动因。在事前审查模式下，诉讼程序的开启由原告的起诉行为和法院送达诉状的行为共同完成。而在诉案模式下，需要原告的起诉与法院的立案相结合，才能够开启诉讼程序。原告的起诉只相当于向法院提出了立案申请。在事前审查模式下，法院在诉讼系属前只对诉状的必要记载内容、是否缴纳相关诉讼费用等进行审查，审查的内容都属于起诉要件范畴，不涉及诉讼要件。只要诉状能够送达被告，诉讼系属就产生了，诉讼程序就开始了。但在诉案模式下，是需要法院同意立案。法院决定立案的标准是法律规

---

① 我国诉讼法学界对"诉"的定义及其内容没有形成统一的认识，诉的定义存在"请求说""制度说""手段说""行为说""声明说"等多种观点，构成要件则有"两要素""三要素""四要素"等不同学说。参见汤维建：《民事诉讼法学（第二版）》，北京大学出版社 2014 年版，第 42 页。

定的起诉条件，此起诉条件除了诉状记载的内容、诉讼费的缴纳等事项外，还会包括法院的主管、法院的管辖、当事人的正当性等诉讼要件，比事前审查模式下法院审查的内容要宽泛得多。

四、可审案模式

可审案模式，是指诉讼程序开启与否除了审查法律规定的条件之外，还要对纠纷本身法院能否处理予以考量的模式。简言之，可审案模式是在诉案模式基础上增加了审查内容，除了审查"诉"本身的起诉要件和诉讼要件之外，还要审查纠纷性质的可诉性、法院现实的审判能力等案外的因素。某些案件虽然符合法律规定的起诉条件，但法院缺少处理该案件的能力，其在立案阶段也会被排除。我国在立案审查制时期，采用的就是可审案模式，会出现"选择性立案"的现象，有学者称此模式为"立案政治学"。①

可审案模式是极端职权主义的体现，其是从法院的现实角度考虑的。社会纠纷复杂多样，并不是所有的社会纠纷都适合法律解决。受社会条件及司法特征所限，法院的审判权有其固有的界限及范围，法院也不可能处理所有的社会纠纷。在特定的历史条件下，即使属于法院主管的纠纷，法院都不一定有能力解决。所以，原告起诉的纠纷是否具有可诉性需要法律和审判的评价。但是司法的有限性和法院的现实困难，不是阻碍当事人行使诉权的理由。法院可以对纠纷是否可诉进行评价，但必须在诉讼程序开启后，在正式的诉讼程序当中进行评价。法院不能在诉讼程序还没有开启，就单方面对当事人的起诉进行评价。这是不尊重当事人诉权的体现。

在可审案模式下，法院不仅审查原告的诉状，还要审查原告的"诉"，更要结合自己的审判能力来判断该诉是否具有可审性，法院只受理那些适合法院审理且法院有能力解决的案件。可审案模式打破了诉权与司法权之间的平衡，诉权完全受制于司法权，与现代"保障当事人诉权"的司法理念相悖。这种模式已为现

---

① 参见汪庆华：《中国行政诉讼：多中心主义的司法》，载《中外法学》2007 年第 5 期；应星、徐胤：《"立案政治学"与行政诉讼率的徘徊——华北两市基层法院的对比研究》，载《政法论坛》2009 年第 6 期。

代法治国家所摒弃。其实目前并没有哪个国家在诉讼法上有此立案模式的明文规定。即使在我国立案审查制时期，"选择性立案"的选择标准也是立案庭在实践中把握的，在我国法律中是没有明文规定的。可见，在可审案模式下，法院在立案阶段的裁量权完全不受法律控制，这也是我国以前立案审查制被诟病的原因之一。

立案的四种模式是对现实立案制度的总结，每一种模式均有其存在的社会背景及制度意义。从整个诉讼程序而言，任何案件的审理，都须经历诉状的提交与法院对诉状的审查两个过程，但立案的节点不同会造成立案程序所涵盖的内容不同。不同的立案模式就是原告的起诉在取得案号之前，在诉讼程序开始之前，所经历的程序以及程序所涵盖内容的不同形态表现。

表 1.1　　　　　　　　　　　　　**四种立案模式总结**

立案模式	诉讼始点	审查内容	审查节点
诉状模式	原告向法院提交诉状法院予以登记时	法院不作任何审查	无
事前审查模式	诉状送达到被告时	诉状记载的内容是否符合法律规定，相关诉讼费用是否缴纳等（起诉要件）	诉状送达到被告之前
诉案模式	法院决定立案时	起诉要件+诉讼要件	原告提交诉状之后，法院决定立案之前
可审案模式	法院决定立案时	法律规定的起诉条件+法律之外的现实因素	原告提交诉状之后，法院决定立案之前

在上述四种立案模式中，诉状模式是绝对模式下的立案登记制，或者完全意义上的立案登记制，诉案模式即立案审查制。事前审查模式处于两者中间的位置，又被称为准立案登记制，或相对模式下的立案登记制。立案模式的意义和价值主要体现在程序方面，不同的立案模式对当事人诉权保障效果有差异。

第四节　立案登记制与立案审查制之比较

一、立案审查制

1982 年《民事诉讼法（试行）》规定了民事诉讼的起诉条件（第 81 条）、起诉方式（第 82、83 条）、法院对不符合"受理条件"之起诉的处理（第 84 条）以及法院对起诉审查的程序（第 85 条）。① 从"人民法院接到起诉状或者口头起诉，经审查，符合本法规定的受理条件"可见，当时我国民事诉讼的立案模式实行的是立案审查制度。1989 年《行政诉讼法》在立案方面沿用了民事诉讼

---

① 1982 年 3 月 8 日第五届全国人民代表大会常务委员会第二十二次会议通过的《中华人民共和国民事诉讼法（试行）》第二编"第一审程序"第十章"普通程序"第一节"起诉和受理"。

第 81 条规定，起诉必须符合以下条件：

（一）原告是与本案有直接利害关系的个人、企业事业单位、机关、团体；

（二）有明确的被告、具体的诉讼请求和事实根据；

（三）属于人民法院管辖范围和受诉人民法院管辖。

第 82 条规定，起诉应当向人民法院递交起诉状，并按被告人数提出副本。

书写起诉状确有困难的，可以口诉，由人民法院记入笔录，并告知对方当事人。

第 83 条规定，起诉状应当记明以下事项：

（一）当事人的姓名、性别、年龄、民族、籍贯、职业、工作单位和住址，企业事业单位、机关、团体的名称、所在地和法定代表人的姓名、职务；

（二）诉讼请求和所根据的事实与理由；

（三）证据和证据来源，证人姓名和住址。

第 84 条规定，人民法院对于下列起诉，分别情况，予以处理：

（一）违反治安管理处罚条例的案件，告知原告向公安机关申请解决；

（二）依法应当由其他行政机关处理的争议，告知原告向有关行政机关申请解决；

（三）对判决、裁定已经发生法律效力的案件，当事人又起诉的，告知原告按申诉处理；

（四）依法在一定时期内不得起诉的案件，在不得起诉的期限内起诉的，不予受理；

（五）判决不准离婚的案件，没有新情况、新理由，在六个月内又起诉的，不予受理。

第 85 条规定，人民法院接到起诉状或者口头起诉，经审查，符合本法规定的受理条件的，应当在七日内立案；不符合本法规定的受理条件的，应当在七日内通知原告不予受理，并说明理由。

的立案审查制，其第 41 条①规定了行政诉讼的起诉条件，第 42 条②规定人民法院在立案之前对当事人的起诉要进行审查。1991 年最高人民法院印发的《关于贯彻执行〈中华人民共和国行政诉讼法〉若干问题的意见（试行）》第 40 条③也规定对原告的起诉要进行审查，符合起诉条件才会予以立案。1991 年《民事诉讼法》继续沿用《民事诉讼法（试行）》关于立案审查的规定。1997 年《关于人民法院立案工作的暂行规定》作为改革开放以后最高人民法院关于立案工作的第一个司法文件，其第 4 条明确规定"人民法院对当事人提起的诉讼依法进行审查，符合受理条件的应当及时立案"。从上述规定可以看出，在 2015 年 5 月 1 日立案登记制实施之前，我国法院的民事、行政诉讼的立案实行的都是立案审查制。

（一）立案审查制的概念

立案审查制，是指当事人向人民法院提起诉讼时，法院对当事人的起诉是否符合法律规定的起诉条件进行审查，并决定是否受理的立案制度。立案审查制的核心是"审查"。

第一，在立案审查制下，当事人的起诉仅相当于立案申请。当事人向法院提起诉讼，法院启动的是立案审查。在诉讼程序正式开始之前，法院一定会对当事人的起诉是否符合法律规定的起诉条件进行审查，只有符合了起诉条件（受理条件），诉讼程序才会开启。在立案审查制下，当事人的起诉与法院的立案相结合才能开启第一审诉讼程序。

第二，立案审查的载体是当事人提交的书面起诉状（口头起诉的，有立案庭

---

① 《行政诉讼法》（1989 年）第 41 条规定，提起诉讼应当符合下列条件：（一）原告是认为具体行政行为侵犯其合法权益的公民、法人或者其他组织；（二）有明确的被告；（三）有具体的诉讼请求和事实根据；（四）属于人民法院受案范围和受诉人民法院管辖。

② 《行政诉讼法》（1989 年）第 42 条规定，人民法院接到起诉状，经审查，应当在七日内立案或者作出裁定不予受理。原告对裁定不服的，可以提起上诉。

③ 《关于贯彻执行〈中华人民共和国行政诉讼法〉若干问题的意见》（试行）（1991 年 5 月 29 日最高人民法院审判委员会第 499 次会议讨论通过）第 40 条规定，人民法院接到原告的起诉状，应由行政审判庭进行审查，符合起诉条件的，应当在七日内立案受理；不符合起诉条件的，应当在七日内作出不予受理的裁定。

工作人员记录的笔录）及相关证据材料。这些书面材料合称起诉材料，起诉材料包含的内容、顺序、形式以及格式规范都是有要求的。法院除了审查起诉材料是否齐全、是否符合形式要求外，还要通过起诉材料所呈现的内容来审查原告的起诉是否满足起诉条件。

第三，在立案审查制下，"立案"或"受理"是法院单方面行使职权审查的结果。是否符合起诉条件由法院单方面依据职权进行审查，当事人能做的只有整理好起诉材料，并向法院提交，接下来只能等待法院的立案结果。法院决定立案，会单方面向原告发送案件受理通知书；法院决定不立案，会退回当事人的起诉材料，当事人若坚持立案，法院会向当事人发出不予立案的裁定书。

第四，立案审查的内容和标准是法律规定的起诉条件。我国行政诉讼法规定的起诉条件既包括了起诉要件也包括了诉讼要件，这也是学者一直诟病的起诉条件"高阶化"。立案审查制单凭要满足起诉条件这一点便就给想要维护自身合法权益的群众设下了阻碍，很多人可能因为自己收集的材料根本无法满足起诉条件，而选择放弃起诉。

（二）采用立案审查制的背景

改革开放后，我国诉讼制度在立案环节采用立案审查制是有考量的。根本原因是改革开放之初的一段时间，我国经济、社会、文化还很不发达。

第一，立案审查制是当时职权主义诉讼模式的体现。受苏联民事诉讼法的影响，从1982年《民事诉讼法（试行）》来看，当时我国民事诉讼采取的是职权主义诉讼模式。[①] 职权主义诉讼模式，是指在诉讼中，法官居于主导地位，原被告双方居于从属地位，法官可以依职权主动推进诉讼程序、调查取证，甚至判决都不局限于当事人的诉讼请求。这种模式否定了当事人的自由处分权，强化了法院对诉讼程序的掌控。法院在诉讼中主动进行职权干涉就会打破法院绝对中立的地位。在职权主义模式下，为了追求实质真实，法院会对诉讼过程进行积极干

---

① 张卫平：《绝对职权主义的理性认知——原苏联民事诉讼基本模式评析》，载《现代法学》1996年第4期。

预，使得当事人只能沦为诉讼程序的客体。所以在立案环节，当事人的起诉能不能立案由法院说了算。我国民事诉讼理论同样受到苏联民事诉讼理论范式的影响，苏联整个民事诉讼理论的基调主要是批判资本主义民事诉讼的缺陷来论证苏联民事诉讼体制的优越性。① 改革开放初期，我们与西方在法律思想、法律文化方面没有交流，西方的"诉权理论""程序正义"等相关理论没有流入我国。我国诉讼法学界的视野仅局限于诉讼中具体问题的解决与细化，并没有从宏观角度去深究细掘诉讼基本规律等深层次的理论问题，所以以在当时立案登记制的实施是没有理论土壤的。

第二，当时我国的法制建设情况只能实行立案审查制。改革开放初期，我国法制建设也刚刚起步。1982 年《民事诉讼法（试行）》颁行前后，民事领域仅有《婚姻法》（1980 年）、《经济合同法》（1981 年）、《商标法》（1982 年）、《专利法》（1984 年）、《继承法》（1985 年）、《涉外经济合同法》（1985 年）、《民法通则》（1986 年）及《外资企业法》（1986 年）这几部法律，在 1989 年《行政诉讼法》出台之前，我国仅在环境保护、文物保护、卫生检疫、国家安全等行政管理领域有相关的法律。② 改革开放初期，法院审理案件缺少法律制度支持，故法院对于起诉必须要审查，只能受理有法律可以解决的案件。当时的法律寥寥无几，必然导致法院受理的案件有限。

第三，有限的司法资源是当时制定立案制度必须面对的现实困难。改革开放初期，我国法官数量少，具有法学专业背景的法官就更少了，如此匮乏的司法资源没有能力解决所有法律上规定的纠纷。所有诉讼制度一切从零开始，探索的脚步不能跨得太大，不能太激进，我们需要在实践中不断摸索、积累经验。对于立案环节，当时立法采取的态度是比较审慎的。同时，我国当时缺乏完善的、有效

---

① 张卫平：《绝对职权主义的理性认知——原苏联民事诉讼基本模式评析》，载《现代法学》1996 年第 4 期。

② 1989 年之前通过的与行政相关的法律有：《中华人民共和国海洋环境保护法》《中华人民共和国文物保护法》《中华人民共和国海上交通安全法》《中华人民共和国水污染防治法》《中华人民共和国兵役法》《中华人民共和国药品管理法》《中华人民共和国义务教育法》《中华人民共和国土地管理法》《中华人民共和国国境卫生检疫法》《中华人民共和国海关法》《中华人民共和国大气污染防治法》《中华人民共和国档案法》《中华人民共和国保守国家秘密法》《中华人民共和国传染病防治法》《中华人民共和国环境保护法》等。

的诉前纠纷分流机制。① 作为行政诉讼的诉前纠纷分流机制，《行政复议法》1999 年才颁布。在此之前，都是法院直面所有的行政案件。如果不对立案进行审查，让所有的行政案件都进入诉讼，这是法院所不能承受的。

第四，我国当时的社会法治环境使法院不得不对立案进行把控。改革开放初期，我国公民法治观念淡薄，法律服务从业者寥寥无几，法律服务行业落后，当事人自身的法律素养不够、维权能力不足，很难形成有效的诉讼，为了防止当事人滥用诉权，节约司法成本，过滤掉不符合法律要求的案件，法院在立案阶段对当事人的起诉进行了严格的审查。

改革开放初期，实施立案审查制不是为了限制当事人的诉权。立案审查制适应当时时代的要求，合理配置着有限的司法资源，提高了司法审判效率，维护了司法权威。法院通过立案审查"过滤"掉不符合法律规定的（包括没有法律可以解决的）的案件，可防止恶意诉讼、无理缠诉，为我国当时的社会发展保驾护航，也为后来立案制度的改革积累了经验。随着社会迅速发展，公民权利意识日渐增强，司法需求日益增长，立案审查制就成为摆在当事人面前必须跨过的阻碍。时代在变，法律制度也应顺应时代的发展而变化，立案制度也必然迎来变革。立案审查制的确立及改革都是适应时代发展变化的结果。

从另一方面我们也可以看出，立案登记制的实施是有条件的。第一，国家的法制相对比较完善，有比较完善的纠纷解决机制体系，不至于让所有纠纷都涌入法院，法院只需做好"纠纷解决的最后一道防线"。第二，有足够且专业的司法能力。第三，法治国家发展到一定阶段。国家的各项工作坚持人民至上，国家重视公民诉权的保障。第四，法治社会发展到一定的程度。公民有一定的法律素养，有比较理性的维权意识。

二、立案登记制

随着时代的发展，当立案审查制逐渐成为人们通过司法维护自己合法权益的阻碍时，立案登记制慢慢进入人们的视野。此处所讨论的立案登记制是诉状模式

---

① 姜启波：《人民法院立案审查制度的必要性与合理性》，载《人民法院报》2005 年 9 月 21 日第 B01 版。

下的立案登记制，与我国现在实施的立案登记制有所不同。

（一）立案登记制的概念

"立案登记制"是由"登记"和"立案"两个词构成，"登记"和"立案"分别是两个行为。"登记"是指法院接收当事人的起诉状，将当事人的起诉记录在法院的登记簿上，并向当事人出具接收起诉状的书面凭证；"立案"是法院受理了当事人的起诉并开启了诉讼程序。在词义角度解释，立案登记制是指用登记的方式进行立案，或者登记的同时就给予立案。法院负责接收起诉状的工作人员不需要对当事人的起诉状进行审查或者只作形式审查。实施立案登记制的国家或地区的相关立法没有类似我国"起诉条件"的规定，只规定了起诉状需要记得的内容，一般都规定起诉状需要记载明确的当事人、诉讼请求、事实和理由。法院负责接收起诉状的工作人员最多只审查起诉状"有没有"法律规定的内容，至于起诉状上记载的内容是否属实、是否正确，在登记立案时是不审查的。

其实我国在 1997 年最高人民法院发布的《关于人民法院立案工作的暂行规定》中就出现过"立案登记"，其第 7 条①第 1-3 项规定，法院对刑事公诉案件、下级法院移送的上诉案件、检察院的刑事抗诉案件以及法院或检察院提起的再审案件进行立案登记。此处的"立案登记"有一点诉状模式下立案登记制的意思，对刑事公诉案件、下级法院移送的上诉案件等案件直接进行登记后，就进入了该法院的诉讼程序。这条规定背后实际上有一个逻辑，认为无论是检察院移送过来的公诉案件、刑事抗诉案件，还是下级法院移送上来的上诉案件以及检察院或法院提出的再审案件，这些案件提出的主体是检察院和法院，一般默认检察院和法院移送过来的案件都是符合法律规定的起诉条件的。所以他们移送来的案件可称为"起诉条件免审型"，对这些案件就直接登记了。而普通当事人起诉的案件，

①《最高人民法院关于人民法院立案工作的暂行规定》第 7 条规定了立案工作的范围：（一）审查民事、经济纠纷、行政案件的起诉，决定立案或者裁定不予受理；审查刑事自诉案件的起诉，决定立案或者裁定驳回；对刑事公诉案件进行立案登记。（二）对下级人民法院移送的刑事、民事、经济纠纷、行政上诉案件和人民检察院对第一审刑事判决、裁定提出的抗诉案件进行立案登记。（三）对本院决定再审、上级人民法院指令再审和人民检察院按照审判监督程序提出抗诉的案件进行立案登记。（四）负责应由人民法院依法受理的其他案件的立案工作。（五）计算并通知原告、上诉人预交案件受理费。

一般认为当事人的法律专业素养肯定不如法院和检察院，他们的起诉不一定都符合起诉条件，所以对普通当事人的起诉要进行审查。

（二）立案登记制的特征

第一，在立案登记制下，只有法院一个"登记"行为。"登记"和"立案"几乎是同时完成的，登记就意味着立案，意味着诉讼程序开始了。

第二，在立案登记制下，只要提交了起诉状，法院一般都会登记立案。英美法系实行当事人主义，诉讼律师代理较普及，所以在英美法系中，法院对当事人的起诉状几乎不审查。在大陆法系，对起诉状只进行形式审查，而形式审查不会成为法院拒收起诉状的原因。

第三，在立案登记之下，法院对起诉状的审查一般不会给当事人带来不利后果。一方面，形式审查采用从宽原则，即使法院发现起诉状欠缺法律规定的内容，也不会拒收当事人的起诉状，还是会接收当事人的起诉状，会开启诉讼程序，同时让原告限期补正起诉状。另一方面，对起诉状的形式审查是由登记处（或书记室）的工作人员（书记员）进行的，其只是司法辅助人员，不具有审判资格，这意味着这种形式审查一般不会给当事人带来不利影响，因为司法辅助人员无权在诉讼之外作出对当事人有不利影响的决定，这是自然正义原则要求。

三、立案登记制与立案审查制之异同

（一）两者的相同建设点

立案审查制与立案登记制是不同时代背景、不同法律传统下的产物，都为当时的法治社会建设作出了巨大贡献。两者都是法院对待当事人起诉的立案制度，都需要当事人提起诉讼，都需要一份书面的起诉状，立案的结果都是起诉被法院受理，诉讼程序开始。

（二）两者的区别

第一，立案的时间节点不同。这是两种立案模式表面上的差异。在立案登记制下，原告向法院提交了起诉状，法院登记后，原告的起诉就成立了，就获得了法院的案号，诉讼程序就开始了。在立案审查制下，诉讼起点不是原告提交起诉状时，而是法院决定立案时。在立案审查制下，原告起诉后，法院对原告所起的"诉"要进行审查，法院认为原告的起诉符合法律规定的起诉条件，才会决定立案，此时，原告的起诉才算成立，才获得法院的案号。在立案登记制下，当事人向法院递交了起诉状，无论诉状是否符合法律的要求，法院一般都会接收并登记立案，诉讼程序开启。换言之，在立案登记制下，只需要当事人单方面的起诉行为就可以开启诉讼程序。但在立案审查制下，必须要由当事人的起诉和法院的立案共同开启诉讼程序。

　　第二，在诉讼程序开启之前法院对起诉审查的内容与意义不同。在立案登记制下，法院只审查原告的起诉状是否具备法律要求其记载的内容，即使经过审查发现原告的起诉状欠缺法律规定的内容，在登记立案时，一般也不会对当事人的起诉作出不利的决定，仍然会登记，并给予当事人限期补正起诉状的机会。故立案登记制下的审查没有实质意义，为当事人指出起诉状需要补正的内容更像是一种司法服务行为。但在立案审查之下，除了审查起诉状是否符合法律规定外，还要审查起诉本身是否符合法律规定的起诉条件，该起诉条件既包括起诉要件又包括诉讼要件。对起诉要件的审查赋予了法官较大的自由裁量权，不同法院之间的审查尺度与标准也会存在差异，法院经过审查很可能对当事人作出不予立案的不利决定。显然，立案审查制下的审查会对当事人的诉权产生实质影响。

　　第三，相关的配套法律规定不同。实施立案登记制的国家和地区的相关立法并没有规定立案登记制，甚至都没有立案制度的规定，只有起诉状应记载的内容之规定，也没有起诉条件的规定。而在实施立案审查制的国家和地区，其相关立法明确规定法院要审查原告的起诉，同时还会有起诉条件的配套规定，因为起诉条件才是立案审查的核心内容。不同的立案制度配合着不同的配套规定会让当事人的诉权保障有实质性的差异。在立案登记制下，法院不得拒收当事人的起诉状，当事人的诉权获得了充分保障，当事人可以毫无障碍地行使诉权。而在立案审查制下，案件提交至立案庭后，唯有满足法定条件的案件才能获得司法救济，当事人诉权的行使会受到一定条件的制约。

　　第四，对司法的影响不同。在两种立案模式下，当事人对司法的感觉是不一样的。在立案审查制下，当事人在提交起诉状和法院作出立案决定之前的这一段时间，除了怀着忐忑不安的心情等待法院立案的结果外，什么都做不了，当事人没有机会发声。在立案审查制度下，严格的审查会不断打压人们的诉讼积极性，慢慢地人们会越来越觉得立案难，立案难会成为司法的顽疾。慢慢地人们对司法的信心也会开始动摇，有纠纷也不会再寻求司法救济，长此以往不利于社会的稳定。而在立案登记制下，起诉状提交给法院时，诉讼就开始了，当事人能够感受到来自法院的尊重，感受到司法并不难接近，感受到司法确实是为了维护当事人合法权益而存在的。这将有利于司法获得人们的肯定与信任，从而更加配合国家的相关司法活动。在立案登记制下，人们参与诉讼的积极性被调动，法律意识不断提高，也有利于增强人们对政府、国家的信赖。国家设定诉讼的目的就是保障公民的合法权利，如果把起诉点调得过高，让人人对诉讼避而远之，国家设定的诉讼就毫无意义了。

第五，体现的诉讼模式和诉讼理念不同。这是两种立案模式差异表现的深层次原因。立案登记制是当事人主义诉讼模式的体现，起诉是当事人行使诉权的行为，法院要尊重当事人的诉权。当事人的起诉行为可以直接开启诉讼程序。在诉讼程序还未开启之前，法院一般不能对当事人作出不利决定。立案登记制的逻辑起点是以当事人为本位，充分尊重当事人意愿，保障当事人的诉权，让当事人可以毫无障碍地接近司法。立案登记制体现的诉讼逻辑是法院不得拒收当事人的起诉状，无论什么案件，只要当事人将其提交到法院要求司法保护，法院都应将其纳入诉讼程序，至于案件是否符合诉讼要件，则在程序开启之后进行审查，若欠缺诉讼要件，法院可以裁定驳回起诉。在案件尚未进入诉讼程序之前，法院是没有权力对案件的实质问题进行审查的。这样才能真正做到"有案必立，有诉必理"。立案审查制是职权主义诉讼模式的体现。法院要对当事人起诉的"质量"进行把控，只有起诉的"质量"达到了法律的要求，法院才允许该案件进入诉讼程序。法院在整个立案审查阶段处于主导地位，诉讼启动与否的主动权掌握在法官手中。立案审查制的逻辑起点是以法院为本位，是为了保证法院对案件的顺利审判。立案审查制体现的诉讼逻辑是当事人提起的诉讼不一定都是合法的，也不一定都是法院能够解决的。只有合法的起诉，才有资格让国家对其动用司法资源。

综上，两种立案模式之间的差异并不是针锋相对的，立案登记制不是对立案审查制度的否定，而是批判地继承。立案审查制的核心目的是提高司法效率，节省司法资源，出发点是司法资源的合理分配。只是随着时代的发展，立案审查制无法满足公民对诉讼的需求。当今，立案登记制更能够反映行政起诉权的实质，更符合行政诉讼的立法目的。

第二章　行政诉讼立案制度理论基础

对于一个社会来说，制度，尤其是科学、规范、合理、公正的制度是至关重要的，它是在特定社会活动领域中创设和形成的一整套持续而稳定的规范体系，引导着该社会活动领域内的主体进行有序的合目的的行为。每一项制度的建立都应有相关的理论依据作为基础与支撑，以保证其科学、规范、合理、公正，立案登记制亦不例外。行政诉讼立案登记制能更好地保障当事人的行政起诉权，更符合行政诉讼的立法目的，更契合诉的评价机制。

第一节　立案登记制保障行政起诉权

起诉权是诉权在诉讼程序中的具体化，是当事人行使诉权的具体体现。起诉是当事人行使起诉权的诉讼行为，行政立案制度的设计与运行应当以行政起诉权之保障为中心。行政起诉权是启动行政诉讼第一审程序、获得司法救济的重要权利，是当事人打开司法之门的钥匙，是整个诉讼程序的原动力，是当事人寻求司法保护的起点。立案登记制更符合行政起诉权的特质，更能保障行政起诉权的实现。

一、行政起诉权的概念

（一）行政起诉权的界定

行政起诉权的研究是在民事起诉权研究的基础上发展起来的，据笔者掌握的资料，我国民事诉讼法学界关于起诉权的定义主要有以下几种：

1. 诉诸司法权利说。有学者认为起诉权是"公民、法人或者其他组织为了维护自己的合法权益而要求国家审判机关行使司法权的一项重要的权利"。①

2. 公正审判请求权说。该说认为起诉权是"冲突主体的一方作为原告向法院提起诉讼请求法院给予诉讼保护的权利"②；起诉权是指"任何权利主体在其权利受到侵害或与他人发生争执时，有请求法院给予司法救济的权利"③；起诉权是指"公民、法人或者其他组织认为自己的或依法自己管理、支配的民事权益受到侵害或与他人发生争议，以自己的名义请求法院予以司法保护的权利"④。

3. 程序意义诉权说。该说认为起诉权就是"程序意义上的诉权，即原告（指公民、法人和非法人团体）因自己或依法由自己保护的人的合法权益受到侵害或发生争执时，有向人民法院请求司法保护的权利"。⑤

4. 程序性人权说。该说认为起诉权是"公民、法人或者其他组织作为原告，要求法院启动审判程序，就自己提出的诉讼请求进行审判并给予司法保护的程序性人权"。⑥

从上述界定可以归纳出，民事起诉权从外在表现形式上看，是原告提起诉讼的权利，是诉诸法院的权利，是第一审诉讼程序的启动权；从实质上看，起诉权还包含着公正审判请求权，即要求法院给予司法保护和司法救济。当事人行使起诉权启动诉讼程序既是目的也是手段，其直接目的是启动诉讼程序使案件形成诉讼系属，其根本目的是解决纠纷，保护自己的合法权益。

我国行政诉讼法学界对行政起诉权的认识深受民事起诉权研究的影响，对行政起诉权的界定与民事起诉权基本一致。从笔者掌握的资料来看，我国行政诉讼法学界关于行政起诉权的定义主要为"裁判请求权说"与"司法保护请求权说"，前者认为起诉权是指"任何公民、法人或其他组织在其权利受到侵害或与

① 张卫平：《民事诉讼法》，法律出版社 2004 年版，第 270 页。
② 蔡彦敏：《民事诉讼主体论》，广东人民出版社 2001 年版，第 132 页。
③ 汤维建：《论司法公正的保障机制及其改革》，载《河南省政法管理干部学院学报》2004 年第 6 期。
④ 单国军：《检察机关民事起诉权的法理分析》，载《国家检察官学院学报》2006 年第 3 期。
⑤ 杨富元、杨桂芳、宋太郎：《谈谈民事诉讼中的起诉权与胜诉权》，载《法学评论》1985 年第 3 期。
⑥ 柯友阳：《起诉权研究：以解决"起诉难"为中心》，北京大学出版社 2012 年版，第 3 页。

他人发生争执时有诉请法院予以公正审判的权利"①；起诉权"是国民所享有的将纠纷诉诸法院请求裁决的权利"②。后者认为起诉权是指"当事人认为自己的合法权益受到侵害或发生争议，以自己的名义向法院提出诉讼请求，要求人民法院予以保护的权利"③；起诉权是"原告向人民法院提起诉讼，请求司法保护的权利"④。

从上述界定笔者认为行政起诉权的内涵包括：

第一，行政起诉权的权利主体是任何行政相对人。行政起诉权的权利主体具有广泛性，在我国的任何公民、法人和其他组织都享有行政起诉权，其是人人享有的一项自然的客观存在的权利。

第二，行政起诉权行使是基于行政相对人的主观意愿。行政相对人之所以行使行政起诉权，是因为其主观上认为行政主体的行为侵犯了其权益，需要寻求救济，或与行政主体发生了行政争议需要中立第三方解决。

第三，行政起诉权的义务主体是代表国家行使行政审判权的法院。行政起诉权体现为权利人公法上的请求权，与之相对应的是法院具有不得拒绝审判的义务与保障并支持起诉的义务。这种权利义务关系具体表现为：（1）当事人向法院提交的行政起诉状，只要符合法定的形式要件，法院具有在法定期间予以立案的义务。（2）法官对当事人的起诉有诉讼指引、释明、告知的义务。（3）对经济困难的起诉人法院负有实施司法救助的义务，让所有人都享有接近司法、接近正义、平等利用司法制度的机会。

第四，行政起诉权的外在表现形式是向法院提起诉讼的权利，即诉诸法院的权利。起诉权是一种程序形成权，即该权利的行使仅需要法院经过一定的形式审查无须经过实质性审查即能产生诉讼法上的法律效果。⑤　当事人向法院提起行政

---

① 薛刚凌：《行政诉权研究》，华文出版社 1999 年版，第 17 页。

② 张坤世：《行政起诉权保障研究》，博士学位论文，湘潭大学，2009 年，第 5 页。

③ 孙琬钟、江必新主编：《行政管理相对人的权益保护》，人民法院出版社 2003 年版，第 308 页。

④ 郝明金：《行政行为可诉性研究》，中国人民公安大学出版社 2005 年版，第 104 页。

⑤ 陈桂明、李仕春：《论程序形成权——以民事诉讼权利的类型化为基点》，载《法律科学》2006 年第 6 期。

诉讼，只要其提交的起诉状符合必要的形式要件，就应当产生诉讼系属的法律效果。将行政起诉权定位于程序形成权的意义在于，能充分尊重当事人的诉讼程序主体地位，充分保障当事人的起诉自由，充分保障当事人对诉讼程序启动的主导权和决定权。

第五，行政起诉权行使的直接目的是启动行政诉讼第一审程序，根本目的是通过司法救济自己的合法权益，解决行政争议。当事人行使起诉权启动诉讼程序既是手段又是目的，当事人起诉的根本目的应是要获得公正裁判和司法救济，而不是为了诉讼而起诉，更不是为了法律之外的非正当的目的而起诉。由此可见，起诉权虽是一项程序性权利，却与实体权益的实现密切联系。

综上，笔者认为，行政起诉权是指公民、法人或其他组织认为行政主体的行为侵犯其权益或与行政主体发生行政争议时向法院提出旨在启动诉讼程序并要求获得司法救济的权利。

（二）行政起诉权与相关概念的辨析

1. 行政起诉权与行政诉权的关系

（1）行政诉权诸学说概述

诉权理论是大陆法系民事诉讼法学的基本理论，广义上的诉权，除了民事诉权外，还包括刑事诉权和行政诉权。迄今为止，学界对诉权的概念和性质尚未形成一致意见。受民事诉权理论的影响，我国行政诉讼法学界也开始对行政诉权进行研究。

对行政诉权的早期研究，基本上将行政诉权等同于行政起诉权。如有观点认为行政诉权是指"公民、法人或其他组织认为行政机关及其工作人员的具体行政行为侵犯其合法权益，依照行政诉讼法的规定，请求人民法院予以司法保护的权利，其实质是起诉权"。[①] 又如行政诉权，即"行政诉讼诉权，是指行政法律关系当事人在不能自行解决因行政职权的存在和行使而引起的行政争议时，依法请求法院提供司法保护和帮助的权利"。行政诉权的主体为享有原告资格的主体，行政诉权的客体为行政诉讼受案范围，行政诉权的行使必须符合行政诉讼法规定

---

① 应松年主编：《行政诉讼法学》，中国政法大学出版社 1994 年版，第 188 页。

的条件，行政诉权的具体内容包括起诉权、对不予受理裁定的上诉权和要求得到裁判权。① 以上两种关于行政诉权的表述，实质上都是行政起诉权。

随着研究的深入，学者开始从多层次、多角度来阐释行政诉权。如有观点认为行政诉权的基本语义理所当然是行政诉讼权利。作为一项法律制度上的权利，其在尚未构成一项较完整的权利体系之前，无疑可以被表述为是当事人基于行政诉讼主体资格在行政诉讼过程中依法享有的全部程序性权利的总称。而当其已构成一项较完整的权利体系时，则可以被表述为是一项有关行政诉讼权利的体系。② 此观点从两个层面解释行政诉权，从宏观层面来说，行政诉权是一项有关行政诉讼权利的体系，从微观层面而言，行政诉权可以理解为当事人在诉讼中享有的全部程序性权利的总称，即我们通常理解的"行政诉讼权利"。

还有学者从行政诉权的内容和具体要素来构建行政诉权理论体系。如有学者认为行政诉权是行政诉讼活动中的权利主体按照法律预设程序，请求法院对有关行政纠纷作出公正裁判的程序权利，其内容主要包括：行政起诉权、获得行政裁判权及得到公正裁判权。③ 又有观点认为公民行政诉权，是指行政活动中的公民根据行政诉讼法规定的程序，请求法院对有关行政纠纷予以公正审理并作出裁判的权利④。上述对行政诉权的两种界定基本相同，前者分析了行政诉权的具体内涵，后者更加全面地阐释了行政诉权的要素，即完整意义上行政诉权的要素包括：行政诉权的主体不仅是公民（行政相对人），行政主体同样享有行政诉权，表现为应诉答辩权和获得法院裁判支持权；行政诉权客体为行政诉权所指向的对象，即行政主体在行使职权过程中实施的行政行为；行政诉权的内容为起诉权（行政主体不享有）、请求得到公正审理及公正裁判权；行政诉权的义务主体为国家；行政诉权与实体利益紧密相连，是独立的权利，不包含"胜诉权"。

近年来，还有学者另辟蹊径从不同形态来思考行政诉权。如有学者认为行政

---

① 高家伟：《论行政诉权》，载《政法论坛》1998 年第 1 期。

② 赵正群：《行政诉权在中国大陆的生成及其面临的挑战》，载陈光中、江伟主编：《诉讼法论丛》（第 6 卷），法律出版社 2001 年版，第 753~775 页。

③ 薛刚凌：《行政诉权研究》，华文出版社 1999 年版，第 14 页。

④ 李湘刚：《论完整意义上的公民行政诉权的构建》，载《政治与法律》2011 年第 6 期。

诉权包含三个层面的含义，即存在三种形态的行政诉权，"行政诉权不仅是一个理论概念，更存在于宪法、法律以及实践之中，在不同的层面其内涵不尽相同，因此可以将行政诉权分为基本权形态的行政诉权、制度形态的行政诉权以及实践形态的行政诉权"；"基本权形态的行政诉权，也称之为基本权型行政诉权，具体是指国家通过宪法或基本法予以确认和保障的程序性权利，是行政诉权法律形态最重要的表现"；"制度形态的行政诉权也称为制度型行政诉权，是指通过国家立法加以确认，并以国家强制力保障其实现的权利形态。制度型行政诉权着眼于诉权的制度化，是沟通基本权型行政诉权和实践型行政诉权的桥梁，是行政诉权最直观的反映"；"实践形态的行政诉权也称为实践型行政诉权，是公民现实享有和实际行使的行政诉权，是制度型行政诉权实现的结果或形成的一种实有状态，其着眼点是诉权的实践方面，是现实社会关系中已经实现了的权利"。①

（2）行政起诉权与行政诉权的区别

学者们对行政诉权的研究就像在还原事物的本来面貌，从不同维度、不同角度、不同层面慢慢地揭开行政诉权的神秘面纱，随着学术上的争论、积累与沉淀，对行政诉权的研究会越来越接近其本质面貌。上述有关行政诉权丰富的研究打开了我们的眼界，拓宽了我们的思路，启发着我们可以从不同维度不同层面不同角度去探索行政起诉权与行政诉权的关系。前述各种行政诉权的界定虽然不同，但无疑都认为诉权包含着起诉权，起诉权在行政诉权体系中处于非常重要的地位，起诉权虽然不是诉权的全部内容，但其是行政诉权最基础、最核心的内容，是行政诉权最典型、最直接的体现。"起诉权是全部诉权中至关重要的一项，是行使其他诉权的前提和基础。保护起诉权是通过司法程序保护公民其他诉讼权利和实体权利的前提。"② 但行政起诉权与行政诉权还是有区别的。

第一，两种权利的性质完全不同。行政诉权是公民与生俱来的基本权利，属于基本人权范畴。法谚云："无救济即无权利。"宪法和法律赋予公民自由权、人身权与财产权的同时，也赋予公民在这些权利受到侵害时或发生争议时寻求司法

---

① 孔繁华：《行政诉权的法律形态及其实现路径——兼评最高人民法院法发〔2009〕54号文件》，载《法学评论》2011年第1期。

② 马怀德主编：《行政诉讼原理》，法律出版社2003年版，第187页。

救济的诉权，否则，公民拥有的实体权利再多，若无诉权来保障，都等于零。现代法治国家既然限制（或禁止）公民通过私力救济途径解决纠纷、保护自己的权益，国家就有义务为公民解决纠纷、保护公民权益。因此，诉权体现着国家和公民之间公法上的权利义务关系，公民是诉权的权利主体，法院是诉权的义务主体。诉权的实质是公民对国家的请求权，① 法院承担着保护诉权的义务或职责，即不得非法拒绝审判，故诉权是一种宪法意义上的救济权。② 而起诉权是诉讼法层面上一项具体的诉讼权利，是一种具体的诉诸司法的程序性权利，其对应的法院所承担的义务是不得拒收当事人的诉状。

第二，两种权利的内容不同。诉权回答的问题是"人们为什么可以启动诉讼程序"以及"法院为何要对当事人提出的争议或主张进行审理和裁判"，而起诉权回答的问题是"人们如何起诉"以及"起诉能产生怎样的法律效果"。③ 诉权是一种内容更丰富的抽象性权利，而起诉权是一项有特定指向内容、可操作实施的具体性权利。

第三，两种权利的运作空间不同。诉权是一项宪法层面的基本人权，旨在说明当事人具有利用诉讼程序维护自身合法权益的资格和正当性，而起诉权是诉讼法上一项具体的可以向法院提起诉讼的权利。诉权比起诉权存在的空间更广阔。

第四，两种权利的运作时间不同。无论纠纷是否存在，当事人都具有天赋的、与生俱来的向法院请求司法救济的诉权。但只有具体纠纷存在，且具有通过诉讼解决的必要性时，当事人才有起诉权。另外，诉权与现实的诉讼构造和诉讼

---

① 江伟、邵明、陈刚：《民事诉权研究》，法律出版社 2002 年版，第 150 页。

② 世界上许多国家在宪法中规定了诉权。例如日本《宪法》第 32 条明确规定："不得剥夺任何人接受审判的权利。"意大利《宪法》第 34 条规定："所有人都可以起诉，以保护自己的权利和利益。"德国、美国、葡萄牙也都有类似公民诉权的规定。我国现行宪法虽没有关于诉权的明确规定，但并不等于否定诉权是一项宪法性权利。我国《宪法》第 2 条规定："中华人民共和国的一切权力属于人民。"第 41 条规定中华人民共和国公民对于任何国家机关和国家工作人员的违法失职行为，有向有关国家机关提出申诉、控告或者检举的权利。国家机关和国家工作人员侵犯公民权利而受到损失的人，有依照法律规定取得赔偿的权利。将诉权提升至宪法基本权利，旨在强调诉权的重要性，从宪法高度来保护诉权，也让法院承担不得非法拒绝审判的宪法义务。宪法中有没有规定诉权，都不影响国家（法院）对公民诉权负有不可推卸的责任。

③ 江伟、邵明、陈刚：《民事诉权研究》，法律出版社 2002 年版，第 155 页。

阶段无关，而起诉权是在起诉阶段具体运用的权能，与诉讼阶段和诉的成立要件密切相关。

第五，两种权利的法律效果不同。诉权是一种向法院请求司法救济的权能，是一种潜在的权能，与之相对应的是法院不得拒绝审判的抽象义务。起诉权是特定当事人要求法院对特定纠纷进行审判的具体诉讼权利，与之相对应的是法院不得拒收当事人诉状的具体义务。诉权本身不能引起具体诉讼法律关系的产生，只有当事人向法院行使起诉权提起诉讼，才能引起诉讼法律关系的产生。因此，诉权并不能直接启动诉讼程序和形成诉讼系属。① 诉权必须借助起诉权的行使才能开启第一审程序，形成诉讼系属。

起诉是原告诉诸司法请求司法救济、启动诉讼程序的诉讼行为。因此，起诉这一诉讼行为的权利基础应是起诉权，具体的立案制度应围绕保障当事人起诉权之行使来进行构建。

2. 行政起诉权与诉讼权利的关系

（1）行政起诉权与诉讼权利的区别

行政起诉权，是指公民、法人或其他组织认为行政主体的行为侵犯其权益或与行政主体发生行政争议时向法院提出旨在启动诉讼程序并要求获得司法救济行为的权利。而诉讼权利是指诉讼参加人及其他诉讼参与人实施某种诉讼行为的权利，有无某种诉讼权利决定着法律关系主体能否进行相应的诉讼行为。从性质上讲，起诉权本身就是一项具体的诉讼权利，其指向的是当事人提起行政诉讼的行为。但起诉权与其他诉讼权利的区别表现在：

第一，权利主体不同。在行政诉讼中，行政起诉权一般为原告（行政相对人）享有的权利。而诉讼权利不仅双方当事人享有，当事人以外的证人、鉴定人等诉讼参与人也可享有。

第二，义务主体不同。行政起诉权的义务主体是法院和法官，表现为法院无正当理由不得拒收当事人的起诉状，对经济困难的起诉人要提供司法救助的义务，以及法官对当事人的起诉负有诉讼指引、释明、告知的义务。而诉讼权利的义务主体除了法院和法官之外，还包括对方当事人和其他诉讼参与人。

---

① 江伟、邵明、陈刚：《民事诉权研究》，法律出版社 2002 年版，第 249 页。

第三，权利行使次数不同。根据一事不再理原则，当事人就同一纠纷一般只能行使一次起诉权。而许多诉讼权利，如提供证据权、辩论权、质证权等，当事人可多次行使。

第四，权利行使阶段不同。当事人只在行政诉讼第一审程序的起诉阶段行使行政起诉权。而绝大多数诉讼权利存在于诉讼过程中任何阶段，包括一审、二审、再审和执行程序。

（2）行政起诉权与诉讼权利的联系

第一，行政起诉权的行使是当事人行使诉讼权利的前提条件。当事人行使行政起诉权，启动诉讼程序，形成诉讼系属。只有诉讼程序开始后，当事人才有行使具体诉讼权利的可能性。

第二，诉讼权利的行使是实现起诉之根本目的的手段。当事人行使行政起诉权的直接目的是启动行政诉讼第一审程序，根本目的是通过司法救济自己的合法权益，解决行政争议。当事人绝不是为了起诉而起诉，当事人起诉之根本目的需要依靠具体的诉讼权利来实现。因此，诉讼权利的行使是起诉目的的延续，没有诉讼权利作为保障，起诉权就只能得到形式上的支持而难以获得实质性的保障。

第三，二者的根本目的是一致的。一般情况下，当事人行使起诉权和诉讼权利的根本目的都是为了保障自身的合法权益，二者对权益保障目的之实现发挥着各自独特的作用。

二、行政起诉权的特征

（一）行政诉讼与民事诉讼的渊源

行政诉讼与民事诉讼是两种不同性质但又有着密切联系的诉讼制度。从行政诉讼产生发展的历程来看，行政诉讼制度是从民事诉讼制度中逐步分离、逐步独立，并在民事诉讼制度基础上逐步发展起来的诉讼制度。如今，在英美法系国家和地区，司法审查仍然被视为民事诉讼的特别程序；在大陆法系国家，虽然有独立的行政诉讼法典，但无一例外都有参照民事诉讼制度的规定。例如，日本《行政事件诉讼法》在总则部分第7条就规定，涉及行政案件诉讼，在本法没有规定时应"遵循民事诉讼之例"。

我国在《行政诉讼法》实施前，根据《民事诉讼法（试行）》（1982年）第3条第2款的规定，对行政案件的审理适用民事诉讼程序。从我国行政诉讼制度产生发展历程来看，我国行政诉讼制度脱胎于民事诉讼制度，许多原则、规则和制度，如法院独立行使审判权原则、辩论原则、当事人平等原则、不告不理原则、禁止重复起诉、合议制、回避制、公开审判制、两审终审制度以及庭审程序等都直接来源于民事诉讼。即便是在行政诉讼法颁行之后，两者之间的先天联系仍然没有割断。无论是最高人民法院1991年制定的《关于贯彻执行〈中华人民共和国行政诉讼法〉若干问题的意见（试行）》（第114条），还是1999年制定的《关于执行〈中华人民共和国行政诉讼法〉若干问题的解释》（第97条），都规定人民法院审理行政案件可以参照民事诉讼的有关规定。事实上，如今行政诉讼和民事诉讼的立案制度是共用的。

（二）行政起诉权与民事起诉权的共性

行政诉讼既为诉讼，必然具有作为一般诉讼的共性特征。例如，行政诉讼与民事诉讼一样都具备诉的要素与诉的基本特性，都存在对立的当事人，双方当事人的地位平等，法院处于居中地位裁判当事人之间的争议，两者在许多原则、规则、制度和程序上是相同或者相通的。对属于诉讼共性的东西，自然可以用共通的诉讼法理和诉讼规则加以调整。行政起诉权与民事起诉权都属于起诉权，都是诉诸司法、向法院提起诉讼、启动诉讼程序的程序性权利，都包含有要求法院进行公正审判的内涵。

（三）行政起诉权与民事起诉权的区别

与民事起诉权相比，行政起诉权具有如下特征：

第一，行政起诉权具有单方性。民事起诉权具有双方性、平等性。民事纠纷的双方当事人均平等地享有民事起诉权，任何一方当事人都有权向法院提起诉讼。一方当事人起诉后，另一方当事人享有反诉权。民事起诉权表现为一种平等的对抗（原被告之间的较量）。在行政法律关系中，行政相对人没有对抗行政权的权利，故在设计行政诉讼起诉制度时，只赋予在行政活动中处于被管理地位的行政相对人行政起诉权，被告行政主体没有反诉权。可见，行政起诉权单方性是行政诉讼对行政相对人单方面救济的体现。

第二，行政起诉权具有与行政权的对抗性。民事起诉权针对的是平等主体之间发生的民事权益纠纷，该纠纷在诉诸法院之前，处于未决状态，一方当事人无权自行确认对方当事人的权利义务，更无权强制对方履行义务。而行政起诉权针对的被诉行政行为一经作出（附期限、附条件的行政行为除外）就具有公定力、确定力、拘束力与执行力，所有主体（包括所有国家机关）均应对该行政行为表示尊重，并应自觉履行该行为规定的义务，如果行政相对人不履行行政行为规定的义务，行政机关可以强制或向法院申请强制相对人履行义务。因此，当事人行使行政起诉权不是确定双方之间的权利义务关系，而是要否定（撤销）已生效行政行为的效力，行政起诉权的行使更加体现了行政相对人与违法行政的对抗。

第三，行政起诉权的处分具有有限性。民事纠纷是平等主体之间的人身权、财产权争议，一般情况下，双方当事人对自己的民事权益可以自由处分，民事诉讼尊重当事人的意思自治。因此，当事人对民事起诉权的处分是完整的。当事人的起诉不仅能启动诉讼程序，而且当事人提出的诉讼请求、事实依据可以约束法院审理、裁判的范围；另外，在立案之前，法院还会对原告的起诉先行调解；双方当事人甚至可以通过协议选择仲裁规避诉讼，在合同纠纷和财产权益纠纷中还可以通过协议约定案件的管辖法院。但行政诉讼的审理对象是被诉行政行为的合法性问题，是一个公法争议，体现为私人权益与公共利益的冲突，双方不能随意处分行政行为，行政诉讼的法定性更强。在行政诉讼中，当事人对行政起诉权的处分是有限的，当事人的起诉仅能启动诉讼程序，法院为了维护公共利益、恢复公共秩序，会对被诉行政行为进行全面审查，不受当事人提出的诉讼请求和事实依据的约束，可以在当事人提交的事实证据之外收集证据来查清案件事实。而且，双方不能通过协议约定选择复议而排斥诉讼，双方也不能约定管辖法院。故民事诉讼程序一般采当事人进行主义、辩论主义。民事诉讼程序原则上依当事人的意思进行或停止，法院不做积极干预；法院在当事人陈述范围外，仅于必要时主动调查审理，所做裁判均以当事人及证人口头陈述与所提证据为主要依据。而行政诉讼程序一般采职权进行主义、职权探知主义，诉讼程序一般由法院依职权推动，案件事实由法院依职权调查审理，不受当事人陈述与所提交证据的约束。

第四，行政起诉权对实体权益的保障仅具有形成性。当事人行使民事起诉权的目的在于通过确认民事权益归属及民事关系以保障权利人的权益不受侵犯或保障民事权益的实现，所以民事诉讼以给付诉讼为主体，民事诉讼可以直接满足当事人的权益要求。而行政诉讼旨在通过审查被诉行政行为的合法性，纠正并消除违法行政行为给行政相对人带来的侵害，所以，行使行政起诉权主要是为了排除行政行为对行政相对人的影响或要求被告行政机关履行一定的职权，一般情况下，其不能直接实现行政相对人在行政法律关系中的权益。绝大多数情况下，行政相对人权益真正地实现还是依赖于被告行政机关行政权的运作。所以行政诉讼的主要类型是撤销诉讼（形成诉讼），即使是给付诉讼，除行政赔偿诉讼外，一般都是判决被告行政机关履行或重新履行法定职责，极少直接具体判决被告行政机关给予原告何种权益。

第五，行政起诉权具有政治性。民事审判权乃法院固有的权力，伴随法院的产生而存在，行使民事起诉权就是为了解决纠纷，实现个案的公平正义，因此，民事起诉权只具有司法性。行政审判权并非法院固有的权力，而是国家为了让司法权能够制约、监督行政权而由法律赋予法院的权力，行政诉讼也并非单纯的法律制度，其较民事诉讼更具政治意味，它体现了权力对权力的制约，是国家政治架构中实施权力监督的主要形式之一。① 行使行政起诉权的法律意义不仅是实现个案的公平正义，保护行政相对人的合法权益，也为司法权监督行政权提供了契机，为公民参与行政提供了机会。

从上述分析可以看出，行政诉讼法律关系远比民事诉讼法律关系复杂得多，行政诉讼法律关系体现着公民权、行政权与司法权三者的博弈。当今世界，行政权膨胀是趋势，各国都在思考如何有效地约束行政权。允许行政相对人对行政权提起诉讼，由司法权对行政权进行审查监督，这是法治的选择。行政相对人提起行政诉讼，既是公民自由行使行政起诉权的体现，也是国家监督行政权的手段之一。

可见，行政起诉与立案制度不单纯是一个法律制度，行政起诉与立案制度在设计与运行上无不体现着行政起诉权（公民权）、行政审判权（司法权）与行政权三者相互牵制、博弈的关系。因此，在立案制度的设计上，不仅要平衡司法效

---

① 胡玉鸿：《论行政审判权的政治性》，载《法学》2004 年第 5 期。

率、社会稳定等价值追求，还要考虑如何保障当事人的起诉权。

三、行政起诉权的功能

行政起诉权作为一种基本的程序性权利，意味着只要行政相对人不服行政机关作出的行政行为（包括行政不作为），都可以起诉到法院，利用诉讼程序来解决行政纠纷从而保障自己的合法权益。在行政诉讼中，一般情况下，行政起诉权只能由行政相对人享有，行政相对人行使行政起诉权向法院提起行政诉讼客观上能发挥的作用或达到的效果，即为其功能。

（一）直接功能：启动行政诉讼第一审程序

起诉权作为诉权最基础最核心的内容、最直接的具体体现，其行使的法律效果不应只是法院立案的申请，而是应该能够直接启动第一审诉讼程序。起诉权作为诉讼法上的一项基本权利，其行使应该是无条件的。

不告不理原则，是指对未经起诉的案件法院不得受理的诉讼原则，即刑事诉讼必须有公诉人或自诉人起诉，民事诉讼和行政诉讼必须有原告提起诉讼，法院才得受理；并在审理中受原告诉讼请求范围的约束，不得审理诉讼请求范围以外的事项。[1] 这也被称为诉讼程序启动的被动性或应答性。依照司法最终解决原则，司法作为纠纷解决的"最后一道防线"，在当事人穷尽所有非司法救济途径后，行政纠纷仍未得到解决时，法院必须为当事人提供司法救济给纠纷作一个最终的解决。因此，法院对于当事人的起诉必须立案，否则行政纠纷就得不到最终的解决结果，行政相对人的合法权益也就得不到最终的保障。

从不告不理原则和司法最终解决原则出发，笔者认为当事人的起诉行为对诉讼程序的开启应具有决定性作用。起诉权具有主动性，审判权具有被动性。审判权对起诉权负有应答义务，对于当事人的起诉，法院不得拒绝受理。当事人的起诉只要符合法律规定的条件与要求，就应产生诉讼系属的法律效果。如果起诉无法决定诉讼程序的开启，起诉权就无法制约法院的立案权，其后果是立案权有被

---

① 《中国大百科全书》总编辑委员会：载《中国大百科全书·法学》，中国大百科全书出版社 1984 年版，第 28 页。

滥用之可能，可能会出现该立案的起诉被拒之门外。从我国 1989 年《行政诉讼法》规定的立案制度来看，原告虽然有权提起行政诉讼，但如果法院不立案，原告的起诉就不可能开启第一审程序，换言之，当事人起诉权的行使并不必然启动第一审程序。因此，司法实践中存在"起诉难"的现象也就不难理解了。

大陆法系的行政诉讼制度尽管采职权主义的诉讼模式，但第一审程序的启动上仍然遵循当事人主义，由当事人自由决定是否行使起诉权，当事人只要行使了起诉权，向法院提交了诉状，就能启动第一审程序。因此，起诉权是整个诉讼程序启动的原动力。在法治社会，法院是公平和正义的象征，公民享有的起诉权是法律为其提供的可接近司法、利用司法的机会，而当事人行使起诉权提起诉讼并启动第一审程序是获得司法救济、实现正义的前提和基础。因此，起诉权最直接的功能便是赋予当事人接近司法的机会，启动第一审程序。

（二）间接功能：为行政诉讼发挥功能提供可能性

行政起诉权的行使为发挥行政诉讼应有之功能提供了机会。起诉权是打开司法之门的钥匙，只有行政相对人行使了行政起诉权，启动了行政诉讼程序，行政诉讼制度才有机会发挥其功能。正是因为行政相对人行使了行政起诉权，将行政纠纷引入司法之门，法院才有机会解决纠纷、保护当事人的合法权益、监督行政。行政诉讼除了具备上述三项直接功能外，还具备维护社会稳定、促进行政实体法的制定与完善、法制宣传教育等间接功能。这些功能的发挥都以当事人行使行政起诉权开启诉讼程序为前提。当事人如果不行使起诉权，诉讼程序无法启动，行政诉讼功能的发挥将成为一句空话。在立案登记制实施之前，我国行政诉讼功能发挥差强人意，这与我国行政诉讼案件数量少不无关系。在立案审查制下，法院会以起诉不符合起诉条件为由，将很多行政起诉挡在了司法大门之外，很多行政纠纷也就无法进入司法解决的范围，行政诉讼功能没有发挥的机会与空间。在立案登记制下，取消了起诉条件的限制，起诉的门槛降低了，所有行政纠纷理论上都可以进入诉讼。只有进入诉讼开启诉讼程序以后，法院才可以对行政纠纷行使行政审判权，才有机会发挥行政诉讼应有的功能。

行政起诉权的行使也为行政相对人事后参与行政提供了机会。行政相对人通过行使行政起诉权，启动诉讼程序，使被诉行政行为处于法院的审查之下，法院将从行政机关的职权、作出行政行为的事实依据、法律依据、程序等方面对被诉行政行为的合法性进行全方位审查。显然，行政相对人作为原告能够参与法院审查被诉行政行为的全过程。换言之，在行政诉讼阶段，原告直接参与了行政行为合法性证成的全过程，而这一过程有利于增强法院的司法公信力。

四、立案登记制能保障行政起诉权的实现

立案登记制能保障起诉权的直接落实。起诉权作为当事人一项基本的诉讼权利，其行使应当是无条件的。立案登记制，比立案审查制更符合起诉权这一特性。不得拒绝裁判是司法的应有之义，在立案审查制"高阶化"的起诉条件下，原告的起诉并不必然开启第一审诉讼程序，还需要结合法院的立案行为，诉讼程序才能启动，即诉讼程序需要"起诉行为"与"立案行为"的合力才能启动，这给起诉权开启第一审诉讼程序附加了条件与障碍，即还必须有法院立案行为的加持。而立案登记制降低了法院的门槛，打开了司法的大门，当事人行使起诉权没有条件限制，当事人的起诉可以直接开启诉讼程序，无须经过法院的立案审查。这才能实现当事人启动诉讼程序的诉讼主体地位，才能真正地实现"有案必立""有诉必理"，让司法正义不再是一句口号，而可以让人民群众能够切身感受得到。

立案登记制可以在立案环节让人民群众感觉到司法的公平正义。习近平总书记在中央全面依法治国工作会议上提出，"努力让人民群众在每一个司法案件中感受到公平正义"。① 立案审查制，因为有起诉条件的审查，使许多案件无法进入诉讼程序，导致许多当事人不得不寻求其他救济渠道，这样不利于问题的解决，甚至可能会激化社会矛盾，在很大程度上减损了司法的公信力。而立案登记制，使当事人的起诉权得到充分保障，理论上所有的行政纠纷都可以毫无障碍地进入法院、进入诉讼程序，每一个行政纠纷中的行政相对人都有机会参与行政诉讼程序，立案登记制赋予普通民众也有权通过更简便的方式将纠纷诉诸司法并获得公正审理，让当事人至少在立案这个环节实实在在地感受到司法的公平和正

---

① 《习近平在中央全面依法治国工作会议上发表重要讲话》，中国政府网，https：//www.gov.cn/xinwen/2020-11/17/Content_5562085.htm（访问日期：2023年11月24日）。

义，让他们相信司法，从而使法院的权威得以重塑，司法公信力得以提升。

第二节 立案登记制符合行政诉讼立法目的

任何法律的制定和颁布都是基于特定的目的，该目的对法律的制定和实施起着指导作用。正如耶林所说："目的是全部法律的创造者，每条法律规则的产生都源于一种目的，即一种事实上的动机。"① 立法目的应是指"立法者在制定法律时主观上期望该部法律在将来的实施中所起的作用"。②

一、行政诉讼立法目的

行政诉讼立法目的是"立法者根据对行政诉讼性质的认识和客观的现实需要，在制定行政诉讼法时主观上期望该部法律在将来的实施中所起的作用"。③

（一）我国行政诉讼立法目的界说

关于行政诉讼立法目的，立法之初就存在争论。④ 我国《行政诉讼法》（1989 年）第 1 条最终将立法目的确定为"保证人民法院正确、及时审理行政案件，保护公民、法人和其他组织的合法权益，维护和监督行政机关依法行使行政职权"。理论上的分歧并没有随着《行政诉讼法》的颁布而宣告终结。相反，随着行政诉讼立法目的的理论研究向纵深发展，学术界又出现更丰富多彩的观点。有学者对现有观点进行了总结。⑤

1. 一元目的论

一元目的论认为行政诉讼立法目的仅有一个。对此唯一目的又分为"合法权益保护说"，认为行政诉讼的唯一目的是保护公民、法人或其他组织的合法权益，

---

① ［美］博登海默：《法理学：法哲学及其方法论》，邓正来译，中国政法大学出版社 1999 年版，第 109 页。

② 林莉红：《行政诉讼法学》（第三版），武汉大学出版社 2009 年版，第 22 页。

③ 孔繁华：《行政诉讼性质研究》，人民出版社 2011 年版，第 210 页。

④ 姜明安：《行政诉讼法学》，法律出版社 2007 年版，第 51~52 页。

⑤ 胡卫列：《行政诉讼目的论》，中国检察出版社 2014 年版，第 23 页。孔繁华：《行政诉讼性质研究》，人民出版社 2011 年版，第 232~235 页。

离开了这一目的，行政诉讼便毫无意义。目前多数学者持此观点①；"监督行政说"，认为行政诉讼的宗旨和目的是监督行政机关依法行使职权，认为保护公民、法人和其他组织的合法权益是国家法律的共同目的，而行政诉讼的目的仅是监督行政机关；"维护行政说"，认为行政诉讼的宗旨和目的是支持和维护行政机关行使职权，是行政执法的司法保障②；"纠纷解决说"，认为行政诉讼的真正唯一目的是解决行政纠纷，维护社会秩序。③

2. 二元目的论

二元目的论认为行政诉讼立法目的有两个。两个立法目的又有不同的观点，如"保护和保障说"，认为行政诉讼目的不仅在于保护公民、法人和其他组织的合法权益，而且还要保障行政机关依法行使职权④；再如"保障民主与促进行政效率说"，认为行政诉讼目的是保障公民的民主权利及其他合法权益，限制违法行政行为。⑤

3. 多元目的论

多元目的论认为行政诉讼立法目的有多个，即"行政诉讼的目的是保证人民法院正确及时审理行政案件，保护公民、法人和其他组织的合法权益，维护和监督行政机关依法行使职权"。"行政诉讼制度的基本目的有三：其一，保障公民权益，实现对公民的救济；其二，为政府的合法行为提供正当性支持；其三，解决行政纠纷，维护法律的统一和国家的整体利益，以及推行和确保行政法治。"⑥"行政诉讼内涵的多维性决定了行政诉讼目的的多元性。具体包括程序正义、利

---

① 如张树义：《冲突与选择——行政诉讼的理论与实践》，时事出版社 1992 年版，第 12 页。章剑生：《行政诉讼法基本理论》，中国人事出版社 1998 年版，第 6 页。马怀德主编：《行政诉讼原理》（第二版），法律出版社 2009 年版，第 68 页。崔卓兰：《论确立行政法中公民与政府的平等关系》，载《中国法学》1995 年第 4 期。

② 张尚鷟主编：《走出低谷的中国行政法学》，中国政法大学出版社 1991 年版，第 387~388 页。

③ 宋炉安：《行政诉讼程序目的论》，载刘莘、马怀德、杨惠基主编：《中国行政法学新理念》，中国方正出版社 1997 年版，第 366 页。

④ 熊先觉主编：《中国行政诉讼法教程》，中国政法大学出版社 1988 年版，第 8 页。

⑤ 袁曙宏：《坚持民主与效率的统一——关于行政诉讼法两个基本点的思考》，载《安徽法制报》1989 年 1 月 11 日第 8 版。

⑥ 薛刚凌：《行政诉权研究》，华文出版社 1999 年版，第 29~31 页。

益平衡、促进合作和道德成本最低化。"[1]

4. 一元指导下的多元目的论

一元指导下的多元目的论认为行政诉讼立法目的不仅具有多元性,还具有多层次性。该观点认为"行政诉讼作为行政纠纷的解决机制,其作为程序制度的直接目的在于解决行政纠纷;行政诉讼作为对行政权力进行监督和制约的机制,其目的也应包含监督和制约行政权力;行政诉讼作为一种行政法上的救济制度,其根本目的应是保障权益。在行政诉讼的诸多目的中,解决行政纠纷是行政诉讼的直接目的或称初级目的,在行政诉讼目的中处于最低阶位;监督行政是体现行政诉讼本质特征的目的,是第二级或中级目的;而保护权益(其中最核心的是保护行政相对人的权益)则是行政诉讼的根本目的,处于行政诉讼目的体系中最高的阶位。这几个目的层层递进,下一阶位目的同时也是促成上一阶位目的得以实现的手段"。[2]

(二) 我国行政诉讼立法目的之应然

行政权作为国家公权力,其具有强制性,行政行为一经作出就具有公定力、确定力、拘束力、执行力,行政行为的效力无须通过行政诉讼加以维护,因此,《行政诉讼法》(2014 年) 第 1 条已经将"维护行政机关依法行使职权"这一目的删掉,改为"为保证人民法院公正、及时审理行政案件,解决行政争议,保护公民、法人和其他组织的合法权益,监督行政机关依法行使职权"。然行政诉讼的目的应是唯一的,如果立法目的有多项,当各项立法目的发生冲突时,如何权衡与抉择就是一个难题。在解决纠纷、监督行政与保护公民权益之间,应选择何者作为立法目的呢?三者之间虽有相当大的关联性,但三种目的模式所隐含的理念将导致依其设计的制度可能存在重大的差异。[3]

行政诉讼的立法目的应是保护公民、法人和其他组织的合法权益。在宪政语境中看待行政诉讼制度构建的意义,保护公民、法人和其他组织的合法权益无疑更加符合"司法为民"的要求;从行政诉讼的产生看,行政诉讼之所以产生,是

---

① 胡肖华:《行政诉讼目的论》,载《中国法学》2001 年第 6 期。

② 胡卫列:《行政诉讼目的论》,中国检察出版社 2014 年版,第 25 页。

③ 杨伟东:《行政诉讼目的探讨》,载《国家行政学院学报》2004 年第 3 期。

因为无时不在无处不在的行政权会侵害到行政相对人的合法权益，必须构建一种事后救济制度来保护行政相对人受损的权益；从行政诉讼的性质来看，"民告官"的行政诉讼是国家专门为行政相对人提供的法律救济途径，① 在行政管理实践中，行政相对人与行政主体之间实力悬殊，行政相对人没有与行政权相抗衡的权利，现实社会客观上需要行政诉讼为行政相对人提供司法救济与违法行政相抗衡。

解决行政纠纷是为了缓和与化解行政主体与人民群众之间的矛盾，维护社会秩序的稳定，监督行政机关依法行使职权是为了促进依法行政，从根本上讲解决纠纷与监督行政都是为了保护公民、法人和其他组织的合法权益，或者说通过解决纠纷、监督行政使行政相对人的合法权益得到保障与落实。受保护的合法权益不局限于行政纠纷中涉及的合法权益，还应包括法律中规定公民、法人和其他组织享有的广泛权益。行政诉讼的所有制度都应该围绕着保护公民、法人和其他组织合法权益这一立法目的来进行构建，立案制度也应如此。

二、立案制度应以行政诉讼立法目的为运行目标

"立法目的的实现，程序是关键因素。只有将法律制度的目的作为该制度中程序运行的目标，程序才有意义；只有将制度的目的与程序的运行紧密地联系在一起，制度才可能是有序的制度。"② 作为行政诉讼的具体制度之一，立案制度也应体现行政诉讼的立法目的，具体表现为行政审判权对行政起诉权的保障与支持。

行政起诉权与行政审判权相互依存，两者分别是法律为解决行政争议而赋予行政相对人及司法机关的权利和权力。"在权利与权力的关系上，依据宪政国家的基本理论，公民的权利是国家权力配置和运作的目的和界限，权力要受到权利的制约，权利对权力具有最终的取舍力量。"③ 行政起诉权是一项基本的、自然的程序性权利，是基于保护实体性权利的需要而产生的；行政审判权具有救济权益、解决纠纷、监督行政的功能，是基于对实体性权利予以司法救济的需要而产生的。行政起诉权是当事人启动行政审判权以救济自身权益的"钥匙"，行政审

---

① 马怀德主编：《行政诉讼原理》（第二版），法律出版社 2009 年版，第 68~69 页。

② 沈福俊：《中国行政救济程序论》，北京大学出版社 2008 年版，第 59 页。

③ 刘敏：《论司法为民的实质——从裁判请求权与审判权的关系着手考察》，载《法律适用》2005 年第 3 期。

判权负有保障行政起诉权的义务。

行政诉讼立案制度应从以下几方面来保障行政相对人的行政起诉权。

第一，立案制度应保障行政起诉权自由行使。行政起诉权的自由行使体现在两个方面。一方面，行政审判权应尊重行政起诉权，行政起诉权的行使应出于行政相对人的主观意愿，行政审判权不得干预行政起诉权的行使。被动性是行政审判权最显著的特征，行政相对人行使起诉权是法院行使行政审判权的前提，国家（法院）有行政救济的职责，但并无主动干预的职权。"不告不理"是行政纠纷进行司法救济的基本准则，也是对行政相对人行使起诉权的尊重。行政相对人行使起诉权，提起行政诉讼是启动第一审程序的唯一动因。只有行政相对人起诉到法院，行政审判权才能启动和运行。行政相对人不起诉，行政审判权只能处于静止状态。另一方面，行政审判权不得限制行政起诉权。行政起诉权是启动行政诉讼程序的唯一动因。立案制度在设计时要排除在立案阶段行政审判权对行政起诉权的任何限制，让行政相对人毫无障碍地行使起诉权，毫无障碍地启动诉讼程序。

第二，立案制度的重点应规制法院的立案权。"审判权对于起诉权具有应答性，对于起诉权有求必应、有问必答。只要当事人起诉，法院就应当受理。对于当事人提出的诉讼请求，法院必须一一作出裁判。"① 行政审判权对行政起诉权负有应答义务，法院无权以任何理由拒绝当事人的请求，包括"法无明文规定"这个理由。当事人只要递交了符合法律规定的诉状，案件就应当产生诉讼系属，开启法院的诉讼程序。所以在设计立案制度时，重点应该是如何约束法院的立案权，而不是要求原告起诉应符合哪些条件，这才是行政审判权对行政起诉权的应答性的体现。如果立案的重点在于审查原告的起诉是否符合起诉条件，法院立案审查权就有被滥用的可能，本应由法院保护的权益诉求会被拒之门外，行政诉讼应有之功能，就没有发挥的机会和空间，保护相对人的合法权益将变成一句空谈。故立案制度的重点应该是约束法院的立案权，在立案阶段法院的司法权应当保持谨慎克制，让当事人可以自由无阻地行使起诉权。

第三，立案制度应保障行政起诉权有效行使。法院作为行政起诉权的义务主体，除了做到"不告不理""有告必理"之外，还应当积极主动地采取一些措施

---

① 　吴英姿：《诉讼理论重构》，载《南京大学法律评论》2001 年春季号。

支持、保障和帮助行政起诉权能够有效行使。我国公民对行政诉讼了解不多，行政诉讼也没有实行强制代理制度，当事人可能不懂如何打行政官司，因此，法院不仅应当尊重当事人自由行使起诉权，接受当事人的起诉，更应该对当事人提起行政诉讼给予必要的诉讼指引、释明和告知，让当事人提起的诉讼尽量成为合法有效的诉，从而提高司法效率，避免程序空转。另外，对经济确有困难的当事人，法院应当为其提供司法救助，不能让经济困难成为当事人行使起诉权的障碍。必要时，法院还可以将经济困难的当事人的信息转发给司法行政机关，建议司法行政机关为其提供法律援助。这些措施都是为了保障所有当事人能够有效行使起诉权，让所有当事人都有接近司法、接近正义、平等地利用司法制度的机会。

三、立案登记制有助于行政诉讼立法目的之实现

第一，推行立案登记制有利于保障行政相对人的起诉权。

行政诉讼目的实现的首要前提是行政纠纷能够顺利进入诉讼程序，如果行政纠纷都不能进入诉讼程序，保护相对人的合法权益将会成为一句空谈。立案登记制比立案审查制更能保障当事人的起诉权。在立案审查制下，由于有起诉条件的限制，法院在立案之前会对当事人的起诉进行审查，审查当事人的起诉是否符合起诉条件，这一审查导致很多纠纷被挡在司法大门之外，严重影响了当事人起诉权的实现，也阻断了当事人通过诉讼获得救济的可能。而立案登记制能保障当事人自由行使起诉权。立案登记制是以登记的方式进行立案，在立案之前不设起诉条件的限制。立案登记制的重点是审查起诉状，而不是审查诉，是审查起诉状的内容是否完整，而不是审查起诉状呈现的诉是否符合起诉条件。立案登记制取消了对起诉条件的审查，就降低了起诉的门槛，当事人能够自由地、毫无障碍地行使起诉权，更多的社会纠纷能够顺畅地进入诉讼程序，从而达到"有案必立、有诉必理"的法律效果。另外，立案登记制还可以帮助当事人提高起诉的效率与质量。在登记的时候，负责登记的工作人员如果发现诉状有欠缺，一般都会一次性告知当事人需要补正的内容和材料，从而提高当事人起诉的质量，使案件能够顺利地进入本案审理阶段。

第二，推行立案登记制是法治的体现。

法治的一个重要特征是"司法程序人人可及"。司法是社会公平正义的最后一

道防线，是社会秩序的基本维护方式，实现法治，必须充分保障当事人的起诉权。立案审查制在立案阶段就对起诉是否符合起诉条件进行实质性审查，不仅提高了起诉的门槛，让人民群众对司法感到遥不可及，而且违背了程序公正原则。从理论上讲，在诉讼程序还没有开启之前，当事人起诉的纠纷还没有成为诉讼上的案件时，法院是不能对当事人的起诉行使职权的。在立案审查制下，立案审查发生在诉讼程序开启之前，即发生在诉讼之外，故没有诉讼程序对立案审查进行规制，没有规则约束法院的立案权，当事人也没有机会就立案审查中涉及的实体性问题进行辩论，这与辩论原则、正当程序原则是相悖的。在立案审查制下，当事人在立案阶段缺乏程序参与，在面对立案程序的非公开性和单方性容易产生不公正感。立案登记制则削弱了法院在立案上的决定权，让法院的立案权只具有应答功能与服务功能。在立案登记制下，法院对起诉是否应该立案不再具有决定权，只要符合规定的起诉状，法院就应当接收并对其登记立案，从而杜绝了法院立案权的随意性。

所有的纠纷都能被纳入法治轨道解决，也是法治的应有之义。我国当前处于社会转型时期，各类行政纠纷大量产生，迫切需要通过司法程序予以化解。立案登记制，降低了起诉权的门槛，更多的行政纠纷被纳入司法途径解决，用诉讼机制对行政纠纷进行处理，把尖锐的社会矛盾转化为法律技术问题，可以有效地化解社会矛盾，维护社会稳定。行政纠纷有了通畅的司法解决渠道，在无形之中也缓解了其他相关部门的压力。同时立案登记制将倒逼行政机关强化法治理念，形成尊重权利、尊重司法的意识，不断提升依法行政的能力与水平。

第三，推行立案登记制倒逼司法改革。

立案登记制既是司法改革的重大成果，也是司法改革的催化剂。最高人民法院周强院长曾指出："立案登记制改革是推进国家治理体系和治理能力现代化，推进法治中国建设的必然要求，是司法体制改革的重点任务，是践行司法为民的重大举措，是确保公正司法的重要环节。"① 立案登记制的实施，对司法会产生一系列多米诺骨牌效应。最显著、直接的影响是，立案登记制的实施导致案件数量增加，法院"案多人少"的矛盾越发显现。但任何事情都有两面性，案件数量

---

① 转引自王利明：《立案登记制改革向纵深推进》，载《人民法院报》2017 年 3 月 6 日，第 2 版。

增加、法院工作量加大的同时，也会倒逼法院以更加积极的姿态进行司法改革，提升司法服务质量。

从 2015 年 5 月 1 日实施立案登记制以来，我国法院一直以积极的态度应对立案登记制带来的案件数量增加的影响，为此进行了多项司法改革，其中"法官员额制""纠纷多元化解决机制"就是解决司法资源不足的配套改革。司法资源是否充足集中体现在法官队伍的数量和质量，法官员额制改革对法官资源进行整合，在优化法官队伍同时提高法官入职门槛，为司法人才储备打好基础。对短期内司法资源不足的现实困难，需要通过多元化的纠纷解决渠道、方式、途径来解决纠纷、缓解法院压力。行政诉讼的立案登记制也倒逼行政复议制度必须改革，行政复议必须担负起解决行政纠纷的主渠道作用。

法院在解决司法资源困难时，并没有以降低审判质量为代价，反而探索了多项提升司法服务质量的改革措施。例如建设诉讼服务中心与智慧法院，让人民群众体验到了优质高效便捷的司法服务。近年来，全国各级法院基本上都建成了集诉讼服务、繁简分流、矛盾化解三大职能为一体的综合性诉讼服务中心，诉讼服务中心融合立案服务、繁简分流、诉前调解、信访接待、执行服务等功能，为当事人提供集立案、申诉、信访、执行、投诉等多功能一站式、全方位诉讼服务。随着时代的发展，近年来，全国法院把审判工作与互联网相融合，加强大数据应用，用机器换人力，用智能增效能。大力推行网上立案、网上缴费、网上开庭、网上送达等数字法庭和智慧法院的建设，实现诉讼服务"零距离"，有效提高诉讼效率、减轻法院负担和当事人讼累。其中网上立案是法院坚决贯彻执行立案登记制的体现。这些司法改革措施，都是为了提升司法的效率与质量，从根本上都是为了实现立法的目的，保障保护公民、法人和其他组织的合法权益。

第三节　立案登记制契合诉的评价机制

机制，是指各要素之间的结构关系和运行方式。在诉的评价机制中，整个诉讼过程可以分为三个阶段，相应地对诉进行三次评价，各阶段是循序渐进的关系，只有通过了前一阶段的评价，才能够进入下一个诉讼阶段。诉的评价机制是立案制度的上位概念，立案本身就是法律对起诉的评价，即法律对诉的第一次评价，立案制度实质就是法律规定在何阶段由何主体以何标准用何形式对当事人的起诉行为进行评价。故立案制度就性质而言属于诉的评价机制的组成部分。

一、诉的评价机制概述

司法的本质是法律的判断和评价，整个诉讼过程就是不断对诉进行评价的过程。从当事人的诉讼经历来看，以当事人向法院递交起诉状为起点，将经历起诉、诉讼开启、审理、裁判四个阶段①。每个阶段循序渐进，在上一阶段必须得到法律的肯定性评价，程序才能继续推进。具体而言，从起诉到诉讼开启，是法院对诉之客观性（诉的成立）作出的肯定性评价；从诉讼开启到对案件进行实体审理，是法院对诉之合法性作出的肯定性评价；从对案件的实体审理到对案件作出裁判，是法院对诉之有理性作出的评价。因此，诉讼程序在理论上可分为诉讼启动、诉讼审理和本案审理三个阶段，由此形成了诉的基本程序构造。②

法律在三个阶段，分别对诉进行三次评价。三个阶段的评价内容分别是诉的客观性、诉的合法性和诉的有理性，三个阶段的评价标准分别是诉的成立要件、诉讼要件与本案要件。三次评价是循序渐进的关系，首先要判断诉是否客观存

---

① 严格来说诉讼开启是一个节点，而不是一个阶段。

② 严格来说，民事诉讼和行政诉讼的程序应分为三个阶段，即诉讼开启、诉讼审理与本案审理。在英美法系和大陆法系的一些国家和地区实行诉状登记制，在诉讼开启这个节点，法律对诉状的评价相对简单和宽松，只要诉状符合法律的要求，就默认诉成立了。所以在诉状登记制下，诉讼开启在理论和实践中都不是难题。在大陆法系的学术著作当中，一般将诉讼阶段表述为两个阶段，即"两段式诉讼结构"的诉讼审理模式，第一阶段对诉讼要件进行审查，是审查诉的合法性，第二阶段本案审理阶段，对诉是否具备理由进行审理。例如德国行政法院对行政诉讼进行审查分为三个阶段：行政诉讼的开启、诉的适法性、诉的理由具备性。但德国行政诉讼理论一般将前两者合并在一起审查，称为对实质裁判条件（诉讼要件）的审查，即法院审查原告之诉是否合法，是否有必要对原告之诉作出实质性裁判。参见［德］弗里德赫尔穆·胡芬：《行政诉讼法》（第5版），莫光华译，法律出版社2003年版，第135~136页。

但立案在我国诉讼法中是非常重要的一个环节，为了描述清楚各诉讼阶段前后的逻辑关系，我们将诉讼开启作为一个独立的阶段，与诉讼审理阶段和本案审理阶段一起进行观察。

在、能否成立。成立了，诉讼程序开启，诉讼系属产生，纠纷才能转换成法院可以审理的法律案件，法院才能开始对该案行使审判权。诉讼程序开启之后（诉讼系属发生以后），法院再审查该诉是否合法，诉具有了合法性，法院对当事人所主张的实体法律关系作出裁判才具有正当性。诉只有具备了合法性，该案才具有让法院对当事人所主张的实体法律关系进行裁判的资格，才能进入本案审理阶段。在本案审理阶段是依据实体法上呈现出的本案要件对该案的诉讼请求是否具有理由进行判断。简言之，每个阶段有各自的评价任务，前一个评价是后一个评价的基础，后一个评价是前一个评价的继续。这种评价体系使整个诉讼程序构造层次分明、内容清晰，诉的评价机制能够保障诉讼有序地进行。

表 2.1　　　　　　　　　　　　诉讼三阶段之比较

诉讼阶段	阶段一	阶段二	阶段三
	诉讼开启	诉讼审理	本案审理
评价的内容	诉的客观性	诉的合法性	诉的合理性
评价标准	诉的成立要件	诉讼要件	本案要件
	属于对起诉行为的事实性判断，只要诉状形式齐全即可，法院不需要进行实质性审查，因而对于诉的成立及起诉要件的审查是相对简单的，也是可以基本独立进行的。	属于对诉讼合法性的价值判断，不仅需要根据相关法律的规定，还需结合诉讼法理进行价值考量和逻辑推理。而无论是判断关于法院还是当事人抑或诉讼标的的诉讼要件，都离不开对案件实体内容的审查，因此，诉的合法性评价需要严格的诉讼审理程序，经由当事人举证、质证和辩论之后方能予以裁断。	诉讼请求是否具备理由的价值判断

续表

诉讼阶段	阶段一 诉讼开启	阶段二 诉讼审理	阶段三 本案审理
评价的肯定性结果	诉客观存在了，诉成立了，诉讼程序开启，诉讼系属发生	诉在法律上是合法性，法院可以对该案的诉讼标的进行处理对该案涉及的实体法律关系行使审判权	当事人提出的诉讼请求是合理的或部分合理，法律应予支持或部分支持
评价的否定性结果	诉不成立	诉不合法	诉不合理（诉讼请求没有依据）
否定性评价的形式	驳回诉状（不予立案）	驳回起诉	驳回诉讼请求
对否定性评价的救济	补正诉状，重新起诉	上诉	上诉

二、诉的三阶段评价

（一）诉之客观性评价

诉是法院行使审判权的基础，只有诉成立了、客观存在了，法院才有行使审判权的对象。诉的客观性即诉的成立，是法律对诉的第一次评价，该评价的对象是当事人递交的起诉状，即对当事人递交的起诉状的评价。

1. 诉的成立要件

诉之客观性的评价标准是诉的成立要件，诉的成立要件又称为"起诉要件"或"提起诉讼的条件"，是诉得以成立、客观存在的条件，是诉讼程序得以开始的条件。一般来说诉的成立要件与诉的构成要素相关，只要具备了诉的构成要素，"诉"就成立了。目前学界通说认为，一个完整的诉由当事人、诉讼标的和诉的理由三个要素构成。[1] 任何一个诉都必须有提出请求的一方当事人和与之相

---

[1]　宋朝武主编：《民事诉讼法学》（第 3 版），高等教育出版社 2022 年版，第 34~35 页。

对的另一方当事人，法院才能对案件进行审理，否则诉讼无法进行。诉讼标的是诉的核心要素，是当事人之间争议的并由法院裁判的对象，其与案件管辖的确定、重复起诉的认定、诉讼程序的选择、诉讼类型的选择等问题有着密切的联系。诉的理由是指当事人向法院请求保护其权益和进行诉讼的事实依据与法律依据。没有诉讼理由，当事人向法院提出保护自己合法权益的请求就无法实现。诉的要素是通过起诉状中记载的当事人、诉讼请求和事实理由来呈现的。换言之，诉的成立要件要求起诉状能让法院知晓该案的当事人、原告的诉讼请求以及诉讼请求依据的事实与理由。

2. 诉的成立要件之标准

起诉状对当事人、诉讼请求和事实理由要记载到何程度才能够达到诉之成立的要求呢？由于诉讼程序尚未开启，起诉阶段不具备法院行使司法权和当事人行使辩论权的环境。基于正当程序原则，在对当事人作出不利影响决定前，应给予当事人陈述申辩的机会。而在诉讼程序开启之前，当事人是没有机会行使辩论权，故从程序正当的角度出发，在起诉阶段不适合对当事人作出不利的评价。因此诉的成立要件应相对宽松。诉的成立要件是为了让一个纠纷转换成法院审理的案件，而且诉的成立是一种事实上客观存在的状态，这是一个事实判断，而不是一个法律上的价值判断。故起诉状只要能够明确当事人、诉讼标的以及有事实理由，其作为诉讼法意义上的"诉"就成立了，就可以成为法院审理的对象。诉状对当事人、诉讼请求和事实理由的记载达到具体、明确即可。"具体、明确"的要求包括：第一，要有具体的当事人。这点是必需的，如果当事人不明确，诉状都无法送达，诉讼也就无法进行。在诉状中列明当事人的姓名、通信地址、联系方式是最基本的要求，无须确认当事人与案件之间是否存在法律上的利害关系。如果当事人记载不明确，可以要求原告补正。如果拒不补正，法院可以退回原告的起诉状。第二，要有具体的诉讼请求。从诉状中记载的诉讼请求能让法院知晓当事人的诉求，从当事人的诉求中，基本能判断该案的诉讼标的。第三，要有事实和理由。诉状中记载的事实和理由与诉讼请求要有关联。后两项要求不是必需的，对后两项要求的评价，应遵循从宽原则。即使诉讼请求和事实理由，在诉状中未表述清晰或未表达准确，法院也不应直接退回当事人的起诉状，而应对当事人进行释明，让当事人进行修改补正。即使当事人对诉讼请求和事实理由补正不能，法院也应该接受当事人的起诉状开启诉讼程序，因为诉讼请求和事实理由与案件的实体法律关系是有关联的，在没有经过对审、辩论的情况下，不适合对案件实体法律关系相关问题作出不利的评价。

（二）诉之合法性评价

诉之合法性，也称诉之适法性，这是法律对诉的第二次评价，是指原告所起之诉要符合程序法的要求，在程序上不得有瑕疵，否则法院会驳回原告的起诉，不让案件进入下一阶段的本案审理阶段。当事人的起诉具备了诉的成立要件（起诉要件），只表明诉成立了，该诉能够进入诉讼程序，该诉成为了法院可以审理的案件，第一审程序得以开启。但进入诉讼的诉在程序上并非都是合法的，还必须经过诉的合法要件（诉讼要件）的评价。

1. 诉讼要件的含义

"诉讼要件"的表述在字面上容易让人误以为是诉讼成立所需的要件，其实不然，诉讼要件与诉的成立没有关联，即使欠缺诉讼要件，也不妨碍诉讼成立和审理的开始。[1]

诉讼要件[2]，又称为"诉的合法要件""诉的适法要件"，是案件能够进行实体审理并作出本案实体判决的前提条件。换言之，一个案件拟让法院对其进行实体审理并最终作出实体裁判是有条件的，这些条件就是诉讼要件。[3] 诉之合法性评价是程序法上的判断，要求原告所起的诉在程序上是合法的，只有诉在程序上是合法的，案件才能进入下一阶段的本案审理阶段，法院才能对该案作出本案判决。如果诉在程序上有瑕疵，且不能补正，案件不能进入下一阶段的本案审理阶段，诉讼程序到此终止。诉讼要件是在诉讼程序开启后，法院作出本案判决

---

① ［日］高桥宏志：《重点讲义民事诉讼法》，张卫平、许可译，法律出版社 2007 年版，第 2 页。

② 大陆法系民诉学者通常称诉的合法要件为"诉讼要件"，大陆法系行政法学者称之为"实体判决要件"或"实质裁判要件"。我国有关德国行政诉讼法的中文译著（［德］弗里德赫尔穆·胡芬：《行政诉讼法》（第 5 版），莫光华译，法律出版社 2003 年版；［德］哈特穆特·毛雷尔：《行政法学总论》，高家伟译，法律出版社 2000 年版）都将之翻译为"实质裁判条件"。

③ ［日］盐野宏著：《行政法》，杨建顺译，姜明安校，法律出版社 1999 年版，第 313 页。

前，必须审理查明的内容。

诉讼程序开始以后，在对案件进行实体审理之前，审理查明诉讼要件是非常有必要的。

第一，诉讼要件能保证法院作出的实体判决在程序上的正当性。程序合法是程序正当的基础，只有当事人、诉讼标的和法院均符合程序法的要求，诉讼程序才是公正的，经由该程序作出的实体判决才具有正当性。通过诉讼要件对诉的合法性进行评价，将程序上存在瑕疵的案件排除出去，让其不得进入到下一阶段的本案审理阶段，从而保证进入本案审理阶段的案件在程序上都是合法性，进而保证法院作出的本案实体判决具有正当性。

第二，诉讼要件可以节约司法资源。原告的诉只有在具备诉讼要件后，法院才能够对其主张的实体法律关系作出本案判决。反之，如果欠缺诉讼要件，且不能补正的，法院无须对该案的实体有无理由进行审理判断。从诉讼经济角度来看，可以在第二阶段诉讼要件审理阶段，通过诉讼要件的审查以驳回起诉的方式将程序上有瑕疵的案件的诉讼程序终止于此，不让此类案件进入下一个阶段，法院亦不必在此类案件上再投入人力、时间、物力等去审理案件的实体有无理由，从而节约法院的司法资源。

第三，诉讼要件可以预防滥诉。滥诉是司法实践中不可避免的客观现象，滥诉一方面对被告造成人力、物力、时间的浪费，并伴随精神的困扰；另一方面也对法院造成司法资源的浪费。是否属于重复起诉、是否违反"一事不再理"等诉讼要件能在一定程度上过滤掉部分滥诉案件，从而节约司法资源，避免被告受不合理之诉的困扰。

2. 诉讼要件的分类

诉讼要件是大陆法系非常重要的诉讼理论，大陆法系行政诉讼法理论对诉讼要件按照不同的标准有不同分类。

（1）积极要件与消极要件

依据诉讼要件效力的性质，诉讼要件可分为积极要件与消极要件。积极要件是以该要件的存在为诉的合法要件，该要件是作出本案判决的必须具备的条件，如当事人适格、当事人能力、案件属于法院的受案范围和法院管辖的范围等。消极要件是以该要件之不存在为诉的合法要件，该要件是作出本案判决的不得具备的情形，如不得重复起诉、同一案件撤诉后不得再起诉、一事不再理等。必须具备所有的积极要件，诉讼才具有合法性；只要具有任意一项消极要件，诉都不具有合法性。可见，诉要满足合法性必须具备所有积极要件且不得有任一项消极要件。我国台湾地区"行政诉讼法"明确规定了行政诉讼的诉讼要件，① 其第107条第1款第1至6项属于积极要件，第7至9项属于消极要件。

（2）一般诉讼要件与特别诉讼要件

大陆法系的行政诉讼立法中一般都有诉讼类型的规定。如德国《行政法院法》规定有撤销之诉、义务之诉、停止作为之诉、一般给付之诉、确认之诉等诉讼类型。日本《行政事件诉讼法》规定有抗告诉讼、当事人诉讼、民众诉讼和机关诉讼等诉讼类型。我国台湾地区"行政诉讼法"规定有撤销之诉、课予义务诉讼、一般给付诉讼、确认诉讼、维护公益诉讼、选举罢免诉讼等诉讼类型。根据诉讼要件的适用范围，是适用于一切行政诉讼类型，还是为某一行政诉讼类型所特有，将诉讼要件分为一般诉讼要件与特别诉讼要件。一般诉讼要件是所有类型诉讼都必须具备的合法性要件。特别诉讼要件是特定类型诉讼各自所应具有的合法性要件，诉讼类型不同，特别诉讼要件也就不同。

一般诉讼要件主要对法院、当事人和诉讼标提出的程序法上的要求。具体而言：有关法院的诉讼要件主要包括案件属于法院行政诉讼的受案范围以及法院的管辖范围等；有关当事人的诉讼要件主要包括：当事人适格、当事人应具备当事人能力与诉讼行为能力、诉讼代理人具备合法有效的诉讼代理权限等；有关诉讼标的的诉讼要件主要包括禁止重复起诉、没有违背"一事不再理原则"、没有超

---

① 我国台湾地区"行政诉讼法"第107条（诉讼要件之审查及补正）规定，原告之诉，有下列各款情形之一者，行政法院应以裁定驳回之。但其情形可以补正者，审判长应定期间先命补正：一、诉讼事件不属行政诉讼审判之权限者。但本法别有规定者，从其规定。二、诉讼事件不属受诉行政法院管辖而不能请求指定管辖，亦不能为移送诉讼之裁定者。三、原告或被告无当事人能力者。四、原告或被告未由合法之法定代理人、代表人或管理人为诉讼行为者。五、由诉讼代理人起诉，而其代理权有欠缺者。六、起诉逾越法定期限者。七、当事人就已起诉之事件，于诉讼系属中更行起诉者。八、本案经终局判决后撤回其诉，复提起同一之诉者。九、诉讼标的为确定判决或和解之效力所及者。十、起诉不合程序或不备其他要件者。撤销诉讼及课予义务诉讼，原告于诉状误列被告机关者，准用第1项规定。原告之诉，依其所诉之事实，在法律上显无理由者，行政法院得不经言词辩论，径以判决驳回之。

过起诉期限、属于复议前置型案件已经经过行政复议等。①

在大陆法系国家和地区，不同类型的诉讼，除了要满足一般诉讼要件之外，还要满足各自的特别诉讼要件，该诉讼才具有合法性，法院才能对案件进行实体审理进而作出实体裁判。如果欠缺诉讼要件，法院会驳回原告起诉。

（三）诉之有理性评价

诉之有理性评价是法律对诉进行的第三次评价，也是法律最终能否支持当事人诉讼请求的评价。对诉之有理性评价的标准是本案要件。所谓本案要件，是指原告诉讼请求获得法院的肯定性支持必须具备的实体上的条件。

满足诉的成立要件，第一审程序开始，案件进入第二阶段诉讼审理阶段；满足诉讼要件，该案件有资格获得法院的实体裁判，此时案件才能进入第三阶段本案审理阶段。满足诉讼要件进入本案审理阶段的案件，原告的诉讼请求不一定能

---

① 我国台湾地区"行政诉讼法"对于诉讼要件有非常系统的规定，其第107条第1款规定的十项内容就属于一般诉讼要件，包括：①行政法院具有审判权；②所诉案件须属于行政审判权范围的事件；③行政法院须有管辖权，包括事务管辖权与地域管辖权；④当事人须具备当事人能力；⑤当事人须具备诉讼能力，不具备诉讼能力的，应由法定代理人、代表人或管理人进行诉讼行为；⑥由诉讼代理人起诉的，其代理权限无欠缺；⑦同一事件无其他诉讼系属；⑧非同一事件经终局判决后撤回起诉，复行起诉的；⑨诉讼标的未经确定判决或和解之效力拘束的；⑩起诉须符合法定程式及其他要件。

其第4条到第8条对撤销诉讼、课予义务诉讼、确认诉讼、给付诉讼的特别诉讼要件分别进行了单独规定。撤销诉讼的特别诉讼要件包括：①须有行政处分存在；②原告须主张行政处分违法并损害其权利或法律上利益；③须经诉愿程序而未获救济；④须于法定期间内提起，即撤销诉讼应于诉愿决定书送达后2个月内起诉。课予义务诉讼的特别诉讼要件为：①原告所申请的须为行政处分或特定内容之行政处分；②须被诉行政机关在法定期间内应作为而不作为（怠为处分之诉）或被诉行政机关作出拒绝原告申请之意思表示（拒绝申请之诉）；③须先经诉愿程序；④原告须主张损害其权利或法律上利益。一般给付诉讼的特别诉讼要件为：①给付是因公法上的原因发生；②原告请求之给付仅限于财产上的给付或请求作成行政处分以外的其他非财产上的给付，且不属于可在撤销诉讼中并为请求的给付；③原告应主张行政机关违反给付义务损害了原告的权利。确认行政处分无效之诉的特别诉讼要件包括：①确认的对象须为无效或违法的行政处分；②须经行政程序，即须已向原处分机关请求确认无效未被允许，或经请求后在30日内未作答复；③须有即受确认判决之法律上利益。确认法律关系存否之诉的特别诉讼要件包括：①确认对象须为公法上法律关系成立或不成立；②须有即受确认判决之法律上利益；③须已不得提起撤销诉讼。参见吴庚：《行政争讼法论》，台湾三民书局1999年版，第95～129页。

获得法院的支持，原告想要获得胜诉的实体裁判，还需具备本案要件，本案要件是法院判断诉讼请求是否有理由的基础。诉的成立要件与诉讼要件与案件的程序事项相关，而每个案件的本案要件与该案的实体内容相关，是实体法上要审理查明的内容。满足本案要件法院会对该案涉及的实体权利义务关系作出实体判决，该实体判决称之为本案判决，本案判决属于实体性判决，会最终确定当事人之间的实体权利和义务。如果欠缺本案要件，法院会认定原告的诉讼请求没有理由，从而不支持原告的诉讼请求，判决驳回原告的诉讼请求。案件经过本案要件的评价后，该案的诉讼程序就结束了。

三、立案应满足诉的成立要件

诉的评价机制包括诉的成立、诉的合法和诉的有理三次评价，每次评价的标准分别是诉的成立要件、诉讼要件与本案要件。三次评价是循序渐进的关系，诉的成立要件之满足是进行诉讼审理和本案审理的前提和基础。虽然理论上认为诉讼要件之满足是本案进行审理的逻辑前提，诉讼审理应是本案审理的先行程序，未经诉讼审理不得进行本案审理。但目前在司法实践当中，对诉讼审理和本案审理采取的是复式平行审理模式，诉讼审理未完成之前就进行本案审理，并没有视为不合法，对诉讼要件的审理可与本案审理同时并行。① 但是对诉的成立要件的

---

① 对于诉讼审理与本案审理的关系，大陆法系有单阶审理和复式平行审理两种类型。从理论上来讲，诉具有合法性是进行本案判决的逻辑前提，如果欠缺诉讼要件，本案审理将失去依据，由此作出的本案判决也将不具有正当性，因而诉讼审理应是本案审理的先行程序，未经诉讼审理不得进行本案审理，此为诉讼要件的单阶审理模式。罗马法时期实行的就是单阶审理模式。在第一个阶段诉讼审理阶段中，法官对本案的诉讼要件进行审查，具备诉讼要件，可确定案件争点，制定审理计划，在征得当事人同意之后，将案件推进至第二阶段本案审理阶段。然诉讼要件之审理与案件实体事实存在密切关联，在诉讼要件审理的过程中不可避免地要对案件实体问题展开调查和审理。如果严格实行纯粹的单阶审理结构，将导致诉讼程序过于机械，有失灵活与效率。因此，从德国普通法末期开始，欠缺诉讼要件而继续进行本案审理不再被视为不合法，这便形成了复式平行审理模式。在复式平行审理模式中，对诉讼要件的审理可与本案审理同时并行，如果在诉讼要件查明之前，已经可以作出诉讼请求无理由的判断，法院便可直接作出驳回诉讼请求的本案判决。目前大陆法系诉讼法都采复式平行审理模式。参见 ［日］高桥宏志：《重点讲义民事诉讼法》，张卫平、许可译，法律出版社2007年版，第2~3页；［日］新堂幸司：《新民事诉讼法》，林剑锋译，法律出版社2008年版，第172页。

评价却是在第一阶段必须完成的事项。诉的评价机制是立案制度的核心基础理论，立案属于第一阶段诉讼开启阶段要解决的问题，诉的评价机制在理论上解释了在立案阶段为何只审查诉的成立要件而不审查诉讼要件。

（一）诉的成立要件与诉讼要件的关系

从前述诉的评价机制内容可以看出，要先开启诉讼程序之后，再进行诉讼审理，诉讼开启是诉讼审理的先行程序。诉的成立要件与诉讼要件虽都属于程序性事项，但两者的审查不能同时进行。在立案阶段只能审查诉的成立要件，不能同时兼顾审查诉讼要件。因为诉的成立要件与诉讼要件是两种性质完全不同的评价标准。

第一，两者的具体内容不同。一般来说，诉的成立要件涵盖当事人、诉讼请求，具体的事实和理由，一般从起诉状记载的内容去考察该诉的构成要素是否存在、是否具体特定，这些内容的确定完全不需要审查案件的实体内容。故在案件诉讼系属之前，由司法辅助人员对诉的成立要件独自进行封闭式审查是可行的。而诉讼要件涵盖当事人、法院、诉讼标的三个方面，在审查诸如案件是否属于法院的受案范围、当事人是否适格、是否属于重复起诉等诉讼要件时，需要涉及案件实体问题的审查。而实体问题必须在案件诉讼系属以后，被告进入诉讼程序，在对审和辩论的基础上进行审理，这样对诉讼要件进行的评价才具有正当性。司法实践中诉讼审理与本案审理之间的交错关系，也决定了诉讼要件不适合在立案阶段进行审理。

第二，法院对两者审查的要求不同。基于保障当事人能够毫无障碍地接近司法的诉权保障理念，在对诉的成立要件进行评价时，采取从宽原则，即使起诉状记载的内容有欠缺，只要能补正一般不会拒收当事人的起诉状。但诉讼要件是案件进入本案审理的前提和资格，诉讼要件决定着案件程序上的合法性。对诉讼要件的审查是不容许出错的，否则法院作出的本案判决将失去正当性。法院对诉讼要件的审查必须非常严格且谨慎，这种严格与谨慎就必须在程序上保证双方当事人有充分的表达与参与机会，因此，对诉讼要件的审查不能在诉讼系属之前进行封闭式审理。

第三，两者的效力不同。具备了诉的成立要件，诉从客观事实上就成立了，诉讼程序开启，诉讼系属产生，案件处于法院管辖和审理的状态，同时排斥当事人重复起诉等。不具备诉的成立要件，诉则不能成立，不算客观存在，纠纷没有转换成法院可以审理的案件，后续的诉讼要件审理也就无从谈起。对欠缺诉的成立要件，一般是以驳回诉状的方式进行评价。诉状驳回后，当事人如果补正诉状，可以重新起诉，因为前一个提起的诉根本没有成立，诉讼程序并没有开启，所以再行起诉不存在重复起诉的问题。而具备诉讼要件表明诉在法律上是合法的，该案可以进入下一个阶段本案审理阶段，法院可以对该案进行实体审理，并作出实体裁判。欠缺诉讼要件，是诉讼程序开启以后，法院通过审理发现该诉在程序上有瑕疵，案件没有资格进入本案审理。欠缺诉讼要件并非诉讼不成立，其只是不具备本案判决的基础，因此，将欠缺诉讼要件的案件在立案阶段直接拒绝于诉讼之外是不符合诉讼法理的。对欠缺诉讼要件的案件应以驳回起诉的方式为之，驳回起诉属于司法的正式裁判，应赋予当事人通过上诉进行救济之可能。

第四，两者评价的性质不同。从前述两者的内容、审查要求和法律效力的区别可以看出诉的成立要件是用来判断诉的客观性，诉讼要件是用来判断诉的合法性。诉的成立要件针对当事人的起诉行为，依据起诉状记载的内容来判断诉的构成要素是否存在以及是否具体，这属于客观的事实评价，客观事实的评价是基于事实逻辑上的判断，只要具备正常逻辑思维的人，都可以进行。诉讼要件针对案件的诉讼程序，依据法律规定和法理要求对其是否合法进行价值判断，这属于法律上的价值评价。法律上的价值评价，只有具有审判资格的审判人员才有权进行此评价，因而诉讼要件的审理必须在诉讼程序开启后，具体承办案件的法官介入后才能进行。

（二）立案登记制契合诉的评价机制

综上所述，诉的评价机制是立案制度的核心理论，诉的成立要件、诉讼要件、本案要件的区别体现了不同阶段对诉的分别评价，诉的成立要件与诉讼要件的审理在性质上的明显区别，决定了在立案阶段只适合审查诉的成立要件，不适合审理诉讼要件，这与立案登记制追求的立案形式化审查理念相契合。

立案登记制形式化立案的要求在立案程序中，对于当事人的起诉不会进行严格的实质性审查，只对当事人的诉状进行形式审查，此形式审查仅审查起诉状记载的内容是否满足法定记载事项，诉状具备否定记载事项，该起诉就可以成功立案了。而立案审查制在立案程序中会对起诉条件中的诉的成立要件和诉讼要件一并审查，对起诉涉及的程序合法性问题会进行严格的实质性审查，这就导致立案阶段的审查行为有着明显的诉讼审理倾向，甚至本案审理倾向。在立案阶段，被告尚未进入诉讼程序，具体承办案件的法官也没有介入案件，此时双方当事人无法进行公平有效的辩论，只能由法院依职权单方面对诉讼要件进行实质审查，由此必然导致法院立案门槛提高，形成起诉高阶化。可见，从本质上讲，立案审查制与诉的评价机制是相背离的。

第三章　我国行政诉讼立案制度之反思

我国行政诉讼制度不同于英美法系，我国有完整、独立的行政诉讼法典作为行政审判的依据，审判机构也是普通法院中独立于民事案件审判机构的行政审判庭；我国行政诉讼制度也不同于大陆法系，我国行政诉讼案件由普通法院管辖，行政审判庭虽然独立于民事审判庭，但其仍属于普通法院体系。不过从司法传统来看，除了法院体制外，我国行政诉讼具有非常明显的大陆法系行政诉讼特征。同某些大陆法系国家和地区一样，我国《行政诉讼法》以及最高人民法院相关司法解释、司法文件对行政立案制度进行了规定。

第一节　我国行政诉讼立案审查制之反思

一、我国行政诉讼立案审查制的法律规定

《行政诉讼法》制定之初，立法者在职权主义诉讼模式的影响下，基于我国当时的法制建设情况、整个社会的法治环境以及司法资源匮乏等现实情况考量，在立案制度上决定继续沿用民事诉讼的立案审查制。为了指导当事人行使起诉权，防止当事人滥用起诉权，我国行政诉讼法及相关司法解释、司法文件对起诉条件、起诉方式、立案程序都进行了规定。

（一）立案审查制下起诉条件的法律规定

我国行政诉讼起诉条件的规定散见于《行政诉讼法》（1989 年）第 41 条①、

---

① 《行政诉讼法》（1989 年）第 41 条规定，提起诉讼应当符合下列条件：（一）原告是认为具体行政行为侵犯其合法权益的公民、法人或者其他组织。（二）有明确的被告；（三）有具体的诉讼请求和事实根据；（四）属于人民法院受案范围和受诉人民法院管辖。

《最高人民法院关于执行〈中华人民共和国行政诉讼法〉若干问题的解释》（法释〔2000〕8号）（以下简称《行诉解释》（1999年））第44条①以及《最高人民法院关于人民法院立案工作的暂行规定》（法发〔1997〕7号）（以下简称《立案暂行规定》）第8条②的规定。

从上述规定来看，行政相对人提起行政诉讼具备了《行政诉讼法》（1989年）第41条规定的四项条件，法院并不一定会立案，还必须同时避免存在《行诉解释》（1999年）第44条规定的不予受理的情形。归纳上述规定，行政诉讼的起诉应具备如下条件：①起诉人具有原告资格，即起诉人应为具体行政行为的相对人以及其他与具体行政行为有利害关系的公民、法人或者其他组织。②当事人具有当事人能力及诉讼行为能力，不具备诉讼能力的，应由法定或指定代理人进行诉讼行为；由诉讼代理人起诉的，其代理权限应符合法律要求。③有明确的被告，如果错列了被告，已按法院要求进行了变更。④有具体的诉讼请求和事实根据。⑤属于人民法院行政诉讼受案范围。⑥属于受诉人民法院的管辖范围。⑦起诉未超过法定期限。⑧法定复议前置型案件已经过行政复议程序。⑨不属于重复起诉。⑩不属于已撤回起诉，无正当理由再行起诉。

---

①　《行诉解释》（1999年）第44条规定，有下列情形之一的，应当裁定不予受理；已经受理的，裁定驳回起诉：（一）请求事项不属于行政审判权限范围的；（二）起诉人无原告诉讼主体资格的；（三）起诉人错列被告且拒绝变更的；（四）法律规定必须由法定或者指定代理人、代表人为诉讼行为，未由法定或者指定代理人、代表人为诉讼行为的；（五）由诉讼代理人代为起诉，其代理不符合法定要求的；（六）起诉超过法定期限且无正当理由的；（七）法律、法规规定行政复议为提起诉讼必经程序而未申请复议的；（八）起诉人重复起诉的；（九）已撤回起诉，无正当理由再行起诉的；（十）诉讼标的为生效判决的效力所羁束的；（十一）起诉不具备其他法定要件的。前款所列情形可以补正或者更正的，人民法院应当指定期间责令补正或者更正；在指定期间已经补正或者更正的，应当依法受理。

②　《最高人民法院关于人民法院立案工作的暂行规定》第8条第1款规定，人民法院收到当事人的起诉，应当依照法律和司法解释规定的案件受理条件进行审查：（一）起诉人应当具备法律规定的主体资格；（二）应当有明确的被告；（三）有具体的诉讼请求和事实根据；（四）属于人民法院受理案件的范围和受诉人民法院管辖。《最高人民法院关于人民法院立案工作的暂行规定》第8条规定的案件受理条件与《行政诉讼法》（1989年）第41条规定的条件除了个别表述不同外，基本一致。

（二）立案审查制下起诉方式的法律规定

《行政诉讼法》（1989 年）与《行诉解释》（1999 年）都没有规定行政起诉应以何方式进行，也没有对行政起诉状的格式与内容作出规定。根据《行诉解释》（1999 年）第 97 条①的规定，可以参照我国《民事诉讼法》有关起诉方式的规定。《民事诉讼法》（1991 年）第 109 条规定起诉以书面起诉为原则，以口头起诉为例外。②《民事诉讼法》（1991 年）第 110 条③规定了起诉状应记载的内容，包括当事人的基本信息、诉讼请求、诉讼请求所根据之事实与理由以及证据方法等内容。

（三）立案审查制下立案程序的法律规定

正是因为《行政诉讼法》（1989 年）规定了提起诉讼的条件，相对应的也规定了"受理"制度④。根据《行政诉讼法》（1989 年）及相关司法解释与司法文

---

①　《行诉解释》（1999 年）第 97 条规定，人民法院审理行政案件，除依照行政诉讼法和本解释外，可以参照民事诉讼的有关规定。

②　《民事诉讼法》（1991 年）第 109 条规定，起诉应当向人民法院递交起诉状，并按照被告人数提出副本。书写起诉状确有困难的，可以口头起诉，由人民法院记入笔录，并告知对方当事人。《民事诉讼法》此后 4 次修改都没有改动这一条，只是条文的序号发生了变动。《民事诉讼法》（2007 年）第 109 条、《民事诉讼法》（2012 年）第 120 条、《民事诉讼法》（2017 年）第 120 条、《民事诉讼法》（2021 年）第 123 条都是这条对起诉方式的规定。

③　《民事诉讼法》（1991 年）第 110 条规定，起诉状应当记明下列事项：（一）当事人的姓名、性别、年龄、民族、职业、工作单位和住所，法人或者其他组织的名称、住所和法定代表人或者主要负责人的姓名、职务；（二）诉讼请求和所根据的事实与理由；（三）证据和证据来源，证人姓名和住所。关于起诉状应记载的事项的规定，《民事诉讼法》（2007 年）第 110 条没有变动，《民事诉讼法》（2012 年）第 121 条将当事人的基本信息分为了两项规定，分别是原告的基本信息和被告的基本信息，即"起诉状应当记明下列事项：（一）原告的姓名、性别、年龄、民族、职业、工作单位、住所、联系方式，法人或者其他组织的名称、住所和法定代表人或者主要负责人的姓名、职务、联系方式；（二）被告的姓名、性别、工作单位、住所等信息，法人或者其他组织的名称、住所等信息；（三）诉讼请求和所根据的事实与理由；（四）证据和证据来源，证人姓名和住所"。此后，《民事诉讼法》（2017 年）第 121 条、《民事诉讼法》（2021 年）第 124 条再没有改动。

④　《行政诉讼法》（1989 年）和《行政诉讼法》（2017 年）第 6 章就称为"起诉和受理"。

件的规定，行政诉讼立案程序包括以下环节：

1. 接收登记

法院收到原告的起诉状后，应当当场在案件登记簿上进行登记，并向原告出具收据。收据应当注明原告所提交的证据名称、原件或复制件、收到日期、份数和页数，然后由负责审查起诉的审判人员和原告签名或者盖章。①

2. 立案审查

（1）立案审查的组织：按照《人民法院五年改革纲要》（1999 年）② 以及《立案暂行规定》所确立的"立审分离"原则③，行政案件的立案不再由行政审判庭负责，而由法院的立案机构负责。实践中，有的法院单独设立了立案庭，有的法院在告诉申诉审判庭内设立了立案室。依据《行诉解释》（1999 年）第 32条第 1 款"法院应当组成合议庭对原告的起诉进行审查"之规定，应由立案机构组成合议庭对原告的起诉进行审查。实践中，相较于民事案件，行政诉讼案件专

---

① 《最高人民法院关于人民法院立案工作的暂行规定》第 10 条规定，人民法院收到诉状和有关证据，应当进行登记，并向原告或者自诉人出具收据。收据中应当注明证据名称、原件或复制件、收到时间、份数和页数，由负责审查起诉的审判人员和原告、自诉人签名或者盖章。对于不予立案或者原告、自诉人在立案前撤回起诉的，应当将起诉材料退还，并由当事人签收。

② 《人民法院五年改革纲要》（1999 年 10 月 20 日）第 7 条规定，1999 年底全国各级人民法院根据明确职责、分工合理、运转高效的原则，全面实行立审分立、审执分立、审监分立。人民法庭的立审分立，结合实际情况进行。

最高院副院长祝铭山在《关于人民法院五年改革纲要的说明》（1999 年 10 月 20 日）中要求全面落实"三个分立"。人民法院的审判工作实行立审分立、审执分立、审监分立，有利于维护司法公正，是审判工作规律的客观要求。《纲要》第 7 条规定："在 1999 年底前，全国各级人民法院根据明确职责、分工合理、运转高效的原则，全面实行立审分立、审执分立、审监分立。"目前，多数法院"三个分立"的工作基本完成，并取得明显成效。一些法院积极推行的案件审理流程管理，由专门机构对立案、送达、开庭、结案等审理阶段进行安排和跟踪，是对审判工作管理模式的有益探索，对保证程序公正，提高审判效率，加强审判监督，做好廉政工作具有积极意义。落实《纲要》规定，各级人民法院要抓好机构与职能分立的落实、健全机构，明确职责，理顺关系，解决好审判部门职能交叉的问题；要建立健全相关制度，逐步形成一整套保证案件审理公正、高效、规范的运行方式，完善审判工作中各项监督和制约机制；要注重实效，切忌形式主义，使"三个分立"真正发挥作用。

③ 《最高人民法院关于人民法院立案工作的暂行规定》第 5 条规定，人民法院实行立案与审判分开的原则。

业性更强，立案机构对是否立案，有时会咨询行政审判庭的意见。① 重大疑难案件的立案问题还可能报院长审批或者经审判委员会讨论决定。②

（2）立案审查的标准：以《行政诉讼法》（1989 年）第 41 条规定的提起诉讼的条件和《行诉解释》（1999 年）第 44 条规定不予受理或驳回起诉的情况为标准。

（3）立案审查的结果：①原告起诉符合起诉条件的，法院应当在 7 日内立案。②原告起诉不符合起诉条件，法院应当在 7 日内裁定不予受理。在司法实践中，法院一般首先会口头告知原告不予受理，将起诉材料退还给原告。如果原告仍坚持起诉，才会作出不予受理的裁定。③如果法院在 7 日内不能决定原告的起诉是否符合起诉条件，则应当先予受理；受理后再继续审查起诉是否符合起诉条件，若不符合，则应裁定驳回起诉。③ 不予受理和驳回起诉的裁定书由负责审查起诉的审判人员制作，报庭长或者院长审批。④

（4）对立案审查结果的救济：①原告不服不予受理裁定，可以在裁定书送达次日起 10 日内向上一级法院提起上诉。⑤ ②如果受诉法院在 7 日内既没有立案，

---

① 例如《福建省高级人民法院立案庭、行政审判庭关于行政诉讼案件立案受理若干问题的意见（试行）》（闽高法行〔2005〕11 号）第 2 条规定："对不符合立案条件，立案庭拟裁定不予受理的案件，可征求行政审判庭的意见。"

② 《最高人民法院关于人民法院立案工作的暂行规定》第 13 条规定，经审查认为起诉符合受理条件的，根据案件的不同情况，由负责审查起诉的审判人员决定立案或者报庭长审批。重大疑难案件报院长审批或者经审判委员会讨论决定。

③ 《行诉解释》（1999 年）第 32 条规定，人民法院应当组成合议庭对原告的起诉进行审查。符合起诉条件的，应当在 7 日内立案；不符合起诉条件的，应当在 7 日内裁定不予受理。7 日内不能决定是否受理的，应当先予受理；受理后经审查不符合起诉条件的，裁定驳回起诉。受诉人民法院在 7 日内既不立案，又不作出裁定的，起诉人可以向上一级人民法院申诉或者起诉。上一级人民法院认为符合受理条件的，应予受理；受理后可以移交或者指定下级人民法院审理，也可以自行审理。前三款规定的期限，从受诉人民法院收到起诉状之日起计算；因起诉状内容欠缺而责令原告补正的，从人民法院收到补正材料之日起计算。

④ 《最高人民法院关于人民法院立案工作的暂行规定》第 12 条规定，不予受理和驳回起诉的裁定书由负责审查起诉的审判人员制作，报庭长或者院长审批。裁定书由负责审查起诉的审判员、书记员署名，加盖人民法院印章。

⑤ 《行政诉讼法》（1989 年）第 42 条规定，人民法院接到起诉状，经审查，应当在七日内立案或者作出裁定不予受理。原告对裁定不服的，可以提起上诉。

又未作出不予受理的裁定，当事人可以向上一级人民法院申诉或者起诉。上一级人民法院认为符合受理条件的，应予受理；受理后可以移交或者指定下级人民法院审理。①

最高人民法院在《关于行政案件管辖若干问题的规定》（法释［2008］1号）中进一步明确规定，当事人向有管辖权的基层法院起诉，受诉法院在 7 日内未立案也未作出裁定，当事人可以向中级人民法院起诉，中级人民法院应当根据不同情况在 7 日内分别作出如下处理：要求有管辖权的基层法院依法处理、指定本辖区其他基层法院管辖或决定自己审理。②

3. 立案通知

法院决定立案后，立案机构编立案号，填写立案登记表，计算案件受理费，并向原告发出案件受理通知书。法院决定立案的日期为正式的立案日期。③ 可见，我国行政诉讼程序开始的时间为立案之日，换言之，我国行政诉讼程序始于法院的立案，而非当事人起诉。立案机构应当在决定立案后 2 日内将案件移送行政审判庭审理，并办理移交手续。

案件受理通知书中列明原告诉被告的案由、法院立案的时间、需要准备的事项等内容。法院同时书面通知原告预交案件受理费，包括案件受理费的数额、缴纳方式和缴纳期限。法院还应在立案之日起 5 日内，向被告送达应诉通知书和起诉状副本。若有第三人，一并向第三人送达应诉通知书和起诉状副本。法院向当事人送达案件受理通知书或应诉通知书时，应当同时书面告知当事人相关诉讼权

---

① 《行诉解释》（1999 年）第 32 条第 3 款。

② 《最高人民法院关于行政案件管辖若干问题的规定》第 3 条规定，当事人向有管辖权的基层人民法院起诉，受诉人民法院在 7 日内未立案也未作出裁定，当事人向中级人民法院起诉，中级人民法院应当根据不同情况在 7 日内分别作出以下处理：（一）要求有管辖权的基层人民法院依法处理；（二）指定本辖区其他基层人民法院管辖；（三）决定自己审理。

③ 《最高人民法院关于人民法院立案工作的暂行规定》第 14 条规定，起诉经审查决定立案后，应当编立案号，填写立案登记表，计算案件受理费，向原告或者自诉人发出案件受理通知书，并书面通知原告预交案件受理费。第 15 条规定，决定立案后，立案机构应当在二日内将案件移送有关审判庭审理，并办理移交手续，注明移交日期。经审查决定受理或立案登记的日期为立案日期。

利和义务。如《最高人民法院关于行政诉讼证据若干问题的规定》第 8 条①特别规定，应当告知当事人举证责任范围、举证期限和逾期提供证据的法律后果，同时告知因正当事由不能如期提供证据时应当提出延期提供证据的申请。

二、我国行政诉讼立案审查制之检视

（一）某些法律表述语义不明

第一，混淆了"诉权"与"起诉权"。

《行诉解释》（1999 年）第 41 条规定未告知行政相对人"诉权"或者起诉期限的，起诉期限从知道"诉权"或者起诉期限之日起计算。笔者认为，该规定用"起诉权"比"诉权"更合适。诉权是一项宪法性的基本权利，对应公民的诉权，国家（法院）负有不得非法拒绝审判的义务。因此，诉权的行使是没有限制的，只要行政相对人认为行政机关的行政行为侵犯了自己的权益，其就可以向法院请求司法救济。行政诉讼起诉期限的立法本意并非要限制行政相对人的诉权，而是要给行政相对人行使起诉权附加一个时间要求，以督促其行使起诉权从而更有效地保护其合法权益以及维系行政法律关系的稳定。条文如此表述，容易使人将"诉权"等同于"起诉权"。同理，最高人民法院 2009 年 11 月 9 日颁发的《关于依法保护行政诉讼当事人诉权的意见》，其中"诉权"实质上指的就是"起诉权"。

第二，"提起诉讼应符合的条件"语义不明。

《行政诉讼法》（1989 年）第 41 条的表述是"提起诉讼应符合的条件"，可以简称为"提起诉讼的条件"，该条并未使用"起诉条件"。"起诉条件"这一表述出现在《行诉解释》（1999 年）第 32 条，即法院对起诉进行审查，符合起诉条件的，予以立案，不符合起诉条件的，裁定不予受理。《行政诉讼法》（1989年）第 41 条的"提起诉讼的条件"与《行诉解释》（1999 年）第 32 条的"起

---

① 《最高人民法院关于行政诉讼证据若干问题的规定》第 8 条规定，人民法院向当事人送达受理案件通知书或者应诉通知书时，应当告知其举证范围、举证期限和逾期提供证据的法律后果，并告知因正当事由不能按期提供证据时应当提出延期提供证据的申请。

诉条件"是否同一意思？

根据《行诉解释》（1999 年）第 32 条的规定，我国行政诉讼的起诉条件，是当事人起诉时应当具备的必要条件，是法院判断是否受理当事人起诉的标准。从《行诉解释》（1999 年）第 44 条列举的情形来看，我国行政诉讼的起诉条件除了包括《行政诉讼法》（1989 年）第 41 条规定的四项"提起诉讼的条件"之外，还包括其他要求。故"提起诉讼的条件"并不能完全等同"起诉条件"。换言之，当事人起诉符合"提起诉讼的条件"，也可能会被法院以不符合"起诉条件"为由不予受理。那"提起诉讼的条件"究竟欲表达何意？

第三，起诉期限规定中的"法律另有规定除外"语义不详。

根据《行政诉讼法》（1989 年）第 39 条①、第 38 条第 2 款②之规定可知，对具体行政行为不服直接向法院起诉的期限是 3 个月，从行政相对人知道作出具体行政行为之日起计算；对具体行政行为不服先申请行政复议的，对复议决定不服的，再向法院起诉的期限是 15 日，从行政相对人收到复议决定书之日开始计算；复议机关逾期未作决定的，行政相对人可以在复议期满之日起 15 日内向人民法院提起诉讼。上述两条规定都有"法律另有规定除外"的但书。单从字面上理解，只要其他单行法律规定的起诉期限与《行政诉讼法》（1989 年）规定的起诉期限不一致，就应遵循单行法律的规定。

例如，《烟草专卖法》（1991 年）第 44 条③规定的对烟草专卖行政主管部门和工商行政管理部门作出的行政处罚决定不服的直接向法院起诉期限为 15 日。

---

①　《行政诉讼法》（1989 年）第 39 条规定，公民、法人或者其他组织直接向人民法院提起诉讼的，应当在知道作出具体行政行为之日起 3 个月内提出。法律另有规定的除外。

②　《行政诉讼法》（1989 年）第 38 条规定，申请人不服复议决定的，可以在收到复议决定书之日起 15 日内向人民法院提起诉讼。复议机关逾期不作决定的，申请人可以在复议期满之日起 15 日内向人民法院提起诉讼。法律、法规另有规定的除外。

③　《烟草专卖法》（1991 年）第 44 条规定，当事人对烟草专卖行政主管部门和工商行政管理部门作出的行政处罚决定不服的，可以在接到处罚通知之日起 15 日内向作出处罚决定的机关的上一级机关申请复议；当事人也可以在接到处罚通知之日起 15 日内直接向人民法院起诉。

此处讨论的是立案登记制实施（2015 年 5 月 1 日）以前的立案相关内容，故此处行文还是用 1991 年的《烟草专卖法》。2015 年《烟草专卖法》修改，其第 41 条第 1 款对上述条文未作任何修改。

如果某行政相对人对烟草专卖行政主管部门的行政处罚不服，在接到处罚决定书之日起第 20 日向法院起诉，法院根据《烟草专卖法》（1991 年）第 44 条之规定，认定其起诉超过起诉期限，裁定不予受理。该行政相对人还可以依据《行政复议法》（2009 年）第 9 条第 1 款①的规定向复议机关提起行政复议吗？② 从理论上讲，行政复议与行政诉讼都是解决行政纠纷、救济行政相对人权益、监督行政的制度，两者相互独立，各自具有不同的制度功能，不能互相替代。因此，行政相对人因超过起诉期限丧失了行政起诉权，只要在行政复议申请期限内，其仍应具有复议申请权。实践中，选择行政诉讼的，无论是超期被驳回，还是撤诉，只要未超过行政复议申请期限，均允许行政相对人再申请行政复议。③ 那就会产生一个问题，复议机关受理了相对人的复议申请，如果相对人对复议机关的复议决定不服或复议机关未在法定期限内作出复议决定，行政相对人能否再依据《行政诉讼法》（1989 年）第 38 条第 2 款的规定提起行政诉讼。如果可以，经过这样一个迂回，此案还是提起了行政诉讼，而对象并未发生任何改变。从权利救济角度看，这似乎无可厚非，却扰乱了行政复议与行政诉讼的关系，有违司法最终原则之嫌。

《行政诉讼法》（1989 年）规定起诉期限，虽然是对行政相对人行使起诉权附加的时间要求，但该时间要求不是为了限制行政相对人行使起诉权，而是为了

---

　　① 《行政复议法》（2009 年）第 9 条规定，公民、法人或者其他组织认为具体行政行为侵犯其合法权益的，可以自知道该具体行政行为之日起 60 日内提出行政复议申请；但是法律规定的申请期限超过 60 日的除外。2017 年《行政复议法》修改时，这一条款没有改动。2023 年《行政复议法》修改时将这一条款的序号变动为第 20 条，将"具体行政行为"改为"行政行为"，其他表述都是一致的。《烟草专卖法》（1991 年）第 44 条规定的行政复议申请期限为 15 日，但《行政复议法》（2009 年）第 9 条明确规定了只有法律规定的申请期限超过 60 日的才能除外。因此，根据新法优于旧法的原则，对有关烟草专卖的行政处罚不服申请行政复议的期限可以适用《行政复议法》（2009 年）第 9 条的规定。

　　② 此时，申请行政复议应遵循《行政复议法》（1999 年）第 9 条规定的 60 日复议申请期限，而非《烟草专卖法》（1991 年）第 44 条规定的 15 日复议申请期限。因为，《行政复议法》第 9 条明确规定了只有法律规定的申请期限超过 60 日的才能除外。根据新法优于旧法的原则，《烟草专卖法》第 44 条规定的 15 日行政复议申请期限无效。对有关烟草专卖的行政处罚不服申请行政复议的期限应当适用《行政复议法》第 9 条的规定。

　　③ 当然，这种情况是否有违司法最终原则还需讨论，毕竟法院未对行政争议作出实质性裁判。

督促行政相对人行使起诉权从而更有效地保护其合法权益。立法本意是只有当单行法律另外规定的起诉期限长于 3 个月（经复议的案件长于 15 日），才遵循单行法律有关起诉期限的规定；若单行法律另外规定的起诉期限短于 3 个月（经复议的案件短于 15 日）的，应以 3 个月（经复议的案件为 15 日）为准。据此理解，《烟草专卖法》（1991 年）第 44 条规定的直接向法院起诉的 15 日期限和《森林法》（1998 年）第 17 条第 3 款①规定直接起诉的 1 个月期限都是无效的，应以《行政诉讼法》规定的 3 个月为准；而《专利法》（2008 年）第 41 条第 2 款②规定的对专利复审委员会的复审决定不服的 3 个月的起诉期限是有效的。笔者建议《行政诉讼法》（1989 年）第 39 条、第 38 条第 2 款修改时，可以借鉴《行政复议法》（2009 年）第 9 条 "但是法律规定的申请期限超过 60 日的除外" 的立法表述，修改为 "但是法律规定的起诉期限超过 3 个月（经复议的起诉期限超过 15 日）的除外"，以免在实践中产生分歧。如此才符合《行政诉讼法》的立法宗旨，也能切实保障行政相对人的起诉权。遗憾的是，2014 年修改《行政诉讼法》时虽然将直接起诉的 3 个月的起诉期限延长为 6 个月，可仍然保留了 "法律另有规定的除外" 的表述。2017 年修改《行政诉讼法》时对这一条款未作改动。当然这个问题经过最高人民法院的案例指导，实践中几乎不存在歧义，从法律严谨的角度来说，法条表述为 "但是法律规定的起诉期限超过 6 个月（经复议的起诉期限超过 15 日）的除外" 更为严谨。

（二）行政起诉条件 "高阶化"

1. 我国行政起诉条件 "高阶化" 之体现

（1）《行诉解释》（1999 年）第 44 条第 1 款实际上使得《行政诉讼法》

---

① 《森林法》（1998 年）第 17 条第 3 款规定，"当事人对人民政府的处理决定不服的，可以在接到通知之日起 1 个月内，向人民法院起诉。"2009 年《森林法》修改时，对这一条未做改动。2019 年《森林法》修改时，将该款条改为第 22 条第 3 款 "当事人对有关人民政府的处理决定不服的，可以自接到处理决定通知之日起 30 日内，向人民法院起诉"。将起诉期限的表述由 1 个月改为 30 日，并无太大差别。

② 《专利法》（2008 年）第 41 条第 2 款规定，"专利申请人对专利复审委员会的复审决定不服的，可以自收到通知之日起 3 个月内向人民法院起诉"。2020 年修改《专利法》时对这一条款没有改动。

（1989 年）第 41 条的规定失去了意义。

如前所述，《行政诉讼法》（1989 年）第 41 条规定的"提起诉讼的条件"并不等同于《行诉解释》（1999 年）第 32 条所指的"起诉条件"。《行诉解释》（1999 年）第 32 条所指的"起诉条件"除了包括《行政诉讼法》（1989 年）第 41 条规定的"提起诉讼的条件"以外，还包括《行诉解释》（1999 年）第 44 条第 1 款规定的不予受理或驳回起诉的情形，该条款虽是对不予受理情形的规定，但也是间接对起诉条件的规定。

从《行诉解释》（1999 年）第 44 条"（第 1 款）有下列情形之一的，应当裁定不予受理；已经受理的，裁定驳回起诉""（第 2 款）前款所列情形可以补正或者更正的，人民法院应当指定期间责令补正或者更正；在指定期间已经补正或者更正的，应当依法受理"的规定来看，法院对原告起诉进行立案审查、决定是否受理的标准，实际上是《行诉解释》（1999 年）第 44 条第 1 款规定的立案条件。

仔细比较一下《行政诉讼法》（1989 年）第 41 条与《行诉解释》（1999 年）第 44 条第 1 款的规定，《行政诉讼法》（1989 年）第 41 条对当事人提起诉讼只规定了四项条件，《行诉解释》（1999 年）第 44 条第 1 款除第 11 项属于兜底条款之外，共列举了十项不予受理或驳回起诉的情形，其中第 1 项"请求事项不属于行政审判权限范围的"是对《行政诉讼法》（1989 年）第 41 条第四项"属于人民法院受案范围"的重申，第 1 项"起诉人无原告诉讼主体资格的"是对《行政诉讼法》（1989 年）第 41 条第 1 项"原告是认为具体行政行为侵犯其合法权益的公民、法人或者其他组织"的重申。除此之外，其余八项内容均没有出现在《行政诉讼法》（1989 年）第 41 条的规定之中。当然，《行诉解释》（1999 年）第 44 条第 1 款第 6 项"起诉超过法定期限且无正当理由"是对违反《行政诉讼法》（1989 年）第 38 条第 2 款、第 39 条起诉期限规定的法律后果的规定，第 7 项"法律、法规规定行政复议为提起诉讼必经程序而未申请复议的"是对违反《行政诉讼法》（1989 年）第 37 条第 2 款法定复议前置型案件未经复议之法律后果的规定。除此之外，《行诉解释》（1999 年）第 44 条第 1 款第 3 项"起诉人错列被告且拒绝变更的"、第 4 项"法律规定必须由法定或者指定代理人、代表人为诉讼行为，未由法定或者指定代理人、代表人为诉讼行为的"、第 5 项

"由诉讼代理人代为起诉，其代理不符合法定要求的"、第 8 项 "起诉人重复起诉的"、第 9 项 "已撤回起诉，无正当理由再行起诉的"、第 10 项 "诉讼标的为生效判决的效力所羁束的" 这六项内容在《行政诉讼法》与《民事诉讼法》中连影子都找不到，只能在民事诉讼相关司法解释寻找依据。

可见，《行诉解释》（1999 年）第 44 条第 1 款规定的立案条件已经远远超出了《行政诉讼法》（1989 年）第 41 条规定的 "提起诉讼应当符合的条件" 的范围。《行诉解释》（1999 年）作为司法解释，超出《行政诉讼法》（1989 年）的规定，额外增加当事人的起诉条件、抬高当事人起诉的门槛，显然是不合适的。

在 2015 年 5 月 1 日之前的司法实践中，法院审查当事人起诉的标准是《行诉解释》（1999 年）第 44 条第 1 款规定的立案条件。换言之，当事人起诉如果具备了《行政诉讼法》（1989 年）第 41 条规定的四项 "提起诉讼应当符合的条件"，也可能被法院依据《行诉解释》（1999 年）第 44 条第 1 款的规定而不予受理。如此，《行政诉讼法》（1989 年）第 41 条的规定还有何意义。

（2）我国行政诉讼起诉条件包括诉的成立要件、诉讼要件还有部分本案要件。

我国行政诉讼制度具有明显的大陆法系行政诉讼制度的特征，对比大陆法系行政起诉制度的立法例，笔者发现，我国行政诉讼的起诉条件包括大陆法系行政诉讼的诉讼成立要件、诉讼要件以及部分本案要件①。

第一，我国行政诉讼的起诉条件，包含域外行政诉讼制度的起诉形式要求。如《行政诉讼法》（1989 年）第 41 条第 2 项 "有明确的被告"、第 3 项 "有具体的诉讼请求和事实根据"。

第二，我国行政诉讼的起诉条件，包含大陆法系行政诉讼制度中的诉讼要件。

"诉讼要件" 是大陆法系民事诉讼理论上的概念，最早由德国学者彪罗在其著作《诉讼抗辩与诉讼要件》（1868 年）中提出。在现代，大陆法系德国、日本、奥地利的民事诉讼法对诉讼要件均有具体规定。诉讼要件并非诉讼开始的条

_____

①　大陆法系行政诉讼法学理论将诉讼要件称之为实质裁判条件，将本案要件称之为权利保护要件。

件，而是法院对案件实体权利义务争议能够继续进行审理并作出实体判决的要件，故又称"实体判决要件""实质裁判要件"。① 其法律效果在于，如果欠缺诉讼要件，法院就不能对案件进行实体审理，就不能对原告的诉讼请求或案件实体争议作出实体判决。② 诉讼要件是法院审查诉的合法性的标准，故诉讼要件又可成为诉的合法要件。秉承大陆法系的传统，大陆法系德国、日本等的行政诉讼立法也对诉讼要件进行了规定。

大陆法系行政诉讼几乎都有诉讼类型制度，故大陆法系行政诉讼的诉讼要件包括一般诉讼要件和特别诉讼要件，前者指行政诉讼所有类型的案件都必须具备的合法要件，后者是行政诉讼各类型的案件如撤销诉讼、课予义务诉讼、一般给付诉讼以及确认诉讼等各自应具备的要件。

大陆法系行政诉讼一般诉讼要件包括：有关法院的诉讼要件：包括①法院具有审判权；②被诉行政行为属于行政审判权的范围，即属于行政诉讼的受案范围；③法院具有管辖权。有关当事人的诉讼要件：包括①当事人应具备当事人能力；②当事人应具备诉讼能力，不具有诉讼能力的，应由法定代理人、代表人或管理人代为诉讼行为；③由诉讼代理人起诉的，代理权限应符合法定要求。有关诉讼标的的诉讼要件：①同一案件没有其他诉讼系属，不仅包括不得由其他行政法院诉讼系属，也包括不得由民事法院诉讼系属，也不得进行行政复议（诉愿）；②诉讼标的未经确定判决和和解的效力所及；③应具有诉的利益。

大陆法系行政诉讼各种类型诉讼的特别诉讼要件包括，撤销诉讼的特别诉讼要件：①被诉行政行为存在；②原告须主张行政行为违法并损害其权利或法律上的利益；③须先经行政复议（诉愿）程序而未获救济；④遵守法定的起诉期间。课予义务诉讼的特别诉讼要件：①原告申请的内容是要求被告行政机关为特定内容的行政行为；②被告行政机关在法定期间内应作为而未作为；③须先经行政复议（诉愿）程序；④原告应主张其权利或法律上的利益受损害。一般给付诉讼的

---

① ［日］兼子一、竹下守夫：《民事诉讼法》，白绿铉译，法律出版社1995年版，第49页。

② 张卫平：《起诉条件与实体判决要件》，载《法学研究》2004年第6期。

特别诉讼要件：①原告所申请之给付属于公法上发生的给付；②该给付仅限于财产上给付或请求作成行政行为以外的其他非财产上的给付；③须主张给付义务之违反损害了原告的权利；④应不属于可在撤销诉讼中一并为之请求的给付。确认（违法或无效）诉讼的特别诉讼要件：①确认的对象应为行政行为违法或无效；②确认行政行为无效须先经行政程序。①

　　比较我国行政诉讼的起诉条件与大陆法系行政诉讼的诉讼要件，两者有许多方面是相同的。首先，有关法院的诉讼要件，《行政诉讼法》（1989 年）第 41 条第 4 项同样强调被诉行政行为应当属于法院行政审判权的范围，即属于行政诉讼的受案范围。在法院内部管辖分工方面，同样强调属于受诉法院的管辖范围。其次，有关当事人的诉讼要件，我国《行政诉讼法》（1989 年）第 41 条第 1 项和《行诉解释》（1999 年）第 44 条第 1 款第 2 项都是对原告的当事人能力和当事人适格的规定，也强调原告应当具有当事人能力和原告认为具体行政行为侵犯其合法权益，或与具体行政行为有法律上的利害关系的正当当事人。《行政诉讼法》（2014 年）第 25 条将原告的起诉资格修改为"行政行为的相对人以及其他与行政行为有利害关系的公民、法人或者其他组织"。《行政诉讼法》（1989 年）第 41 条第 2 项虽然对被告的要求只须明确即可，可依《行诉解释》（1999 年）第 44 条第 1 款第 3 项如果"起诉人错列被告且拒绝变更的"，法院将不予受理的规定来看，同样强调被告适格。《行诉解释》（1999 年）第 44 条第 1 款第 4、5 项是关于当事人诉讼能力以及代理权限的规定。最后，有关诉讼标的的诉讼要件，《行诉解释》（1999 年）第 44 条第 1 款有起诉应遵守法定期限、法定复议前置型案件已经过行政复议程序、不得重复起诉、诉讼标的未为生效判决的效力所羁束等要求。另外，从条文对比看，《行诉解释》（1999 年）第 44 条第 1 款的规定

---

　　① ［德］弗里德赫尔穆·胡芬：《行政诉讼法》（第 5 版），莫光华译，法律出版社 2003 年版，第 135~391 页。邵建东主编：《德国司法制度》，厦门大学出版社 2010 年版，第 359~385 页。吴庚：《行政争讼法论》，台湾三民书局 1999 年版，第 84~133 页。林腾鹞：《行政诉讼法》，（增订三版），台湾三民书局 2009 年版，第 63~67、75~101、112~124、131~152、167~174 页。翁岳生编：《行政法》，中国法制出版社 2002 年版，第 1387~1398 页。江利红：《日本行政诉讼法》，知识产权出版社 2008 年版，第 204~300 页。薛刚凌主编：《外国及港澳台行政诉讼制度》，北京大学出版社 2006 年版，第 46~50 页。

与我国台湾地区“行政诉讼法”第107条第1项①对“诉讼要件”的规定极其相似。可见，我国行政诉讼的起诉条件基本包含大陆法系行政诉讼诉讼要件。

第三，我国行政诉讼起诉条件，还包含大陆法系行政诉讼中部分本案要件。

无论是大陆法系还是英美法系，证据方法以及待证事实均属于行政起诉状的任意记载事项，当事人未记载或记载不当都不会影响当事人起诉，在大陆法系，都不会影响案件诉讼系属的发生。可是，在我国，依据《最高人民法院关于人民法院立案工作的暂行规定》第9条②的规定，当事人起诉时提交证明其诉讼请求的主要证据是起诉状附件的必要组成内容。若欠缺证明其诉讼请求的主要证据，法院应当通知当事人补充证据。当事人不补交，法院就不接收当事人的起诉状，若已接收，法院也会退回。在域外，案件中涉及的证据主要是用来证明案件事实，从而证明原告的诉讼请求具备有理性，证明诉讼请求有理性的主要证据是法院对原告诉讼请求作出实体判决的依据，在大陆法系行政诉讼中属于本案要件。在我国，竟然要求当事人在起诉时提交，否则，就不接收当事人的诉状。这样的要求无疑给当事人行使起诉权造成了极大的障碍。此后，最高人民法院也意识到这个问题，在一通知中强调，“要正确处理诉权和胜诉权的关系，不能以当事人的诉讼请求明显不成立而限制或者剥夺当事人的诉讼权利”。③

第四，某些单行法律为某些案件提起行政诉讼另外附加了条件。

我国某些单行法律还为某些行政案件的起诉附加了额外条件，从而限制行政

---

① 我国台湾地区“行政诉讼法”第107条（诉讼要件之审查及补正）规定，原告之诉，有左列各款情形之一者，行政法院应以裁定驳回之。但其情形可以补正者，审判长应定期间先命补正：一、诉讼事件不属行政法院之权限者。二、诉讼事件不属受诉行政法院管辖而不能请求指定管辖，亦不能为移送诉讼之裁定者。三、原告或被告无当事人能力者。四、原告或被告未由合法之法定代理人、代表人或管理人为诉讼行为者。五、由诉讼代理人起诉，而其代理权有欠缺者。六、起诉逾越法定期限者。七、当事人就已起诉之事件，于诉讼系属中更行起诉者。八、本案经终局判决后撤回其诉，复提起同一之诉者。九、诉讼标的为确定判决或和解之效力所及者。十、起诉不合程序或不备其他要件者。

② 《最高人民法院关于人民法院立案工作的暂行规定》第9条规定，人民法院审查立案中，发现原告或者自诉人证明其诉讼请求的主要证据不具备的，应当及时通知其补充证据。收到诉状的时间，从当事人补交有关证据材料之日起开始计算。

③ 《最高人民法院关于依法保护行政诉讼当事人诉权的意见》，法发〔2009〕54号。

相对人起诉权的行使。例如，我国《税收征管法》（2013 年）第 88 条第 1 款规定①，与征税有关的纳税争议，不仅行政复议是行政诉讼的前置程序，申请行政复议本身也要满足一定的条件。如果纳税人、扣缴义务人或纳税担保人不能足额缴纳税款，或者提供足额的担保，其不能申请行政复议。未申请行政复议，自然就不能提起行政诉讼。法律之所以如此强硬地要求当事人只有在缴纳税款及滞纳金后才能申请复议，无非是考虑税款能及时入库。但如果当事人无法缴纳税款和滞纳金，其申请行政救济与司法救济的权利将会被剥夺。② 该款规定实际上限制了与征税有关的纳税争议案件当事人的申请复议权和行政起诉权，有悖于行政复议法与行政诉讼法的立法本意。我国《海关法》（1987 年）第 46 条③和《海关法》（2000 年）也有类似规定，即应当缴清关税后才能申请复议和提起行政诉讼。

2. 我国行政起诉条件"高阶化"之原因分析

我国行政诉讼起诉条件之所以包含大陆法系行政诉讼的诉讼要件的主要部

---

① 《税收征管法》（2013 年）第 88 条第 1 款规定，纳税人、扣缴义务人、纳税担保人同税务机关在纳税上发生争议时，必须先依照税务机关的纳税决定缴纳或者解缴税款及滞纳金或者提供相应的担保，然后可以依法申请行政复议；对行政复议决定不服的，可以依法向人民法院起诉。2015 年《税收征管法》修订时这一条款没有改动。

② 审判实践中出现过一个案例，当事人因交不起巨额税款和滞纳金丧失了申请复议的权利，倘若当事人缴纳了这笔税款和滞纳金，该当事人将面临倒闭，倒闭后得到的行政救济和司法救济对其而言又有何实际意义呢？即使不至于面临倒闭，纳税人缴纳了税款再申请复议，甚至通过诉讼赢得了官司，想要将已经缴纳的税款从国库中退还，此退税程序将是无比烦琐。参见《江西省高级人民法院关于人民法院能否直接受理因纳税主体资格引起的税务行政案件的请示》，载《行政执法与行政审判参考》（总第 4 集），法律出版社 2002 年版，第 196 页。

③ 《海关法》（1987 年）第 46 条，规定纳税义务人同海关发生纳税争议时，应当先缴纳税款，然后自海关填发税款缴纳证之日起 30 日内，向海关书面申请复议，海关应当自收到复议申请之日起 15 日内作出复议决定；纳税义务人对海关的复议决定不服的，可以自收到复议决定书之日起 15 日内向海关总署申请复议；对海关总署作出的复议决定仍然不服的，可以自收到复议决定书之日起 15 日内，向人民法院起诉。2000 年修改《海关法》时将这一条修改为第 64 条，规定纳税义务人同海关发生纳税争议时，应当缴纳税款，并可以依法申请行政复议；对复议决定仍不服的，可以依法向人民法院提起诉讼。这一条款取消了行政复议的期限，取消了二次复议，但是依然保留着对海关的纳税争议提起复议或者提起诉讼应当先缴纳税款的规定。此后《海关法》多次修改，这一条款再没有改动过。

分，甚至还包含部分本案要件，是因为立法者在制定行政诉讼法时，对诉讼程序开始时点的认识存在偏差。

在域外，一般来说，起诉权是当事人行使诉权的基本形式，只要当事人认为自己的合法权益受到行政机关行政行为的侵犯，其就可以通过起诉向法院寻求救济。当事人行使起诉权是启动行政诉讼程序的唯一动因。只要当事人向法院递交了书面起诉状，起诉状记载的内容能够明确诉的构成要素，即当事人、诉讼标的和诉讼请求从而使诉具体化、特定化，同时缴纳了案件受理费，法院负责登记的工作人员就会接收当事人的诉状，并对其诉状进行登记，然后编立案号，整理成卷宗。法院的登记立案是对当事人合法行使起诉权所负的义务。该登记立案的法律效果是审判程序正式启动，当事人取得原告地位，法院开始对该案行使审判权和特定案件管辖权，案件进入审理程序。

其实，无论是大陆法系还是英美法系，立法上对行政起诉几乎没有所谓的"条件"规定，若非要寻找与我国"起诉条件"相对应的内容，也就只有起诉的形式要求，即对起诉状应记载的内容的规定，以及缴纳案件受理费。换言之，起诉行为发生在诉讼程序正式启动之前，此时，法院无权对原告的起诉行使审判权，法院负责立案的工作人员只能对原告的起诉状进行形式审查。

在大陆法系，原告起诉产生诉讼系属之后，案件正式进入诉讼程序，如前所述，大陆法系行政诉讼的审理程序称为"两段式诉讼结构"，即包括诉讼审理与本案审理两个阶段。在大陆法系，案件诉讼系属于法院并不意味着原告所起之诉具有合法性，也不意味着法院必然要对原告的诉讼请求作出实体判决。法院在诉讼审理程序中会审理查明原告起诉是否具备诉讼要件，若具备，法院才会进入本案审理程序。案件进入本案审理程序之后，再由法官依据本案要件对原告的诉讼请求以及案件实体争议进行审理，从而决定对原告的诉讼请求作出何实体判决。当然，某些诉讼要件与案件的实体问题无法截然分开，因此，在大陆法系司法实践中，诉讼审理可以发生在诉讼程序的任何阶段。

在我国，无论是民事诉讼法，还是行政诉讼法，为了防止当事人滥用起诉权，立法要求所有进入审理程序的诉都必须具有合法性。为了保证进入审理程序的诉具有合法性，人民法院在进入审理程序之前审查的起诉条件必然包含大陆法系的诉讼要件。依据《最高人民法院关于人民法院立案工作的暂行规定》第 10 条①，在我国，当事人向法院递交起诉状，法院接收起诉状时也会进行登记，但该登记没有域外诉状登记立案的法律效果。该登记只是法院向当事人出具的证明曾接收当事人起诉状的书面凭证。而且登记后，法院并未给当事人的起诉状编立案号。在我国，能够产生类似大陆法系诉讼系属的时点是法院对原告起诉审查后的立案，此时才给该诉编立案号，填写立案登记表，计算案件受理费。法院的立案机构才正式将案件移送至行政审判庭，开始审理程序。

概言之，在我国，当事人的起诉仅仅是向法院提出的立案申请，当事人行使行政起诉权并不一定能启动诉讼程序，法院立案才是能否启动诉讼程序的关键。我国行政诉讼在诉讼程序尚未开始之前，就基本完成了大陆法系行政诉讼的诉讼审理阶段了。

3. 我国行政起诉条件"高阶化"之影响

我国行政诉讼起诉条件"高阶化"会带来如下影响：

第一，抬高了行政起诉的门槛，为行政起诉权的行使设置了障碍。

在起诉条件中置入了诉讼要件，或将诉讼要件作为诉讼程序开始的条件，其积极意义在于能够保证进入诉讼程序的诉都具有合法性，有利于防止当事人滥诉给法院造成的不必要的审理负担以及使被告免于不必要的诉累。但事实上，我国行政诉讼起诉的现状是当事人"起诉难"而并非是滥诉现象突出。

行政诉讼法将诉讼要件置入起诉条件的规定，必然抬高了起诉或诉讼开始的门槛，必然会加大当事人行使起诉权的难度，这也是导致"起诉难"的重要原因之一。在诉讼程序尚未开始时，起诉便因未满足起诉条件而被法院拒之门外，必然会导致司法疏远民众，使民众产生"告状无门"的感觉，严重偏离了"司法便于接近"的基本理念。此种现象所造成的消极影响是不容忽视的。

第二，法院在诉讼程序开始之前行使审判权的正当性或合法性受到质疑。

---

① 《最高人民法院关于人民法院立案工作的暂行规定》第 10 条规定，人民法院收到诉状和有关证据，应当进行登记，并向原告或者自诉人出具收据。收据中应当注明证据名称、原件或复制件、收到时间、份数和页数，由负责审查起诉的审判人员和原告、自诉人签名或者盖章。对于不予立案或者原告、自诉人在立案前撤回起诉的，应当将起诉材料退还，并由当事人签收。

在大陆法系，起诉就能产生诉讼系属，诉讼程序启动，法院开始对案件行使审判权。我国行政诉讼程序开始的时点是法院立案，而非当事人起诉。我国《行政诉讼法》（1989 年）将诉讼要件置入起诉条件之中，会导致法院在诉讼程序尚未开始之前，便对被诉行政行为是否属于行政诉讼受案范围、当事人是否适格、是否属于重复诉讼、是否属于本法院管辖、是否超过起诉期限等诉讼要件进行审查。于是，我国对起诉条件进行审查的立案审查程序就成为一种"前诉讼程序"。① 诉讼程序尚未开始，法院尚未能行使审判权，法院何来权力对当事人之起诉进行诉讼要件的审查，何来权力审查当事人的起诉是否具有合法性。法院在此审查过程中行使的审查权的正当性或合法性受到质疑。

（三）立案审查程序"行政化"

1. 立审分离的形式主义

按照《立案暂行规定》所确立的"立审分离"原则，行政案件的立案受理应由法院的立案机构负责。但司法实践中，行政案件的立案工作基本上是由行政审判庭来审查和决定的。② 立案机构在行政诉讼的立案工作中，只负责接收当事人的起诉材料、收取案件受理费以及填写送达立案通知书。这种在形式上既不违反最高人民法院的有关规定，又具有适合行政审判特点的立案管理制度，被称为行政案件"立审分离的形式主义"。③ 之所以会出现这种"立审分离的形式主义"，是因为依照《行政诉讼法》（1989 年）及相关司法解释"立审分离"的规定，要求基层人民法院的立案机构判断当事人提起的行政诉讼是否符合起诉条件是不现实的。

其一，《行诉解释》（1999 年）第 32 条要求人民法院对行政起诉应当组成合议庭进行立案审查。司法实践中，立案机构的法官有大量的民事经济案件的立案

---

① 张卫平：《起诉条件与实体判决要件》，载《法学研究》2004 年第 6 期。

② 最高人民法院关于贯彻执行《中华人民共和国行政诉讼法》若干问题的意见（试行）（1991）第 40 条规定，人民法院接到原告的起诉状，应由行政审判庭进行审查，符合起诉条件的，应当在 7 日内立案受理；不符合起诉条件的，应当在 7 日内作出不予受理的裁定。

③ 应星、徐胤：《"立案政治学"与行政诉讼率的徘徊——华北两市基层法院的对比研究》，载《政法论坛》2009 年第 6 期。

审查任务（在我国，民事经济案件的立案审查也要审查起诉条件），几乎不可能组成合议庭来对行政案件进行立案审查。

其二，行政案件的立案审查较民事经济案件，更需要法官具有行政诉讼相关的专业知识或经验。但基层法院立案机构的法官很少具有行政法学专业背景，对实践中行政执法情况也知之甚少，故基层法院立案机构的法官一般都不太熟悉行政案件涉及的专业知识。由于立案机构的法官对行政诉讼业务的不精通可能会给行政诉讼立案造成障碍或混乱。本来是为了加强立案标准的统一化、规范化，保护民众起诉权的立审分离制度，在行政诉讼的实践中，反而可能成为限制起诉权的门槛。

其三，我国行政起诉的立案审查期限只有 7 日，对于不太熟悉行政法的立案机构的法官，让其组成合议庭在 7 日内审查清楚当事人起诉是否具备起诉条件，亦不现实。

"立审分离的形式主义"正是在这样的背景下出现的。基于现实的原因，行政起诉的立案审查由行政审判庭进行，立案机构只是做一些立案事务性工作或立案辅助工作。

2. 立案审查程序的行政化、单方性、非公开性

我国行政诉讼立案审查程序，过分强调法院的职权因素。大陆法系行政诉讼虽然也采职权主义诉讼模式，但是在诉讼程序的启动上还是采处分权主义，即诉讼程序是否开启由当事人决定。但在我国，行政诉讼程序的启动，都掺入了法院的职权因素。按照《行政诉讼法》（1989 年）及相关司法解释的规定，法院完全是依职权单方面审查当事人的起诉并决定是否受理，当事人完全处于被审查的地位。换言之，法院的审查决定权取代了原告的起诉权，我国行政诉讼程序能否开启并非由当事人意志决定的，而是由法院决定的。因此，本应制约审判权的当事人的起诉权，在此种立案制度下被审判权所吞并。[1]

从《行政诉讼法》（1989 年）及相关司法解释的规定来看，立案审查并不属于诉讼程序，而且，整个立案审查都是非公开的，当事人在立案审查程序中缺乏

---

[1] 张永泉：《审查起诉制度当议》，载《北京科技大学学报》（社会科学版）2001 年第 1 期。

最低限度的参与。在域外，一般是在诉讼程序开始后，法院才审查当事人的起诉是否具有适法性。英美法系诉讼程序实行当事人主义，对于原告所提之诉是否适法由被告或其他利害关系人进行抗辩。大陆法系行政诉讼程序实行职权主义，对于原告所提之诉是否具备诉讼要件属于法院职权调查事项，但法院在拟驳回当事人起诉之前，会给予当事人陈述申辩的机会。而我国的立案审查是在双方当事人均未参与的情况下由法院单方面、非公开进行的，其行政化处理的特征极其明显，如果法院不立案，又不作出不予立案的书面裁定，当事人很难救济自己的起诉权。

第二节　我国行政诉讼立案登记制之考察

一、保障起诉权是确立立案登记制的宗旨

《行政诉讼法》（1989 年）是在计划经济时代制定的，当时对行政立案无论是理论研究还是制度研究都不充分，随着政治、经济、社会和人民思想观念的变化发展，《行政诉讼法》（1989 年）规定的行政立案制度已经不能满足当前人民群众遇到行政纠纷寻求司法救济的需要，人民群众对行政诉讼中存在的"起诉难""立案难"反映特别强烈。保障行政相对人的起诉权是 2014 年《行政诉讼法》修改的重点内容之一。

《行政诉讼法》（2014 年）将保障行政相对人起诉权上升到原则层面，在总则中增加了"保障起诉权"原则，同时规定了一项具体保障行政相对人起诉权的制度——立案登记制。

《行政诉讼法》（2014 年）第 3 条第 1 款明确规定"人民法院应当保障公民、法人和其他组织的起诉权利，对应当受理的行政案件依法受理"。

"保障公民、法人和其他组织的起诉权利"是指人民法院在受理当事人的起诉时，要使公民、法人和其他组织的起诉权利得到切实行使。[1]

---

[1]　江必新主编：《中华人民共和国行政诉讼法理解适用与实务指南》，中国法制出版社 2015 年版，第 10 页。

（一）起诉权得到保障之体现

公民、法人和其他组织的行政起诉权是否得到切实行使或有效保障的判断标准，应当为当事人能够毫无障碍地、较方便地行使起诉权，不会因为当事人的文化程度不高、专业知识欠缺而让其行使起诉权感到不方便。《行政诉讼法》（2014 年）增加或修改了下列规定，体现了人民法院对行政相对人起诉权的保障，使得相对人行使起诉权更加方便。

1. 扩大了行政诉讼受案范围

《行政诉讼法》（2014 年）第 12 条增加了近年来社会中矛盾比较突出的对自然资源所有权或者使用权决定不服，对征收、征用及其补偿决定不服，对行政机关滥用行政权力排除或者限制竞争，要求支付最低生活保障待遇、社会保险待遇，以及实践中新出现的行政机关不依法履行、未按照约定履行或者违法变更、解除政府特许经营协议、土地房屋征收补偿协议等纳入了行政诉讼的受案范围。另外，第 53 条明确了国务院部门和地方人民政府及其部门制定的规范性文件人民法院可以附带审查。

2. 延长了起诉期限

《行政诉讼法》（2014 年）第 46 条将原来提起行政诉讼 3 个月的起诉期限延长至 6 个月，使相对人有充足的时间与行政主体协商，考虑是否起诉，或者收集证据，为诉讼做比较充分的准备，使得当事人能更加有效地行使起诉权。

3. 规定了法官指导和释明义务

《行政诉讼法》（2014 年）第 50 条规定的起诉方式增加了口头起诉的方式，当事人可以口头向法院说明起诉的内容，由法院负责记入笔录，然后向当事人出具注明日期的书面凭证。口头起诉的方式方便了文化程度较低、专业知识欠缺或书写困难的当事人行使起诉权，保障他们不会因为文化程度较低、专业知识欠缺或书写困难等自身原因不能写或无法写出符合法律的起诉状而妨碍其行使起诉权。

行政诉讼是一项非常专业的活动，而当事人一般不具有相应的专业知识，所提交的起诉状或诉讼材料难免会出现错误或不符合法律的要求。《行政诉讼法》（2014 年）第 51 条第 2 款规定起诉状内容欠缺或者有其他错误的，要求法院应当对当事人给予指导和释明，并一次性告知当事人需要补正的内容。法院不得未经指导和释明即以起诉不符合条件为由不接收当事人的起诉状。法官的指导和释明义务保障了欠缺专业知识的当事人也能自行行使起诉权，保障当事人不会因为不懂法律、不懂诉讼而被莫名其妙地阻挡在法院大门之外。

4. 确立了立案登记制

在行政诉讼法修改过程中，为了遏制起诉阶段普遍存在的"不予立案、不接受起诉状、不出具法律文书"的现象，提高行政案件的立案率，理论界与实务界建议应当尽快确立立案登记制度。

为了从制度上、源头上解决立案难问题，2014 年中国共产党第十八届中央委员会第四次全体会议通过《中共中央关于全面推进依法治国若干重大问题的决定》（以下简称《全面推进依法治国决定》），首次提出"改革法院案件受理制度，变立案审查制为立案登记制，对人民法院依法应该受理的案件，做到有案必立、有诉必理，保障当事人诉权"。《全面推进依法治国决定》通过后，《行政诉讼法》立刻对立案登记制作出了回应。2014 年 11 月 1 日修改的《中华人民共和国行政诉讼法》新增了立案登记制。这一修改标志着立案登记制在我国得到了立法的确认。2015 年 4 月 1 日中央全面深化改革领导小组第十一次会议审议通过的《关于人民法院推行立案登记制改革的意见》（以下简称《立案改革意见》）。《立案改革意见》从指导思想、登记立案范围、登记立案程序、健全配套机制、制裁违法滥诉与加强立案监督六个方面对立案登记制度进行了全面且详细的说明。自此，我国立案登记制度的框架基本明晰。紧随其后，2015 年 4 月 13 日最高人民法院通过的《最高人民法院关于人民法院登记立案若干问题的规定》（以下简称《立案若干规定》）。《立案若干规定》对实践中人民法院关于立案登记制的具体操作做了更为细化的规定。以上两份文件的出台，标志着我国已经在制度层面上基本实现了立案审查制到立案登记制的改革。2015 年 4 月 20 日，最高人民法院审判委员会第 1648 次会议通过法释〔2015〕9 号《最高人民法院关于适用《中华人民共和国行政诉讼法》若干问题的解释》（简称《行诉若干解释》（2015 年））第 1 条进一步细化了立案登记制，使立案登记制更具有操作性。2015 年 5 月 1 日，随着《行政诉讼法》《立案若干规定》的实施，立案登记制在全国开始全面施行，从此我国立案制度翻开了新的篇章。

（二）起诉权保障相关规定之评述

《行政诉讼法》（2014年）增加的有关保护起诉权的规定从形式上基本保障了当事人能毫无障碍地较方便地行使起诉权。

第一，受案范围的扩大，规范性文件的附带审查实质上扩大了相对人权益受保护的范围，使得行政主体无论通过何种方式针对行政相对人作出的大部分行政行为，相对人都可以起诉或一并起诉，相对人起诉时不必过多考虑被诉行为是否属于行政诉讼的受案范围这一专业性特别强的问题。这使得当事人行使起诉权更加方便。

第二，起诉期限的延长使当事人有充足的时间与行政主体协商，考虑是否起诉，或者收集证据，为诉讼做比较充分的准备，使得当事人能更加有效地行使起诉权。

第三，口头起诉方便了书写困难的当事人行使起诉权。口头起诉适用于当事人书写起诉状确有困难，此与我国台湾地区行政诉讼口头起诉以适用简易诉讼程序为条件有所不同。与《民事诉讼法》（2012年）第120条相比，唯一区别在于《行政诉讼法》（2014年）第50条规定对当事人的口头起诉，人民法院除了记入笔录外，还应"出具注明日期的书面凭证"，主要是为了方便当事人对侵害起诉权的行为提起上诉、申诉或投诉。至于起诉状应记载的内容，《行政诉讼法》（2014年）并未涉及，《最高人民法院关于人民法院登记立案若干问题的规定》第4条明确了起诉状应当记明的事项。

第四，立案登记制使法院的立案程序更加规范。立案登记制要求人民法院在接到起诉状时当场予以登记，并出具注明日期的书面凭证。如果人民法院不出具注明日期的接收起诉状的书面凭证，司法实践中，当事人如何指证受诉法院在7日内既未立案，又未作出不予受理的裁定呢？因此，该书面凭证是当事人的起诉权受到侵害后寻求救济的有力保障。遗憾的是，此处登记并不会产生受理立案的法律效力，此处登记仅仅证明当事人存在曾向法院起诉这一行为。

第五，起诉权受侵害的救济途径更具有操作性。《行政诉讼法》（2014年）用法律形式正式将《行诉若干解释》第32条和《最高人民法院关于行政案件管辖若干问题的规定》第3条的规定确定下来。如果原告起诉符合条件，人民法院应当在接到起诉状或者口头起诉之日起 7 日内立案，并通知当事人；如果起诉不符合起诉条件，应当在 7 日内作出不予受理的书面裁定。裁定书应当载明不予受理的理由。原告对裁定不服的，可以提起上诉。如果人民法院在 7 日内既不立案，又不作出裁定书，当事人可以向上一级人民法院起诉。上一级人民法院认为符合起诉条件的，应当立案、审理，也可以指定其他下级人民法院立案、审理。该规定比《行政诉讼法》（1989 年）具有可操作性。

第六，明确了人民法院未履行相应义务的责任，促使法院对应当受理的案件依法受理。《行政诉讼法》（2014 年）第 51 条第 4 款规定如果受诉法院不接收起诉状、接收起诉状后未出具书面凭证，或者未一次性告知当事人起诉状应补正的内容，当事人可以向上级法院投诉，上级法院应当责令改正，并对直接负责的主管人员和其他直接责任人员依法给予处分。此条规定的"处分"虽属法院内部行政处分，但也能给法官造成某些负面影响。因而，对于法院侵害当事人起诉权的行为，能够起到一定的震慑作用，从而保障当事人的起诉权。

遗憾的是，《行政诉讼法》（2014 年）规定的立案程序中仍然缺少当事人的参与程序。《行政诉讼法》（2014 年）第 51 条第 2 款要求法院对不符合起诉条件的起诉必须作出不予受理的书面裁定，且裁定书应当载明不予受理的理由，从而将不予受理的结果及理由予以公开，但是整个立案审查的过程却是非公开的。法院在对起诉条件进行审查时，尤其是在对某些诉讼要件进行审查时，当事人仍然没有陈述意见的机会。虽然《行政诉讼法》（2014 年）第 51 条第 3 款增加了法官在立案审查阶段有释明与告知义务，但法官的释明与告知义务仅针对起诉状的内容存在欠缺或者有其他错误的情况，法官在履行释明、告知义务时与当事人的交谈与给予当事人就起诉是否符合起诉条件进行陈述、申辩不能相提并论。

《行政诉讼法》（2014 年）第 51 条、第 52 条还增加了一些对行政起诉权进行救济的措施，但不论是对不予受理的裁定不服提起上诉，还是对法院立案不作为向上一级法院起诉，抑或对受诉法院未履行相关义务向上级法院投诉等程序中，当事人还是没有就自己起诉是否符合起诉条件陈述意见的机会。上述程序中都是法院依职权单方面进行的。参与诉讼结果的证成过程，是正当程序原则的基本要求，法院对当事人的起诉权作出如此重大的处理结果，没有当事人参与，显然有违正当程序原则。

二、我国行政诉讼立案登记制的法律规定

（一）行政诉讼立案登记制的主要内容

立案登记制，从字面上理解，就是以登记的方式表示立案，只要法院对诉状进行了登记，就表示该起诉已经立案了，诉讼程序正式开始。立案登记制的主要内容是审查当事人的起诉状，通过起诉状记载的内容判断当事人的起诉是否符合起诉条件，然后分情况作出不同的处理。无论是哪种处理法院都应给当事人正式的书面回复。如果法院对当事人的起诉作出的是不利回复，制度上有可行的后续救济途径。

当事人向法院提交起诉状，立案登记制要求法院当场对起诉状进行形式审查，当场审查后会有当场能够判定符合起诉条件、当场能够判定不符合起诉条件以及当场不能判定是否符合起诉条件三种情形，面对三种不同的情形，立案登记制都要求法院对当事人作出正式的书面回复。

第一，当场能够判定起诉符合起诉条件，登记立案，送达立案通知书。法院收到当事人的起诉状，通过了形式审查，当场能够判定起诉符合起诉条件，应当当场登记立案，同时给原告送达立案通知书，表明该案在法院已经立案成功。

第二，当场能够判定起诉不符合起诉条件，不能拒收起诉状，应书面一次性告知当事人需要补正的内容。"当场能够判定起诉不符合起诉条件"属于《行政诉讼法》（2017 年）第 51 条第 3 款"起诉状内容欠缺或者有其他错误的"和《立案若干规定》第 7 条"当事人提交的诉状和材料不符合要求"，此时不能拒收起诉状，而要接收起诉状，同时对当事人进行指导和释明，并书面一次性告知当事人需要补正的内容、补充的材料及期限。换言之，法院接收当事人的起诉状，即使当场能够判定起诉不符合起诉条件，也不能以起诉不符合起诉条件为由，直接拒收起诉状或退回起诉状，一定要给当事人补正起诉状的机会。但法院此时接收当事人不符合起诉条件的起诉状没有实质意义，此接收诉状的行为对法院不产生任何约束力，法院甚至都不会出具注明收到日期的书面凭证。立案审查的期限也从当事人再次提交补正后的起诉状的日期开始

起算。

后续根据当事人补正的情况，法院会有三种不同处理。其一，当事人在指定期限内补正了起诉状和起诉材料并符合起诉条件，法院应当登记立案，并向原告送达立案通知书。其二，当事人拒绝补正或者经补正仍不符合起诉条件，此时，法院应退回起诉状，并将退回的情况记录在册。其三，当事人拒绝补正或者经补正仍不符合起诉条件，法院依法退回起诉状后，当事人仍坚持起诉的，法院应作出不予立案的裁定。可见，在此种情况下，真正有法律意义的起诉是第二次提交补正后的起诉状，故对第一次提交的明显不符合起诉条件的起诉状，经释明指导，仍不符合起诉条件，法院可以直接退回起诉状，此时并不必然作出不予立案的裁定。只有当事人坚持起诉，法院才会作出不予立案的裁定。

第三，当场不能判定起诉是否符合起诉条件，也要接收起诉状，向当事人出具一份注明收到日期的书面凭证。该书面凭证对法院是有约束力的，该书面凭证向当事人表明法院已经接收了当事人的起诉状并应在 7 日之内对是否立案作出明确回复。如果法院在 7 日内没有回复当事人是否立案，该书面凭证就是法院"既不立案，又不作出不予立案裁定""拖延立案"的证据，当事人可依据《立案若干规定》第 13 条①凭该书面凭证向受诉人民法院或者上级人民法院投诉，也可依据《行政诉讼法》（2017 年）第 52 条②凭该书面凭证直接向上一级人民法院起诉。故在接收起诉状之后的 7 日内，法院要对起诉状进行审查，经审查判定符合条件的，应登记立案，向当事人送达立案通知书。由于法院向当事人出具的接收起诉状的书面凭证对法院具有约束力，故经审查判定起诉不符合起诉条件的，此时法院不能只简单地退回起诉状，一定要有正式的书面的明确表示不予立案的裁定回复当事人。

---

①　《立案若干规定》第 13 条规定，对立案工作中存在的不接收诉状、接收诉状后不出具书面凭证，不一次性告知当事人补正诉状内容，以及有案不立、拖延立案、干扰立案、既不立案又不作出裁定或者决定等违法违纪情形，当事人可以向受诉人民法院或者上级人民法院投诉。

②　《行政诉讼法》（2017 年）第 52 条规定，人民法院既不立案，又不作出不予立案裁定的，当事人可以向上一级人民法院起诉。上一级人民法院认为符合起诉条件的，应当立案、审理，也可以指定其他下级人民法院立案、审理。

表 3.1 　　　　　　　　　　**立案登记制的主要内容**

收到起诉状后的情况	法院的处理		
当场判定起诉符合起诉条件	接收起诉状，当场登记立案，给原告送达立案通知书		
当场判定起诉不符合起诉条件（起诉状内容或材料有欠缺或不符合要求）	接收起诉状，对当事人进行指导和释明，并书面一次性告知需要补正的内容、材料及期限	在指定期限内补正材料后，符合起诉条件	登记立案，给原告送达立案通知书
		拒绝补正或者补正后仍不符合起诉条件	退回起诉状并记录在册；坚持起诉的，作出不予立案的裁定
当场不能判定起诉是否符合起诉条件	接收起诉状，出具注明收到日期的书面凭证，在之后 7 日之内决定是否立案	经审查符合起诉条件	登记立案，给原告送达立案通知书
		经审查不符合起诉条件	作出不予立案的裁定

（二）立案登记制的相关配套制度

立案登记制除了法院对当事人起诉的不同情形作出不同处理之外，还包括起诉条件、起诉方式、对妨碍起诉权行为的事后救济等相关内容，这些内容与立案登记制能否顺利实施有密切的联系。

1. 关于行政诉讼起诉条件的规定

在我国行政诉讼法中，起诉条件是法院判断起诉能否立案的标准。从法律规定上看（见表 3.2），立案登记制下的起诉条件与立案审查制下的起诉条件并没有太大的区别，表 3.2 中右列用楷体字标识出来的表述与之前的法律规定几乎一致。

表 3.2　　　　　　　　　立案登记制与立案审查制的起诉条件之对比

	立案审查制下起诉条件的规定	立案登记之下起诉条件的规定
起诉应当符合的条件	《行政诉讼法》（1989 年）第 41 条规定，提起诉讼应当符合下列条件：（一）原告是认为具体行政行为侵犯其合法权益的公民、法人或者其他组织；（二）有明确的被告；（三）有具体的诉讼请求和事实根据；（四）属于人民法院受案范围和受诉人民法院管辖。	《行政诉讼法》（2017 年）第 49 条规定，提起诉讼应当符合下列条件：（一）原告是符合本法第 25 条①规定的公民、法人或者其他组织；（二）有明确的被告；（三）有具体的诉讼请求和事实根据；（四）属于人民法院受案范围和受诉人民法院管辖。
驳回起诉（不予受理）的情形	《行诉解释》（1999 年）第 44 条规定，有下列情形之一的，应当裁定不予受理；已经受理的，裁定驳回起诉：（一）请求事项不属于行政审判权限范围的；（二）起诉人无原告诉讼主体资格的；（三）起诉人错列被告且拒绝变更的；（四）法律规定必须由法定或者指定代理人、代表人为诉讼行为，未由法定或者指定代理人、代表人为诉讼行为的；（五）由诉讼代理人代为起诉，其代理不符合法定要求的；（六）起诉超过法定期限且无正当理由的；（七）法律、法规规定行政复议为提起诉讼必经程序而未申请复议的；（八）起诉人重复起诉的；（九）已撤回起诉，无正当理由再行起诉的；（十）诉讼标的为生效判决的效力所羁束的；（十一）起诉不具备其他法定要件的。前款所列情形可以补正或者更正的，人民法院应当指定期间责令补正或者更正；在指定期间已经补正或者更正的，应当依法受理。	《行诉解释》（2017 年）第 69 条规定，有下列情形之一的，已经立案的，应当裁定驳回起诉：（一）不符合行政诉讼法第 49 条规定的；（二）超过法定起诉期限且无行政诉讼法第 48 条规定情形的；（三）错列被告且拒绝变更的；（四）未按照法律规定由法定代理人、指定代理人、代表人为诉讼行为的；（五）未按照法律、法规规定先向行政机关申请复议的；（六）重复起诉的；（七）撤回起诉后无正当理由再行起诉的；（八）行政行为对其合法权益明显不产生实际影响的；（九）诉讼标的已为生效裁判或者调解书所羁束的；（十）其他不符合法定起诉条件的情形。前款所列情形可以补正或者更正的，人民法院应当指定期间责令补正或者更正；在指定期间已经补正或者更正的，应当依法审理。人民法院经过阅卷、调查或者询问当事人，认为不需要开庭审理的，可以径行裁定驳回起诉。

---

①　《行政诉讼法》（2017 年）第 25 条规定，行政行为的相对人以及其他与行政行为有利害关系的公民、法人或者其他组织，有权提起诉讼。有权提起诉讼的公民死亡，其近亲属可以提起诉讼。有权提起诉讼的法人或者其他组织终止，承受其权利的法人或者其他组织可以提起诉讼。人民检察院在履行职责中发现生态环境和资源保护、食品药品安全、国有财产保护、国有土地使用权出让等领域负有监督管理职责的行政机关违法行使职权或者不作为，致使国家利益或者社会公共利益受到侵害的，应当向行政机关提出检察建议，督促其依法履行职责。行政机关不依法履行职责的，人民检察院依法向人民法院提起诉讼。

续表

	立案审查制下起诉条件的规定	立案登记之下起诉条件的规定
法定复议前置案件未复议,不予立案	《行诉解释》(1999 年)第 33 条规定,法律、法规规定应当先申请复议,公民、法人或者其他组织未申请复议直接提起诉讼的,人民法院不予受理。复议机关不受理复议申请或者在法定期限内不作出复议决定,公民、法人或者其他组织不服,依法向人民法院提起诉讼的,人民法院应当依法受理。	《行诉解释》(2017)第 56 条规定,法律、法规规定应当先申请复议,公民、法人或者其他组织未申请复议直接提起诉讼的,人民法院裁定不予立案。依照行政诉讼法第 45 条的规定,复议机关不受理复议申请或者在法定期限内不作出复议决定,公民、法人或者其他组织不服,依法向人民法院提起诉讼的,人民法院应当依法立案。
复议期间起诉,不予立案	《行诉解释》(1999 年)第 34 条规定,法律、法规未规定行政复议为提起行政诉讼必经程序,公民、法人或者其他组织既提起诉讼又申请行政复议的,由先受理的机关管辖;同时受理的,由公民、法人或者其他组织选择。公民、法人或者其他组织已经申请行政复议,在法定复议期间内又向人民法院提起诉讼的,人民法院不予受理。	《行诉解释》(2017)第 57 条规定,法律、法规未规定行政复议为提起行政诉讼必经程序,公民、法人或者其他组织既提起诉讼又申请行政复议的,由先立案的机关管辖;同时立案的,由公民、法人或者其他组织选择。公民、法人或者其他组织已经申请行政复议,在法定复议期间内又向人民法院提起诉讼的,人民法院裁定不予立案。
撤诉后,以同一事实和理由重新起诉的,不予立案	《行诉解释》(1999 年)第 36 条规定,人民法院裁定准许原告撤诉后,原告以同一事实和理由重新起诉的,人民法院不予受理。准予撤诉的裁定确有错误,原告申请再审的,人民法院应当通过审判监督程序撤销原准予撤诉的裁定,重新对案件进行审理。	《行诉解释》(2017)第 60 条规定,人民法院裁定准许原告撤诉后,原告以同一事实和理由重新起诉的,人民法院不予立案。准予撤诉的裁定确有错误,原告申请再审的,人民法院应当通过审判监督程序撤销原准予撤诉的裁定,重新对案件进行审理。

值得注意的是,《行诉解释》(2017 年)第 69 条与《行诉解释》(1999 年)第 44 条第 1 句的表述不一样,前者删掉了"应当裁定不予受理"。这一修改表明这些在立案审查制下立案阶段需要审查的情形,在立案登记制下立案审查阶段不再审查了。这些情形就是前述所讨论的包含了诉讼要件的起诉条件。从这一修改来看,在立案登记制下,这些包含诉讼要件的起诉条件都将放到立案以后再来审查。但也不是所有的起诉条件都不审查了,至少从《行诉解释》(2017 年)第

56 条第 1 款、第 57 条、第 60 条第 1 款规定来看，对于法定复议前置型案件未经复议的、复议期间提起行政诉讼的以及撤诉后以同一事实和理由再起诉的，法院都不予立案。上述三种情况是要在立案审查阶段审查的，这三种情形也属于诉讼要件的内容。所以《行诉解释》（2017 年）第 69 条删除了"应当裁定不予受理"，虽然是想表达在立案登记制下的立案审查阶段不再审查诉讼要件，但结合前后法条规定来看，立案审查阶段不审查诉讼要件并不彻底。

2. 关于起诉方式、起诉材料、起诉期限的规定

表 3.3　　　　　　　　**立案审查制与立案登记制起诉方式等之对比**

	立案审查制	立案登记制
起诉方式	《民事诉讼法》（2007 年）第 109 条规定，起诉应当向人民法院递交起诉状，并按照被告人数提出副本。 书写起诉状确有困难的，可以口头起诉，由人民法院记入笔录，并告知对方当事人。	《行政诉讼法》（2017 年）第 50 条规定，起诉应当向人民法院递交起诉状，并按照被告人数提出副本。 书写起诉状确有困难的，可以口头起诉，由人民法院记入笔录，出具注明日期的书面凭证，并告知对方当事人。
起诉状应记载的内容	《民事诉讼法》（2007 年）第 110 条规定，起诉状应当记明下列事项： （一）当事人的姓名、性别、年龄、民族、职业、工作单位和住所，法人或者其他组织的名称、住所和法定代表人或者主要负责人的姓名、职务； （二）诉讼请求和所根据的事实与理由； （三）证据和证据来源，证人姓名和住所。	《立案若干规定》第 4 条规定，民事起诉状应当记明以下事项： （一）原告的姓名、性别、年龄、民族、职业、工作单位、住所、联系方式，法人或者其他组织的名称、住所和法定代表人或者主要负责人的姓名、职务、联系方式； （二）被告的姓名、性别、工作单位、住所等信息，法人或者其他组织的名称、住所等信息； （三）诉讼请求和所根据的事实与理由； （四）证据和证据来源； （五）有证人的，载明证人姓名和住所。 行政起诉状参照民事起诉状书写。

	立案审查制	立案登记制
起诉时应提交的材料	无相关规定	《行诉解释》（2017 年）第 54 条规定，依照行政诉讼法第 49 条的规定，公民、法人或者其他组织提起诉讼时应当提交以下起诉材料： （一）原告的身份证明材料以及有效联系方式； （二）被诉行政行为或者不作为存在的材料； （三）原告与被诉行政行为具有利害关系的材料； （四）人民法院认为需要提交的其他材料。 由法定代理人或者委托代理人代为起诉的，还应当在起诉状中写明或者在口头起诉时向人民法院说明法定代理人或者委托代理人的基本情况，并提交法定代理人或者委托代理人的身份证明和代理权限证明等材料。
起诉期限的一般规定	《行政诉讼法》（1989 年）第 38 条规定，公民、法人或者其他组织向行政机关申请复议的，复议机关应当在收到申请书之日起两个月内作出决定。法律、法规另有规定的除外。 申请人不服复议决定的，可以在收到复议决定书之日起 15 日内向人民法院提起诉讼。复议机关逾期不作决定的，申请人可以在复议期满之日起 15 日内向人民法院提起诉讼。法律另有规定的除外。	《行政诉讼法》（2017 年）第 46 条规定，（第 1 款）公民、法人或者其他组织直接向人民法院提起诉讼的，应当自知道或者应当知道作出行政行为之日起六个月内提出。法律另有规定的除外。 《行政诉讼法》（2017 年）第 45 条规定，公民、法人或者其他组织不服复议决定的，可以在收到复议决定书之日起 15 日内向人民法院提起诉讼。复议机关逾期不作决定的，申请人可以在复议期满之日起 15 日内向人民法院提起诉讼。法律另有规定的除外。

	立案审查制	立案登记制
未告知诉权的起诉期限	《行诉解释》（1999 年）第 41 条规定，行政机关作出具体行政行为时，未告知公民、法人或者其他组织诉权或者起诉期限的，起诉期限从公民、法人或者其他组织知道或者应当知道诉权或者起诉期限之日起计算，但从知道或者应当知道具体行政行为内容之日起最长不得超过 2 年。复议决定未告知公民、法人或者其他组织诉权或者法定起诉期限的，适用前款规定。	《行诉解释》（2017）第 64 条规定，行政机关作出行政行为时，未告知公民、法人或者其他组织起诉期限的，起诉期限从公民、法人或者其他组织知道或者应当知道起诉期限之日起计算，但从知道或者应当知道行政行为内容之日起最长不得超过 1 年。复议决定未告知公民、法人或者其他组织起诉期限的，适用前款规定。
不知道行政行为的起诉期限	《行诉解释》（1999 年）第 42 条规定，公民、法人或者其他组织不知道行政机关作出的具体行政行为内容的，其起诉期限从知道或者应当知道该具体行政行为内容之日起计算。对涉及不动产的具体行政行为从作出之日起超过 20 年、其他具体行政行为从作出之日起超过 5 年提起诉讼的，人民法院不予受理。	《行诉解释》（2017）第 65 条规定，公民、法人或者其他组织不知道行政机关作出的行政行为内容的，其起诉期限从知道或者应当知道该行政行为内容之日起计算，但最长不得超过行政诉讼法第 46 条第 2 款规定的起诉期限。《行政诉讼法》（2017 年）第 46 条规定，因不动产提起诉讼的案件自行政行为作出之日起超过 20 年，其他案件自行政行为作出之日起超过 5 年提起诉讼的，人民法院不予受理。
起诉期限耽误的补救	《行诉解释》（1999 年）第 43 条规定，由于不属于起诉人自身的原因超过起诉期限的，被耽误的时间不计算在起诉期间内。因人身自由受到限制而不能提起诉讼的，被限制人身自由的时间不计算在起诉期间内。	《行政诉讼法》（2017 年）第 48 条规定，公民、法人或者其他组织因不可抗力或者其他不属于其自身的原因耽误起诉期限的，被耽误的时间不计算在起诉期限内。公民、法人或者其他组织因前款规定以外的其他特殊情况耽误起诉期限的，在障碍消除后 10 日内，可以申请延长期限，是否准许由人民法院决定。

表 3.3 是立案登记制与立案审查制在起诉方式、起诉状应记载的内容、起诉时应提交的材料、起诉期限等相关法律规定的对比。右栏中用楷体字标识出来的内容与立案审查制的规定是完全相同。在这些方面除了起诉期限一般规定由"两个月"修改为"六个月"。未告知诉权情况下起诉期限最长保护期由"两年"修改为"一年"，除此之外，上述内容立案审查制与立案登记制的法律规定并无二致。

3. 对妨碍起诉行为的救济

表 3.4　　　**立案登记制与立案审查制对妨碍起诉行为救济之对比**

	立案审查制	立案登记制
对妨碍起诉权行为的救济	《行诉解释》（1999年）第 32 条第 3 款规定，受诉人民法院在 7 日内既不立案，又不作出裁定的，起诉人可以向上一级人民法院申诉或者起诉。上一级人民法院认为符合受理条件的，应予受理；受理后可以移交或者指定下级人民法院审理，也可以自行审理。	《行政诉讼法》（2017 年）第 51 条第 4 款规定，对于不接收起诉状、接收起诉状后不出具书面凭证，以及不一次性告知当事人需要补正的起诉状内容的，当事人可以向上级人民法院投诉，上级人民法院应当责令改正，并对直接负责的主管人员和其他直接责任人员依法给予处分。 《行政诉讼法》（2017 年）第 52 条规定，人民法院既不立案，又不作出不予立案裁定的，当事人可以向上一级人民法院起诉。上一级人民法院认为符合起诉条件的，应当立案、审理，也可以指定其他下级人民法院立案、审理。 《立案规定》第 13 条规定，对立案工作中存在的不接收诉状、接收诉状后不出具书面凭证，不一次性告知当事人补正诉状内容，以及有案不立、拖延立案、干扰立案、既不立案又不作出裁定或者决定等违法违纪情形，当事人可以向受诉人民法院或者上级人民法院投诉。人民法院应当在受理投诉之日起 15 日内，查明事实，并将情况反馈当事人。发现违法违纪行为的，依法依纪追究相关人员责任；构成犯罪的，依法追究刑事责任。

从上述法律规定对比来看（见表 3.4），立案登记制在救济妨碍起诉行为方面比立案审查制更加完善，其明确了妨碍起诉行为的具体表现，对妨碍起诉行为的救济，除了可以向上一级人民法院直接起诉以外，还增加了可以对其进行投

诉，以及投诉后法院内部的具体处理。

（1）法院在立案中妨碍起诉行为的表现

法院在立案过程中妨碍当事人起诉的行为主要包括未经指导和释明拒收起诉状、接收起诉状后未出具书面凭证、未一次性书面告知当事人需要补正的内容或材料、既不立案又不作出不予立案裁定等。未经指导和释明拒收当事人的起诉状，当事人完全不知道自己的起诉被拒收的原因，会让当事人觉得法院门槛高、"立案难"，从而对法院失去信任。接收诉状后不出具书面凭证，当事人就没有证据证明自己曾经向法院提交过起诉状，后续上一级法院起诉或投诉就没有依据。没有一次性书面告知当事人需要补正的内容和材料，一方面表明法院对当事人起诉的指导和释明工作做得不到位，"司法为民"贯彻不到位；另一方面会降低当事人起诉的效率与质量，让当事人疲于不停地补交材料，让当事人对司法产生不好的体验。既不立案又不作出不予立案裁定，属于拖延立案，一方面此行为本身属于法院怠于行使职权，本身就违反法律规定，让当事人的起诉权一直不能实现；另一方面法院不作出不予立案的裁定，当事人就没有依据对法院不予立案的行为进行上诉。所以上述行为都对当事人行使起诉权造成了妨碍，为了保障当事人能够毫无障碍地行使起诉权，立法一方面要严禁法院此类行为，另一方面要对此类行为进行监督，给予当事人起诉权受到妨碍后救济的途径。

（2）对妨碍起诉行为的救济方式

①投诉。根据《行政诉讼法》（2017年）第51条第4款之规定，对所有妨碍起诉的行为，当事人都可以投诉。"当事人可以向上级法院投诉，上级人民法院应当责令改正，并对直接负责的主管人员和其他直接负责人依法给予处分。"《立案若干规定》第13条扩大了接受投诉的主体范围，不仅可以向上级人民法院投诉，也可以向受诉人民法院投诉。人民法院在受理投诉之日起15日之内要查明事实，并将查明的情况反馈给当事人，如果发现法院确实存在违法违纪行为，要依法追究相关人员的责任，构成犯罪的还要追究刑事责任。

②起诉。根据《行政诉讼法》（2017年）第52条之规定，对法院既不立案又不作出不予立案裁定的行为，当事人可以向上级人民法院直接起诉。应该立案的法院不立案，制度上总要给当事人可以行使起诉权的地方。上一级人民法院接收当事人的起诉状以后，认为符合起诉条件的，可以直接登记立案并自己审理，

也可以指定其他下级法院立案并审理。

三、我国立案登记制的制度解读

（一）接收诉状不等于登记立案

我国的立案登记制不是域外的诉状登记制，从《行政诉讼法》（2017 年）第 51 条规定来看接收诉状和登记立案是两个环节。在我国，法院接收诉状没有启动诉讼程序的法律效果。

接收诉状仅仅表明法院收到了当事人提交的起诉材料，根据《立案若干规定》第 2 条①之规定无论诉状是否符合要求，法院一律接收。但法院接收诉状不意味着一定会登记立案，接收诉状后，还是会有一个立案审查过程，审查起诉是否符合起诉条件，只有符合起诉条件才会登记立案。对于当场就能够判定起诉状符合起诉条件的，接收诉状和立案登记这两个环节几乎同时完成。但对于当场不能判定起诉状是否符合起诉条件的，以及当场判定起诉状不符合起诉条件的，虽然也会接收起诉状，但接收起诉状以后，是否登记立案是不确定的。即使之后登记立案，该登记立案的环节与接收诉状之间会有几天的时间差。接收诉状的法律效果只是法院会对当事人的起诉是否立案予以回复，登记立案才表明诉讼程序的开启。

（二）不是所有案件都能登记立案

首先，立案登记制只适用于初始案件。立案登记制只适用于一审案件和最初提出申请的案件，对上诉、申请再审、申诉等不适用登记立案的规定。

其次，即使是初始案件，也不是所有起诉都能登记立案。

《全面推进依法治国决定》对立案登记制改革是这样要求的，"对人民法院依法应该受理的案件，做到有案必立、有诉必理"，这里的"案"和"诉"必须

---

① 《立案若干规定》第 2 条规定，对起诉、自诉，人民法院应当一律接收诉状，出具书面凭证并注明收到日期。对符合法律规定的起诉、自诉，人民法院应当当场予以登记立案。对不符合法律规定的起诉、自诉，人民法院应当予以释明。

是人民法院依法应该受理的案件，即都是符合起诉条件的"案"和"诉"。《立案改革意见》也指出："坚持有案必立、有诉必理。对符合法律规定条件的案件，法院必须依法受理，任何单位和个人不得以任何借口阻挠法院受理案件。"换言之，立案登记制的目的不是让所有的纠纷都进入法院，而是保证符合起诉条件的起诉、该立的案一定要立，不该立的案也不能立。立案登记制并不是接受所有的起诉，接受起诉的前提是这些起诉本身符合行政诉讼法规定的起诉条件，不符合起诉条件的案件，即使法院接收了诉状，但最终的结论仍是不予立案。

最后，负面清单的案件一律不予立案。《立案若干规定》第 10 条①还列出立案登记制的负面清单，即属于这些情形之一的，不予登记立案。其中第 2 项到第 6 项这些案件本身不适合由司法来解决，既不属于法院的主管范围。但第 1 项"违法起诉或者不符合法律规定的"实质上指的就是不符合法定的起诉条件的起诉。

立案登记制其实并没有扩大立案的范围，是恢复了立案原有的范围。

（三）立案登记制简化了审查标准

第一，立案登记制仍然有立案审查。

学术界和司法实践中曾出现过一些观点，认为立案登记制实施后，法院无须再设立案庭，或将立案庭改成登记处，法院对起诉无须经过任何审查，只要提交诉状，就能进入诉讼程序等。② 实践中一些当事人也认为只要向法院提起诉讼，法院就必须登记立案，否则就属于"有案不立"。

立案登记制在法律规定上虽然弱化了"审查"二字③，但并不表示没有审查。这里有一个潜在的逻辑，只有经过立案审查才能判断是否符合起诉条件。前

---

① 《立案若干规定》第 10 条规定，人民法院对下列起诉、自诉不予登记立案：（一）违法起诉或者不符合法律规定的；（二）涉及危害国家主权和领土完整的；（三）危害国家安全的；（四）破坏国家统一和民族团结的；（五）破坏国家宗教政策的；（六）所诉事项不属于人民法院主管的。

② 最高人民法院立案登记制改革课题组：《立案登记制改革问题研究》，载《人民司法（应用）》2015 年第 9 期。

③ 立案登记制与立案审查制在法律条文表述上的变化，一是用"判定""判断"取代了"审查"，二是将"受理"改为了"立案"。

面谈到接受诉状与登记立案是两个环节，接受诉状只表明法院会对当事人的起诉作出回复，登记立案才能启动诉讼程序。连接接收诉状和登记立案的中间环节便是立案审查。立案审查的内容是法律规定的起诉条件。通过前述表 4.2 之对比可见，立案登记制与立案审查制在起诉条件的法律规定上并无太大区别。换言之，立案登记制下立案审查的内容与立案审查制下要审查的内容基本一致。虽然两者审查的内容相同，但审查的程度不同。在立案审查制下，对起诉条件是要进行实质审查，而在立案登记制下，只对起诉条件进行形式审查。

第二，立案登记制对起诉条件的审查从宽。

立案审查制下对起诉条件的审查是实质审查，不仅部分起诉条件的法律规定包含诉讼要件的内容，还要求当事人要有证据证明其起诉条件是合法的，法院对当事人起诉材料进行的是精细化审查，基本上要确保起诉是符合起诉条件的，即要达到诉讼要件审理的效果。这种实质审查无疑提高了诉讼的门槛，增加了当事人起诉的难度。

从现行法律规定来看，立案登记制下的审查比立案审查制的审查要宽松许多，该审查倾向于尽量保障当事人顺利行使起诉权。具体体现在：其一，立案登记制要求以当场立案为原则。立案登记制要求法院在接收当事人起诉状的当场就要判断当事人的起诉符合起诉条件，当场立案不仅要求对当事人的起诉当场进行审查，而且还要做肯定性回复。这就决定了法院当场审查时，不可能进行精细化审查，只能对起诉状是否具备法律规定的内容进行形式审查。其二，是否符合起诉条件存疑的起诉全部立案。当事人向法院提起诉讼，如果当场不能判定是否符合起诉条件，法院应当先接收起诉状，并向当事人出具一份书面凭证，该凭证上要注明收到起诉状的日期。然后在接收起诉状后的 7 日之内决定是否立案。倘若 7 日内，仍然不能判断是否符合起诉条件，应当先予立案。其三，所有不符合起诉条件的起诉都有补正的机会。当事人提交的起诉状，即使内容有欠缺，即使起诉状内容的欠缺致使起诉不符合起诉条件非常明显，在立案登记制下，法院也不能拒收当事人的起诉状，还是要接收当事人内容欠缺的起诉状，然后对当事人的起诉进行指导和释明，并书面一次性告知其需要补正的内容，给予当事人补正的机会，等诉状补正以后再决定是否立案。

笔者曾对一些基层法院的立案庭进行过观察，也与许多当事人和律师进行过访谈，了解到司法实践中，法院基本实现了"对人民法院依法应该受理的案件，做到有案必立、有诉必理，保障当事人诉权"。在实践当中，只有以下两种情况法院没有登记立案：一是属于《立案若干规定》第 10 条规定的不予登记立案的负面清单。二是起诉状内容明显有欠缺，经法院指导和释明，当事人拒绝补正，或者补正后提交的起诉状仍然明显不符合起诉条件。"明显不符合起诉条件"是指在不需要证据的情况下，仅凭起诉状记载的内容，以一般人的理解能力就能判断起诉不符合起诉条件，例如所列被告行政机关根本不存在、该案目前正处于行政复议过程之中、法定复议前置案件未经复议等。除此之外，当事人的起诉基本都立案了。

行政诉讼法虽然没有修改行政诉讼起诉条件的规定，但在立案登记制的规定中刻意抹去"审查"二字，这有降低、简化起诉条件审查标准之意，通过降低、简化审查标准来淡化"起诉条件的高阶化"。简化审查的标准当场立案有利于提高立案的效率，保障了当事人的起诉权，让当事人对法院会有一个良好的体验，增加对法院的信任，也使诉讼程序更具有公正性。

（四）立案登记制规范了立案行为

立案登记制实质上是通过规范法院的立案行为来解决"立案难"。立案登记制对法院的立案行为提出了高要求。

第一，要求法院能够当场立案。这就要求法院立案的工作人员必须掌握形式审查的标准，提高立案审查的效率。

第二，要求法院接收所有起诉状。当场能够判断起诉符合法律规定的起诉条件的，应当立即登记立案。当场能够判定起诉不符合条件的，即属于《行政诉讼法》（2017 年）第 51 条第 3 款以及《立案若干规定》第 7 条当中所说的"起诉状内容或材料有欠缺""当事人提交的诉状和材料不符合要求"，换言之，即使起诉状有欠缺或者不符合要求非常明显，立案工作人员当场就能判定，也不能拒收当事人的起诉状，而是要给予当事人指导和释明，并一次性告知当事人需要补正的内容。当场不能判定起诉是否符合起诉条件，也应当先接收起诉状，并在 7 日之内决定是否立案。换言之，当事人只要向法院提交了起诉状，不管法院立不立案，法院都应接收起诉状，起诉状接收以后，要么立案进入诉讼程序，要么让当事人修改补正，仍不合要求的，退回诉状。所以从目前的规定来看，司法实践中不应该出现不接收起诉状或者是接收了起诉状以后不出具书面凭证的情形。

第三，要求法院对当事人起诉的各种情形都要有明确的书面回复。比如决定立案的，应给原告送达立案通知书；认为起诉状需要修改补正的，应向当事人出具补正告知书，一次性告知需要补正的内容、材料和期限；当场不能判断起诉是否符合起诉条件的，应向当事人出具注明收到起诉状日期的书面凭证；当事人拒绝补正或者补正后起诉仍然不符合起诉条件的，退回当事人起诉状的同时，也应将退回诉状的情况记录在册；如果当事人坚持起诉，应作出不予立案的书面裁定。

第四，要求法院为当事人起诉提供便利。要求法院对不符合起诉条件的起诉进行耐心的指导和释明。当当事人的起诉状内容有欠缺不符合起诉条件时，要求法院立案的工作人员必须对当事人的起诉进行耐心的指导和声明，并出具补正告知书，一次性明确告知当事人需要补正的内容、补交的材料以及期限。如当事人没有正确表达诉讼请求，法院也应给当事人进行耐心的释明与指导，让当事人明确自己的诉讼请求，不能因为诉讼请求不正确或者诉讼请求不清楚、不明确而拒收当事人的起诉状。除了指导和释明以外，《立案若干规定》还要求法院应当提供诉状样本，为当事人书写诉状提供示范和指引；当事人书写诉状有困难的，可以口头提出由法院工作人员记入笔录；提供网上立案、预约立案、巡回立案等多种立案方式，为当事人行使起诉权提供便利。

第五，要求法院在立案过程中不得有妨碍当事人起诉权的行为。法院不得因为起诉状有欠缺，直接退回当事人的起诉状或拒收当事人的起诉状，接收起诉状后必须出具书面凭证，起诉状内容有欠缺必须一次性告知当事人需要补正的内容，在 7 日之内还不能判断是否符合起诉条件的应当作出不予立案的裁定。如果法院没有做到上述要求是要承担法律责任的，当事人可以通过投诉，让法院内部追究相关人员的行政责任，甚至可能会追究刑事责任。

四、小结

我国立案登记制并不是推翻立案审查制另起炉灶，立案登记制是在改革立案审查制的基础上建立起来的。我国立案登记制不是域外的诉状登记制，是对我国立案审查制的完善，让立案制度更加规范、便民、高效。我国行政诉讼的立案制度并没有减少起诉条件的内容，新增加的立案登记制的内容只是对法院在立案过程当中的一些违法行为，即法院妨碍当事人起诉的行为进行了规制，解决有案不立、拖延立案、干扰立案、既不立案又不作出裁定等违法行为，使立案制度更加规范、更加便民、更加高效。

立案登记制，实际上是通过降低或简化起诉条件审查的标准，规范法院在立案过程中的行为，尽量做到司法为民，保障当事人的起诉权。我国立案登记制，虽然不是域外的诉状登记制，但是其实施效果并不逊于域外的诉状登记制。在2022 年 7 月 29 日，最高人民法院关于人民法院立案登记制改革成效新闻发布会上，最高人民法院立案庭庭长、诉讼服务中心主任钱晓晨指出，截止到 2022 年 6月 30 日，全国法院平均当场立案率 95.7%，天津、上海、浙江、福建、重庆、云南等地当场立案率超过了 98%。长期困扰群众的立案难问题已经成为历史。①

---

① 钱晓晨：《介绍党的十八大以来人民法院立案登记制改革成效并回答记者提问》，https：//www. court. gov. cn/zixun/xiangqing/367831. html。

第四章　我国行政诉讼立案制度实践运行研究

以 2015 年 5 月 1 日为期，在此之前，我国行政诉讼立案实行的是立案审查制，在此之后，我国行政诉讼立案实行的是立案登记制。我们分两个阶段来考察我国行政诉讼立案制度的实践运行。

第一节　我国行政诉讼立案审查制实践运行情况

我国行政起诉与立案的实践运行状况是武汉大学法学院林莉红教授主持的"中国行政诉讼制度改革与实践"项目（2010 年 11 月—2013 年 12 月）的调研内容之一，笔者作为课题组成员之一参与了该项目的调查和研究。[①] 项目调查方法主要包括问卷调查、访谈调查以及裁判文书收集与研读。为了调查我国《行政诉讼法》（1989 年）的实施状况，针对普通民众、律师、行政机关工作人员、法官四类群体，课题组分别设计了四种调查问卷。调查问卷中涉及行政起诉的题有："如果您不服行政机关的处罚，您首先会怎么办"[②]、"如果您的当事人不服行政机关的处罚，您会建议当事人首先怎么办"[③]、"如果您所在的行政机关因为您的执法行为与老百姓发生纠纷，您最希望老百姓采取哪种方式解决"[④]、"某人不服行政机关的处罚到法院起诉，您认为他为什么会选择到法院去

[①] 本书数据除标明出处外，均来自于该项目，在此，对该课题组的老师和同学表示感谢。

[②] 该题为民众卷第 16 题、律师卷第 14 题、行政机关工作人员卷第 13 题、法官卷第 13 题。

[③] 该题为律师卷第 20 题。

[④] 该题为行政机关工作人员卷第 20 题。

打官司"①、"如果某人不服行政机关的处罚,却没有到法院去打官司,您认为最主要的原因是什么"②、"在您的印象中,有没有行政案件应当受理而没有受理的情况"③。行政诉讼立案情况是我们与法官座谈的主要内容之一。此项目所有调查数据均在 2013 年 12 月之前获取,故本节研究讨论的是行政诉讼立案审查制,本节拟从当事人起诉和法院立案两方面来观察我国行政诉讼立案审查制的实践运行情况。

一、从当事人起诉看行政"起诉难"

(一) 从行政纠纷解决方式的选择看起诉

起诉可以从不同角度进行理解。从诉讼程序的角度来讲,起诉是整个诉讼程序的起点;从权利行使的角度来说,起诉是当事人行使起诉权要求法院救济其权益的行为;若从纠纷解决途径的选择来讲,起诉表明当事人有将纠纷提交法院运用司法程序予以解决的意愿。课题组调查了四类群体遇到行政纠纷,选择纠纷解决途径的意愿。调查问卷询问"如果您不服行政机关的处罚,您首先会怎么办?"④ 我们将行政纠纷设定为实践中比较常见的行政处罚,考察受访者遇到一般普通的行政纠纷,其对纠纷解决方式的第一选择。

调查结果显示 (见表 4.1),第一,提起行政诉讼并不是大多数受访者遇到行政纠纷时的首选纠纷解决途径。在民众、律师、行政机关工作人员和法官四类群体中,没有一个群体首选"到法院打官司"的比例排在首位。行政诉讼作为整个行政纠纷解决机制中的最终环节,从理论上讲,其没有必要作为解决行政争议的首选方式,这也符合课题的理论假设。当然,还有许多其他因素影响当事人对

---

① 该题为民众卷第 14 题、律师卷第 11 题、行政机关工作人员卷第 11 题、法官卷第 10 题。

② 该题为民众卷第 15 题、律师卷第 23 题、行政机关工作人员卷第 12 题。很遗憾法官卷遗漏了这一题。

③ 该题为法官卷第 15 题。

④ 除特别说明外,文中数据分析只采用有效百分比。统计数据时,我们保留了小数点后 1 位,故有些有效百分比总计只有 99.9%。

行政诉讼的选择。比如，行政诉讼功能发挥得不尽如人意，也是原因之一。

　　第二，多数受访者更倾向于先由行政机关解决行政争议。从四类群体选择行政纠纷解决方式的排序来看，律师和行政机关工作人员首选行政复议的比例排在首位，普通民众和法官首选"与行政机关沟通"的比例排在首位，律师作为诉讼代理人向当事人建议解决行政纠纷的首选方式排在前二位的是"申请行政复议"和"与行政机关沟通"①，行政机关工作人员作为行政职权的实施者与老百姓发生纠纷，最希望老百姓采取的纠纷解决方式排在前二位的也是"申请行政复议"和"面对面协商，'私了'"②。"申请行政复议"和"与该行政机关沟通"都是由行政机关来解决行政纠纷。可见，社会各界比较青睐先由行政机关来解决行政纠纷。

　　行政复议是行政系统内部解决纠纷的方式，与行政诉讼相比，行政复议的程序更加简便、解决纠纷更加迅速、解决纠纷的成本更低。"与该行政机关沟通"是行政机关与行政相对人比较温和的、非对抗式的解决行政纠纷的方式，与行政诉讼相比，其虽没有严格的法律规则，也没有严格的操作程序，而且达成的协议也没有法律效力。但此方式没有对抗性，虽然实践操作中可能会出现变通法律的情形，却能够比较和谐、圆满、低成本地解决双方之间的行政争议，能够取得较好的社会效果。③另外，笔者认为首选行政机关解决行政纠纷，还表达出社会各界对行政纠纷解决方式的一种认知，即社会各界都认识到行政诉讼解决行政纠纷存在局限性，认为行政纠纷由行政机关解决最合适、最方便、最有效、最彻底，也最符合我国现实。

　　第三，大多数受访者遇到行政纠纷，宁愿选择制度化的途径（行政复议、行

---

　　①　律师卷第20题"如果您（或您的当事人）不服行政机关的处罚，您首先会怎么办"，受访律师首选纠纷解决方式的排序依次为"申请行政复议"（33.7%）、"与该行政机关沟通"（26.1%）、"到法院打官司"（23.5%）、"找关系私了"（4.7%）、"找媒体曝光"（3.6%）、"其他"（3.6%）、"忍了算了"（3.1%）、"去信访"（1.6%）。

　　②　行政机关工作人员卷第20题"如果您所在的行政机关因为您的执法行为与老百姓发生纠纷，您最希望老百姓采取哪种方式解决"，受访行政机关工作人员选择纠纷解决方式的排序依次为"申请行政复议"（55.9%）、"面对面协商，'私了'"（20.4%）、"直接到法院打官司"（11.0%）、"不要来找麻烦最好"（4.5%）、"其他"（4.4%）、"去信访"（2.2%）、"找媒体曝光"（1.7%）。

　　③　江必新：《在法律之内寻求社会效果》，载《中国法学》2009年第3期。

政诉讼）来解决纠纷，也不愿意首选"忍了算了""找关系私了"或强对抗式的方式（信访、找媒体曝光）。四类受访对象，除普通民众外，选择"忍了算了"的比例都不高。无论是学历层次，还是对行政诉讼法的了解程度，受访的律师、行政机关工作人员和法官要远远高于受访的普通民众。① 这三类群体之所以不会"忍了算了"，而更倾向于利用法律制度来解决行政纠纷，除了法治意识强于普通民众以外，他们所拥有的利用法律制度解决行政纠纷的能力、手段和资源也是普通民众所不能比拟的。换言之，提高民众的文化素质、继续推进普法宣传，让大家多了解法律，既可以增强法治意识，也能提高社会的法治能力。

四类调查对象选择信访的比例都不高。除普通民众外，其他三类调查对象选择"找媒体曝光"的比例也很少。信访和"找媒体曝光"虽然能给行政机关形成一定的压力，迫使有关机关满足当事人的要求。但从整体上看，信访和"找媒体曝光"并不一定比制度化方式更有效、成功率更高。而且，当事人一旦信访或"找媒体曝光"，其自身所遭受的压力或负担可能要比采取制度化方式更甚。所以，信访或"找媒体曝光"一般是在行政纠纷通过正规法律途径无法救济当事人权益之后，当事人被迫或无奈采取的没有办法的办法。因此，这两种方式肯定不会成为社会各界解决行政纠纷的首选。

表4.1　　　　　四类调查对象回答"如果您不服行政机关的处罚，

您首先会怎么办？"的比例数据

调查 对象及结果 \ 选项	忍了算了	与该行政机关沟通	找关系"私了"	申请行政复议	到法院打官司	去信访	找媒体曝光	其他
民众	16.4	20.1	13.1	19.2	11.2	5.6	12.8	1.5
律师	3.8	30.0	7.4	30.1	18.2	2.6	5.2	2.8

① 普通民众、律师、行政机关工作人员和法官四类群体的学历在本科及以上的比例分别为：42.4%、96%、65.9%和93.4%。普通民众、律师和行政机关工作人员对我国行政诉讼的了解程度，选择"很了解"的比例分别为3.8%、29.7%和14.2%，选择"一般了解"的比例分别为37.6%、64.4%和62.8%。

续表

选项 调查 对象及结果	忍了算了	与该行政机关沟通	找关系"私了"	申请行政复议	到法院打官司	去信访	找媒体曝光	其他
行政机关工作人员	4.9	25.9	7.5	42.9	7.8	3.9	3.2	3.8
法官	6.1	34.3	9.8	15.5	24.6	3.5	2.4	3.9

（二）当事人未提起行政诉讼的原因

课题假设，当事人遇到行政纠纷，不仅不会选择行政诉讼作为解决纠纷的首选途径，甚至根本不会选择行政诉讼。对于前者，通过前述调查结果已经得到验证；至于后者，从每年全国一审行政诉讼案件数来看，绝大多数当事人遇到行政纠纷，不会选择行政诉讼，已经成为免证事实。因此，课题组认为已无必要专门设计一题询问受访者，"遇到行政纠纷，您是否会提起行政诉讼"。

课题组调查了当事人遇到行政纠纷没有提起行政诉讼的原因。调查询问"如果某人不服行政机关的处罚，却没有到法院打官司，您认为最主要的原因是什么"。面对一般普通的行政案件，当事人没有向法院提起行政诉讼的现实原因可能很多，课题组假定有这样几项："打官司不能真正解决问题""不可能打赢官司""即使打赢了官司，也得不偿失""不知道被行政执法行为侵害了还可以打官司"以及"其他"。此题调查了普通民众、行政机关工作人员和律师三类群体，刻意在法官卷回避了该题。因为设定的选项几乎都是对行政审判的否定性评价，课题组认为法官内心深处是抵触此类问题，即使调查，结果也可能失真。

调查结果显示（见表4.2），除了行政机关工作人员外，受访律师和普通民众认为当事人遇到行政纠纷未提起行政诉讼的主要原因是"不知道被行政执法行为侵害了还可以去打官司"的比例是各项具体原因中最低的。如果当事人未起诉是因为这个原因，要改善行政起诉状况，则相对简单一些，只需加强普法宣传，应该会有效。

表 4. 2　　三类调查对象回答"如果某人不服行政机关的处罚，却没有到

法院去打官司，您认为最主要的原因是什么?"的比例数据

选项 调查 对象及结果	打官司不能真 正解决问题	不可能打 赢官司	即使打赢了官 司，也得不偿 失	不知道被行政执法 行为侵害了还可以 去打官司	其他
民众	21. 8	21. 9	34. 0	18. 6	3. 7
律师	30. 8	15. 3	38. 1	10. 5	5. 4
行政机关工作人员	27. 4	12. 0	27. 3	23. 4	9. 9

　　但现实并不如此。38.1% 的受访律师、34% 的受访民众以及 27.3% 的受访行政机关工作人员认为当事人没有起诉最主要的原因是"即使打赢了官司，也得不偿失"。换言之，官司虽然打赢了，但当事人可能会有后顾之忧，或者说，官司虽然打赢了，但行政诉讼却不能真正实现当事人的实体权益，反而可能会遭受到行政机关的报复，即"赢了一阵子、输了一辈子"。这也是司法实践中，行政诉讼非正常撤诉率①一直居高不下的原因之一。"由于完善对行政权的监督非一时之功，更不是个案诉讼所能够解决，原告不难感受到行政权的随时威胁。法院即使能够保护一时，却不能保护一世。原告如果能够通过诉讼逼行政机关做些让步，可能已是上上大吉，要想彻底翻案，反而可能遭'秋后算账'。所以，原告申请撤诉，不管是有利可图的，还是委曲求全的，对他而言，都是基于现实的利害考虑而作的理性选择。"②

　　此外，30.8% 的受访律师、27.4% 的受访行政机关工作人员以及 21.8% 的受访民众认为当事人未起诉最主要的原因是"打官司不能真正解决问题"。换言之，行政诉讼只能从法律上对行政纠纷作出一个裁判结果，并不能真正解决行政纠纷背后的社会问题、政策性问题、历史遗留问题以及行政纠纷背后各方当事人之间

---

　　①　行政诉讼的"非正常撤诉"具有如下特点：原告对被诉具体行政行为并非没有异议；原告撤诉也非心甘情愿，而是受外力影响；撤诉时原告权益未得到保护；法院对原告的撤诉申请"绿灯放行"。参见何海波：《行政诉讼撤诉考》，载《中外法学》2001 年第 2 期。

　　②　参见何海波：《行政诉讼撤诉考》，载《中外法学》2001 年第 2 期。

的实体利益冲突。当前行政相对人与行政主体之间的行政纠纷不单纯是法律问题，许多纠纷都涉及或掺杂着社会问题、政策问题或历史遗留问题。显然，这些问题的解决已经超出了行政诉讼的能力范围，甚至可以说超出了司法能力的范围。行政诉讼本身司法审查的属性决定了其解决不了或不能真正解决我国当前的行政纠纷。这也是为何司法实践中存在如此多的涉诉信访。除了司法能力有限之外，我国当时行政实体法落后、不完善，以至于许多行政纠纷无法纳入法律纠纷的范畴，无法用法律对其进行评判也是原因之一。

另外，有 21.9% 的受访民众、15.3% 的受访律师和 12% 的受访行政机关工作人员认为原告没有起诉的主要原因是即使起诉"也不可能打赢官司"。在中国当前的司法状况下，打官司实际上是各方当事人实力的较量。显然，行政相对人与行政机关的实力不在同一水平，行政相对人的实力根本无法与行政机关相抗衡。既然不可能打赢官司，又何必起诉呢。"诉讼能够有效解决争端，前提是各方和平、理性地对待诉讼，尊重对方的基本权利。可是，如果一方不讲 fair play，那么，就剩下赤裸裸的实力较量。多数情况下，行政诉讼显然是一场实力过于悬殊的较量。这不仅因为原告手无寸柄，而被告掌握着行政权力，更因为被告可能滥用行政权力。"① 受访律师和民众可能还存在一种认识，认为法院和行政机关是一家，法院要配合行政机关的工作，法院也要服务大局，因此，在行政诉讼中，法院肯定会"帮"被告，原告胜诉的希望渺茫。在其他调查题中也验证了这一看法。调查问及"您觉得在行政诉讼中法院对老百姓与对行政机关的态度有差别吗"，54.3% 的受访律师和 47.3% 的受访民众认为法院"对行政机关态度好些"。② 调查还问及"凭您感觉，行政诉讼中哪方胜诉多些"，59.8% 的受访律师和 46.5% 的受访民众认为被告胜诉多些，③ 这些比例远远高于受访法官和行政机

---

① 参见何海波：《行政诉讼撤诉考》，载《中外法学》2001 年第 2 期。

② "您觉得在行政诉讼中法院对老百姓与对行政机关的态度有差别吗"，受访律师、民众、行政机关工作人员和法官选择"对行政机关态度好些"的比例分别为：54.3%、47.3%、26.4% 和 11.5%。

③ "凭您感觉，行政诉讼中哪方胜诉多些"，受访律师、民众和行政机关工作人员选择"被告胜诉多些"的比例分别为：59.8%、46.5% 和 33.1%，此题没有调查法官。

关工作人员这两类"官方"群体。显然，律师和普通民众对司法独立与法官公正审判缺乏足够的信任，对行政诉讼胜诉缺乏足够的信心。有受访民众在开放题的回答中更为直观地写道："行政诉讼官官相护，告赢政府不容易。"（问卷编号为X1-061）① "民告官，难难难，官官相护。"（问卷编号为 X7-045）② "据我的了解，民告官绝不能赢，即使是赢了，也会是'赢了官司输了钱'。老百姓是无论如何也奈何不了官的。"（问卷编号为 X9-076）③ 这种认识表达出受访者对法院在我国当时政治体制中尴尬地位的无奈感以及对法院深深的不信任。担心法院"偏官压民""官官相护"而导致司法不公，无疑是当事人选择行政诉讼的观念障碍。

总体来看，"即使打赢了官司，也得不偿失""打官司不能真正解决问题"和"不可能打赢官司"都是对行政诉讼的否定看法，84.2%的受访律师、77.7%的受访民众和 66.7% 的受访行政机关工作人员对行政诉讼实践持怀疑甚至否定的看法。虽然在立法目的的选择上，多数受访者认为《行政诉讼法》首要的立法目的是保护公民权利（见表 4.3），但对其实际作用进行评价时，除了受访行政机关工作人员外，大部分受访法官、受访民众、受访律师都认为行政诉讼保护老百姓合法权益的作用有限（见表 4.4）。换言之，行政诉讼所追求的保护公民权益的立法目的并没有真正实现，社会各界对行政诉讼的实效性评价并不高。根据社会学研究中的相关理论，人们对行动结果的预期控制着人们的行为。在产生行政争议时，当事人是否会选择行政诉讼解决纠纷，取决于其对诉讼结果的价值评价和预期达成该结果可能性的估计。行政诉讼差强人意的实效性，使得行政审判庭出现"门可罗雀"的尴尬局面也就不足为奇了。

---

① 林莉红主编：《行政法治的理想与现实——〈行政诉讼法〉实施状况实证研究报告》，北京大学出版社 2014 年版，第 507 页。

② 林莉红主编：《行政法治的理想与现实——〈行政诉讼法〉实施状况实证研究报告》，北京大学出版社 2014 年版，第 511 页。

③ 林莉红主编：《行政法治的理想与现实——〈行政诉讼法〉实施状况实证研究报告》，北京大学出版社 2014 年版，第 515 页。

表 4.3 三类调查对象回答"您认为我国制定行政诉讼法最主要是为了(单选,限选一项)"的比例数据①

选项 调查 对象及结果	解决纠纷、 促进和谐	保护公民、法人和其他组织的合法权益	监督行政机关	说不清楚
民众	17.6	49.0	16.5	16.9
行政机关工作人员	18.6	61.5	13.5	6.4
法官	25.0	52.9	19.0	3.1

表 4.4 四类调查对象回答"您认为行政诉讼制度能保护老百姓的合法权益吗?"的比例数据

选项 调查 对象及结果比例	能	作用有限	不能	"赢一阵子, 输一辈子"	说不清楚
民众	17.4	48.1	10.4	8.8	15.2
律师	18.4	66.6	6.4	3.6	5.0
行政机关工作人员	48.9	38.4	3.2	2.1	7.3
法官	36.4	59.4	1.2	0.9	2.2

(三) 当事人提起行政诉讼的原因

虽然课题假设绝大多数当事人遇到行政纠纷不会提起行政诉讼,现实中,行政诉讼案件虽然少,但确实客观存在。我们不仅好奇,既然社会各界对行政诉讼的实效性评价并不高,对行政诉讼的期待也不高,为何还是有当事人提起行政诉讼呢。调查询问"某人不服行政机关的处罚到法院起诉,您认为他为什么会选择到法院去打官司"。课题组以为该题的调查结果会延续对行政诉讼的否定性评价,大多数受访者可能会认为当事人遇到行政纠纷并不愿意提起行政诉讼,只有在其

---

① 很遗憾律师卷遗漏了这一题。

他途径比如协商、调解或行政复议等途径无法奏效时才会转而诉诸法院，且对行政诉讼也没抱多大希望，只是"死马当活马医"，故我们假设大多数受访者会选择"迫不得已才打官司"。可调查结果出乎我们的意料，除受访律师外，其他三类受访群体选择"相信法院会作出公正的裁决"的比例远远高于选择"迫不得已才打官司"的比例（见表 4.5）。如果说受访法官和行政机关工作人员作为"官方"群体，有追求标准答案的可能，但超过半数的受访民众认为当事人提起诉讼是因为"相信法院会作出公正的裁决"，则让我们感到一丝诧异和困惑。笔者认为与其说民众相信法院会作出公正的裁决，不如说民众希望法院能作出公正的裁决。这表达出普通民众对行政诉讼、对法院有一种矛盾的心理，一方面对法院不信任、对行政诉讼的实效性持怀疑态度，另一方面，对行政诉讼又存有期待。

表 4.5　　　四类调查对象回答"某人不服行政机关的处罚到法院起诉，
您认为他为什么会选择到法院去打官司?"的比例数据

调查 对象及结果	相信法院会作 出公正的裁决	迫不得已 才打官司	将打官司作为与行 政机关谈判的筹码	其他
法官	48.4	37.1	10.4	4.0
民众	50.2	39.9	7.6	2.4
行政机关工作人员	59.0	22.3	9.2	9.4
律师	25.3	61.8	10.6	2.3

　　鉴于司法实践中行政诉讼的高撤诉率，我们假设当事人提起行政诉讼是为了将"打官司作为与行政机关谈判的筹码"。实践中部分行政机关将败诉率与行政机关的绩效考核或工作人员的奖惩晋升挂钩，课题组以为原告可能会抓住行政机关领导怕败诉、怕事态闹大，尤其是担心事件曝光后不好收场的心理，将诉讼作为谈判的筹码，在诉讼中迫使被告让步，从而满足自己的权益要求。数据显示，只有 10.6% 的受访律师、10.4% 的受访法官、9.2% 的受访行政机关工作人员和7.6% 的受访民众认为原告起诉是"将打官司作为与行政机关谈判的筹码"。显

然，社会各界认为当事人并不是为了让被告妥协才会去起诉的，将诉讼作为一种迫使被告妥协的方式在实践中并未有多大效果。

二、从法院立案看行政诉讼"立案难"

在我国，立案标志着诉讼程序的启动和对权益救济的开始，标志着行政审判权对行政权的介入。立案工作是法院审判工作的重要组成部分。笔者先从全国性的司法统计数据来了解全国行政诉讼立案的整体情况，然后，结合课题组的调查与访谈，探讨一些行政诉讼立案的具体情况。

（一）行政诉讼立案整体情况惨淡

最高人民法院发布的司法统计数据是研究起诉与受理制度及其运行状况的重要、直观的第一手材料，能够反映全国法院一审行政案件的发展变化，是宏观层面上进行实证研究的重要方法。

1. 一审行政案件数量占比极低

自 1989 年到 2014 年，我国一审行政案件数量整体呈波动性增长，但占全国一审案件的比例极低。我国一审行政案件数量增长明显受最高法院司法政策的驱动。在立案审查制时期，全国一审行政案件的收案情况分为三个阶段（具体数据见表 4.6）。

表 4.6　　　**1989 年至 2015 年全国人民法院审理一审案件情况统计表**①

年度	合计 收案数	民事（含经济案件）		刑事案件		行政案件	
		收案数	比例数（%）	收案数	比例数（%）	收案数	比例数（%）
1989	2913515	2506150	86.02	392564	13.47	9934	0.34
1990	2916774	2440040	83.66	459656	15.76	13006	0.45
1991	2901685	2443895	84.22	427840	14.74	25667	0.88
1992	3051157	2601041	85.25	422991	13.86	27125	0.89

---

①　1989 年至 2015 年数据来源于 1990 年至 2016 年各年《中国法律年鉴》的统计资料部分。

续表

年度	合计收案数	民事（含经济案件）		刑事案件		行政案件	
		收案数	比例数（%）	收案数	比例数（%）	收案数	比例数（%）
1993	3414845	2985497	87.43	403267	11.81	27911	0.82
1994	3955475	3437465	86.90	482927	12.21	35083	0.89
1995	4545676	3997339	87.94	495741	10.91	52596	1.16
1996	5312580	4613788	86.85	618826	11.65	79966	1.51
1997	5288379	4760928	90.03	436894	8.26	90557	1.71
1998	5410798	4830284	89.27	482164	8.91	98350	1.82
1999	5692434	5054857	88.80	540008	9.49	97569	1.71
2000	5356294	4710102	87.94	560432	10.46	85760	1.60
2001	5344934	4615017	86.34	628996	11.77	100921	1.89
2002	5132199	4420123	86.13	631348	12.31	80728	1.57
2003	5130760	4410236	85.98	632605	12.33	87919	1.71
2004	5072881	4332727	85.41	647541	12.76	92613	1.83
2005	5161170	4380095	84.87	684897	13.27	96178	1.86
2006	5183794	4385732	84.60	702445	13.55	95617	1.84
2007	5550062	4724440	85.12	724112	13.05	101510	1.83
2008	6288831	5412591	86.07	767842	12.21	108398	1.72
2009	6688963	5800144	86.71	768507	11.49	120312	1.80
2010	6999350	6090622	87.02	779595	11.14	129133	1.84
2011	7596116	6614049	87.07	845714	11.13	136353	1.80
2012	8442657	7316463	86.66	996611	11.80	129583	1.53
2013	8876733	7781972	87.66	971567	10.95	123194	1.39
2014	9489787	8307450	87.54	1040457	10.96	141880	1.50
2015	11444950	10097804	88.23	1126748	9.84	220398	1.93

第一阶段从 1989 年至 1998 年，为行政案件数量快速增长时期。1989 年，行政诉讼法实施之前，全国一审行政案件只有 9934，占全国案件数量的 0.34%。1990 年 10 月随着《行政诉讼法》的实施，受案范围较之以前有了明显的扩大，因此，1991 年全国一审行政案件数量有一个突飞性的增长，比 1990 年的案件数

量增长了近 1 倍。但是，接下来两年受案数量没有多大变化，一直未突破 3 万件，行政案件数量过少的情况引起了法院系统内的高度重视，各级法院的各种报告和领导讲话纷纷要求"大胆受案""广辟案源"。一时间，"上立案数"成为各级法院行政审判工作的首要目标，许多地方法院还实施了确保立案数的措施和方法。① 这些措施和方法的成效表现为 20 世纪 90 年代中期，行政诉讼案件数量经历了一次快速增长。到 1998 年，全国一审行政案件数量达到 98350 件，比 1989年增长了近 10 倍，占全国案件数量比例也从 0.34% 增加到 1.82%。但自此以后，一审行政案件数量又开始徘徊不前。

第二阶段从 1999 年至 2006 年，为行政案件数量停滞波动时期。1999 年到 2006 年（2001 年除外）的全国一审行政案件数量基本上未超过 1998 年的数量。但 2001 年一审行政案件数量突破 10 万件，达到 100921 件，占全国案件总数的比例达到 2015 年之前的历史最高，即 1.89%。估计与 2000 年最高人民法院《行诉若干解释》的颁布有关。

第三阶段从 2007 年至 2014 年，为行政案件数量平稳增长时期。2007 年一审行政案件数量开始回升，重新迈入 10 万件，并每年保持 7% 的增长率，这可能与 2006 年中央办公厅、国务院办公厅下发《关于预防和化解行政争议、健全行政争议解决机制的意见》之后，最高人民法院就行政诉讼问题发布多个司法文件有关。其中 2009 年最高人民法院发布的《最高人民法院关于依法保护行政诉讼当事人诉权的意见》，要求进一步重视和加强行政案件立案受理，依法保护当事人的诉讼权利，切实解决行政诉讼立案难问题。致使 2009 年一审行政诉讼案件数有较明显的提升，迈入 12 万件，2011 年全国法院一审行政案件数量首次超过 13万，2012 年、2013 年一审行政案件数量稳定在 12 万多件，2014 年一审行政案件数量增长到 14 万。这一时期，一审行政案件的数量是在增长，但是一审行政案件数量占全国法院案件数量的比例却在下降。说明这一时期，行政诉讼案件增长率是低于整个法院案件数量增长率的。

从 1989 年至 2014 年，尽管行政案件数量整体上呈增长趋势，但全国一审行

---

① 具体"抓立案"、确保立案数量的措施和方法参见何海波：《行政诉讼撤诉考》，载《中外法学》2001 年第 2 期。

政案件数量占当年全国法院收案数量比例一直没有超过 1.9%。2015 年立案登记制实行后，行政案件的数量虽然有大幅度的增加，但占全国法院收案数量比例也没有超过 2%，随后几年尽管行政一审案件数量一直在增长，但占当年全国法院收案数量的比例一直没有超过 1.9%。总的来说，全国一审行政案件数量在全国法院收案数量中占比是极低的。如此低的占比，与行政诉讼法作为三大诉讼法之一的地位是不相匹配的。如此低的占比，也使得行政审判工作难以引起各级人民法院的重视，导致行政审判庭尤其是基层人民法院的行政审判庭被边缘化，基层人民法院行政法官缺乏存在感。

一审行政案件数量少反映行政诉讼利用率低。立案登记制实行前，受案数量最多的 2014 年，突破了 14 万，达到 141880 件，但万人人口比仅 0.99，这意味着大约每一万人只有一件行政案件。难道实践中没有行政纠纷吗？与全国行政机关作出的可诉的行政行为的数量相比，每年法院受理的行政案件数量简直微不足道。难道是因为我国行政机关依法行政的水平很高，老百姓与行政机关没有纠纷？显然不是。在审议《行政诉讼法修正案（草案）》时，王其江委员指出："根据有关方面统计，每年因为行政纠纷引发的信访高达 400 万到 600 万件，而通过行政诉讼途径解决的只有 10 万件左右。"这组数据印证出目前行政审判面临的形势。① 这说明，我国现实中行政纠纷不少，只是法院受理的不多。

2. 一审行政诉讼判决率不高

在立案审查制时期，一审行政诉讼撤诉率与收案数成正比，与驳回起诉率基本成反比，而判决率随着受案数的增加反而减少。根据《人民法院案件信息管理与司法统计》，结案是指统计报告期内人民法院审结的一审案件总数，包括以判决、裁定方式结案的以及案件移送的。具体而言，行政诉讼判决包括维持判决、撤销判决、变更判决、履行义务判决、确认违法或无效判决、驳回诉讼请求判决等；行政诉讼裁定包括驳回起诉、撤诉和其他。驳回起诉是指人民法院对不符合行政诉讼法规定的起诉条件，驳回当事人起诉的处理。撤诉是指对于已经立案尚未审结的行政案件，当事人申请撤诉，人民法院经审查，裁定准予撤诉或按撤诉

---

① 《挣脱行政诉讼立案难"瓶颈"》（http://npc.people.com.cn/n/2014/0218/c14576-24396308.html）。

处理。从全国一审行政案件结案方式的统计数据来看（见表4.8）：

第一，一审行政案件非判决结案方式占比很高，立案审查制时期历年来均超过半数，而且判决率随着一审行政诉讼案数的增加反而逐年减少。笔者将判决分为"支持原告的判决"和"支持被告的判决"，前者包括撤销、变更、履行法定职责、确认违法或无效、赔偿判决，后者包括维持、驳回诉讼请求判决，从表4.8的数据来看，大部分案件以裁定撤诉、裁定驳回起诉和其他的方式结案，有的年份所占比例超过70%。并且，撤销、履行法定职责、确认违法或无效、赔偿判决率呈逐年下降趋势，连维持判决也在下降。换言之，在行政诉讼中，法院判决原告赢或输的比例都不高，法院对被诉行政行为的合法性并没有给出最终的明确的结论。原告希望通过行政诉讼保护和实现自身合法权益的效果实现得并不理想，司法最终解决原则并未得到落实。

第二，在各种非判决的结案方式中，撤诉率居高不下。在立案审查制时期，原告撤诉始终是最主要的结案方式。在20多年的实践中，原告的撤诉率经历了大起大落，在最早有统计的1988年，行政诉讼的撤诉率为27.0%。此后一路上扬，到1997年达到创纪录的57.3%。高撤诉率现象引起司法机关的关注，一时间，从最高法院到地方各级法院为抑制撤诉率，出台司法政策鼓励大胆判决。[1]撤诉率出现明显回落，并一度稳定在30%左右。之后在"和谐司法"的倡导下，撤诉率再次上扬。2007年3月1日，最高人民法院发布了《关于进一步发挥诉讼调解在构建社会主义和谐社会中积极作用的若干意见》，2008年1月和8月，发布了《关于行政诉讼撤诉若干问题的规定》和《行政审判工作绩效评估办法（试行）》，2009年6月，又发布了《关于当前形势下做好行政审判工作的若干意见》。2008年，一审行政诉讼的撤诉率又开始上升，2010年，撤诉率突破40%，达到44.5%。2011年达到47.95%，2012年达到49.84%。但从2013年开始，撤诉率每年以10个百分点左右的幅度在下降，到2015年，行政案件数量大幅度增长，撤诉率却降到历史最低21.60%。

在立案审查制时期行政诉讼撤诉率的起落中，笔者发现三个比较有意思的现

---

[1]　具体降低撤诉率的司法政策参见何海波：《行政诉讼撤诉考》，载《中外法学》2001年第2期。

象：一是撤诉率降低，判决率并没有上升。二是撤诉率基本上与一审行政诉讼收案数的增减同步。三是撤诉率与驳回起诉率基本上呈此消彼长的关系。这些现象与司法政策不无关系。对司法实践中比较棘手的行政案件，一旦司法政策不允许法院以动员原告撤诉来解决此类案件，法院又无法对其作出判决，在此类案件处理中法院回旋的余地变小了，处理难度增大了，于是只能重新回到不予受理的老路，即遇到棘手案件干脆拒之门外，或者驳回起诉，草草收场。一旦司法政策开始强调"行政纠纷的实质性解决"，许多案件又通过协调和解、原告撤诉的方式解决了，驳回起诉的案件自然就少了，收案数也随之增加了。这些情况说明，在立案审查制下，行政案件的"出口"问题是法院在立案时不得不考虑的因素。

3. 行政诉讼驳回起诉率偏高

根据《行政诉讼法》（1989 年）的规定，当事人向法院提起行政诉讼，首先要求过"立案关"。立案后，如果法院审查认为起诉不符合起诉条件，应裁定驳回起诉。1995 年以前，《中国法律年鉴》没有驳回结案方式的统计（见表 4.8）；1995 年至 2002 年统计的驳回结案方式包括了驳回起诉和终结审理。驳回起诉的案件每年在 1 万件左右，2007 年以前驳回起诉率在 11% 上下波动，最高年份（2002 年）达到 15.23%，自 2007 年开始，驳回起诉率开始下降，但最低（2011年）也有 6.49%。从表 4.7 与民事诉讼驳回起诉率相比，高位的驳回起诉率是行政诉讼的特殊现象。2015 年 5 月 1 日立案登记制实行后，行政案件数量增长，驳回起诉成倍增加，达到 18.20%，可民事诉讼的驳回起诉率增加并不明显。

表 4.7　　　　2002 年至 2015 年全国人民法院一审行政案件与一审

民事案件裁定驳回起诉率百分比（%）统计表

年度	2002	2003	2004	2005	2006	2007	2008
行政诉讼驳回起诉率	15.23	10.68	10.97	11.37	12.16	9.14	8.33
民事诉讼驳回起诉率	1.21	1.31	1.42	1.27	1.17	1.35	1.21
年度	2009	2010	2011	2012	2013	2014	2015
行政诉讼驳回起诉率	9.13	7.71	6.49	6.64	7.16	9.43	18.20
民事诉讼驳回起诉率	1.23	1.15	1.05	0.95	1.08	1.60	2.44

表4.8　1995年至2015年全国法院审理行政一审案件情况统计表①

年度	判决										裁定				行政赔偿调解	其他
	维持	撤销	变更	履行法定职责	确认合法或有效	确认违法或无效	驳回诉讼请求	赔偿	不予赔偿	驳回起诉	驳回	撤诉	移送	终结		
1995	17.34	15.05	0.77								16.25	50.59				
1996	14.52	14.87	1.53								8.67	53.96				6.45
1997	12.68	13.87	0.81								8.47	57.30				6.87
1998	13.58	15.85									11.00	48.60				9.77
1999	13.58	15.95									12.38	44.95				9.91
2000	15.97	16.21									13.25	37.83				16.74
2001	17.11	13.88									12.35	33.34				23.32
2002	18.27	13.00		3.05			6.47			15.23		30.67				13.31
2003	18.58	11.74		2.60			6.47			10.68		31.58				13.31
2004	17.78	12.62		3.24			7.98			10.97		30.64				16.77
2005	16.48	12.29		2.62		2.34		0.84		11.37		29.82			0.13	24.10
2006	17.65	10.09		1.53		2.40		0.52		12.16		33.46			0.36	21.82
2007	16.72	8.54		1.37		1.60		0.35		9.14		24.93			0.35	24.93

续表

年度	判决									驳回起诉	裁定				行政赔偿调解	其他
	维持	撤销	变更	履行法定职责	确认合法或有效	确认违法或无效	驳回诉讼请求	赔偿	不予赔偿		驳回	撤诉	移送	终结		
2008	18.55	7.85		1.23		1.81		0.31		8.33		35.91			0.28	25.72
2009	13.28	6.84		0.95		1.23		0.33		9.13		38.44			0.27	29.54
2010	11.70	5.65			0.22	1.12	8.57	0.23	0.10	7.71		44.49	3.40	1.14	0.50	14.16
2011	9.82	5.09			0.40	1.15	8.82	0.21	0.06	6.49		47.95	4.03	0.85	0.14	13.32
2012	9.39	5.43			0.21	1.01	10.20	0.17	0.07	6.64		49.84	3.97	0.43	0.21	11.12
2013	10.61	6.01	0.05	1.10	0.19	1.20	13.47	0.26	0.10	7.16		41.87	3.71	0.41	0.23	13.64
2014	11.02	7.98	0.06	1.44	0.18	2.91	18.90	0.30	0.10	9.43		30.23	5.43	0.39	0.24	11.41
2015	4.71	7.34	0.09	2.29	0.17	3.17	24.53	0.41	0.17	18.20		21.60	4.74	0.44	0.14	12.01

① 此表数据来源于 1996—2016 年《中国法律年鉴》统计资料部分的全国法院审理行政一审案件情况统计表。本表数据均为百分比（%）。1995 年以前，没有驳回结案方式的单独统计，故本表数据从 1995 年开始。全国法院审理行政一审案件情况统计表没有该项的单独统计数据。所不同，表格中空缺的，表示当年的全国法院审理行政一审案件情况统计表没有该项数据。

行政诉讼驳回起诉率明显高于民事诉讼的原因有如下几点：

第一，行政诉讼起诉条件的特殊性。受案范围作为起诉条件之一，受案范围在行政诉讼与民事诉讼中的重要性是不一样的，判断的难易程度也不同。行政诉讼受案范围是行政诉讼中非常重要且关键的问题，而民事诉讼主管在民事诉讼中基本不存在问题。

笔者研读了江苏省某中级人民法院辖区所有基层人民法院以及中级人民法院2009年与2010年共45份驳回起诉裁定书，与湖北省某中级人民法院辖区所有基层人民法院以及中级人民法院2009年与2010年共59份驳回起诉裁定书。裁定驳回起诉的理由排在第一位的就是请求事项不属于行政诉讼受案范围，接着依次为起诉人无原告诉讼主体资格、起诉超过法定期限且无正当理由。

第二，起诉时判断行政诉讼起诉条件是否符合难于民事诉讼。法院对于不能确定起诉是否符合起诉条件的，按照法律规定应先予受理，受理后经审理认为不符合起诉条件的再予驳回。《最高人民法院关于执行〈中华人民共和国行政诉讼法〉若干问题的解释》（2000年）（以下简称《行诉若干解释》）第32条第2款规定："7日内不能决定是否受理的，应当先予受理；受理后经审查不符合起诉条件的，裁定驳回起诉。"因此，司法实践中，许多不确定是否符合起诉条件的案件，都应先收进来，然后在诉讼程序中再审查其是否符合起诉条件。

驳回起诉实质是对不应受理而受理的一种事后补救，是对当事人的起诉作出的否定性评价。驳回起诉能够阻止不合法的起诉进入案件实体审理阶段，有利于防止审理资源的浪费，并减少被告因原告的滥诉受到的讼累。但是，过高的驳回起诉率，也反映了我国行政诉讼的起诉条件过于严苛，比如行政诉讼受案范围过于狭窄，原告资格过于狭窄等。而且，过高的驳回起诉率，可能挫伤当事人对法院的期望，影响公众对法院的信任。《行政诉讼法》（1989年）对于驳回起诉的规定比较原则，司法实践中法院对于驳回起诉的适用也比较随意，没有严格的程序规制，法院可能会滥用驳回起诉的裁定，将当事人挡在司法大门之外。

（二）行政诉讼立案存在选择性立案

1. 选择性立案的表现

所谓选择性立案，是指法院在立案时，依据法律规则之外的因素，决定是否立案。"立案在一定意义上，是控制整个行政诉讼流程能够按照法律形式来进行的一个开关。从实体法角度来说，未能立案意味着当事人的合法权益无法通过法律来实现；从程序法的角度来说，未能立案意味着当事人的（起）诉权无法得到保障。"选择性立案由于其所依据的标准并非完全是法定的立案标准，具有不确定性或者不为当事人所知，这将导致当事人对法院的立案行为无法预期。很多案件就这样被选择性立案过滤掉了，没能进入诉讼程序。选择性立案带来的最大影响是可能彻底消解民众对法治的信心。①

在课题组的调查中，在立案审查制时期，选择性立案现象确实存在，其表现为：

（1）地域的选择性

我们在法官卷中问及行政法官"在您的印象中，有没有行政案件应当受理而没有受理的情况"。8.4%的受访法官选择"案件受理由立案庭审理，我们不清楚"，这部分法官不清楚是否存在选择性立案的情况。20.9%的受访法官选择"没有"，51%的受访法官选择"有，很少"，19.6%的受访法官选择"有，很普遍"。

调查结果显示，第一，司法实践中确实存在应当受理的行政案件法院没有受理的情况。有70.6%的受访法官承认这种情况存在。第二，这种应当受理的行政案件法院没有受理的情况各地法官感受不同。20.9%的受访法官认为不存在这种情况，51%的受访法官认为存在这种情况，但很少，19.6%的受访法官认为不仅存在这种情况，还很普遍。在访谈中，不同地方的法官对这个问题也表现出不同的感知。在访谈中，受案情况在地域上的差异性非常明显。例如，在山东省有法官表示行政案件的立案由立案庭负责，立案庭无法把握时会征求行政庭的意见，一般都会立案，不太难。中部地区有法官表示在"迫于外界压力，敏感案件、突发案件无法进入正规司法程序"。有的地方这种情况比较普遍，有法官表示"行政案件立案相当难，可以不立的都不立"。在西部某省会城市，行政诉讼被告为

---

① 关于"选择性立案"的研究可以参见应星、徐胤：《"立案政治学"与行政诉讼率的徘徊——华北两市基层法院的对比研究》，载《政法论坛》2009年第6期。汪庆华：《政治中的司法：中国行政诉讼的法律社会学考察》，清华大学出版社2011年版，第41~52页。

省市政府的，没有经过省市政府同意，不得立案。这说明各地方法院在立案标准上把握的宽严尺度不同，有的地方法院严格按照法定标准立案，因此，该立案的都立了，有的地方法院要考虑一些法律之外的因素，需要考虑的因素与该地方的经济环境、法治环境、法院与行政机关的关系、法院领导的领导能力等有密切关系。如果该地方经济比较发达，法治环境相对较好，法院与行政机关的关系比较融洽，法院领导对行政纠纷的态度比较开放，法院在行政诉讼立案方面就无须考虑太多法律外的因素，一般都能依法立案。反之，就会出现"可以不立的都不立""不让案子进门""能挡在门外的就挡在门外，实在不行就堵在门口"等情况。

　　行政诉讼立案在地域上具有选择性，还表现为同类型案件，在是否立案的问题上，各地法院做法不同。例如，公立大学学生因考试作弊受到学校开除等纪律处分而起诉学校的案件，因考试作弊而不被学校授予学位的案件等，有的法院受理了此类案件，有的法院则没有受理。这些案件，并没有太多法律外的因素需要考虑，是否受理，完全凭借当事法院的认识。①　各地法院对案件争议和法律规定理解不同，导致同一类型的案件，各地做法不同。这与法官的业务素质和能力有关。当然，这种情况随着立法或法律解释加以明确后应该可以得到解决。

　　（2）案件类型的选择性

　　普通的行政案件，法院一般都能依法受理。在座谈中大多数受访法院的法官都说"应该受理的都受理了"。普通行政案件，按照行政法官们的理解，是指原告单一、与公共利益相关度不高、与政策实施关系不大，或在立案风险评估中被认为上访的可能性比较小的行政案件，简言之，法院可以毫无压力地依法裁判的行政案件。对于这样的案件，法院不仅能依法受理，而且也乐于受理，甚至还主动出击找这样的案子受理。例如，访谈中，某法院行政庭法官谈到当地出现不少职业打假人的现象。尽管法官们对职业打假人颇有微词，但职业打假人状告工商行政管理部门这类案件他们都受理了。原因是"这些职业打假人不会上访，而且

---

　　①　林莉红：《中国行政诉讼的历史、现状与展望》，载《河南财经政法大学学报》2013年第2期。

受理了行政案件还可以有案件数量，可以完成案件数量上的要求。"① 另外，法院对于工伤认定、医疗纠纷确认等案件也乐于受理。因为这样的案件，即使被告行政机关败诉，对其来说也没有损失，确定原告是否为工伤等最终赔偿问题还是由用人单位来赔偿，也不会影响法院与此类行政机关之间的关系。

对于新类型案件、群体性纠纷、敏感案件，法院采取审慎立案的态度。有的法官甚至表示对这些"很难送出去"的案件能不受理的就不受理，"不让案子进门"，"能少搞尽量少搞，只要不进门，就不属于涉法上访"。

（3）时间的选择性

一般在"非常时期"，如两会、奥运会、国庆等重大活动期间，法院为了协助地方党委、政府的工作，为了社会的安定团结、和谐稳定，立案较平常时期少。另外年底，法院基于结案率的考核，不论什么类型的案件一般都不会轻易受理。

（4）当事人的选择性

法院立案有时还挑当事人，比如认为比较难缠、上访可能性比较大，或在诉讼中容易出现意外的当事人，法院会比较审慎地受理他们的起诉。

2. 选择性立案的原因

立案审查制时期立案难既有制度上的原因，也有制度外的原因，既有法院外部的原因，也有法院自身的原因，既有客观原因，也有法院主观上的原因，是各种因素相互交织，共同作用产生的结果。

（1）制度上的原因：立法缺陷和审慎立案的司法政策

第一，《行政诉讼法》（1989 年）的立法目的规定不合理。根据《行政诉讼法》（1989 年）第 1 条的规定，行政诉讼法既要保护行政相对人的合法权益，又要维护和监督行政机关依法行使职权，这样在司法实践中往往容易产生冲突，但《行政诉讼法》（1989 年）对确定的立法目的何者为先又没有明确规定，于是不可避免地产生很多问题，行政诉讼立案难就是其中问题之一。行政诉讼法立法目的在《行政诉讼法》（2014 年）得到了修改，明确删掉了"维护"行政机关依

① 林莉红：《中国行政诉讼的历史、现状与展望》，载《河南财经政法大学学报》2013年第 2 期。

法行使职权，将行政诉讼法立法目的确定为"保证人民法院公正、及时审理行政案件，解决行政争议，保护公民、法人和其他组织的合法权益，监督行政机关依法行使职权"，这为破解当事人起诉在制度上的障碍提供了依据。

第二，《行政诉讼法》（1989 年）尚未确立保障当事人起诉权的原则，起诉制度的构建明显以限制当事人滥诉为目的。同时，缺乏对法院立案的规制，尤其缺少法院侵犯、损害了当事人的起诉权应承担的法律责任。《行政诉讼法》（2014 年）对此问题作出了回应，第 3 条规定"人民法院应当保障公民、法人和其他组织的起诉权利，对应当受理的行政案件依法受理。"第 51 条规定了立案登记制，对于不接收起诉状、接收起诉状后不出具书面凭证，以及既不立案，又不作出不予立案裁定等侵犯当事人起诉权的行为也规定了处理方式。

第三，《行政诉讼法》（1989 年）规定的起诉条件性质不明，造成司法实践中法院对案件的受理标准掌握不一。常常表现为应该受理的案件却被拒之门外，限制了起诉权的行使，同时将大量矛盾推向社会推向信访从而使权利救济无门；对于同类型的案件，有的法院受理，有的法院不受理，影响了司法的统一性。这一问题在《行政诉讼法》（2014 年）中仍未明确。

第四，行政实体法立法有原则性与滞后性。行政实体法存在的主要问题，一是法律制度不完善，实践当中有一些行政纠纷是没有法律制度对其进行规制的，法院在处理此类行政纠纷时无法可依；二是有些法律规则不适当；三是条文简单，不够详细，规定得比较原则。囿于成文法的局限性、滞后性和我国行政法律制度的不完善，一些新类型案件、疑难案件不可避免地存在起诉难问题。

第五，司法解释与司法政策对立案持审慎态度。面对大量的新型、复杂、敏感的行政纠纷，为克服成文法的局限和僵化的问题，为解决司法实践中出现的问题，最高人民法院根据法律的基本原则，对于一些类型的案件是否受理作出的司法解释在一定程度上起到了填补"法律空白"的作用，但也为当事人行使起诉权的设置了一道屏障。

（2）制度外的原因：法院的内、外部环境艰难

在立案审查制时期，从外部来看，基层法院在人财物等方面都受制于其他国家机关。无论是党政机关，还是行政相对人，一旦对处理结果不满意，均有"办法"使法院领导或承办法官难以承受。从内部来看，则主要是法院的自身利益，

包括法院的业绩以及法院领导的政绩和法官的个人利益与之密切相关。

第一，法院外部原因：司法权威尚未确立。

有学者称，从当前中国司法功能的扩展来看，利益结构调整所带来的各种社会不稳定因素不断出现，司法作为利益诉求的缓释通道，经常将复杂的社会问题、政治问题转化为法律问题，经由理性程序使当事人的思维趋于理性化，即使败诉也不至于采取极端行动。这一独特的将问题处理"正当化"的作用，是其他方式所不能比拟的。与之相应，纠纷解决过程中，当刚性的规范不能作为大前提推出具体可接受性的裁判结果时，法官往往援引作为柔性规范的原则加以思考。而以原则为依据，既可以得出一个符合实质正义的裁决，也便于法官对裁决结果作出正当化的处理。这种纠纷处理的方式本身，就表明法律程序之外民众的意愿与司法过程本身的沟通和交涉的作用正在逐步增大，使得民众的意愿对司法机构是否启用司法资源，以及如何适用法律等司法技术方面产生重要影响。①

但事实是，当前我国司法实践中，当事人不敢告、法院不敢审的关键因素是法院受到的外部干涉太多。在我国，司法权被行政化、地方化和功利化，法官在行使司法权时必然受到行政化、地方化和功利化的压力，从而难以坚守自己应有的法律立场。

最高人民法院在立案的司法政策中，多次强调"法律效果与社会效果的统一"，有学者称之为"立案政治学"② 就很恰当。当代中国对司法的政治要求之一就是"服务大局"，注重"法律效果"与"社会效果"相统一，甚至社会效果凌驾于法律效果之上。在行政诉讼纠纷解决的过程中，我们发现，法官有时以"社会效果"为由限制当事人的诉讼权利和实体权利，有时法官与行政机关一起审原告，为被告的行为千方百计寻找理由，对原告施加压力促使其撤诉，等等。"审判也同其他政策决定机构一样，不得不卷入各种利害关系、错综复杂的对立的漩涡之中，在此过程中审判必然会发挥类似于政治那样的功能，同

---

① 杨力：《司法多边主义——以中国社会阶层化发展趋势为主线》，法律出版社 2010 年版，第 52 页。

② 应星、徐胤：《"立案政治学"与行政诉讼率的徘徊——华北两市基层法院的对比研究》，载《政法论坛》2009 年第 6 期。

时其决定过程也不可避免地会成为利害关系集团直接或间接地施加压力的对象。"①

第二，法院内部原因：司法能力有限。

长期以来，对何谓"司法能力"，社会各界尤其是司法界一直都在进行着热烈的讨论。或曰"办案质量情况"，或曰"办案质量和效率"，或曰"公正度和效率值"等等，众说纷纭，莫衷一是。究竟司法能力是什么，一般认为司法能力是司法机关运用司法权在解决纠纷过程中维护法律价值和实现自身功能的有效性。② 我国司法能力的有限性，不仅体现为司法权作为一种裁判权其自身具有一定局限性，更体现为我国法院司法资源匮乏、司法权威尚未树立。

司法权作为一种裁判权，自身是具有一定局限性的。程序的重要性不仅在于能够保证实体公正，还在于它能够增强司法制度抵抗外部压力的能力。社会转型和利益多元注定了行政纠纷解决方式的多元化，而司法仅仅是平衡社会利益关系、化解社会矛盾的救济途径之一。社会转型期出现的种种社会矛盾，并非都能够转化为法律问题，司法并不是无所不能的。我们必须克服"司法万能"的倾向，绝不能将所有社会矛盾都转化为司法矛盾，也不能将所有社会压力完全转化为司法压力。

另外，我国司法资源不足体现为：一是权力资源不足。法院只有裁判权而没有可供解决问题的资源。二是信用资源不足。法院年年向同级人大报告工作，既要容纳多元化的评判标准，又要追求以赞成票数为标志的人民满意度，加上时有司法腐败之类的问题，维护司法信誉实属不易。

纠纷解决功能和权利保护功能是司法活动的直接和基本的功能，但受自身能力以及其他因素的制约，法院通过司法有效化解矛盾纠纷、消弭社会冲突和保障合法权益的作用发挥不理想。以我国群体性诉讼案件（敏感性案件）为例，司法能力的有限性主要体现在：有的群体性纠纷原本是经济利益纠纷，例如拆迁安置补偿纠纷，并非单纯的政府拆迁行为是否合法的问题，单靠法院一家根本无法

---

① ［日］棚濑孝雄：《纠纷的解决与审判制度》，王亚新译，中国政法大学出版社 1994 年版，第 161~162 页。

② 王国锋：《司法权的限度与司法能力建设》，载《法律适用》2006 年第 1 期。

"消化"。为平息矛盾，确保社会稳定，法院不得不寻求有关行政机关的参与。

对于立案存在时间上的选择性，则属于典型的司法不作为。立案中的司法不作为是指立案人员或审判人员违反法律规定拒绝接收当事人的起诉材料，对当事人的起诉既不立案又不作出书面裁定，或者拖延立案等行为。例如，拒绝受理或不定期受理敏感性案件，有的法院在每年年底有一段时间基本不受理案件，有的法院既不立案又不作出书面裁定，令当事人无法上诉，两会期间暂不受理敏感性案件，这些都属于明显的拒绝司法的违法行为。

三、"起诉难"是我国行政诉讼制度陷入困境的缩影

起诉与立案是同一个问题的两个角度，在我国，当事人遇到行政纠纷不愿意选择行政诉讼的关键，不只是"起诉门槛高"，还包括当事人有后顾之忧，担心会遭受行政机关的报复；民众对行政诉讼实效性评价不高，认为行政诉讼不能真正解决纠纷，或者会让当事人"得不偿失"；民众对法院不信任，认为在当前政治体制中，法院要服从大局，而维护行政机关；民众还认为在当前政治体制下，法院无法给当事人提供一个与行政机关"fair play"的场所，因此，与行政机关打官司，不可能赢。

其实，"起诉难"是我国行政诉讼制度面临困难的一个缩影，也是我国目前公民权利与行政权力对比的反映。当公民的权利保障不完善，社会对行政权缺乏根本有效的约束机制时，公民权利与行政权力之间不可能形成真正的"平衡"。面对社会结构的整体"失衡"，凭借司法制度以及法院的微弱之躯去匡扶，难免独木难支。何况，司法制度本身就浸沉在这个社会结构之中。在社会结构没有根本变化之前，司法能够获得多大的权威是无法期待的，它也只是"在夹缝中生存，在困厄中发展"。社会提供给行政诉讼制度的土壤并不肥沃，行政诉讼制度对于社会结构的改变所起的作用也极其有限。行政诉讼法宣示了法治的理想，要成就法治的理想还有很长的路要走。欲走出行政诉讼的困境，除了司法制度自身的完善，还有赖于整个社会的法治化。这是一个远远超出行政诉讼制度的课题。[1]

---

[1]　何海波：《行政诉讼撤诉考》，载《中外法学》2001 年第 2 期。

当然我们也可以从另一个方面来解读选择性立案，即我国各地区经济发展水平不同、人民群众文化素质不同、行政法治程度不同。其实，行政诉讼在我国各地实施整体情况不容乐观，但也不否认存在各地不平衡的情况。在我国某些经济比较发达，行政权力制约机制较多，法治意识相对进步的地区，行政诉讼还是能够发挥其应有的作用的。因此，行政诉讼法制度先行的做法是可行的。历史的车轮总是不断前进的，先构建完善的制度，随着经济的发展、政治体制的改革、人民群众权利意识的增强，这些制度最终会得到落实的。

破解行政诉讼的困境乃至整个司法制度的困境，立案登记制无疑是破局之举。通过立案登记制，让所有符合法定条件的行政纠纷都能够进入司法，展现了我国司法对行政纠纷开放包容的态度，也展现了国家树立司法权威的决心。

第二节　我国行政诉讼立案登记制实践运行情况

2014 年 10 月 23 日，中国共产党第十八届中央委员会第四次全体会议通过《中共中央关于全面推进依法治国若干重大问题的决定》（下称《决定》），其中第 4 条第 2 项提出："改革法院案件受理制度，变立案审查制为立案登记制，对人民法院依法应该受理的案件，做到有案必立、有诉必理，保障当事人诉权。"2015 年 2 月 4 日，最高法发布《最高人民法院关于全面深化人民法院改革的意见》，再次重申《决定》关于立案登记制的规定。2015 年 4 月 1 日，最高法发布《关于人民法院登记立案若干问题的规定》，对立案登记制的具体实施细则进行了规范。2015 年 5 月 1 日开始实施的《行政诉讼法》第 51 条规定"人民法院在接到起诉状时对符合本法规定的起诉条件的，应当登记立案"，该条规定使立案登记制真正实现了有法可依。立案登记制从最开始的政策导向，到接下来的法条规定，最终在法治实践中生根开花。

一、立案登记制基本解决了立案难问题

立案登记制 2015 年开始在全国推广时，相关法律条文和最高法的司法文件为立案登记制的实施绘制出路线图。第一，对所有诉状，不得拒收。第二，诉状符合法定条件，当场登记立案。第三，诉状材料不齐全，要一次性书面告知。第

四，当场无法判别是否立案的，先立案后审查。第五，当事人对不立案的裁决能够申请救济。第六，对法院未依法行使立案职责的，要给予严肃处理。与立案审查制相比，立案登记制很大的一点进步是明确了立案庭只能对法定要件进行审查，但其仍旧没有解决审查的深度问题，即未明确从审查到登记的改革是否要放弃所有的实质审查，抑或在形式审查的同时对某些要件进行有限的实质审查。当时没有明确立案审查的深度和具体形式有着特殊的背景。一方面，立案登记制的产生是为了响应十八大的精神和决策，响应中央全面深化改革而在司法领域实施的一项改革。它的出现十分仓促，缺少必要的调研，要求其对立案审查的形式和深度进行详尽规定没有现实基础。另一方面，立案登记制是为了解决现实中"立案难"问题而提出的应对之策，我国实施类似域外完全意义上的立案登记制（诉状登记制）的条件并不成熟，但"立案难"问题又到了不能忽视必须解决的阶段，只能先将非完全意义上的"立案登记制"拿来解决眼前问题。基于司法策略的考虑，在实施立案登记制初期，不仅要对立案登记制进行良好的宣传，法院还要集中精力提升自己的形象。因此只有不对审查标准作出具体规定，法院才能行使较大的自由裁量权，在化解"立案难"问题上取得成效。

尽管立法和司法文件未给出立案登记制下如何对法定条件进行审查，但学术界和主流媒体普遍认为"立案登记制是指对诉讼要件不再进行实质审查，但对法律规定的形式要件仍然要进行审查，而不是不作任何审查，只进行登记"。[1] 最高人民法院有关负责人称，立案审查制变立案登记制后，法院将仅对起诉的形式要件进行一般性核对。[2] 北京大学宪法学与行政法学研究中心主任姜明安认为"立案登记制不意味不审查，而是进行形式上的审查"，北京师范大学刑事法律科学研究院副院长宋英辉也持"并非所有的案件都会立案，前提是形式上必须合法"的观点。[3] 江苏省高院立案一庭庭长张婷婷认为"如今施行的立案登记制度

---

①　《解读立案登记制——〈立案登记制改革〉专题报道之一》，民主与法制网，http://www.mzyfz.com/cms/xinwenzhongxin/redianguanzhu/html/1581/2015-05-20/content-1125656.html（最后访问时间：2018 年 6 月 29 日）。

②　参见《审查制变登记制，立案"不再难"》，载《新京报》2015 年 4 月 16 日，第 9 版。

③　李林：《立案"审查"变"登记"，法院准备好了吗》，载《中国青年报》2015 年 5 月 9 日，第 3 版。

并非不带审查性质，关键在于审查的度如何把握，更多的将会是形式审查"。①

　　这些理论学说和实践倡导将立案登记制与形式审查画上了约等号，为了配合立案登记制的实施，从上到下、从中央到地方都将立案率作为考核的标准。法院为了宣传自己的形象，也为贯彻中央号召，在立案登记制实施初期对诉状大多贯彻完全的形式审查，只要诉状形式上符合立案条件，不管内容真实与否均予以立案。通过这些改革，立案登记制很大程度上化解了"立案难"问题，自 2015 年实行立案登记制以来，全国法院新收一审行政诉讼案件数量呈现出快速增长的局面，立案登记制实施当年全国法院受理一审行政案件 220398 件，比 2014 年上升了 55.34%。② 把 2014—2023 年全国法院新收一审行政诉讼案件数量加以比较（见图 4.1），发现自 2015 年实施立案登记制实施以来，行政诉讼立案数呈现出稳中有升的局面，由此反映出了立案登记制改革在解决"立案难"问题上成效显著。③

（单位：件）

图 4.1　全国法院一审行政案件收案数趋势图（2014—2023）

　　① 《江苏法院 5 月起全面实施立案登记制度》，中国新闻网，http：//www. chinanews. com/fz/2015/04/30/7243894. shtml（最后访问时间：2018 年 6 月 28 日）。
　　② 参见《〈最高人民法院关于适用"中华人民共和国行政诉讼法"的解释〉新闻发布会》，最高人民法院网，http：//www. court. gov. cn/zixun-xiangqing-80332. html（最后访问时间：2018 年 6 月 28 日）。
　　③ 参见何海波，《从全国数据看新〈行政诉讼法〉》实施成效》，载《中国法律评论》第 2016 年第 3 期，第 19~22 页。

立案登记制实施近 10 年以来，在化解"立案难"问题上取得了很大的成就。"立案难"问题的解决带来了一系列有利影响。

首先，对于受益最大的行政相对人来说，当事人的诉权得到了最大程度的保障。诉权包括起诉权和胜诉权，从形式上看，当事人的起诉权获得了保障，符合法定条件的起诉不会受到立案庭的刁难而顺利进入到司法程序中；从实质上看，当事人的胜诉权得到了保障，胜诉权是指当事人的主张得到法院支持的权利，"立案难"的解决意味着行政相对人被侵害的合法权益有机会获得司法的救济。

其次，对于行政机关来说，立案登记制的实施虽使其成为被告的概率增加，但从长远来看，对促进行政机关依法行政、提高行政机关亲民形象将大有裨益。在立案审查制时期，立法庭往往使用各种理由不予立案，行政权因缺乏司法的监督而偏离法治轨道。立案登记制实施后，行政机关侵犯公民合法权益的行为几乎都能进入法院的大门，从而促使他们依法行政，推进法治政府建设。此外，行政诉讼实现了当事人和行政机关的平等交流，改变了以往行政机关高高在上的形象，行政机关的亲民形象也会进一步增强。

最后，对于法院来说，立案登记制的实施虽然增加了法院的工作量、增大了法官的工作压力，但改革带来的提高司法权威和公信力的功绩是不能磨灭的。立案登记制改革还促进立案庭转变工作职能。一些地方开始实行"大立案模式"，即"由单纯的立案、审判管理、信访扩大到统一立案、流程管理、综合服务、全面监督"。① 同时也促进了立案庭创新工作形式。不少地区为应对立案激增现象，充分利用互联网技术创新立案方式，如上海创设"法院 ATM 机"，开通网上立案。② 立案登记制实施后带来的有利影响显示了该制度强大的生命力和远大的前程，充分证明了党中央进行立案登记制改革决策的正确性。

---

① 《"大立案"模式的建立、运行及完善》，载鄞州法院网，如 http：//www.nbyzfy.gov.cn/html/shenpanyanjiu/faguanluntan/2016/0607/854397.html。

② 参见《最高人民法院工作报告》，载新华网，如 http：//news.xinhuanet.com/politics/2017-03/19/c_1120653949.html。

二、立案登记制有回归实质审查的趋势

立案登记制虽然一定程度上暂时解决了立案难的问题，但立案登记制实施初期，由于大多数法院对诉状只进行形式审查，无可避免引发了滥诉和诉讼爆炸现象的发生。根据最高人民法院公报司法统计数据显示，2015 年立案登记制实施元年，随着收案数的激增，全国法院一审行政案件结案数也随之激增，达到 198772 件，相比 2014 年上升 51.46%。将 2014—2023 年全国法院审结行政诉讼案件数量进行对比，发现自 2015 年立案登记制实施以来，法院一审行政案件结案数随着收案数的稳步增长而增长（见图 4.2）。① 其中 2019、2020、2022 三个年度的结案数超过了收案数。滥诉和诉讼爆炸现象的发生不仅增大了法官工作压力，使案件不能及时、高效、高质量完成；还给行政相对人带来了困扰，当事人立上了案，等待开庭却遥遥无期，纠纷得不到及时解决，矛盾就会进一步升级。

图 4.2　2014—2023 年全国法院一审行政诉讼案件收案数、结案数

---

① 数据来源：最高人民法院公报司法统计，http://gongbao.court.gov.cn/ArticleList.html？serial_no＝sftj。

针对"当事人滥用诉权，浪费司法资源的现象日益增多"问题的存在，2017年8月31日，最高人民法院印发《关于进一步保护和规范当事人依法行使行政诉权的若干意见》的通知（下文简称《若干意见》），《若干意见》第9条①要求法院正确理解立案登记制的精神实质，在防止过度审查的同时，也要坚持必要的审查，尤其对是否符合起诉条件要审查把关。这似乎是对立案登记制实施过程中有些法院对起诉状不做任何审查或贯彻完全形式审查的纠偏，并以期对未来立案庭审查起诉状的行为予以明确指导。这也意味着我国立案登记制由立法初衷的形式审查向有限度的实质审查的回归。

（一）有限实质审查的体现

最高人民法院负责人在2015年4月15日就《关于人民法院推行立案登记制改革的意见》答记者问中提到立案审查制与立案登记制的区别，立案审查制是要对诉讼要件进行实质审查后，决定是否受理；立案登记制仅仅对形式要件进行核对。② 因此说，立案登记制的实质和核心就是"仅对形式要件进行核对"。那么现行立法规定的立案审查的条件包括哪些呢？《若干意见》第9条规定除了审查《行政诉讼法》第49条规定的起诉条件外，还要对是否经过法定复议前置程序处理、是否超过法定起诉期限、起诉人与行政行为是否存在利害关系、是否违反"一事不再理"原则等情形进行审查。现行法律规定中，除了《行政诉讼法》第

---

① 《若干意见》第9条规定："要正确理解立案登记制的精神实质，在防止过度审查的同时，也要注意坚持必要审查。人民法院除对新行政诉讼法第49条规定的起诉条件依法进行审查外，对于起诉事项没有经过法定复议前置程序处理、起诉确已超过法定起诉期限、起诉人与行政行为之间确实没有利害关系等明显不符合法定起诉条件的，人民法院依法不予立案，但应当向当事人说明不予立案的理由。"

② 最高人民法院负责人在2015年4月15日就《关于人民法院推行立案登记制改革的意见》答记者问中提到"立案审查制是指，当事人向法院提起诉讼时，法院对诉讼要件进行实质审查后，决定是否受理。其审查内容主要包括主体资格、法律关系、诉讼请求以及管辖权等。立案登记制是指，法院对当事人的起诉不进行实质审查，仅仅对形式要件进行核对。除了意见规定不予登记立案的情形外，当事人提交的诉状一律接收，并出具书面凭证。起诉状和相关证据材料符合诉讼法规定条件的，当场登记立案。"参见《最高法详解立案登记制与立案审查制区别》，新华网，http://gov.163.com/15/0415/14/AN8FGVCU00234IG8_all.html（最后访问时间：2018年6月28日）。

49 条①规定的 4 项起诉条件,《最高人民法院关于适用〈中华人民共和国行政诉讼法〉的解释》(下文简称《行诉解释》) 还规定了对于未经法定复议前置程序(第 56 条)、重复起诉 (第 60 条)、超过法定期限起诉 (第 63—66 条) 的情形不予立案。

整合《行政诉讼法》《行诉解释》和《若干意见》关于立案审查条件的规定,我们可以得出这样的结论。我国实行的立案登记制审查的条件包括:①原告与行政行为是否有利害关系;②是否有明确的被告;③是否有具体的诉讼请求和事实根据;④是否属于人民法院受案范围和受诉人民法院管辖;⑤法定复议前置的是否已经经过复议程序;⑥起诉是否超过法定起诉期限;⑦是否属于重复起诉及其他违反"一事不再理"原则的起诉。上述审查要件中显然包含了不得不进行实质审查的内容,如对原告适格、受案范围、重复起诉的审查,这些内容的审查很难做到仅进行形式核对就能作出判断。下面我们对不予立案的司法裁决进行分析,审视法院如何对这三个要件进行审查。

(一) 原告不适格不予立案

《若干意见》强调要准确把握新行政诉讼法第 25 条第 1 款规定的"利害关系"的法律内涵,依法审查行政机关的行政行为是否确与当事人权利义务的增减得失密切相关。实践中,法院对原告与被诉行政行为是否存在利害关系这个条件进行审查时,若发现不存在利害关系,会依据《行政诉讼法》第 49 条第 1 款的规定裁定不予立案。对原告是否具备行政诉讼的主体资格的判断需要综合多种因素,不同法院对同一起诉事项中原告是否适格的认定可能表达不同的立场。在王某某等 19 人诉吉林市规划局履行行政强制义务一案中,一审法院认为起诉人不具有原告资格而裁定不予立案,二审法院认为王某某等 19 人作为利害关系人具备起诉主体资格,故撤销原裁定,指令原审法院予以立案。②

在上诉人钱某某、刘某某等诉真如街道强行侵占小区"后花园"一案中,上

---

① 《行政诉讼法》第 49 条规定,提起诉讼应当符合下列条件:①原告是符合本法第 25 条规定的公民、法人或者其他组织;②有明确的被告;③有具体的诉讼请求和事实根据;④属于人民法院受案范围和受诉人民法院管辖。

② (2017) 吉 02 行终 208 号。

海市第三中级人民法院认为判定"利害关系"需要证明行政机关所实施的行政行为或事实行为造成了行政相对人权利义务上的得失增减。① "如果当事人主张权利受到侵害的，应当首先证明其原已具有某些权利，而这些权利因行政机关的行为受到了限制或缩减"。在本案中，法院通过审查发现当事人在诉状中既未明确"侵占"行为的具体含义，也未出示证据证明被告实施"侵占"行为，更不能证明所谓的"后花园"与其具有权属上的联系，故上诉人提起的诉讼不具有事实根据且无利害关系，"不符合《中华人民共和国行政诉讼法》第 25 条和第 49 条第 3 项规定的起诉条件"，因而认定原审法院不予立案是正确的。在上诉人刘某某不服重庆市第五中级人民法院不予立案一案中，刘某某因对重庆市人民政府作出的《关于招拍挂出让大渡口区一宗国有建设用地使用权的批复》不服而提起诉讼。在该案中，该批复是重庆市人民政府针对重庆市大渡口区人民政府的请示作出的内部审批管理行为，批复的对象并非上诉人，没有对上诉人设定具体的权利义务，因而原告不适格而不予立案。② 在上述两个案例中，当事人往往在诉状中表示行政机关的行为对自己的权利义务造成了影响，法院若仅进行形式审查，很难发现原告不适格。但是在这两个案例中，可以看出法院对利害关系的认定经过了周密而细致的分析，在某种程度上进行了实质审查。

（二）不属于受案范围不予立案

《行政诉讼法》第 49 条第 4 款规定，提起诉讼应当属于人民法院受案范围和受诉人民法院管辖。认定起诉事项是否属于人民法院受案范围时，往往要进行实质审查。在王某某诉当阳市公安局交通警察大队一案中，一审法院以"当阳市公安局交通警察大队出具事故证明的行为，不属法院行政诉讼受案范围"为由裁定不予立案。王某某不服，向湖北省宜昌市中级人民法院（以下简称宜昌市中院）提起上诉。宜昌市中院经审理认为当阳市交警大队只给王某某出具了证明，始终没有出具交通事故认定书，属于未履行法定职责，人民法院应当立案受理。遂作

---

① （2017）沪 03 行终 514 号。
② （2016）渝行终 388 号。

出撤销当阳市人民法院不予立案裁定、发回原审法院立案受理的裁定。① 在再审申请人谢某某诉杭州市下城区工商行政管理局一案中，被诉行为属于行政机关内部行政行为，因而不可诉。② 在赵某某诉鹤岗市南山区人民政府撤销"致南山区被征收居民的一封信"一案中，原告的房屋至起诉时还未被区政府征收，原告与被告也未签订房屋拆迁合同，区政府的该封信对原告的权利义务不产生实际影响，因而不属于受案范围。③ 在文某某诉重庆市人民政府土地征收批复一案中，由于土地征收批复属于行政终局行为，因而不属于人民法院受理行政诉讼的范围。④ 在上述案例中，有的被诉行为是否属于受案范围通过形式审查就可以作出判断，如"行政机关内部行政行为""行政终局行为"，但有些起诉事项是否属于受案范围往往要进行实质审查才能作出判断。

（三）重复起诉不予受理

审查案件是否属于重复起诉，要把此次起诉状与之前的起诉和裁判文书进行比对。有些比对通过形式审查就可以完成，如姜某某诉榆林市国土资源局和榆林市人民政府一案中，起诉人就同一诉求曾向人民法院提起过行政诉讼，人民法院以其属历史遗留问题驳回起诉人的起诉，现起诉人以同一事实理由，同一诉讼请求再次提起诉讼，很明显看出属于重复起诉。⑤ 但有些起诉是否属于重复起诉往往难以判断，甚至不同级别法院对同一起诉行为会作出不同裁定。如在杨某某诉常州市金坛区人民政府不履行查处违法行为法定职责一案中。⑥ 一审法院认为原告第二次起诉是以第一次起诉的诉讼请求作为依据，而认定原告构成重复起诉。但实质上，原告第一次起诉的是金坛区政府等不履行保护其财产职责的行为，第二次起诉虽以金坛区政府不作为为前提，但诉的却是金坛区政府不履行查处下级机关违法行为的职责。"两案被诉的行为涉及不同的行政法律关系，其内容、指

---

① （2016）鄂 0582 行初 18 号。

② （2017）浙行申 478 号。

③ （2017）黑 04 行初 22 号。

④ （2016）渝行终 468 号。

⑤ （2017）陕 08 行初 35 号。

⑥ （2017）苏行终 48 号。

向完全不同，故不属同一行政行为。"该案例中，一审法院犯的错误在大多数法院也会出现，由此证明了认定重复起诉的难度。江苏省高院在判决书中写道："行政诉讼中的重复起诉，是指同一当事人针对同一行政行为重复提起的诉讼。是否同一行政行为，应根据行政行为构成要素，即作出行政行为的主体、内容、行政相对人等基本情况进行判断。"要对这些情况进行综合考察，必然要进入实质审查，且要花费一定的时间。故对是否构成重复起诉的认定不宜放在立案阶段。

对于"有明确的被告"这一起诉条件，《行诉解释》第 67 条规定，原告提供被告的名称等信息足以使被告与其他行政机关相区别的，可以认定为"有明确的被告"。对于"有具体的诉讼请求"这一起诉条件，《行诉解释》第 68 条详细规定了"有具体的诉讼请求"所指的情形，并强调当事人未能正确表达诉讼请求的，人民法院应当要求其明确诉讼请求。对于"有事实根据"这一起诉条件，根据《行诉解释》第 54 条的相关规定，要求原告提供的材料能证明被诉行政行为或者不作为存在。[1] 因此对这三个条件进行审查时，只需要看被告信息是否完整、诉讼请求是否属于法定类型、证明事实依据的材料是否具备，不会涉及对法律关系、内容是否准确的实质审查。对于"法定复议前置的是否已经经过复议程序""起诉是否超过法定起诉期限"这两个条件，通过形式审查也可作出判断。

因此我国现行的审查方式是形式审查为主，实质审查为辅的立案审查方式。《若干意见》指出"要正确理解立案登记制的精神实质，在防止过度审查的同时，也要注意坚持必要审查"，要"避免在立案环节进行过度审查，违法将当事人提起诉讼的依据是否充分、事实是否清楚、证据是否确凿、法律关系是否明确等作为立案条件"。因此我们必须再次审视立案登记制下要审查的要件和审查的方式，使立案登记制实现其自身蕴含的程序正义的价值。

---

① 《行诉解释》第 54 条规定，依照《行政诉讼法》第 49 条的规定，公民、法人或者其他组织提起诉讼时应当提交以下起诉材料：原告的身份证明材料以及有效联系方式；被诉行政行为或者不作为存在的材料；原告与被诉行政行为具有利害关系的材料；人民法院认为需要提交的其他材料。

（四）有限实质审查的原因

基于规范诉权、限制滥诉的目的，立法对审查的具体内容和方式进行了明确限定，但是什么是"必要审查"仍旧让人难以捉摸，从该文件出台的背景来看，似乎意指有限度的实质审查，否则就无法解决滥诉行为频发的问题。学者期待已久的分离起诉条件和诉讼要件，在立案阶段对起诉条件进行完全形式审查的结果似乎并未出现。回归有限度的实质审查与我国国情密不可分。

首先，我国部分公民法治意识较为淡薄，法律素养尚需培养，若直接放弃对某些起诉条件的审查，又没有相配套的规制滥诉行为的机制，无疑会放任滥诉行为的发生。

其次，我国没有强制推行律师代理制度，我国每个律师服务的公民数要远多于西方法治发达的国家。2017 年我国共有执业律师约 36.5 万人。[1] 当年我国大陆总人口 139008 万人，也就是说，我国大约平均每 3808 人拥有一个律师。[2] 而在美国，2015 年的数据显示平均每 248 人拥有一个律师。[3] 律师供应市场的不足使我国现阶段无法实行律师强制代理，那些自己去起诉的公民，因为欠缺专业知识，无法规范填写诉状。所以，效仿域外法治发达国家实行完全意义上的立案登记制不太现实。

最后，我国审判制度有审限的要求。实行完全意义上的立案登记制必须会引发更大规模的诉讼爆炸，在我国实行法官员额制的背景下，案多人少矛盾突出。我国对审限的规定一方面给法官带来了巨大的工作压力，另一方面无法保障案件审理的质量。在国外，法官审理案件几乎没有时间限制，审限对他们只是一个职业伦理道德的要求，在对美国 1991 年初审法院审理的案件进行调研时，一些法

---

① 参见《律师、公证、基层法律服务最新数据出炉》，司法部政府网，http://www.moj.gov.cn/news/content/2018-03/14/lsgz_17040.html（最后访问时间：2018 年 6 月 29 日）。

② 参见《2017 年末中国大陆总人口超 13.9 亿 比上年末增 737 万人》，中国网，http://news.china.com.cn/txt/2018-01/20/content_50242176.htm（最后访问时间：2018 年 6 月 28 日）。

③ 参见刘桂明：《浅谈美国律师制度》，载《民主与法制时报》2016 年 1 月 17 日第 12 期。

院将近一半的案件未能在两年内审结。① 在日本，大约有 27% 的案件审理时间在一年以上。② 在这样的背景下，实然和应然的碰撞必然发生，但在防范滥诉、控制诉讼数量与保障当事人诉权、维护程序正义之间，后者应处于更高的价值位阶，不能为了前者而损失后者。防范滥诉与控制诉讼数量可以通过司法体制改革、配套制度的设立来实现，但是保障当事人诉权、维护程序正义只有通过完善立案登记制本身才能实现。

第三节　我国网上立案实践运行情况

网上立案是指当事人或其代理人通过人民法院建设的信息网络平台，依据法律关于立案的相关规定，遵循立案流程填写立案信息并提交诉讼材料，人民法院在线上进行审查，决定是否准予立案的立案形式。

党的十八大以来，党中央提出了一系列全面依法治国的新理念、新思想、新战略，为新时代的法制建设工作指明了方向，对我国各地法院司法模式提出了更高的标准、更严的要求，促使法院转变司法理念，增强人民群众对司法工作的参与感和获得感，更好地满足人民群众的司法需求。随着互联网和信息技术的高速发展，人民群众对诉讼服务有了更加高效便捷的要求，传统的线下诉讼服务模式已经不能满足人民群众的多元司法需求，2020 年初以来，网上立案系统的便捷性与必要性更加突显，将司法改革与互联网信息技术相结合，利用互联网信息技术建立一键通办的网上立案方式已成为智慧法院的建设重点之一。

网上立案是立案登记制落地生根的措施之一，也是人民法院坚持司法为民、创新诉讼服务方式的一项重大举措。立案登记制实施以来，多地法院以信息化为依托，为当事人提供网上立案服务，既缓解了诉讼服务大厅的工作压力，也方便了人民群众，使其足不出户就能完成登记立案。网上立案经历了初

---

① 参见王福华，融天明：《民事诉讼审限制度的存与废》，载《法律科学（西北政法学院学报）》2007 年第 4 期，第 100~101 页。

② 参见［日］六本佳平：《日本法与日本社会》，刘银良译，中国政法大学出版社 2006 年版，第 18 页。

期建设和快速发展阶段后，虽具备了一定的功能，但仍存在区域不平衡、配套功能不完备的情况，人们对网上立案还比较陌生，网上立案对民众司法需求的影响也并不显著。随着近几年来信息技术的发展和司法改革的深入，我国网上立案建设的进程日益加快并取得了相当的成果。各地法院近年来不断开发和完善网上立案系统的功能和多样便捷的司法服务，陆续推出了各自的诉讼服务网、电子法院、小程序等形式的司法服务平台，在满足人民群众日益增加的司法需求和实现司法服务的高效益方面取得了良好效果。因此，了解和研究当下我国网上立案建设情况对反映我国智慧法院发展概况以及保障当事人起诉权行使有着重要意义。

一、我国网上立案建设的背景与发展历程

（一）我国网上立案建设的背景

第一，"司法为民"宗旨的提出为网上立案的建设与发展明确了目标。在我国政治、经济、文化等领域发生深刻变化的时代背景下，最高人民法院提出了司法为民的命题。司法为民是对司法工作职责和任务的新概括，对司法实践具有重要的指导作用。网上立案正是落实司法为民的一项便民利民措施，是司法工作为民、便民的有机组成部分。而后，党的十八届四中全会通过的《中共中央关于全面推进依法治国若干重大问题的决定》，明确提出要坚持人民司法为人民，依靠人民推进公正司法，通过司法维护人民权益。该次会议从党和国家层面强调了司法与人民之间的关系，为司法改革推进社会主义法治建设指明了方向。从国家战略层面部署司法改革实现人民司法是对最高人民法院司法为民理念的高度认可，对推动服务型司法探索和实践有着深远意义。

第二，智慧法院的提出为网上立案的建设指明了方向，智慧法院的发展为网上立案的建设提供了平台。司法信息化已成为司法改革的必然趋势，智慧法院也在该趋势下不断升级和完善。"智慧法院"一词，最初由最高人民法院院长周强于 2016 年提出，并在同年纳入了中办、国办印发的《国家信息化发展战略纲要》和国务院《"十三五"国家信息化规划》。根据最高人民法院的解释，智慧法院是围绕"司法为民""公正司法"的需求设计的一种依托现代人工智能技术的人

民法院组织、建设、运行和管理形态，其建设目标是构建网络化、阳光化、智能化的人民法院信息体系，为法官、诉讼参与人、社会公众和政务部门提供全方位智能服务。① 自 20 世纪 90 年代以来，我国法院信息化建设经历了起步阶段②和以互联互通为特征的人民法院信息化 2.0 版阶段，③ 2020 年已经进入以建设智慧法院为目标的法院信息化 3.0 版阶段。④

表 4.9　　　　　　　　　　　　人民法院信息化各版特征

	主　要　特　征	目　　　标
人民法院信息化 1.0 版	从纸质版向电子化转变	推动法院工作信息化的发展
人民法院信息化 2.0 版	以互联互通为特征	实现对审判执行、司法人事和司法政务三类数据的集中管理
人民法院信息化 3.0 版	以大数据分析为核心	以信息化促进审判体系和审判能力的现代化

　　在国家及最高院的大力支持和顶层设计下，智慧法院的建设与当下信息技术的结合越来越紧密并日趋完善。智慧法院在司法公开、庭审直播、网上立案等多方面均取得了较快的发展，已然形成了多样、便捷的司法服务，为提高司法效率、便民性，推动司法现代化注入了强劲的力量。

　　第三，立案登记制的改革与落实为网上立案建设提供了制度设计。为解决"立案难"，2015 年最高院发布了《关于全面深化人民法院改革的意见》要求人民法院对其依法应该受理的案件，做到有案必立、有诉必理，改立案审查制为立案登记制。立案登记制在充分回应民众诉求的同时也为司法系统带来了难题，法

---

　　① 《最高人民法院关于加快建设智慧法院的意见》，载《最高人民法院公报》2017 年第 11 期。
　　② 刘艳红：《大数据驱动审判体系与审判能力现代化的创新逻辑及其展开》，载《东南学术》2020 年第 3 期，第 122~134、248 页。
　　③ 《加强法院信息化建设规划全面提升信息化水平》，载《人民法院报》2016 年 2 月 24 日，第 1 版。
　　④ 郑曦：《我国法院信息化建设的未来面向》，载《人民法院报》2020 年 7 月 16 日，第 5 版。

院受理案件的数量呈"爆炸式"增长。[①] 传统诉讼解决机制和有限的司法资源已经不能满足人民群众日益增长的司法需求。此时，国家提出了"互联网+"行动计划，网上立案再次发展起来。各地法院为落实立案登记制、满足民众司法需求，积极探索和开发网上立案系统。在国家的倡导、推动以及各地法院的实践探索之下，网上立案呈现出其独特的优势，成为传统立案模式的有益补充和延伸。

第四，网络信息技术的快速发展为网上立案的建设提供了有力的技术支持，其与社会生活的深入融合为网上立案的推行提供了良好的社会环境。从"互联网+"到大数据、人工智能、区块链、5G等信息技术的逐渐发展成熟，以信息技术为依托的移动支付、多样的网络服务在生活中得到广泛运用并成为人们生活中不可缺少的一部分。人们从适应到享受网络信息技术的生活方式的转变为智能化、数据化线上服务的推广与融入日常生活提供了良好的社会环境。正是如此，与现代信息技术融合的智慧法院在社会生活中的推行和使用能更好地满足民众的司法需求并推动司法体系的现代化。

第五，新冠疫情的出现凸显了网上立案的优越性和现实必要性，也为网上立案的建设注入了催化剂。2020年席卷全球的新冠疫情给我们的日常生活和社会秩序带来了深刻的变化，无接触式的社交方式成为日常生活的一部分。在此情形下，司法活动的正常开展，传统的模式远不能满足，而智慧法院的出现恰恰是正常展开司法活动的良好渠道和有效平台。可以说这次新冠疫情极大地体现了智慧法院建设的现实必要性和优越性。在疫情期间各地充分利用线上平台开展司法活动并取得了较好的效果。最高人民法院信息中心主任许建峰介绍，按照疫情防控要求，全国法院充分运用智慧法院建设成果，依托中国移动微法院平台，在特殊时期有效保障了人民群众参与诉讼活动。截至2020年3月，全国移动微法院受理网上立案申请43.70万件，较上月增长287%。[②] 与此同时，各地法院在疫情期间也充分利用线上平台为民众提供畅通的网上诉讼服务，保障诉权不缺席。例如，上海市高级人民法院出台12项意见，及时办理当事人和代理人提出的各类

[①]　石春雷：《立案登记制改革：理论基础、运行困境与路径优化》，载《重庆大学学报（社会科学版）》2018年第5期，第125~138页。

[②]　《掌上司法服务 解疫情间诉讼之急》，载《人民法院报》2020年5月7日，第1版。

在线申请，提供一站式线上诉讼服务，并引导公众通过 12368 微信公众号、"中国移动微法院"小程序、"一网通办"诉讼服务等在线方式办理相关诉讼事务，确保公众的诉讼权益不受影响。①

（二）我国网上立案的发展历程

1. 网上立案的产生

2014 年 10 月党的十八大报告指出："改革法院案件受理制度，变立案审查制为立案登记制，对人民法院依法应该受理的案件，做到有案必立、有诉必理，保障当事人诉权。"《行政诉讼法》2014 年修改时在第 51 条规定了立案登记制，即人民法院在接到符合法律规定的起诉条件的起诉状时，应当登记立案。2015年 5 月 1 日，立案登记制在全国各级法院开始实施。立案登记制的实施，本是为了缓解"有案不立、有诉不理、拖延立案、增设门槛"等诸多问题②，由于立案数量急剧增加，立案法官的人数却未增多，实践中出现了"案多人少"的困境③。为了落实立案登记制，减少当事人线下的等待时间，提高司法效率，切实高效解决群众问题，最高人民法院开始建设网上立案系统。

2016 年 1 月 29 日，最高人民法院信息化建设工作领导小组举行 2016 年第一次全体会议，最高人民法院院长、信息化建设工作领导小组组长周强主持会议并讲话，首次提出建设立足于时代发展前沿的"智慧法院"，并把电子诉讼占比作为 5 个信息服务指标之一，全国法院电子诉讼占比要在 2020 年超过 15%④，自此，网上立案系统的建设工作稳步推进。

2. 网上立案的发展

2017 年 8 月，我国第一家互联网法院在浙江杭州设立，2018 年 7 月 6 日中央发布了《关于增设北京互联网法院、广州互联网法院的方案》，在北京和广州

---

① 严剑漪：《法院交出抗疫月考"成绩单"》，载《上海人大月刊》2020 年第 3 期，第 38 页。

② 刘玮：《民诉法修改求解"立案难"》，载《民主与法制时报》2011 年 10 月 31 日，第 10 版。

③ 卢杰，郭文青：《诉权保障受制于"案多人少"现实困境》，载《法制日报》2011 年11 月 9 日，第 7 版。

④ 《国务院关于印发"十三五"国家信息化规划的通知》，新华网 http：//www. gov. cn/zhengce/content/2016-12/27/content_5153411. htm，2020 年 12 月 1 日访问。

也陆续设立互联网法院，2018 年 9 月 3 日，为规范互联网法院诉讼活动，保护当事人及其他诉讼参与人合法权益，最高人民法院审判委员会也通过了《最高人民法院关于互联网法院审理案件若干问题的规定》，截止到 2019 年，全国 84% 的法院开通了网上立案服务，网上立案超过 240 万件。全国 32% 的法院提供了省内跨域立案服务，全年跨域立案超过 12 万件，与 2015 年相比，全国法院诉讼服务大厅面积增加 71.5 万平方米，80% 的法院建成集"厅、网、线"为一体的诉讼服务中心。2020 年，针对网上立案和跨域立案，最高人民法院在座谈会上提出阶段性目标，2020 年全国各地区网上立案开通率要达到 100%，跨域立案法院覆盖率要达到 100%[1]。作为智慧法院建设的起始环节，网上立案系统的建设情况也深刻影响着"智慧法院"的发展。

2020 年新冠疫情发生以来，疫情防控的 5 个月内，全国法院网上立案 280 万件、网上开庭 44 万次、网上调解 129 万件，同比分别增长 46%、895% 和 291%，电子送达 848 万次[2]，更好地保障了疫情期间人民群众的诉权，克服了疫情对审判执行工作带来的不利影响，网上立案系统的价值已在实践中得到检验。在法院各项工作都满负荷的状态下，为适应立案登记制带来的司法环境新变化和审判业务发展的现实需要，适应"互联网+司法便民"的新模式，建立健全网上立案系统已刻不容缓[3]。

3. 我国网上立案建设的意义

第一，网上立案有利于保障当事人的诉权。诉权是指当事人向法院提起诉讼，要求法院对有争议的法律关系进行裁判的权利，具体包括"起诉权、反诉权、扩张权、抗辩权"[4] 等权利，网上立案拓展了保障当事人行使起诉权的方式。"信息通讯技术之所以能够嵌入司法环节，首先应归功于其自身的功利价值

---

[1]　《2020 年全国实现网上立案和跨域立案》，载《法制日报》2019 年 6 月 14 日，第 3 版。

[2]　刘嫚：《全国 95% 的法院可网上立案，跨域立案服务已覆盖中级、基层和海事法院》，载《南方都市报》2020 年 9 月 4 日，第 9 版。

[3]　张杰、刘洋、钟丽君：《加快智慧法院建设步伐 推进在线诉讼便民利民》，载《人民法院报》2020 年 5 月 7 日，第 2 版。

[4]　李龙：《民事诉讼权论纲》，载《现代法学》2003 年第 2 期，第 84~91 页。

能满足司法实用主义的现实需要"①，网上立案因其方便和高效的优点保障当事人诉权，诉权保障的要求又反过来促进了网上立案的规范操作。网上立案能够节省诉讼成本，进一步扩展了司法便民的途径。通过便利的网上立案功能以及相应的配套诉讼服务，当事人可以做到足不出户，便可立案。网上立案系统打破了传统线下立案时间和空间的限制，实现了24小时随时立案，能够最大限度地容纳立案需求。同时能够对传统线下立案起到一定分流作用。如此，线上、线下两种立案方式相结合可以更好地提高立案工作效率，从而达到充分保障当事人诉权的效果。

第二，网上立案有利于落实立案登记制，有利于起诉制度标准化、程式化。网上立案功能的开发和建设能够有效地缓解法院线下立案案多人少、立案等待时间长、反复递交起诉材料等情况，可以说立案登记制推动了网上立案的发展，而网上立案促进了立案登记制的落实。网上立案具体的操作程序依次为选择"立案法院""案件类型""申请人类型"，同意"电子送达方式"，填写"当事人信息""代理人信息""证据""证人"，上传"诉讼材料"，预览并提交"诉讼材料"。当事人或其诉讼代理人根据网上立案系统的要求提交立案材料，经人民法院审查后方可完成立案。网上立案作为一种标准化、程式性设计，能够最大限度地满足民事、刑事、行政等多种案件类型的立案要求，具有与线下立案相同的功能和效力。

第三，网上立案有利于提高司法公信力。网上立案系统程序完善，使用便捷，出现纠纷时当事人可以通过网上立案系统直接立案，使其感受到司法的公开透明，消除一些当事人对法院的不信任，增强了司法公信力和当事人对法院裁决的接受度，有利于各类纠纷的解决，进而保障社会安全和稳定。网上立案的发展与推行是"司法为民"宗旨落地的现实体现。网上立案依托信息技术，以其经济性和便民性为人民群众提供了一个公开、透明、便民的司法服务平台，同时也完善了现代化的智慧司法体系，推动了公开透明、便民利民的司法机制的建成，体现了十八届四中全会党中央对推进依法治国作出的战略部署，对司法构建提出明

---

① 王福华：《电子诉讼制度构建的法律基础》，载《法学研究》2016年第6期，第88~106页。

确要旨：保障人民群众参与司法，在司法调解、司法听证、涉诉信访等司法活动中保障人民群众参与，构建开放、动态、透明、便民的阳光司法机制。

二、我国网上立案的建设情况

为了解我国法院网上立案建设发展的现状和成果，笔者组织武汉科技大学2018级法学专业学生于2019年10—11月、武汉科技大学2019级法学专业学生于2020年10—11月，两次通过网上立案系统进行模拟立案，亲身体验全国各地网上立案系统，对我国内地31个省、自治区、直辖市的法院①网上立案的建设情况进行了调查，收到共计168份学生调查报告，其中2019年的调查报告91份，2020年的调查报告77份。两次调查的主要内容是各地网上立案的开通情况、呈现方式、覆盖范围以及操作的便利程度；调查的主要目的是了解各地网上立案的建设情况，通过网上立案的操作，体会线上诉讼服务给人们生活带来的变化，对网上立案的建设成果有一个初步的认识。通过对168份区域性调查报告中网上立案系统的功能设置、程序运行、操作流程、技术支持等方面内容进行汇总整合得出2019—2020年全国网上立案系统的实践运行情况。

（一）2019年、2020年我国网上立案系统的建设情况

1. 网上立案系统终端的普及性

根据对2019年与2020年网上立案调查的综合分析可以看出我国各地各级人民法院都在致力于发展网上立案系统。我国网上立案的渠道具有多元化特点，基本覆盖了所有的电子终端，31个省份的各级法院都有法院官网、诉讼服务网、全国统一的网上立案微信小程序，具体的调查结果如下：

第一，有些地区除诉讼服务网、移动微法院外，还建设有专门APP（见表

---

① 我们调查的对象是各法院的网上立案系统。我们调查的法院涉及我国内地31个省、自治区、直辖市的高级人民法院，调查没有涉及我国台湾地区、香港特别行政区、澳门特别行政区的法院系统。在每个省、自治区的辖区内我们选取了省会城市所在地的中级人民法院以及另外两个随机选取的设区的市中级人民法院，在直辖市的辖区内，我们任意选取了两个中级人民法院；在所调查的中级人民法院管辖的辖区内，我们随机选取了三个基层人民法院。课题组于2019年10月—11月与2020年10月—11月两次对上述法院的网上立案系统进行了体验调查。

4.10）。

表 4.10　　　　　　　　除了诉讼服务网，还有专门的 APP 地区

	有专门 APP 的地区	占比
2019 年	北京（仅限安卓系统）、福建、广东、广西（仅限安卓系统）、黑龙江、湖北、吉林、江苏、上海、四川、浙江	35%
2020 年	北京（仅限安卓系统）、福建（仅限安卓系统）、河南（不兼容安卓 9 系统）、山西（吉县法院有）、浙江、重庆、江苏、黑龙江、上海、四川、吉林、湖北、广东、广西	45.2%

　　第二，网上立案系统各终端具有自身优势：PC 端页面较大，视界更友好，在操作上方便查阅资料和编辑诉讼文书；手机端（微信端）则方便携带，不受时间和地域限制，利于拍照上传诉讼材料等。因此，大部分地区网上立案系统 PC 端与手机端（微信端）的后台数据是互通的，当事人仅注册一个账号便可在两个终端使用，无须重复注册（见表 4.11）。

表 4.11　　　　　　　　PC 端与手机端互通情况

	互　　　通	占比	不互通	占比
2019 年	新疆、北京、甘肃、广东、广西、贵州、河北、河南、黑龙江、吉林、江西、辽宁、内蒙古、上海、天津、云南、湖南、湖北、山西、重庆、福建	67.7%	安徽、海南、江苏、青海、山东、陕西、西藏、四川、浙江、宁夏	32.3%
2020 年	安徽、新疆、北京、甘肃、广东、广西、贵州、河北、河南、黑龙江、吉林、江苏、江西、辽宁、内蒙古、山东、陕西、上海、天津、云南、浙江、湖北、湖南、海南	77.4%	福建、宁夏、青海、山西、四川、重庆、西藏	22.6%

　　第三，鉴于各地法院对网上立案系统的积极建设，大部分地区网上立案系统已覆盖三级法院，但少数地区因种种原因仍存在基层法院未建设网上立案系统的

情况（见表4.12）。

表4.12　　　　　　　　　　网上立案覆盖法院的范围

	覆盖全省法院	覆盖部分法院
2019年	北京、福建、广东、广西、贵州、河北、河南、黑龙江、湖北、湖南、吉林、江西、宁夏、青海、山东、山西、上海、陕西、天津、新疆、浙江、重庆	安徽、甘肃、海南、江苏、江西、辽宁、内蒙古、西藏、四川、云南
2020年	安徽、新疆、北京、福建、甘肃、广东、广西、贵州、海南、河北、河南、黑龙江、吉林、江苏、江西、辽宁、内蒙古、宁夏、青海、山东、山西、陕西、上海、四川、天津、云南、浙江、湖北、湖南、重庆	西藏

2. 网上立案系统功能的完善度

第一，目前网上立案可受理的案件类型有限，各地网上立案系统所能选择的案件类型都包括了民事诉讼案件，部分地区可进行行政诉讼案件的立案，极少数地区还包含了刑事自诉案件（见表4.13）。

表4.13　　　　　　　　　　法院覆盖的案件范围

	全面覆盖（包括民事、行政、刑事诉讼）	有行政诉讼（没有刑事诉讼）	有刑事诉讼（没有行政诉讼）
2019年	吉林、江西、青海、山东、陕西、新疆、贵州、海南、广西、重庆	内蒙古、西藏、浙江、安徽、福建、甘肃	山西、上海
2020年	吉林、江西、青海、山东、山西、陕西、上海、四川、新疆、贵州、海南、安徽、广西、重庆	云南、浙江、河南、黑龙江、西藏、甘肃	湖南、宁夏

第二，为引导当事人合理选择纠纷解决方式，绝大部分地区网上立案系统还设有诉前调解功能（见表4.14）。

表 4.14　　　　　　　　　　　　**是否有诉前调解**

年度	有	占比	无	占比
2019 年	北京、甘肃、广东、广西、湖南、辽宁、吉林、宁夏、山东、山西、上海、四川、西藏	42%	安徽、福建、贵州、海南、河北、河南、黑龙江、湖北、江苏、江西、内蒙古、青海、陕西、天津、新疆、云南、浙江、重庆	58%
2020 年	安徽、北京、福建、甘肃、广东、广西、贵州、黑龙江、湖南、吉林、江苏、江西、辽宁、宁夏、青海、山东、山西、陕西、上海、四川、天津、新疆、云南、重庆	80.6%	海南、河北、河南、湖北、内蒙古	19.4%

第三，在填写当事人基本信息时，考虑到操作者的实际情况，有些地区已不要求原告填写其不易获悉的内容，如对方当事人的身份证号（见表 4.15）。

表 4.15　　　　　　　　　　　　**是否需要填写被告身份信息**

年度	是	占比	否	占比
2019 年	安徽、北京、福建、甘肃、广东、广西、四川、天津、新疆、云南、浙江、贵州、海南、河北、河南、湖北、湖南、吉林、江苏、江西、辽宁、宁夏、青海、山东、山西、陕西、上海、西藏	90.3%	内蒙古、重庆	9.7%
2020 年	安徽、北京、福建、甘肃、广东、广西、四川、天津、新疆、云南、贵州、海南、河北、河南、黑龙江、湖北、湖南、吉林、江苏、江西、内蒙古、辽宁、宁夏、陕西、山西、上海	83.9%	浙江、青海、山东、重庆	16.1%

第四，部分地区除进行基本诉讼指导外，还开发出智能机器人对操作者进行专业答疑（见表4.16）。

表 4.16　　　　　　　　　　　是否有智能答疑

年度	有	占比	无	占比
2019 年	广东、广西、贵州、海南、陕西、上海、西藏、浙江、辽宁、吉林、湖南	35.5%	安徽、北京、福建、甘肃、河北、河南、黑龙江、湖北、宁夏、青海、山东、山西、四川、天津、新疆、云南、江苏、江西、内蒙古、重庆	64.5%
2020 年	福建、甘肃、广东、广西、贵州、海南、陕西、上海、天津、新疆、浙江、重庆、湖南、吉林、江西、江苏、辽宁、内蒙古	58.1%	安徽、北京、河北、河南、黑龙江、湖北、宁夏、青海、山东、山西、四川、云南、内蒙古	41.9%

第五，大部分地区网上立案系统为直接立案，即当事人可在系统中直接完成立案全过程，无须到法院现场立案。但极少数地区网上立案系统仅支持预约立案，当事人仍需线下提交材料（见表4.17）。

表 4.17　　　　　　　　　　　是否能网上直接立案

年度	是	否	能直接立案的占比
2019 年	北京、福建、甘肃、广东、广西、四川、天津、西藏、新疆、云南、浙江、贵州、海南、河南、湖北、湖南、吉林、江苏、江西、辽宁、宁夏、青海、山东、陕西、山西、上海、重庆	安徽、河北、内蒙古	87.1%
2020 年	安徽、北京、福建、甘肃、广西、四川、天津、西藏、新疆、云南、浙江、贵州、海南、河南、黑龙江、湖北、湖南、吉林、江苏、江西、辽宁、宁夏、青海、山东、陕西、山西、上海、重庆	广东、河北、内蒙古	87.1%

第六，2019 年大部分地区网上立案系统没有对专业名词的解释，但到了 2020 年更多地区的网上立案系统拥有对专业名词的解释（见表 4.18）。

表 4.18　　　　　　　　　　　　是否有专业名词解释

年度	有	占比	无	占比
2019 年	广东、广西、贵州、海南、陕西、上海、西藏、浙江、辽宁、吉林、湖南、福建、河北、	41.9%	安徽、北京、甘肃、河南、黑龙江、湖北、宁夏、青海、山东、山西、四川、天津、新疆、云南、江苏、江西、内蒙古、重庆	58.1%
2020 年	福建、甘肃、广东、广西、贵州、海南、陕西、上海、天津、新疆、浙江、重庆、湖南、吉林、江西、江苏、辽宁、内蒙古、湖北、北京、河北、河南、宁夏、青海、内蒙古	80.6%	安徽、黑龙江、山东、山西、四川、云南	19.4%

3. 网上立案系统的流畅性

网上立案系统运行是否流畅是用户体验最直观的感受（见表 4.19）。在使用过程中，不流畅的具体情形主要有：网站运行不稳定，打不开网页，存在网络崩溃现象；在注册过程中，实名认证等待时间过长，需要反复操作多次才能认证成功，外地人员的电话号码与身份证号无法通过认证；在网页中操作时对浏览器有特殊要求，需要下载多个浏览网站反复试验；上传诉讼材料环节速度较慢或经常出现上传不成功现象。2020 年不顺畅情况多于 2019 年的可能原因有：第一，用户自身的网络状况不佳或者其电子设备版本较旧，无法兼容；第二，部分地区正在实施并网建设，致力于将全省三级所有法院统一到省高级法院网站之下，建设过程中可能存在各法院网站跳转不便，系统转换不畅的问题。

表4.19   网上立案系统是否顺畅

年度	顺畅	不顺畅
2019年	新疆、北京、福建、甘肃、广东、广西、贵州、黑龙江、内蒙古、四川、海南、河南、河北、吉林、江苏、江西、辽宁、青海、山东、山西、陕西、上海、天津、云南、	安徽、宁夏
2020年	新疆、北京、甘肃、广东、广西、海南、河北、吉林、江苏、江西、辽宁、宁夏、青海、山东、山西、陕西、上海、天津、云南、浙江、湖北、湖南、重庆	安徽、福建、贵州（高院不顺畅）、河南、黑龙江、内蒙古、四川

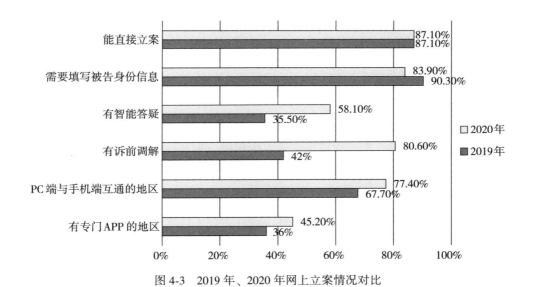

图 4-3　2019 年、2020 年网上立案情况对比

（二）我国网上立案系统建设中的亮点

经调查分析，由于我国地区发展不平衡、各区域经济水平差异较大等基本国情，网上立案系统虽然存在较多问题，但部分地区的网上立案系统已呈现出一定先进性并具有自身特点。其中，北京市、浙江省、广东省的亮点尤为突出。

1. 北京市的"京知在线平台"

北京市设有专门的知识产权法院，此源于 2014 年 8 月 31 日十二届全国人大常委会第十次会议表决通过了全国人大常委会关于在北京、上海、广州设立知识产权法院的决定。北京市知识产权法院设立了"京知在线"平台，用于全程在线办理知识产权案件，可选择直接进行网上立案或网上预约立案。该平台网上立案功能还包括送达、诉讼费缴纳、证据交换、在线庭审以及涉外案件预登记。除"京知在线"平台，普通类型案件的网上立案系统也有其进步之处。相较其他省市，北京市网上立案覆盖案件类型多样，立案流程中增设了诉前保全类型，同时推出在线调解功能，并加强对当事人的诉讼指引和风险提示，引导其合理选择纠纷解决方式。此外，对于某些特定类型案件，北京市网上立案系统还开发了令状式起诉状模板，当事人按照要求填写相关要素信息后，系统即自动生成标准化起诉状，极大方便了当事人。

2. 杭州市与广州市的互联网法院

浙江省杭州市设有互联网法院，该法院包揽案件的受理、送达、调解、证据交换、庭前准备、庭审、宣判等诉讼环节，以全程在线为基本原则，且设有专门的电子商务网上法庭，着重解决电子商务相关纠纷。而对于普通类型案件，浙江省高级人民法院网上立案系统可供多种主体使用，如法院工作人员、自然人、组织机构、律师、代表委员及送达小组等，且该系统开发了智能法律服务机器人，使用者对其语音提问即可获得专业解答，并推荐相关问题作为补充，可更好地服务无专门法律知识的当事人。除此之外，浙江省网上立案系统支持支付宝、微信登录，其诉讼服务网还提供自动计算各类诉讼支出功能，包括诉讼费用、交通赔偿、工伤赔偿、律师费等多种费用。

广州市同样设置了互联网法院，但其推出了更多便民化的服务功能：第一，互联网法院官网从应诉起诉到各种程序都有相应视频指导，还有其他案件的开庭直播视频可以观看借鉴；第二，广东省高院在全国首创非税票据邮寄配套服务，实现网上缴费与诉讼费非税票据邮寄同步完成，与快递公司建立上门取件服务机制，最快可在两小时内上门收取立案材料；第三，网上立案系统提供无障碍浏览服务，使用者可自由调节网页字体大小，页面大小和颜色；第四，节假日期间申请网上立案相应的审核周期会适当延长。

3. 其他地区的亮点

除上述省市外，其余部分省市也有一些先进之处。吉林省网上立案系统推出诉讼可视化服务①，即以图表的形式对案件进行梳理，探究法律事实，厘清法律关系，清晰表达案件主体、法律关系、时间顺序等要素，从而将案件的各种要素清晰地呈现给案件各方主体。该省网上立案系统还推出模拟立案服务，展现在线立案的全部流程，帮助当事人更加顺利准确地进行网上立案。同时设有智能管辖推荐功能，当事人不了解管辖范围的，系统可智能推荐管辖法院，且设有机器答疑在线回复。辽宁省网上立案系统在立案材料提交时对于图片大小没有限制，可提交多张，程序会自动压缩，极大方便了当事人，该省对于复杂法律问题会给出法院咨询电话。四川省系统对新的证据材料允许网上补交。新疆维吾尔自治区网上立案系统还会提供少数民族文字解释。宁夏回族自治区、新疆维吾尔自治区、贵州省、云南省、山东省均可进行网上缴费。青海省设有线下电话诉讼服务热线和短信服务平台。山东省高院可以留言，立案步骤均有视频指导，立案审核结果由手机短信通知。重庆市网上立案系统案件案由几乎全覆盖，管辖地的选项设置也几乎全覆盖。

（三）我国网上立案建设情况小结

基于上述调查情况，对我国网上立案的基本情况的总结如下：

第一，线上立案渠道具有多样性。我国各地法院在网站、手机 APP 以及微信小程序三个方面均开通了网上立案功能。在网站建设方面，目前我国内地 32 个省份的法院均有建设关于网上立案的诉讼服务内容，以诉讼服务网、电子法院等形式呈现。在微信小程序方面，网上立案做到了全国地方各级人民法院的统一，表现形式为可以通过"中国移动微法院"的平台选择各地三级人民法院的移动微法院分台，做到了网上立案系统的统筹并且各分台与总平台的形式一致。在 APP 开发方面，大多数省份并未开发或功能尚未完全开放，只有少部分省份或者地方人民法院开发了较为完善的 APP，本书就此并不详细叙述。

第二，网上立案的配套功能丰富。在微信小程序方面，每个省的移动微法院

---

① 蔡一博：《诉讼可视化下的事实认定三步法——以民事案件的事实演算为例》，载上海市法学会：《上海法学研究》集刊（2019 年第 12 卷总第 12 卷）——闵行区法院卷，上海市法学会 2019 年版，第 14 页。

平台中，与诉讼有关的服务功能有：诉前调解、手机阅卷、计算工具、智能问答、法规查询、法院导航、跨域立案、地方特色、诉讼交费等内容。其中当当事人填写完立案信息后，系统可以自动生成诉讼文书；诉前调解既可由当事人主动选择，也可以作为立案的前置程序进行选择；智能问答以智能回答与人工相结合的方式，在立案前可以进行相应的问题咨询；地方特色中，每个省市根据自身情况设有不同的特色功能，例如重庆移动微法院的地方特色为庭审直播，北京移动微法院的地方特色有在线庭审、风险评估、投诉建议。除了上述九种功能外，部分省市的移动微法院开设有其他服务功能，比如北京设有微律师这一服务模块。在门户网站方面，每个省有关的诉讼服务内容主要有诉讼指引、法院介绍、文书模板、法律法规、辅助工具等。因各地诉讼服务是各自建设，在诉讼服务开发建设上具有较大的差异性，所以网上立案中立案的流程和辅助工具都不尽相同。

第三，网上立案可选择的案件类型涵盖面广。不论是微信小程序还是网页端，网上立案中可进行的立案类型基本包含民事、行政，有些法院更扩展至执行、民事二审、刑事自诉案件，可选择的案件类型基本实现全覆盖，只是在不同省市和不同层级法院之间可申请立案的类型有所差异。

第四，网上立案网页端的建设具有较强的地域性。首先，目前网页端的网上立案系统不存在全国统一的平台，也没有做到各地诉讼服务网链接的统筹，各地的网上诉讼服务呈现分散的特点；其次，各地的诉讼服务网主要是统筹本省市内的法院诉讼服务，以各自的地方建设为主。基于前两点，各省市的网上立案具有较强的地域性，在网页端尚不能实现全国一站式线上立案。

三、我国网上立案之便民性分析

网上立案是传统现场立案的一种创新方式，通过网上立案的运用，民众可通过一部手机或一台电脑申请立案。通过点击网上立案系统中的"当事人"入口，对网上立案功能进行实际体验，网上立案的流程大致有如下六个步骤①：（1）注册与认证当事人身份信息，主要是提交当事人居民身份证的正、反照片和当事人

---

① 此处网上立案的流程叙述是对大多数法院网上立案系统立案操作步骤的反馈，部分法院的立案操作步骤在顺序上有所不同，但基本包含这六个步骤。

手持身份证的正面照片；（2）选择类别，主要包括选择案件类别、申请类别、申请人类别和立案案由；（3）填写立案信息，主要包括案件信息、当事人信息和代理人信息；（4）选择管辖法院；（5）上传诉讼材料，主要包括起诉状、证件材料和证据材料；（6）预览和提交立案。立案信息提交后，法院会在线上进行审核，审核通过将会收案并进行立案。通过对网上立案的实际操作，我们体会到了它给当事人行使起诉权带来的便捷，但同时在立案的某些环节中也存在一些问题使得网上立案操作并不顺利。

（一）网上立案的便利优势

网上立案凭借信息技术的升级换代，迎合了司法对效率价值的追求，同时也在拓展和完善中为当事人带来了便利。从当事人角度来看，网上立案最大的优势在于其以电子信息平台为载体，以互联网为依托，不受时间和地域限制，切合了信息化时代民众对高效、快捷司法的需求。在诉讼经济性上，减少了当事人诉讼成本。当事人可在手机和电脑上进行立案操作，不必专门去法院立案，可以节省往返法院的时间及交通成本。在回应立案需求上，满足当事人随时随地的立案需求。网上立案可 24 小时运行，无论当事人何时、身处何地都可以借助智能通信设备随时登录网站或者微信小程序进入法院网上立案系统申请立案。在立案指导方面，多种配套服务能够辅助当事人进行立案。立案前，诉讼服务页面上的法律文书、法律法规、立案须知等模块可为当事人提供相关的法律知识，能辅助当事人独立地进行网上立案；立案中，立案流程以流程图的形式呈现，当事人能够对立案流程有整体的把握；微信小程序端设有智能问答"小法"，当事人对立案操作有疑惑或法律问题可以通过该功能进行咨询。在立案情况反馈方面，当事人在提交立案申请后，可通过登录网上立案平台随时追踪案件受理的进度和接收法院的反馈。

（二）网上立案用户体验不便之处

网上立案的建立，为当事人增加了一种行使诉权和参与诉讼的途径，但只有真正能够为当事人所用的、顺畅的网上立案系统才能达到方便当事人的效果。经过对 32 个省份网上立案功能的实际了解和操作，我们发现从当事人角度操作现有网上立案系统存在的不便主要体现在以下两方面：

　　一方面"各自为政"① 的网上立案系统现状给当事人带来诸多不便。基于网页端网上立案系统"各自为政"的现状，当事人操作立案系统会在立案的各个环节遇到一定的阻碍和不便，其不便主要体现在以下几方面：一是立案系统的登录账号不统一，不同法院和跨地域立案需重新注册和认证，当事人需要在不同的立案系统重复填入自己的基本信息；二是填写立案信息的内容要求不同，例如网页端部分法院如河南、安徽的网上立案系统要求填写被告身份证件号码，原告有时并不知道被告的身份证号码，若不填，立案流程就无法继续；三是在上传诉讼材料环节，不同法院立案系统对材料的格式、大小要求不同。由于法院立案系统并未互通互联、在网上立案各环节的要求也不尽一致，这意味着当事人在不同法院立案需要查找当地的立案服务并熟悉当地的网上立案系统，当事人要是诉讼材料符合要求则需要花费不少的时间与精力，这不利于当事人跨地域网上立案，同时也增加了当事人的时间成本。另外网页端和微信端的信息也尚未实现完全的互联互通。考虑到当前电子设备的多样性及当事人利用不同设备进行切换使用的可能性，网上立案不同端口的账号与信息不互通不能满足当事人对便利操作的期望。

　　另一方面，各地网页端立案系统发展不平衡的现状给当事人操作带来了不便。立案系统发展不平衡主要体现在辅助立案的配套服务存在差距。总的来看，立案系统的配套服务基本能辅助当事人进行立案，但有的省份立案系统配套辅助服务并不完善，在当事人立案时存在花时过长及立案成功率不高的情况。首先在立案指导方面，北京电子法院诉讼平台、福建法院诉讼服务中心分为专业版和指导版以及吉林电子法院设有网上立案模拟功能，对当事人立案起到了很好的指导作用，但像重庆市诉讼服务网等网上立案系统是以通过当事人阅读立案须知、立案指南的形式辅助当事人进行立案；其次，在立案过程中，如宁夏、福建立案系统中有对专业名词的解释，但大部分法院的网上立案系统并没有此项设置；再次，在法律文书制作方面，大多数立案系统提供了自动制作起诉状的功能，也有

---

　　① 网上立案系统的"各自为政"主要是指，网上立案系统网页端的建设在全国和各省份内部两方面的不统一。全国不统一体现为各省份（自治区、直辖市）之间的网页端立案系统尚未实现互联互通；省份内部不统一主要体现为，部分省（自治区、直辖市）内的三级法院不能在同一立案系统内进行。

部分法院如重庆网上立案系统仅仅提供法律文书模板；最后，在智能问答方面，网页端除了浙江、湖南、吉林等少数几个法院开发了智能问答功能，大多数法院立案系统尚未开设该功能。比较而言，微信小程序"中国移动微法院"中的智能问答"小法"建设相对完善，能够实时回复当事人的提问。但无论是网页端还是微信端的智能问答基本是预先设定的，回答很机械，基本上只能提供与当事人问题相关的法律条文，并不能有针对性地回答当事人立案操作中的问题以及当事人立案时遇到的法律问题。因此在智能问答方面还需要更多人性化的设置以帮助当事人顺利立案。

（三）网上立案用户体验不便的原因分析

无论是各地网页端立案系统的多元化还是手机端立案系统的统一化建设，立案系统的使用主体都从法官、律师等特定的法律工作者扩展到了当事人，说明当下我国网上立案的电子诉讼服务体系已经基本建成。尤其在当事人层面，部分法院已经开发了较完善的网上立案系统，提供了便捷的司法服务，为当事人行使诉权发挥了积极的作用。但从整体上来看，我国网上立案系统建设仍存在发展不平衡的现状，部分法院建设的网上立案系统尚有较大的改善空间。当事人通过网上立案的当事人入口进行立案操作存在不便的原因是多方面的，通过体验和实际操作，我们认为从当事人角度操作立案系统存在不便主要有以下三方面原因：

第一，网上立案系统的最初设计对当事人角度的考量不足。虽然法院推进网上立案的价值初衷是方便当事人行使起诉权，但如果只靠法院单枪匹马、关起门来搞网上立案，缺乏使用主体及社会的认同基础，注定不能取得预期的效果。[①]由于最初法院的信息化建设主要是为了满足法院自身办公自动化的需求，开设网上立案渠道是法院从自身提高立案效率和方便当事人的简单化考量。所以网上立案最初的设计并未真正从当事人角度进行考量。但随着国家信息化战略逐步深化，法院运用信息技术推进社会治理的实践日益成熟，法院功能和角色开始转型。法院的信息化着重强调以当事人为中心的外部服务属性，并非单纯地满足法

---

① 王琦：《法院网上立案的实践检视及路径研究》，载《法学杂志》2016年第11期，第37卷，第98~105页。

院办案自动化需求。① 法院越来越强调网上立案系统的可操作性和便民性，但立案本身具有很强的专业性，加之对立案系统操作的检验多是从法官或法律工作者角度进行，并没有充分考虑当事人自身法律素养和电子设备操作能力的局限，也没有合理预见当事人在操作立案系统的各个环节中可能会遇到的问题和困难，因此当事人在实际操作过程中常常会因自身的局限或因无法满足立案操作的要求而难以进行。

第二，法官与当事人在立案层面的价值冲突与立案模式转型给当事人带来的不适会妨碍当事人对网上立案的认同。从法院受理立案的角度来看，当事人能够将立案的当事人信息、案件信息、证据材料准备得越充分法院越容易受理立案，而从当事人角度来看，当事人局限于自身的法律素养和快速立案的需求，期望立案能够最简化，尽量减少要求和流程。这使得当事人对立案系统的简便有着较高的期望。线下立案工作由法官主导，而线上立案则相反即当事人是主导者，在角色的转换中，当事人会表现出较强的不适。在长期发展过程中，立案部门在案件审查过滤的初始功能之外，还承担了案件分流、纠纷调解和诉讼服务等多重功能。② 所以法官在立案中往往集审核立案资料与提供咨询于一身，在当事人与法官面对面交流的场景下，当事人在情感表达、纠纷劝解及诉讼咨询等多方面的需求都能够得到满足，因此当事人对法官的信任度高并且依赖性强；但在线上立案中，当事人作为主导者，会在操作过程中遇到如法律知识不明、操作不能等多种问题，在问题得不到及时、有效解决的情况下，当事人容易产生抵触心理，从主观上不认可网上立案，而更倾向于线下立案。

第三，当事人有限的法律素养和电子设备操作能力不足以支持当事人在线上独立完成法律专业性强的立案活动。网上立案是线下立案的延伸，同样会涉及现场立案需要明确的专业问题，也必不可少线下立案所需要的材料。网上立案的方便之处在于依托互联网技术和平台，可以电子化的形式提交诉讼材料和选择立案信息。因此，网上立案的操作必须要求当事人具备操作手机、电脑等电子设备的

---

① 安晨曦：《电子诉讼形塑的中国策略》，载《湖北社会科学》2017 年第 8 期，第 146~155。

② 于龙刚：《人民法院立案环节的压力化解策略及其改革》，载《现代法学》2019 年第 5 期，第 41 卷，第 23~35 页。

能力。网上立案受到技术、行为能力、偏好习惯等因素限制，其适用应当考虑当事人的个体因素。[①] 作为诉讼主体的当事人具有广泛性，当事人的法律素养与电子设备操作能力各不相同，很难保证所有当事人都能够熟练地操作手机、电脑并具备必要的立案知识。法院开发网上立案系统的初衷是便民利民，保障当事人诉讼权益，却又不能苛求当事人应具备法律知识和电子设备操作能力。针对当事人个体因素的不同，网上立案系统唯有结合当事人的合理需求，在客观上不断完善配套服务功能，才能达到平等保护当事人的诉权。

四、我国网上立案的发展趋势

从 2019 年，2020 年我国网上立案系统的建设情况来看，我国网上立案系统发展具有如下趋势：

1. 统一化

从对比可得，我国网上立案系统覆盖的案件范围越来越广，基本涵盖线下法院立案庭所有可立案的范围。从地域上分析，电子立案系统基本覆盖全国各地区的所有法院，从纵向上看，由高级人民法院向中基层人民法院深入，全国各省、自治区、直辖市的三级人民法院均可实现网上立案。

2. 完善化

网上立案系统的功能更加健全，程序更加完善，运行更加流畅。伴随实践中的不断探索，接受用户的反馈并改进，网上立案系统新增多个功能，程序也越来越完善。例如电子调解、电子送达等。各地法院也对网上立案系统的建设投入了更多资源，加强了维护，使网上立案系统运行越来越顺畅，更加接近线下立案庭的内容，同时也提高了人们的体验感，真正做到高效便民。

3. 智能化

网上立案系统越来越智能化。截止到 2020 年，已经有 28 个省、自治区、直辖市的网上立案系统对专业名词进行了解释，21 个省的诉讼服务网已经建成了智能机器人，这些智能机器人不仅可以有效地针对性地回答当事人的提问，还可

---

① 安晨曦：《法院立案程序的电子化构造》，载《海南大学学报（人文社会科学版）》2020 年第 1 期，38 卷，第 137～148 页。

以根据当事人的提问信息推送相关的案例，给当事人提供参考，提高当事人立案效率。

4. 简便化

随着实践中的不断改进，网上立案门槛越来越低，越来越接近完全意义上或实质意义上的立案登记制。已有 13 个省的网上立案系统不再要求必须填写被告的身份证号码和住址，降低了当事人网上立案的难度。同时，网上立案对于证据的审查更接近于形式审查，即只审查有没有证据以及该证据是否与案件相关联，这也降低了当事人提供证据的难度，便于当事人立案。

5. 规范化

网上立案系统更加契合法律规定。我国《民事诉讼法》规定有诉前调解制度。在网上立案系统的 PC 端中，有北京、广州等 8 个省的网上立案系统会询问当事人是否接受诉前调解，在手机统一小程序中国移动微法院中，立案前都会弹出"是否接受诉前调解"的对话框，以便当事人进行选择。这一设计契合了《民事诉讼法》第 9 条规定的：人民法院审理民事案件，应当根据自愿和合法的原则进行调解。这说明网上立案系统逐渐向线下立案靠拢，更加规范化。

6. 类型化

网上立案系统逐渐趋向分类服务。各省根据自身情况为不同的立案主体提供了分类通道，例如杭州市电子法院立案系统将主体分为自然人通道和公司企业法人组织通道；四川省、江苏省等法院分为普通当事人通道和律师通道；云南省分为他人立案通道和为立案通道等，这有利于提高立案服务的针对性，提高司法效率。

通过分析对比 2019 年与 2020 年我国网上立案系统的实践运行情况，可以看出我国各地都在致力于发展网上立案系统，虽然不同地区之间的发展程度仍存在较大差异，但我国在网上立案系统的发展道路上已走在前列，如浙江省、广东省、北京市更是将政策支持与自身优势相结合，建立了完善高效的智慧法院系统，其他地区在这两年也不断更新着网上立案系统的建设，由此可见，我国网上立案系统是在不断发展与完善的，我们有理由相信在各个方面专业人员的共同努力下，我国将会构建出一个系统、高效、真正带给当事人便利的网上立案系统，推动我国在互联网背景下的智慧法院建设进程。

第五章 域外行政诉讼立案登记制之探讨

立案是我国诉讼程序正式开始的标志，是中国特有的诉讼环节，域外立法并无立案的制度设计，域外与我国立案有相同法律效果的制度都是围绕起诉进行规定的。总的来看，两大法系主要采用案件登记的方式启动诉讼程序。各国由于法律传统、历史渊源、风俗习惯等因素的差异，每个国家的立案登记制又有着各自的特征。域外的立案登记制有绝对模式和相对模式之分，英美法系和大陆法系的法国、德国，在行政诉讼立案上实行的是立案登记制的绝对模式，大陆法系的日本在行政诉讼立案上实行的就是立案登记制的相对模式。我们不仅应了解域外行政立案登记制本身，更应深入了解这些制度制定的法理依据、历史背景及相关配套，为我国行政诉讼"立案难"之解决提供思路。

第一节 英美法系行政诉讼立案登记制

英美法系的司法审查制度具有如下特点：

第一，一切诉讼无论是民事纠纷（私法纠纷）还是行政纠纷（公法纠纷）皆由普通法院管辖。基于英美法系普通法传统，认为掌控行政权的官员同私人一样应当服从普通法，普通法院是行使国家审判权（包括对行政案件的审判）的唯一机构，不能在普通法院之外另设特别法院与之分享审判权。英美法系不设专门主管行政诉讼的司法机构，普通法院是行政诉讼的主要受理机构，且对其他行政裁判机构的裁决享有最终裁决权。

第二，英美法系行政诉讼的主要形式司法审查（Judicial Review）属于民事诉讼中的特别程序。英美法系不存在行政诉讼，英美法系几乎没有单独的行政诉讼法典，与之相似的制度被称为司法审查，法院进行司法审查，当制定法没有特别规定时，准用一般民事诉讼规则。因此，可以在民事诉讼语境下来讨论英美法系的司法审查程序之启动。基于英美法系当事人主义的传统，起诉与抗辩都属于当事人处分权之内容，故英美法系在诉讼程序启动上采用的是立案登记制的绝对模式。

第三，英美法系的行政救济实行双轨制，在提起司法审查之前，一般要穷尽所有行政救济途径。

一、英国的立案登记制

在英国，当行政相对人认为自己的合法权益受到以行政机关为主的各种公共机构的侵害时，可以通过向普通法院提起司法审查之诉（Judicial Review）来维护自己的正当权益。① 英国的司法审查之诉由普通法院管辖，其程序规则适用英国《民事诉讼规则》（1999）第 54 章 "司法审查"②。在某种程度上可以将英国的司法审查程序视为民事诉讼的特别程序。③ 换言之，当制定法没有特别规定时，司法审查之诉准用民事诉讼规则。作为英国《民事诉讼规则》配套规定的《诉讼指引》（Practice Direction，PD）第 54 章也以 "司法审查" 为名就司法审查之诉的程序规则作出了补充性规定。2001 年，英国司法大臣办公厅就司法审

---

① 20 世纪以来由于社会、经济、政治的发展，行政权日益扩大，行政活动带有更多技术因素，行政纠纷大量增加，由普通法院单独审理行政案件的单一型诉讼制度已显其弊端，于是在 20 世纪 50 年代起，英国一方面加强普通法院的司法审查权，另一方面又迅速设立各种行政裁判所。从性质上说，行政裁判所是国家行政机器的重要组成部分，是属于行政部门的行政司法机关，但又在司法部门的监督之下。由此，英国建立了行政机关同司法机关共同审理行政案件的二元交叉型行政救济制度。如今在英国，司法审查并不是行政救济的主要途径，绝大多数行政纠纷是由行政裁判所解决的。

英国行政裁判所的裁决不是司法审查的前置程序，根据 "司法最终解决" 原则，普通法院拥有对所有法律纠纷的最终裁决权，普通法院可以通过司法审查监督和纠正行政裁判所错误的裁决。参见［英］威廉·韦德：《行政法》，徐炳等译，中国大百科全书出版社 1997 年版，第 622~625 页，第 688~699 页。

从这一点可以看出，在英国，之所以能够实行立案登记制的绝对模式，是因为有行政裁判所制度分流与消解绝大部分行政纠纷，最终进入司法审查程序的案件，其实并不多。故在英国司法审查上，不存在类似我国 "立案难" 的情形。美国的情况亦是如此。

② 英国《民事诉讼规则》是一个开放的立法体系，自 1999 年 4 月 26 日生效实施至今，不断更新。在 2003 年 3 月的第 31 次更新中，该法第 54 章的名称 "司法审查"（Judicial Review）修订为 "司法审查与法定审查"（Judicial Review and Statutory Review），并插入一节作为第二节；在 2005 年 3 月的第 39 次更新中，第 54 章再插入一节作为第三节。参见齐树洁主编：《英国司法制度》，厦门大学出版社 2007 年版，第 401 页。

③ 齐树洁主编：《英国民事司法改革》，北京大学出版社 2004 年版，第 427 页。

查之诉的诉前程序作出了特别的安排，颁布了《司法审查中的诉前议定书》（Pre-Action Protocol for Judicial Review）。在英国司法审查之启动，要经历诉前议定书程序、起诉程序和诉讼许可程序。

（一）诉前议定书程序

1. 原告的诉前信函

英国的司法审查之诉与普通民事诉讼一样，都要经过诉前程序，该诉前程序不是行政裁判所的裁决，而是诉前议定书制度。1999 年英国《民事诉讼规则》引入了诉前议定书制度，2001 年英国司法大臣办公厅针对司法审查之诉专门颁布了《司法审查中的诉前议定书》。根据该规定，原告在提起司法审查之诉之前必须按附件 A 要求的标准格式向被告送达诉前信函（the letter before claim），其内容必须包含（必须记载的事项）：①行政裁决的日期与细节，②原告申明不服的公共机构的作为或不作为，③表达清晰的案件事实概述，④与案件有关的任何信息的细节。除了上述必要内容之外，诉前信函一般还应包括（任意记载的事项）原告已知的任何相关当事人的细节。

2. 被告的回复信

被告在收到原告诉前信函后 14 天内，必须根据《司法审查中的诉前议定书》附件 B 的标准格式向原告送达回复信（the letter of response）。被告的回复信必须包括：①公共机构中处理被申诉裁决的经办人的身份，②被申诉裁决的细节（在适当的情况下提供关于作出这种裁决的详细理由），③被告对潜在诉讼的回复以及任何相关当事人的细节。被告必须回复，如果被告怠于回复，除非有合理理由，否则，法院在其后的诉讼中作出判决时，将考虑这一情节，同时，还可能对被告采取相应的制裁。被告回复后，如果双方当事人仍有争议，应当及时协商，尽量通过和解来解决纠纷，避免诉讼。

3. 诉前议定书的目的

诉前议定书制度是希望通过双方当事人在诉前充分交换各自的信息，促进双方在知情的基础上尽快达成和解，避免用诉讼的方式解决纠纷，从而减少诉讼的发生，缓解诉讼爆炸的压力。即使诉讼无法避免，法院通过诉前议定书制度，要求当事人之间进行信息交换及证据开示，可以排除无争议的事项，明确争议焦点，为案件的顺利审理做好前期的准备工作，从而提升案件审理的效率，在英国，诉前议定书程序是提起司法审查之诉必经的诉前程序。诉前议定书制度约束当事人的诉前行为，如果当事人未遵守诉前议定书，导致本可以避免的诉讼被发动，或者导致本可以避免的诉讼费用产生，法院可能会对其在诉讼费用或利息方面进行制裁。

从原告的诉前信函和被告的回复信之内容可以看出，提起司法审查之前，行政纠纷一般都会经过行政裁决，行政裁决可以解决了大部分行政纠纷，再经过诉前议定书程序，真正进入到诉讼程序的案件在实践当中并不多，这也为英国实行立案登记制的绝对模式提供了条件。

（二）起诉程序

1. 起诉期限

当事人提起司法审查之诉，受 3 个月起诉期限的限制。① 该 3 个月为不变期间，不得协议延长。如果 3 个月的起诉期限即将届满，在诉前议定书程序中双方尚未达成和解，原告也必须向法院提起司法审查之诉；若还未经诉前议定书程序，也应直接提起司法审查之诉，但必须向法院陈述未遵守诉前议定书程序的理由，否则，法院可能会对其在诉讼费用或利息方面进行制裁。

2. 诉讼程序的启动

在英国，司法审查之诉的提起方式与民事诉讼的提起方式相同，均要以书面形式起诉，法院向原告签发诉状表②时，诉讼程序即告开始。诉状表必须记载如下事项：①原告认为任何有利害关系的当事人的姓名和住址；②原告请求法院许可其提起司法审查之诉；③原告主张的全部权利救济的诉讼请求（包括临时性救济）。③

---

① 英国《民事诉讼规则》（1999 年）第 54.5 条（起诉期限）规定，一、提起诉讼必须遵循以下条件：1. 及时；2. 无论如何，在第一次提出起诉理由之日起的 3 个月内；二、本条规则规定的期间，当事人不得通过协议予以延长。三、如果其他法律规定了有关司法审查之诉讼期限的，短于 3 个月的特别期间，则适用该特别期限规定。

② 在英国，诉状表是法院基于原告的申请，向被告签发的一种命令，通知被告必须满足诉状表所记载的诉讼请求或者必须把送达回执交至法院。

③ 英国《民事诉讼规则》（1999 年）第 54.6 条（诉讼格式）规定，一、除了遵循本规则第 8.2 条（诉讼格式的内容）规定外，原告还应当在诉讼格式中列明下列事项：1. 原告认为任何有利害关系的当事人的姓名和住址；2. 原告请求法院许可其提起司法审查之诉；3. 原告主张的全部权利救济的诉讼请求（包括临时性救济）。二、提交诉讼格式，应当一并提出有关诉讼指引确定的文书。

由于诉状表只需提供极其概括和简要的信息，提交诉状表的同时，原告须一并提出有关诉讼指引确认的文书（这些文书实际上也是诉状表的一部分，民诉学者称之为"诉状明细"）以对案情和主张作进一步的说明和补充。其内容主要包括①原告提起司法审查之诉的详细理由，②所依据的事实陈述，③要求提交诉状表期间延长的申请书，④指令申请书，⑤审理程序进行的时间预计。①

在提交诉状表的同时还要一并提交下列文书或证据：①所有支持有关诉讼或延期申请书的书面证据；②原告寻求撤销的命令的副本；③如果司法审查之诉涉及法院或审裁处的裁决，作出裁决理由的核准副本；④原告拟依赖的所有文书副本；⑤有关法律文书资料的副本；⑥呈请法院进一步核查的基本文书清单（标明所依据的页码索引）。② 这些证据材料是为法院进行诉讼许可程序而准备的，属于任意提交的材料。倘若未能提交上述文书与材料，须向法院说明未提交以及目前不能提交有关文书的理由，并不影响法院签发诉状表。③

从上述诉状表应记载的内容和提交诉状表的同时原告还要一并提交的文书和证据的规定来看，原告提起司法审查之诉的起诉文件是比较复杂的，但英国实行的是律师强制代理制度，真正进入司法审查之诉的案件，由诉状律师帮助当事人整理上述材料。由于有律师的把关，当事人向法院提交上述文书和材料，基本上都是符合法律要求的。当事人向法院提交了上述文书及材料后，法院只对当事人的起诉是否符合格式要求进行形式审查，然后由法院签发诉状表，即完成了立案。总体而言，原告起诉几乎没有限制，只要按照要求填写完整诉状表及诉状明细，即可启动诉讼程序。

---

① 英国《民事诉讼规则》（1999 年）第 54 章（诉讼指引）第 5.6 条（诉状格式）规定，诉状格式须载明如下事项，或一并提交有关如下事项文书：1. 原告提起司法审查之诉理由的详细陈述；2. 所依据的事实陈述；3. 要求提交诉状格式期间展期的申请书；4. 指令申请书；5. 审理程序进行的时间预计。

② 英国《民事诉讼规则》（1999 年）第 54 章（诉讼指引）第 5.7 条规定，此外，提交诉状格式时，还须一并提交如下文书或证据：1. 支持有关诉讼或展期申请书的任何书面证据；2. 原告寻求撤销的任何命令副本；3. 如果司法审查之诉涉及法院或审裁处裁决的，作出裁决理由的核准副本；4. 原告拟依赖的任何文书副本；5. 任何有关法律文书资料副本；6. 呈请法院进一步核查的基本文书清单（标明所依据的页码索引）。

③ 英国《民事诉讼规则》（1999 年）第 54 章（诉讼指引）第 5.8 条规定，如果不可能提交上述所有文书的，原告须说明，有关文书尚未提交以及目前不能提交的理由。

3. 送达诉状表副本

在英国，诉状表是由原告送达的。原告须在诉状表签发之日起 7 日内，向被告以及除法院另有指令外原告认为与案件有关的利害关系人送达诉状表副本。①

4. 提交送达回执

受送达人，如果希望参加司法审查之诉，应当向法院及有关利害关系人提交送达回执②（acknowledge of service），表明其已经收到原告的诉状表。逾期未提交送达回执，只表明其不参加决定是否作出诉讼许可的审理程序，并不影响其参加后面的司法审查的审理程序。

（三）诉讼许可程序

无论是提起司法审查之诉，还是将诉讼移送至行政裁判所，都必须取得法院

---

①　英国《民事诉讼规则》（1999）第 54.7 条（诉讼格式的送达）规定，诉讼格式副本应当在签发之日起 7 日内送交下列人员：1. 被告；2. 除法院另有指定外，原告认为任何有利害关系的当事人。

②　送达回执（acknowledge of service）是一种要式诉讼文书，它表明受送达人承认送达的事实，但该回执不是一种答辩方法。

英国《民事诉讼规则》（1999 年）第 54.8 条（诉状格式回执的送达）规定，一、诉状格式的任何受送达人，如果希望参加司法审查之诉的，在收到诉状格式副本后，应当根据本法相关条款提交一份相关的回执文件。二、任何诉讼格式回执应当：1. 在诉讼格式送达之日起 21 日内提交。2. 由下列人员作出：（1）被告；（2）根据第 54 章第 7 条诉讼指引而被指定的，被列入诉讼格式的任何人，但是法院根据本规则第 54.7 条第 2 项另有指令的除外。只要有条件的，应当在不迟于诉讼格式送达之日起 7 日内作出。3. 本条规则规定的期间，当事人不得通过协议予以延长。4. 该项诉讼格式回执（1）应当①提交诉状式回执的人拟对诉讼提起抗辩的，列明抗辩理由概要；②陈述诉讼格式回执的提交人认为有利害关系的人之姓名和地址。（2）可以包括要求法院作出指令的申请书，或者一并提交指令申请书。5. 本规则第 10.3 条第 2 款不予适用。

英国《民事诉讼规则》（1999 年）第 54.9 条（未提交送达书回执）规定，一、如果诉讼格式的受送达人未根据本规则第 54.8 条之规定，提交诉讼格式回执的 1. 可以不参加决定是否作出诉讼许可的审理程序，除法院另行要求之外；2. 如果有关受送达人遵守本规则第 54.14 条之规定，或者遵循法院关于提交和送达如下文书或证据的其他任何指令（1）对有关诉讼提出抗辩的详细理由，或者支持抗辩的其他理由；（2）任何书面证据。就可以参加司法审查的审理程序。二、如果有关受送达人参加决定是否作出诉讼许可的审理程序的，则法院在作出诉讼费用命令时，可以考虑其未提交送达书回执的情节。三、本规则第 8.4 条第 2 款不予适用。

的诉讼许可（permission）才能启动审理程序。① 法院可行使自由裁量权分别作出诉讼许可、拒绝诉讼许可、附条件的诉讼许可或者基于特定理由的诉讼许可四种命令。法院决定诉讼许可问题一般不经审理程序，但如果拟作出拒绝诉讼许可、附条件许可或基于特定理由的诉讼许可时，要经审理程序。举行审理程序前，至少应当提前 2 日通知原告、被告以及其他提交诉状表送达回执的人。该审理程序，只需原告出庭即可（原告可以亲自出庭，也可以委托代理人出庭），被告及其他任何利害关系人可以不出庭。在诉讼许可的审理程序中，原告必须在法庭上向法官公开陈述提起司法审查的理由。一般而言，法院作出诉讼许可必须满足三个条件：①存在一个等待审查的争议事项；②申请人有足够的利害关系；③申请不存在不正当迟延的情况。可见，在英国，法院立案后，也有一个类似对诉的合法要件进行审查的程序，在这个审理程序中，原告是可以参与的。

被告及其他诉状表的受送达人在收到诉讼许可命令后，就进入答辩阶段。被告及其他诉状表的受送达人在收到诉讼许可命令后 35 日，提交答辩状及相关证据。

二、美国的立案登记制

美国实质意义的行政诉讼也称为司法审查（Judicial Review）②，是美国司法

---

① 英国《民事诉讼规则》（1999 年）第 54.4 条（必备的法院许可）规定，无论是根据本章提起的司法审查之诉，还是移转到行政裁判所进行的司法审查之诉，都需要得到法院的许可才能启动程序。

② 我们谈到美国行政诉讼时，有两种不同的制度：一是美国人自己说的行政诉讼（Administrative Procedure），是行政机构进行的行政裁判活动；另一是我们根据我国行政诉讼制度理解的美国行政诉讼，即美国的司法审查（Judicial Review）。我国的行政诉讼制度承袭的是大陆法系行政诉讼制度，在英美法系，与之相对应或相接近的制度应该是司法审查（Judicial Review），是对行政机构或独立管理机构通过行政裁判作出的行政裁决的审查。但美国的司法审查不仅审查行政机关的行为是否符合宪法与法律，还审查国会制定的法律是否符合宪法，也包括上级法院对下级法院或联邦法院对地方法院之决定的正确性的审查。参见薛刚凌主编：《外国及港澳台行政诉讼制度》，北京大学出版社 2006 年版，第 195~196 页。

美国的行政救济实行双轨制，即行政机关和法院都可以对行政相对人进行救济，行政机关的救济方式主要是行政裁决，法院的救济方式为司法审查。美国的司法审查与行政裁判有着极密切的联系，司法审查是建立在广泛、完善的行政裁判制度的基础之上的。普通法院对行政案件享有最终裁决权，当事人不服专门行政裁判机构的裁决时，在一定期限内，可向普通法院上诉。从某种意义上说，美国的行政裁判和司法审查共同构成美国行政诉讼制度。

机关对行政机关的行政决定进行审查，从而纠正违法或不当行政行为，对特定行政决定的受害人提供救济的司法制度。美国的司法审查也由普通法院受理，美国有《联邦司法审查法》（1948 年），但与所有法典一起编入美国法典，在《联邦司法审查法》中没有特别规定的，准用美国《联邦民事诉讼规则》。

（一）行政救济优先原则

在美国，提起司法审查，要遵循两项原则：一是"初审权"原则。"初审权"原则是指法院和行政机关对同一案件都有管辖权时，由行政机关行使初审权，只有在行政机关作出决定之后当事人仍不服的，法院才能进行司法审查。另一是"行政救济穷尽"原则。"行政救济穷尽"原则，是指对某一行政案件，若相对人有可能获得行政救济，在未获得行政救济之前不能提起司法审查。换言之，行政纠纷产生后，当事人应当首先利用行政系统内部的救济手段，然后才能请求法院进行司法审查。由于受上述两原则的限制，在美国提起司法审查的行政案件，一般都先经过专门行政裁判机构的行政裁判。① 从某种意义上讲，行政裁决可以被视为美国司法审查的初审程序，行政裁判机构可以视为美国司法审查的初审法院。

（二）诉答程序

美国《联邦民事诉讼规则》第 2 条规定美国只有一种诉讼形式，即民事诉讼。当《联邦司法审查法》对司法审查程序没有特别规定时，准用《联邦民事诉讼规则》的规定。同所有诉讼一样，司法审查也有诉答程序、证据开示程序以及审理程序。诉答程序（Pleading）原本是指在法庭正式审理事实之前，双方当事人以相互交换起诉状和答辩状的方法启动诉讼以及确定诉讼争点的程序。如

---

① 美国国会在 1990 年制定了《行政争议解决法》（Administrative Dispute Resolution Act），与诉讼程序相比，行政裁决程序更加简便、经济、高效，相对人更青睐于行政裁决，许多争议已经在行政程序中通过调解、斡旋等方式解决。因此，现实中，同英国一样，美国的行政案件，绝大多数都由行政裁判机构或经行政系统内部救济途径解决了，美国法院能够进行司法审查的案件数量是很少的。

当然，如果没有特别法规定某行政纠纷某行政机关有管辖权或有其他的行政系统内部救济途径，当事人还是可以直接向法院提起司法审查之诉。这种情况在美国司法实践中极少。

今，美国民事诉讼的诉答程序仅起到通知对当事人，让其进行诉讼准备的作用。①

1. 司法审查之诉从相对人向法院提交起诉状时开始

美国《联邦民事诉讼规则》第 3 条规定民事诉讼从原告向法院提交起诉状时开始。即一旦原告将起诉状通过挂号邮寄或亲自递送的方式交给具有适当管辖权法院的书记员，便意味着诉讼程序的正式启动。可见，美国实行的是立案登记的绝对模式，即诉状登记制。

美国《联邦司法审查法》（1948 年）第 2344 条对提出司法审查的时间、方式和起诉状的内容作了具体的规定。② 在美国，司法审查应当在行政机关送达或通知当事人有关行政命令或决定后 60 日内以书面方式提出，起诉状应包括以下简洁声明：①寻求审查的诉讼的性质，②确定审判地点所基于的事实依据，③寻求救济的理由，④请求的救济方法。同时附上命令、报告或行政机构决定的副本作为证据。

是否提起司法审查的决定权属于行政相对人，为了使起诉状不至于成为各方当事人刺探对方立场和情报方式，原告只需在起诉状中简明地表明其有权获得某种救济请求即可，并不要求其在起诉时详细列明诉讼请求所依据的事实，以及对有关事实细节及证据进行具体详细的陈述。因此，起诉状的功能不是在于明确焦点、发现事实，而仅仅是通知有关当事人案件情况，使其进行审前和开庭审理的准备。

原告向法院递交起诉状后，由法院的书记员对原告的起诉状进行形式上的审查，主要看记载的事项是否完备，若符合要求，加盖法院印章并编上案号，表示法院确认其起诉行为。与一般民事诉讼案件由原告将起诉状副本送达对方当事人

---

①　白绿铉：《美国民事诉讼法》，经济日报出版社 1998 年版，第 37~38 页。

②　美国《联邦司法审查法》（1948 年）第 2344 条规定，本章所列可审查命令一旦作出，行政机关须依据其规则立即就此通过送达或公告予以通知。所有受此最后命令侵害的当事人皆可在该命令作出后 60 天以内，向所在地的上诉法院提出对该命令进行审查的申请。该诉讼应针对合众国提起。该申请应包括以下简洁声明：（1）寻求审查的诉讼的性质；（2）确定审判地点所基于的事实依据；（3）寻求救济的理由；（4）请求的救济方法。

申请人应将命令、报告或行政机构决定的副本作为证据附于申请书之上。书记员应通过挂号邮寄向行政机构和司法部长各提交一份准确的申请书抄本，并需要有回执。

不同，司法审查的起诉状副本由法院送达，书记员通过挂号邮寄向行政机构和司法部长各提交一份起诉状副本，并附上送达回执。

2. 法院对原告的起诉采取从宽原则

对原告的起诉，在美国不存在由法官"把关"的问题。1957 年美国最高法院在一次判例中写道，除非原告不能证明其请求的基础和救济的权利所依据的事实之间的关系，即使在请求的记载上有欠缺也不得驳回起诉。美国最高法院认为，原告是根据联邦议会的法律提出请求，因此，法院应从有利于原告方面从宽解释起诉状，特别是对未经过法庭审理就驳回诉讼要慎重。①

3. 对原告起诉的合法性问题由被告抗辩

在美国，诉讼程序的进行采当事人进行主义，实行"对抗制"。司法实践中，法院不会对原告起诉状的内容进行实质审查，当事人的起诉是否适法，完全属于当事人自己的事情，由被告进行抗辩。

如果原告的起诉不合法，比如原告起诉欠缺事务管辖权、欠缺对人管辖权、审判地不适当、传唤被告的传唤状不符合程序上的要件或传唤被告不符合法定程序、没有叙述所要求的救济请求、没有通知必要共同诉讼当事人参加诉讼等类似大陆法系民事诉讼中的诉讼要件时，法院不会主动审查，皆由被告在答辩状中进行主张，或在提出答辩状之前向法院单独提出驳回诉讼的申请。此时，才会引起法官对本案受理问题的关注。如被告无此抗辩，一般情况下诉讼就进入证据开示程序。

三、我国香港特别行政区的立案登记制

我国香港特别行政区的行政救济法律制度基本承袭了英国的行政救济法律制度，实行双轨制。一是行政系统内部救济制度，包括行政机关内部处理的一般申诉、各种行政审裁机构（上诉委员会）的行政裁决、行政长官会同行政会议以及申诉专员制度。② 另一是由普通法院实施的行政救济。《中华人民共和国香港特别行政区基本法》第 35 条第 2 款规定，香港居民有权对行政部门和行政人员的

---

① 白绿铉：《美国民事诉讼法》，经济日报出版社 1998 年版，第 43~44 页。
② 林莉红：《行政诉讼法学》（第三版），武汉大学出版社 2009 年版，第 273~291 页。

行为向法院提起诉讼。该规定中的"行为"不仅包括公民与政府之间产生的公法上的纠纷①，也包括公民与政府之间涉及金钱利益的由政府承担侵权法律责任的民事（私法）纠纷。② 香港普通法院提供三种救济行政相对人权益的方式，即一般的民事诉讼、制定法上的上诉（Appeal）③ 制度和普通法上的司法复核（Judicial Review）制度。上诉是制定法上的救济手段，行政相对人对行政申诉机构针对行政纠纷的裁决不服，上诉到普通法院，普通法院依据制定法的授权，对该行政决定进行审查。司法复核（Judicial Review）是普通法上的救济制度，属于香港民事诉讼的特别程序，是最高法院依其对下级法院和行政机关具有的传统的监督权，撤销或禁止行政机关的越权行为，或命令行政机关履行法定的义务。④

从实践操作上讲，行政相对人的权益受到行政机关或公共机构行政行为的侵害，先看制定法有无行政系统内部救济制度的规定，若有这方面的规定，一般先依制定法向各行政申诉机构、审裁机构（上诉委员会）、申诉专员公署等提出申

---

① 公民与政府之间产生的公法上的纠纷包括政府和公共机构所作的有关公众的行为、决定，以及附属立法（行政机关、独立的管理机构或法人团体制定的各种规章、规则等，类似我国内地的抽象行政行为），即政府作出的影响个人自由、财产或名声的行政决定。

② 这里的民事纠纷与行政纠纷是按照我国内地的法律制度的理解。在香港，没有区分民事纠纷与行政纠纷，无论是行政机关与公民之间的法律关系，还是公民相互之间的法律关系，都适用相同的法律。

③ 在香港，某些制定法明文规定，对行政申诉机构作出的裁决不服可以向高等法院原诉法庭"上诉"，此"上诉"与我国内地诉讼制度中的"上诉"不能等同。香港法律称"上诉"为"入禀"，在某种程度上相当于我国内地诉讼制度中的"起诉"。如果将行政申诉机构作出的裁决看作是对行政纠纷的"初审"，那么将对行政申诉机构的裁决不服到香港高等法院原诉法庭的起诉视为"上诉"也无不妥。

④ 香港没有与内地行政诉讼制度相对应的法律制度，若从法院对行政机关进行监督与对行政相对人权益进行救济的角度来看，香港普通法院实施的三种行政救济方式都可以看作是行政诉讼。参见林莉红：《行政诉讼法学》（第三版），武汉大学出版社2009年版，第273~291页。

香港法律文本以及香港学者习惯将"Judicial Review"译为"司法复核"，"司法审查"是我国内地学者对"Judicial Review"的翻译。本书此处按香港法律文本的表述。

香港的司法复核不仅包括对行政机关和公共机构行政决定的司法复核，还包括对行政机关和公共机构附属立法的审查，以及对下级法院司法判决的审查。参见薛刚凌主编：《外国及港澳台行政诉讼制度》，北京大学出版社2006年版，第300~301页。本书所讨论的司法复核是对行政机关和公共机构行政决定的司法复核。

诉，对上述机构作出的裁决不服，再向普通法院寻求救济。如果行政机关对公民权利的侵害构成普通法上的诉讼原因，公民可以提起一般的民事诉讼获得救济。如果行政机关的行为不能纳入普通法上的民事诉讼，或依此类诉讼不能完全获得救济，再看是否有制定法明文规定该纠纷可以向普通法院提起上诉，若有，则可依制定法对行政申诉机构的裁决向普通法院提起上诉；反之，则由公民依据普通法向香港高等法院申请司法复核。① 可见，适用制定法上的上诉制度和普通法上的司法审查制度的行政案件，一般都经过行政系统内部救济制度或经过普通法上的民事诉讼制度。

在香港，普通法院对所有案件享有最终裁决权，所有的诉讼案件都适用民事诉讼程序。香港不仅没有关于司法审查的法典，甚至没有一部统一独立的民事诉讼法典，有关民事诉讼的规则散见于《高等法院条例》《地方法院条例》《裁判司条例》《诉讼证据条例》《起诉期限条例》等单行法规中。

（一）对行政申诉不服上诉之启动

对行政申诉不服上诉之启动与提起一般民事诉讼的规定相同，在香港民事诉讼中均称为"入禀"②。除了法律有规定必须用诉愿或其他方式如原讼传票入禀之外，提交诉状是民事诉讼中最为普遍的入禀方式。在诉状方式中，原告需依《高等法院诉讼章程》订立的格式填妥诉讼程序通知书、文件送达认收书，连同入禀费一起交至法院。法院收到入禀材料后，审查材料是否齐备，经核对无误后，对案件进行编号，即正式立案。入禀时，原告并不需要详细陈述诉讼请求以及所依据的事实和理由。原告可以在提交诉状的同时，或入禀后法院指定期间内，再制作一份申请书，详细陈述诉讼请求以及所依据的事实和理由。可见，香港民事诉讼实行登记立案制的绝对模式，即诉状登记制。

---

① 薛刚凌主编：《外国及港澳台行政诉讼制度》，北京大学出版社 2006 年版，第 279～280 页。

② 入禀，广东话，粤语，上诉的同义词，是指当事人对人民法院或行政诉讼机关所作的尚未发生法律效力的一审判决、裁定或评审决定，在法定期限内，依法声明不服，提请上一级人民法院重新审判的活动。这是百度百科中对"入禀"的解释，香港法律中的"入禀"相当于我国内地诉讼制度中的"起诉"。

入禀法院后原告须按法定方式向被告送达诉讼开始的文件，包括诉讼程序通知书、申请书以及文件送达认收书。当然，有的文件是由法院负责送达的，但以原告送达为主。被告收到各类文件后，进入被告填交文件送达认收书以及答辩程序。

还有一种比较特殊的入禀方式，即原讼传票程序，这种程序只适用于制定法特别规定可适用该申请方式的高院案件。用原讼传票入禀，申请人必须按指定格式填妥原讼传票、申请通知书、诉讼程序通知书和文件送达认收书，上述文件正副本连同入禀费交至法院，法院即对该案编号立案，并在申请通知书上填写首次聆讯日期时间。①

（二）司法复核之启动

所有涉及公法的诉讼必须以司法复核的方式提出。申请司法复核的行政案件，一般都经过行政系统内部救济程序。

1. 司法复核申请许可

根据香港《高等法院条例》第 21K 条第 3 项和香港《高等法院规则》第 53 号命令第 3 项的规定，提出司法复核的申请必须依照法院规则取得原讼法庭的许可。司法复核的申请必须由行政相对人单方面提出，故又称为单方面申请许可。《高等法院规则》第 53 号命令第 4 项规定，申请司法复核的许可，必须在申请理由首次出现的日期起（被申请的行政决定作出后）3 个月内提出，但如果法庭认为有理由延展该申请期限的除外。

根据《高等法院规则》第 53 号命令第 3 项的规定，相对人提出申请的方式是将下列文件送交法院登记处存档：一份采用附录 A 表格 86 格式的通知书、核实所依据的事实的誓章②以及相关书面证据。通知书上须载明：申请人的基本信息；答辩人的基本信息；所寻求的救济以及该救济所依据的理由；若有利害关系人，利害关系人的基本信息；若有代表申请人的律师行，该律师行的名称、地

---

① 张学仁主编：《香港法概论》，武汉大学出版社 1996 年版，第 593~596 页。转引自薛刚凌主编：《外国及港澳台行政诉讼制度》，北京大学出版社 2006 年版，第 323~324 页。

② 誓章，记载誓词的文件，类似承诺所记载的案件事实真实性的承诺书。

址；若没有代理律师，申请人的送达地址。由于是单方面申请，申请人在通知书内必须列出所有相关的事实和文件，不论这些事实或文件对申请人是否有利。申请人提出许可申请时须同时呈交一份誓章，列出案情事实，并把被申请司法复核的行政决定或裁决等相关书面证据列为呈堂证物。

许可申请中，聆讯并非必经程序。法院在收到申请人提交的有关文件后，可在不进行聆讯的情况下直接就申请作出裁定。若申请人在通知书中请求法庭聆讯，或法院认为申请文件需要进一步解释的，法官可以组织聆讯。法庭只有在认为申请人就申请所涉的事项有足够权益时，才会批准许可。如果法院认为当事人的申请不真实，不会受理申请。司法常务官均须将法官的命令送达申请人。申请人对法院拒绝准予许可的决定不服，可在该命令作出后 14 天内向香港上诉法院提起上诉。如果法院批准许可，申请人须在准予许可后 14 天内向答辩人及法庭指示的利害关系人送达准予许可的命令。

香港《高等法院规则》第 53 号命令第 3 项明确规定了准许可申请司法复核的法律效力，其中之一即为行政行为停止执行，即凡获准许可申请司法复核，如所寻求的救济是禁止令或移审令，而法庭指示批准给予该命令，则该项批准的作用即为将该申请所关乎的法律程序搁置，直至该申请已有裁定或法庭另有指示为止。

香港司法复核申请许可程序类似内地行政诉讼制度中的立案审查，会审查申请人与被申请事项是否有足够权益，但在该许可程序中，申请人有参与权，申请人可以在申请书中要求参加聆讯，法官认为申请书需要进一步解释，也会通知申请人参加聆讯，在聆讯中申请人可以陈述自己的意见。

2. 申请司法复核

凡申请司法复核的许可获得批准，申请人必须在准予许可命令作出后 14 日内，向拟在公开法庭进行聆讯的法官和作出准予许可命令的法官，采用附录 A 表格 86A 格式的原诉传票方式提出正式的司法复核申请。原诉传票上会列明第一次聆讯日期，原诉传票以及支持许可申请的陈述书必须至少在指定的聆讯日期前 10 日送达所有直接受影响的人。原诉传票送达后 7 日内，申请人应将载有已获送达原诉传票人的姓名、名称及地址以及送达地点和日期的誓章送交法院存档。答辩人如果拟在聆讯时使用誓章，须在收到原诉传票和陈述书后 56 天内向法院登记处提交誓章，就申请人所述案情事实作出反驳或解释，聆讯时依据的所有事实和理由都必须列在誓章里。

四、英美法系立案登记制之小结

英美法系的行政救济制度或司法审查制度具有下列特点，使得行政诉讼一般不存在"立案难"，故而其有实行诉状登记制的条件。

第一，英美法系实行行政救济双轨制。除了普通法院的司法审查之外，英美法系有非常完善的行政系统内部救济机制，比如，英国、美国、中国香港特区的行政裁判所制度，与司法审查相比，行政系统内部救济机制程序简便、费用低廉、裁判官更具行政经验，能更有效地解决行政纠纷。行政相对人更青睐于选择行政系统内部救济机制，实践中，提起司法审查的行政案件数量极少。对于本就数量极少的行政案件，立法不会也没有必要在起诉环节对当事人进行限制。英美法系的行政系统内部救济制度为其司法审查实行诉状登记制提供了条件。

第二，在英美法系提起司法审查之前一般都会经过诉前程序。在英美法系，进行司法审查之前，要么先经过行政裁决程序，比如美国的"初审权"原则、"行政救济穷尽"原则，我国香港特区向普通法院上诉之前先经过行政申诉或行政裁决等，或者先经过诉前程序，比如英国的诉前议定书程序。这些诉前程序除了能消弭部分行政纠纷外，对不合法之诉还能起到过滤作用，经过这些诉前程序，原告所提的司法审查之诉几乎都是合法的。因此，立法没有必要在起诉环节对诉的合法性问题进行审查。英美法系的诉前程序基本解决了起诉的合法性问题，因此在起诉环节法院只需登记即可，无须再做审查。

第三，英美法系的司法审查程序遵循当事人进行主义。英美法系的司法审查被视为民事诉讼的特别程序，因此，司法审查也体现着民事诉讼的传统与特征。英美法系在观念上把诉讼看成当事人的私人事务，在诉讼程序上实行对抗制，将程序问题交给当事人自己处理，法官只是消极的裁判者，诉讼程序的进行实行当事人进行主义，即由当事人负责诉讼程序的运作。因此，对于诉的合法性问题由被告或其他利害关系人进行抗辩，法院不会主动去审查除了管辖权之外的内容。英美法系基本上实行的是律师强制代理制度，在当事人主义传统下，当事人为了赢得诉讼，一般也会聘请律师。律师能够保障起诉状和起诉资料的形式合法性，在英美法系中当事人提交的起诉状和起诉资料，基本上都是符合法律要求的。英美法系的当事人主义传统为实行诉讼登记制提供了基础，律师强制代理制度也为实行诉状登记制提供了保障。

英美法系通过行政系统内部救济和诉前程序，使真正进入司法审查的案件数量是极少的，同时实行律师强制代理制度，由律师对当事人提交的起诉状和文件的形式合法性进行把关，所以英美法系完全有条件实施诉状登记制。立法对起诉都只有书面方式及诉状内容的规定，几乎没有条件。即使有诉前程序和起诉期限的限制，但这些内容属于被告抗辩的事项，起诉时法院不会审查。英美法系实行诉状登记制，只要行政相对人向法院提出了符合法律规定的书面诉状，书记员对诉状进行形式审查，认为记载的事项完备，即可立案，司法审查的程序就开始了。英美法系有些国家和地区在申请司法审查时虽有类似我国内地受理程序的许可程序，如英国司法审查中的诉讼许可程序，香港特区的司法复核申请许可程序，但在这些许可程序都在起诉立案之后，并且，在这些程序都赋予了当事人程序参与权，允许当事人发表意见，能够有效地保障当事人的起诉权。

第二节　大陆法系行政诉讼立案登记制

大陆法系行政诉讼制度明显不同于英美法系行政诉讼制度，其特点表现在：第一，在普通法院之外另设行政法院，专门受理行政诉讼案件，普通法院不受理行政案件，除非法律另有规定。第二，大多数大陆法系国家和地区有独立的行政诉讼法典，大陆法系的行政诉讼以适用行政诉讼法规则为原则，适用普通法规则为补充。第三，大陆法系行政诉讼在诉的合法性上一般实行职权探知主义，原告起诉是否适法属于法院职权调查的事项。

一、法国的行政诉讼立案登记制

现代行政诉讼制度源于法国。在法国，行政诉讼是指行政法院根据当事人的申请对行政活动的合法性进行审查的一种制度。法国设立了独立、完整的行政法院体系，专门受理行政相对人对行政机关起诉的案件。行政法院在解决行政争议时，不适用解决私人相互之间争议的民事诉讼规则，而是适用独立的行政诉讼规则。如《行政法庭和行政上诉法院法典》（1989 年）、《行政诉讼法典》（2000年）。

在观念上，法国人认为裁决行政纠纷属于行政事务，他们将行政诉讼看成行政活动，而非司法活动，故行政诉讼理应由行政系统内部的行政法院受理。如果说英美法系的司法审查是民事诉讼的特别程序，法国的行政诉讼则被视为行政程序的特别程序。因此，我们应当在行政程序语境下来探讨法国的行政立案制度。

（一）起诉的形式

在法国，行政诉讼是救济行政相对人合法权益的主要手段，当事人不服行政机关的决定，可以直接向行政法院起诉，无须经过行政系统内部救济程序。[①] 换言之，行政相对人享有当然的行政起诉权。法国的行政诉讼实行书面审理，[②] 行政相对人起诉必须采用书面形式。诉状必须载明各方当事人的姓名、住址等基本信息，陈述事实、理由和请求内容，必须要有本人或其代理律师的亲自签名，并附被诉行政决定。事实和理由的陈述，并不是诉状必须记载的内容，诉状中即使未阐述任何理由，在诉讼期限到期后，当事人还可通过陈述合理理由进行补充从

---

① 在法国，行政系统内部救济程序原则上是任意性的。1889 年的卡多案件的判决正式否定了部长法官制，当事人不服行政机关的决定，可以直接向行政法院起诉，无须经过部长的裁决。当事人不能直接向行政法院起诉的情况，以法律明文规定为限。参见薛刚凌主编：《外国及港澳台行政诉讼制度》，北京大学出版社 2006 年版，第 108~109 页。

② 法国行政诉讼实行书面审理，原则上，当事人只能以书面的方式表达他们的诉讼请求、事实、理由，不论是起诉还是应诉。在法国，行政诉讼大多产生于行政活动，而行政活动一般都是通过书面的方式进行。行政法官通过行政活动的档案材料，双方当事人的诉状及答辩状基本可以查清案情，故口头辩论在行政诉讼中作用不大。

书面审理与纠问制有着非常紧密的联系。在法国，行政诉讼程序除了起诉，完全由法官主导。一旦法官被要求开始了预审调查，那么就由他组织和领导预审工作，当事人将不再采取主动措施。法官负责查明事实，调查证据，不论对原告或被告有利或不利的证据都要调查，不受当事人提供材料的限制。预审结束后进入正式开庭审理。全部案件在预审阶段已澄清，公开审理往往只是一种形式，即使可以进行口头辩论，也以双方当事人起诉状和答辩状记载的内容为限。

而使之符合规范。诉状必须指明诉讼标的，即被诉的行政决定，包括行政不作为。① 被诉的行政决定必须与诉状一同提交。诉状记载事项若有欠缺，应在法院指定期限内补正，否则不予受理。诉状必须符合法定要求，如果诉状被判定违法，原告可能被处以罚款。

（二）起诉的程序

原告或其代理律师须在被诉行政行为作出后 2 个月内将诉状及其副本呈送至行政法院。② 可以亲自递交，也可以通过邮寄或电话传真的方式提交，还应依据税务一般法典的规定缴纳印花税。③

在法国，法院书记处收到原告起诉状后进行登记，登记即意味着立案受理，故法国实行的是立案登记制的绝对模式——诉状登记制。登记后即进入预审程序。预审是正式开庭审理以前，由预审法官调查研究诉讼材料，查明案件的事实和法律问题，使案件处于可判决状态的诉讼程序。整个预审程序如下：首先，法院收到起诉状后指派专人负责承办预审的各项事务，如指定报告员与政府专员。报告员先对原告的起诉进行初步审查，审查法院是否有管辖权、被诉的行政行为是否存在、当事人与被诉行政决定是否有某种利害关系、起诉是否已过起诉期限等诉讼要件。若不具备上述诉讼要件，法院会裁定不予受理，或移送有管辖权的法院受理。报告员此时还有权决定采取紧急审理程序，包括暂停执行的紧急审理

---

① 法国行政法学称之为行政决定先置规则，当事人的起诉受该规则的支配。没有行政决定，当事人不能提起行政诉讼。根据该规则，如果被诉的行政行为已有一个行政决定，当事人便可以直接起诉，如越权之诉。如果被诉行政行为尚未形成一个行政决定，当事人应先向行政机关申请作出一个行政决定，对该决定不服，才能起诉。行政决定先置规则实际上规定了行政诉讼必须以行政决定存在为前提的要求。

如果当事人向行政机关申请行政决定被拒绝，则不受行政决定先置规则的支配。1900 年7 月 17 日的法律规定，如果行政机关在当事人请求决定后 4 个月不做决定，可视为行政机关已作出了默示的拒绝决定，当事人可以直接向行政法院起诉。

② 法国行政诉讼实行纠问制，因此，并未实行律师强制代理。除了向最高行政法院提交的诉状必须由一名最高行政法院的律师签署外，向行政上诉法院与行政法庭提起的部分诉讼可以免除律师代理。

③ 法国《行政诉讼法典》第 411-1 条规定，起诉要依据税务一般法典的第 1089 条和第1090A 条规定缴纳印花税。

程序。① 其次，受理诉讼后，组织双方当事人进行诉状交换。法国实行纠问制，诉状与答辩状均由行政法院负责送达。② 然后，报告员组织调查。报告员会对案件的事实情况和法律问题进行全面深入的调查，组织双方当事人进行证据交换、质证，对证据进行调查，不受当事人提供材料的限制。最后，调查结束后，预审员提出一个报告，内容包括案件事实、当事人的主张，法律观点和建议解决方案，提交预审会议讨论，政府专员参与提出意见，最后形成政府专员结论书。

（三）起诉的效力

在法国，当事人起诉不停止被诉行政行为的执行，这是原则，此被称为起诉的不可中止性。③ 在法国，这条原则被严格地执行，但有下列两种情形之一的，法院可以暂停被诉行政行为的执行：①所诉行政决定的执行，可能导致不可弥补的后果；②根据当事人提供的理由，所诉行政决定很明显将被法院撤销。换言之，当事人起诉后，认为情况紧急，为保护自己的合法权益，有权申请行政法院实施暂停执行的紧急审理程序。法官在起诉或预审阶段享有暂缓执行被诉行政行为的权力和适用紧急审理程序的裁定权。原告起诉后有申请暂停被诉行政行为效力的机会。

二、德国的行政诉讼立案登记制

德国行政诉讼受法国行政诉讼制度的影响，也在普通法院之外，设置了专门受理行政案件的行政法院。德国行政法院是与普通法院并列的专门法院，德国的

---

① 薛刚凌主编：《外国及港澳台行政诉讼制度》，北京大学出版社 2006 年版，第 114~117 页。

② 预审小组将原告起诉状副本送达给被告行政机关，限期答辩。原告就被告的答辩状可再提出辩驳状。一般情况下，双方诉状的交换到此结束。如果为澄清事实和观点有必要时，双方可再交换一次答辩状和辩驳状。在原告提出请求或预审法官认为需要，双方当事人可到庭辩论。

③ 法国《行政诉讼法典》第 4 条规定，除了法律另有规定外，未经法院准许，行政决定不因诉讼而中止执行。

起诉的不可中止性是行政权公定力之体现，为了实施行政权，维护社会秩序，需推定行政行为合法。换言之，在行政诉讼中，起诉没有当然地暂停被诉行政行为执行的效果。

行政法院与普通法院、宪法法院等同属于司法系统。行政法院管辖有关公法但不涉及单纯宪法问题的案件，也不涉及由其他专门法院处理的社会法和财税法案件。

（一）"两段式结构"的诉讼审理模式

德国行政诉讼理论认为"如果诉适法且具备理由，诉就是成功的"。① 换言之，在德国，行政诉讼能否取得成功，关键在于原告所提之诉是否适法和诉是否有理由。

当事人提起行政诉讼的目的在于请求法院对行政争议进行实体判决，但并非对一切起诉的案件，法院均有作成实体判决的义务，原告之诉必须符合一定条件才有获得实体判决的可能，德国行政诉讼理论称此要件为"实质裁判条件"。② 只有当原告之诉具备实质裁判条件之后，法院才会审查原告之诉是否有理由，从而再决定是否支持原告的诉讼请求。因此，德国的行政诉讼实际上围绕两个问题来进行审查，一是原告之诉是否具备实质裁判条件，即法院是否有必要对原告之诉作出实体判决；二是原告之诉是否有理由具备性，即法院对原告之诉应作出何判决。依此，德国行政诉讼审理包括两个阶段，第一阶段为实质裁判条件审查，第二阶段为理由具备性审查，这也构成了德国行政诉讼基本审理模式"两段式结构"。③

1. 实质裁判条件审查

---

① ［德］弗里德赫尔穆·胡芬：《行政诉讼法》（第 5 版），莫光华译，法律出版社 2003 年版，第 135 页。

② 民诉学者通常称之为"诉讼要件"，极少使用"实体判决要件"或"实质裁判要件"的字样。我国既有的德国行政诉讼法的中文译著（［德］弗里德赫尔穆·胡芬：《行政诉讼法》（第 5 版），莫光华译，法律出版社 2003 年版、［德］哈特穆特·毛雷尔：《行政法学总论》，高家伟译，法律出版社 2000 年版）将之翻译为"实质裁判条件"，本书尊重既有译著对相关行政诉讼术语的译法。

③ 严格来说，德国行政法院对行政诉讼进行审查应分为三个阶段：行政诉讼的开启并且诉至有管辖权的法院、诉的适法性、诉的理由具备性。但德国行政诉讼理论一般将前两者合并在一起审查，称为对实质裁判条件的审查，即法院审查是否有必要对原告之诉作出实质性裁判。参见［德］弗里德赫尔穆·胡芬：《行政诉讼法》（第 5 版），莫光华译，法律出版社 2003 年版，第 135~136 页。

（1）一般实质裁判要件

实质裁判条件审查中最重要的内容就是诉的适法性审查。在一般实质裁判条件审查中，首先要审查选择行政诉讼这一法律救济途径是否正确、受诉法院是否有管辖权，包括事务管辖权（即起诉的内容是否属于行政诉讼的受案范围）和级别管辖权。这两个条件是后续审查的前提条件。随后还应审查原告是否具有权利能力和诉讼能力、原告选择的诉讼类型是否正确、原告是否具有诉权、被诉行政行为是否处于其他法院的诉讼系属之中、原告起诉是否符合法律要求等。

（2）特别实质裁判要件

德国行政诉讼实行诉讼类型制度，德国《行政法院法》对撤销之诉与义务之诉除了规定审查上述一般实质裁判条件，还要审查：

第一，原告起诉前是否竭尽行政救济途径，在德国提起撤销之诉与义务之诉，必须先经过行政复议。①

第二，起诉是否符合起诉期限的规定，如撤销之诉是否在复议决定送达后1个月内提起。义务之诉是否在行政机关拒绝作出行政行为后1个月内提起。② 如果行政机关未告知行政行为或告知不正确的，当事人应在送达、公开或公布后1年内提起行政诉讼。③

2. 理由具备性审查

---

① 德国《行政法院法》第68条（前置程序）规定，1. 提起撤销之诉之前，须在一前置程序审查行政行为的合法性及合目的性。法律有明文规定的，或属下列情况，不需要该审查：（1）行政行为是由一个联邦最高行政机关作出，或一个州最高行政机关作出的，除非法律规定对此必须审查；（2）纠正性质的决定或复议决定首次包含了一负担。2. 对负义务之诉，准用第1款规定，如果请求采取行政行为已被拒绝。

② 德国《行政法院法》第74条（起诉期限）规定，1. 撤销之诉须于复议决定送达后1个月内提起。根据第68条不需要作出复议决定的，应在行政行为公布后1个月内提起诉讼。2. 曾申请作出行政行为被拒绝的，对负义务之诉准用第1款规定。

③ 德国《行政法院法》第58条（法律手段告知）规定，1. 仅在参与人以书面方式得知法律手段，诉诸法律手段的行政机关或法院，其住所及应遵守的期间时，针对法律救济或其他法律手段的期间才开始计算。2. 告知未作出或告知不正确的，仅在送达、公开或公布后1年内允许行使法律手段，但1年期间届满之前因不可抗力不能行使法律手段，或因书面告知说明不存在法律手段的除外。对不可抗力准用第60条第2款规定。

相对于实质裁判条件与诉的适法性而言，诉的理由具备性审查在德国行政诉讼上往往不受重视。德国《行政法院法》几乎没有关于理由具备性的规定。与实质裁判条件审查不同，对于诉的理由具备性审查往往没有"一般性"理由具备性的问题，只能根据具体的诉讼类型来确定其理由具备性应该具备的条件。① 比如撤销之诉的理由具备性条件包括被告适格、行政行为违法、原告的权利因此受到侵害；义务之诉的理由具备性条件包括被告适格、行政行为的拒绝或不作为违法、原告权利因此受到损害、裁判时机成熟等。②

(二) 起诉的形式

行政法院的第一审程序，以诉的提起作为开始。德国《行政法院法》规定诉讼须以书面方式向法院提起，也可以通过在法院办事处书记官面前作出记录的方式作出。③ 起诉状中必须列明原告、被告、诉讼标的、诉讼请求以及支持诉讼请求的事实和证据。诉讼请求必须明确，足以使法院和被告确定原告选择的诉讼类型及其请求的判决。起诉状记载的事实和证据，仅指使诉讼请求得以特定所需的最低限度的案件事实，至于原告支持其胜诉的案件事实以及攻击、防御方法等，是诉状的任意记载内容。④ 德国行政诉讼实行强制代理制度，⑤ 当事人向联邦行

---

① 薛刚凌主编：《外国及港澳台行政诉讼制度》，北京大学出版社 2006 年版，第 46~47 页。

② 邵建东主编：《德国司法制度》，厦门大学出版社 2010 年版，第 367~373、377~378 页。

③ 德国《行政法院法》第 81 条（诉讼的提起）规定，1. 诉讼须以书面方式向法院提起。起诉也可以通过在法院办事处书记官面前作出记录的方式作出。2. 起诉状及其他书状应附具为其他参与人所准备的复印件。

④ 德国《行政法院法》第 82 条（起诉状的内容）规定，起诉状中必须列明原告人，被告及诉讼请求的标的。起诉的请求必须明确。同时，起诉状内必须指出其所依据的事实和证据，并且附具其所争执的处分及复议决定的原件或复印件。

⑤ 德国《行政法院法》第 67 条（诉讼全权代理人）规定，提出申请的参与人，必须委托律师或德国高校老师在联邦行政法院及高等行政法院作为其全权代理人。这一规定也适用于提起法律审上诉及普通上诉，针对不允许提起普通上诉，以及本法第 99 条第 2 款规定的情况的普通上诉，法院组织法第 17a 条第 4 款第 4 句，适用于请求批准普通上诉以及请求批准普通上诉的抗告。公法法人及行政机关也可以委托担任高级职务的具有法官资格或法律大学本科学历的公务员或雇员作为其代理人。

政法院起诉，必须通过一位律师或一位大学法学教授提出。原告提交起诉状时必须附具被诉行政决定及复议决定的原件或复印件，同时应附上给其他当事人的诉状副本。

（三）法院对起诉的审查

在德国，对当事人提起的行政诉讼，实行的是诉状登记制，法院对诉状只进行形式审查，只要符合形式上的最低要求，一般都应受理。随着原告诉至法院，诉讼就开始受职权进行主义①的约束，法院将按照必要的步骤，推动诉讼程序前行，并为言词审理做准备。法院在当事人起诉的时候，不会审查诉的合法性，诉的合法性是案件诉讼系属于法院以后，法院才能依职权对其进行审查。

法院受理原告起诉后，将组成合议庭，确定首席法官和报告法官，然后进入言词审理前的准备阶段。法院首先会对原告的诉状进行概括性审查。若发现原告诉状不符合要求，首席法官或其指定的法官不能直接驳回诉状，应该敦促原告在一定期限内对诉状的事实或证据部分作出相应的补充。② 如果诉状符合《行政法院法》第 82 条第 1 款的要求，或者经补充后符合要求，首席法官安排将起诉状副本送达给被告，并同时告知被告，在指定的期限内必须作出书面答辩。③ 此时

---

①　德国行政诉讼采职权主义。德国行政诉讼理论认为行政诉讼发生在国家与公民之间，表现为公权力对公民权利的干预。而国家的行政活动只有建立在全面客观的事实调查的基础上，才可能正确作出并体现公共利益。当行政活动被公民诉至行政法院时，司法权将审查行政权是否合法行使，首先就要查明行政活动是否存在调查瑕疵，因此法院将依职权穷尽所有必要的、可能还原的事实，同时尽可能消除行政机关的调查瑕疵。因此，在行政诉讼中，法院应借助其权威性，询问当事人、证人和鉴定人，收集一切必要的证据与事实，在确定证据范围和调查证据中起主导作用。必要时，法院还可以不依赖于当事人自己进行查证。

②　德国《行政法院法》第 82 条规定，起诉状不符合上述要求的，主审法官或由其指定的法官（编制报告法官）须要求原告人在一定期限内作出相应的补充。法官可以为原告人定出具有排除效力的补充期间，如果不符合第 1 款第 1 句的要件起诉即不予受理。准用第 60 条回复原状的规定。

③　德国《行政法院法》第 85 条（诉状的送达）规定，主审法官负责命令将原告人的起诉状送达被告。送达同时应告知被告须以书面方式答辩。准用第 81 条第 1 款第 2 句。对此应定明期限。

的送达意味着对被告诉讼地位的承认。原告的起诉被法院受理后，被告可以向受案法院提出反诉。①

（四）起诉的效力

1. 程序法上的效力——产生诉讼系属

诉讼系属，是指某一法院就当事人之间的法律争议开始诉讼程序以进行审理的状态，使诉讼标的与管辖法院之间产生案件待决的关系。在德国，只要原告起诉具有有效性，即原告的诉状符合德国《行政法院法》第81条的规定，就能产生诉讼系属的法律效果，② 即使诉不具有适法性，也能产生诉讼系属。诉讼系属开始的时点，是原告诉状到达法院的时间，而非诉状副本送达至对方当事人的时间，即使该法院无管辖权，也不影响诉讼系属的产生。诉讼系属随着判决的既判力出现而结束。概言之，原告只需向法院提交符合德国《行政法院法》第81条的诉状，行政诉讼的诉讼系属即开始，至于受诉法院是否有管辖权、诉讼本身是否适法或者诉状本身是否真的合乎要求，并无影响。

诉讼系属的效力主要表现为两个方面，一是禁止重复起诉的效力，即在诉讼系属持续期间，任何当事人不得就同一诉讼标的提起新的诉讼，直至诉讼系属随判决产生既判力而终结。二是法院管辖权恒定。法院的管辖权依原告起诉时的事实和法律状况来确定，案件一旦系属于法院后，即使确定管辖权的事实和法律状况此后发生了变化，法院的管辖权也不会改变。

2. 实体法上的效力——行政行为停止执行

在德国，如果申请行政复议或向行政法院提起了撤销之诉，被诉行政行为的

---

① 德国《行政法院法》第89条（反诉）规定，1. 在起诉的法院，可提起反诉，只要反诉请求权与起诉主张的请求权有联系；或与针对该请求权而使用的防卫手段有联系。这一句并不适用于第52条第1项中反诉请求权属另一法院管辖的情况。2. 对确认无效之诉及负义务之诉，不允许提起反诉。

反诉在德国行政诉讼中，并不常见。司法实践中，反诉主要应用于公法合同的一般给付之诉或原告要求确认某一法律关系存在的确认之诉。

② 德国《行政法院法》第90条（诉讼系属）规定，通过诉讼的提起，使争议的案件发生诉讼系属。

效力中止。① 换言之，原告提起撤销诉讼原则上可以中止被诉行政行为的效力，达到暂时法律保护的效果。原告起诉后，行政行为的效力虽然存在，但中止执行，行政机关或第三人都不可使用该行政行为，同时也不得宣布其他消极后果。即使在例外的情况下②，也可以允许当事人申请法院中止执行行政行为。③

三、我国澳门特别行政区行政诉讼立案登记制

澳门行政诉讼制度是典型的大陆法系型行政诉讼制度，由行政法院④受理行政诉讼案件，有完整独立的行政诉讼法典作为行政诉讼的依据。

澳门行政诉讼主要包括司法上诉和诉两种诉讼类型。⑤ 司法上诉⑥，是澳门行政诉讼最传统也是最重要的一种类型，类似其他大陆法系国家或地区行政诉讼中的撤销诉讼。司法上诉审理行政行为的合法性，其目的在于撤销违法的行为，

① 德国《行政法院法》第80条（中止执行的效果）规定，请复议及撤销之诉具有中止执行的效力。本款也适用于创设性质行政行为、确认性质行政行为即具有双重效力的行政行为。

② 德国《行政法院法》第80条规定，下列情况下，不存在中止效力：①公共税款及费用方面的命令；②涉及警察必须立即采取的命令和措施；③其他联邦法律有明文规定的情况；④基于公共利益或某一诉讼参与人重大利益的考虑，作出行政行为或复议机关还可发布即时执行的命令。

③ 德国《行政法院法》第80条规定，根据申请，本案法院可在第2款第1项至第3项的情况下，全部或一部命令中止执行，在第2款第4项的情况下命令全部或一部重新中止执行。在提起确认无效之诉之前，以允许申请中止执行。行政行为在作出决定的时刻已执行的，法院可以命令撤销执行。重新中止执行时，可以要求提供担保或履行其他负担。对此也可设定期限。

④ 澳门的行政法院体制与法国、德国的行政法院体制不同，澳门没有独立、完整的行政法院体系，澳门行政法院的地位类似于普通法院系统中的专门法院。澳门行政法院只有一个，与初级法院一起作为澳门法院体系中的第一审法院，在中级法院与终审法院这一层级没有再单独设立行政法院。在澳门，若对行政法院的一审裁判不服，只能上诉到中级法院（普通法院）。

⑤ 澳门行政诉讼除了司法上诉和诉之外，还有规范提起之争讼与选举上司法争讼，不过这两种诉讼类型均适用司法上诉的程序，可被视为司法上诉的两种特殊形式。

⑥ 在澳门法律中，"上诉"一词有三方面的含义，一是指行政上诉，即诉愿（类似内地的行政复议），二是指司法上诉，行政诉讼的主要诉讼类型，类似其他大陆法系国家行政诉讼的撤销诉讼；三是指对司法上诉裁判的上诉，即上诉审。本书此处所讨论的均为"司法上诉"。

或宣告其无效或法律上不存在。诉，是指公民向法院提起的寻求解决在合同或债①的基础上发生的与行政机关利益冲突的请求。与司法上诉重在审查行政行为是否合法不同，诉侧重于解决公民与行政机关之间的利益冲突。

《澳门特别行政区行政诉讼法典》（以下简称《澳门行政诉讼法典》）对司法上诉的程序予以了详尽而明确的规定，对于诉的程序，除了针对其公法争议之特殊性规定了某些例外或补充之外，均按照普通民事宣告程序进行。本书此处讨论的起诉程序是司法上诉的起诉程序。

（一）起诉的形式

《澳门行政诉讼法典》要求行政诉讼应通过向法院的办事处提交书面起诉状的方式提起。②《澳门行政诉讼法典》对起诉状的内容及其附件组成做了非常详细的规定。

1. 起诉状的内容

依《澳门行政诉讼法典》第 42 条的规定③，起诉状应①指出管辖法院（起诉状中若未指出司法上诉管辖法院，法院对该起诉状不予接收）；②指出原告及对立利害关系人的身份及居所或住所等基本信息，并提出传唤有关利害关系人的声请；③指明被诉行政行为及被告的身份；④清楚阐明司法上诉依据的事实及法

---

① 澳门行政诉讼的"诉"中的合同是指行政合同，债是指产生于公共管理行为所引起的损害赔偿，而非民事法律上的合同与债。

② 《澳门行政诉讼法典》第 41 条（起诉状之提交）规定，一、提起司法上诉系透过将起诉状提交所致予之法院之办事处为之。二、起诉状亦得以挂号信寄往其所致予之法院之办事处，而挂号信之日期视为提交起诉状之日。

③ 《澳门行政诉讼法典》第 42 条（起诉状之要件）规定，一、起诉状须以分条缕述方式作成，且司法上诉人在起诉状中应：1. 指出司法上诉所致予之法院；2. 指出其本人及对立利害关系人之身份及居所或住所，并声请传唤该等利害关系人；3. 指明司法上诉所针对之行为及指出作出行为者之身份；如该行为系获授权或转授权而作出，则尚应指明之；4. 清楚阐明作为司法上诉依据之事实及法律理由；5. 以清楚简要之方式作出结论，并准确指出其认为被违反之规定或原则；6. 提出一个或多个请求；7. 指出拟证明之事实；8. 声请采用其认为必需之证据方法，并就所指出之事实逐一列明其所对应之证据方法；9. 指明必须或随个人意愿附于起诉状之文件；10. 起诉状之签署人非为检察院时，指出有关签署人之事务所，以便作出通知。二、起诉状未有指出司法上诉所致予之法院时，均不予接收。三、司法上诉人得指明导致撤销司法上诉所针对之行为之各依据间存有补充关系。

律理由；⑤清楚简要地作出结论，并准确指出其认为被违反的规定或原则；⑥提出诉讼请求；⑦指出待证事实；⑧声请采用的必需的证据方法，并指出与待证事实相对应的证据方法；⑨列明附件组成清单；⑩起诉状之签署人非为检察院时，指出有关签署人所在的事务所。

2. 起诉状的附件

提交起诉状的同时，还要提交下列材料作为起诉状的附件：①证明被诉行政行为存在的文件；① ②证明所陈述事实属实的所有证据材料（但载于供调查之用之行政卷宗内之文件除外）；③若申请采用人证，须附具证人名单，并指出每一证人应陈述的事实；④授权委托书；⑤起诉状的法定副本。②

《澳门行政诉讼法典》对起诉状及其附件组成如此详尽的规定在世界各国和地区行政起诉制度立法例中实属罕见。该法对起诉状的内容及其附件组成有如下两项要求：其一，条理清晰。该法第 42 条要求起诉状应以"分条缕述"的方式载明上述内容；其二，内容清楚明确。同条要求起诉状应"指出""指明"或"清楚阐明"上述内容。不过总体上看还是属于形式上的要求。

《澳门行政诉讼法典》对起诉做如此详尽的规定，一方面，是为了方便当事人提起司法上诉。要求清楚明确，便于当事人操作。由于澳门行政诉讼实行强制代理制度，行政诉讼程序中个人必须委托律师代理其进行诉讼。③ 司法上诉人提起上诉由律师代理，如此要求，也不算苛刻。另一方面，是为了方便法院审理。

① 《澳门行政诉讼法典》第 43 条（起诉状之组成）规定，如司法上诉之标的为一默示驳回，起诉状应附具未有决定之申请之复本或影印本，该复本或影印本上须具有由接收该申请正本之行政机关所作成之收据；如无该具有收据之申请复本或影印本，则起诉状须附具证明已递交申请之任何文件。如司法上诉之标的为一口头行为，则该行为应透过可从中推断出确有作出该行为之已陈述事实或已附具文件予以证明。如司法上诉之标的为法律上不存在之行为，则只要存有证明表面上存在该行为及其损害性后果之文件，司法上诉人应附具之。

② 《澳门行政诉讼法典》第 43 条（起诉状之组成）规定，除特别法要求附同之文件外，起诉状亦必须附具下列文件：1. 证明司法上诉所针对之行为之文件；2. 旨在证明所陈述之事实属实之一切文件，但载于供调查之用之行政卷宗内之文件除外；3. 如声请采用人证，须附具证人名单，当中指出每一证人应陈述之事实；4. 在法院代理之授权书或等同文件；5. 法定复本。

③ 《澳门行政诉讼法典》第 4 条（代理）规定，在行政上之司法争讼程序中，私人必须委托律师，但不影响有关在涉及律师本人、其配偶、直系血亲尊亲属或直系血亲卑亲属之案件中担任律师方面之法律规定，或依职权指定律师之法律规定之适用。

澳门除了行政法院外，中级法院和终审法院这两个普通法院也受理某些第一审行政案件，而且澳门法院的法官人数非常少。① 如此详尽的规定有利于提高审判效率。

3. 起诉状的提交

提起司法上诉须递交起诉状，起诉状可直接交至法院办事处，也可通过挂号信寄往法院的办事处。以挂号信方式递交的，以挂号信日期为提交起诉状日期。

（二）初端批示

法院办事处在接到起诉状及其附件之后，除了起诉状中未指出司法上诉管辖法院，法院不予接收外，即使起诉状存在其他形式上的缺陷或不当，或者未指出对立利害关系人或指出当事人的身份方面有错误，均不影响法院接收司法上诉人的起诉状。起诉状缺陷或不当之处的补正，即使在被告或对立利害关系人答辩后，以及检察院进行初端检阅后，还可以进行。可见，澳门实行的是诉状登记制。法院办事处在接收起诉状及附件材料后，将起诉状制作成卷宗，待起诉人缴纳了预付金后，将卷宗送交法官或裁判书制作人，② 由其作出初端批示。

1. 对诉讼要件的审查

在初端批示程序中会对起诉状以及案件的诉讼要件进行详细审查。若起诉状不当或出现下列明显妨碍司法上诉继续进行的情况时，法官或裁判书制作人应初端驳回司法上诉，具体情形包括：①司法上诉人欠缺当事人能力或诉讼能力；②司法上诉没有诉讼标的；③对被诉行政行为不可提起司法上诉，如对可撤销的行为尚未经过必要的行政申诉程序，则不能提起司法上诉；④司法上诉人不具有正当性；⑤司法上诉人的联合属违法；⑥当事人不适格或遗漏了必要的利害关系人，即指出被告的身份有错误，或未指出对立利害关系人的身份，而该错误或遗漏属明显不可宽恕；⑦申诉之合并属违法；⑧未遵守司法上诉期间规定，即提出

---

① 澳门行政法院的法官只有 2 名，中级法院的法官有 9 名，终审法院的法官只有 3 名。

② 通常是在独任制模式下，送交法官批求；在合议制模式下，送交裁判书制作人批示。

司法之诉之权利已失效等。① 可见，初端驳回司法上诉的情形都是司法上诉欠缺诉讼要件。

2. 补正批示

如果起诉状或其附件有形式上的缺陷或不当之处，法院不应直接初端驳回司法上诉，应尽告知义务并给予司法上诉人补正的机会。即应通知司法上诉人在法官或裁判书制作人指定期间内进行弥补或改正。若司法上诉人弥补或改正了缺陷或不当之处，则司法上诉日期仍为递交首份起诉状的日期。若司法上诉人未弥补或改正批示所指的缺陷或不当之处，且就批示也未向评议会提出异议，又或批示经评议会确认后，法院应驳回其司法上诉。如司法上诉人在起诉状中曾提出采用人证的声请，却未提交证人名单或未指出证人证言之待证事实，经法院告知弥补有关遗漏后，仍不提交证人名单或不指出证人证言之待证事实，法院将禁止其采用人证。②

司法上诉人若因起诉状不当或指出被告与相关利害关系人身份错误或有遗漏，而被初端驳回司法上诉时，自驳回批示作出通知起 5 日内，可重新提交新的起诉状。③

---

① 《澳门行政诉讼法典》第 46 条（初端驳回）规定，一、如起诉状属不当，则须初端驳回司法上诉。二、如明显出现妨碍司法上诉继续进行之情况，尤其是下列者，亦须初端驳回司法上诉：1. 司法上诉人欠缺当事人能力或诉讼能力；2. 司法上诉并无标的；3. 不可就司法上诉所针对之行为提起司法上诉；4. 司法上诉人不具正当性；5. 司法上诉人之联合属违法；6. 在指出司法上诉所针对行为之作出者之身份方面有错误，或未有指出对立利害关系人之身份，而该错误或遗漏属明显不可宥恕者；7. 申诉之合并属违法；8. 提起司法上诉之权利已失效。

② 《澳门行政诉讼法典》第 51 条（补正批示）规定，一、如起诉状或其组成方面有形式上之缺陷或不当之处，须通知司法上诉人在法官或裁判书制作人所定之期间内弥补或改正之。二、如司法上诉人弥补或改正缺陷或不当之处，则司法上诉视为于递交首份起诉状之日提起。三、如曾声请采用人证之司法上诉人在获告知弥补有关遗漏后，仍不提交证人名单或不指出证人应作证言之事实，则禁止其采用人证。四、未弥补或改正批示所指之缺陷或不当之处，且就批示未有向评议会提出异议时，又或批示经评议会确认时，须驳回司法上诉，但属上款所指之情况除外。

③ 《澳门行政诉讼法典》第 47 条（因起诉状不当及指出身份方面有错误或遗漏而驳回）规定，一、因起诉状不当或出现上条第二款 f 项所指之情况，而初端驳回司法上诉时，自就驳回批示作出通知起 5 日期间内，司法上诉人得提交新起诉状，如对驳回批示提起上诉但并未胜诉，则自通知司法上诉人卷宗已交回司法上诉所针对之法院起 5 日期间内，司法上诉人得提交新起诉状。二、在上述任一情况下，新司法上诉均视为于提交首份起诉状之日提起。

（三）答辩与初端检阅

1. 被告答辩

若司法上诉人之司法上诉未被驳回，法院应传唤司法上诉针对之实体（被告），要求其在 20 日进行答辩。答辩是被告在司法上诉中的一项义务，若被告不作答辩或不提出争执，原则上视为被告自认司法上诉人所陈述的事实。①

在答辩状中，被告应以分条缕述的方式提出与防御有关的全部事宜，指出待证事实，附具旨在证明陈述事实属实的一切文件，并在有需要时提交证人名单或声请采用的其他证据方法。被告必须将行政卷宗的正本以及一切与司法上诉有关的其他文件，连同答辩状一并移送至法院。

2. 对立利害关系人答辩

被告提交答辩状之后或被告答辩期届满，若有对立利害关系人，法院还应传唤对立利害关系人，要求其在 20 日进行答辩。其答辩之义务与要求同被告。

3. 检察院初端检阅

在被告与对立利害关系人都提交答辩状后，或答辩期限届满后，法院应将卷宗（包括司法上诉人的起诉状及组成附件、被告与对立利害关系人的答辩状及其组成附件）移送至检察院，由其在 8 日内进行初端检阅。检察院在检阅时，仍可指出起诉状须补正之处，并就影响司法上诉继续进行的问题，以及被告与对立利害关系人在答辩状中提出的问题发表意见。

（四）妨碍审理司法上诉问题之解决

妨碍审理司法上诉的问题主要是提起的司法上诉是否适法的问题。在澳门，司法上诉人提起的司法上诉是否适法，原则上由法官依职权进行调查。但被告与对立利害关系人在答辩状中，以及检察院在初端检阅意见中，均可以指出妨碍审理司法上诉的问题。

---

① 《澳门行政诉讼法典》第 54 条（不作答辩或不提出争执）规定，不作答辩或不提出争执，视为自认司法上诉人所陈述之事实；但从所作之防御整体加以考虑，该等事实与所作防御明显对立者，又或该等事实系不可自认或与组成供调查之用之行政卷宗之文件相抵触者除外。

法官或裁判书制作人获送交卷宗后，可依职权或基于被告、对立利害关系人或检察院的陈述，应通知司法上诉人，令其在指定的期间内，弥补或补正起诉状的缺陷或不当之处。法官或裁判书制作人若依职权提出或被告、对立利害关系人或检察院的陈述中提出的妨碍司法上诉的其他问题，法官或裁判书制作人应给予司法上诉人一个陈述申辩的机会，指定期日内听取司法上诉人的陈述。待命令并采取必要措施解决妨碍审理司法上诉的问题后，法官应于 10 日之内（就是否受理）作出裁判。上述程序结束之后，就进入司法上诉实体问题审理程序。

四、大陆法系立案登记制之小结

大陆法系行政起诉制度具有如下特点，也使其行政诉讼一般不存在"起诉难"的问题，其完全有条件实行诉状登记制。

第一，大陆法系行政起诉制度一般采诉状登记制。从有关大陆法系国家和地区的立法例来看，没有规定"提起诉讼的条件"或"起诉条件"，只有行政起诉形式上的要求，一般都规定以书面形式提起诉讼。立法对起诉状的规定，也只是要求起诉状在形式上具备当事人、诉讼请求、诉讼标的及事实理由等内容。司法实践中，对案件进行登记的是法院书记室或类似部门。严格地说，负责登记的法院工作人员不是法官，其不具有审判资格，故不能对起诉状进行实质性审查，其只能审查起诉状是否具备法律要求记载的内容。在未实行强制代理制度的大陆法系国家和地区，如法国，对起诉状的审查采从宽原则，起诉状的某些内容即使欠缺或者记载不当，如当事人记载不当，欠缺支持诉讼请求的事实、理由与相关证据方法，遗漏有关利害关系人等，也不影响案件登记。即使起诉状递交的法院无管辖权，也不影响案件登记。

可见，大陆法系行政起诉没有实质性限制条件，立法对当事人行使行政起诉权没有设置障碍，当事人只要提交了合法的起诉状并交纳了案件受理费，就能启动诉讼程序，形成诉讼系属。诉状登记制使得当事人能够比较容易地"进入司法之门"。

第二，大陆法系行政案件诉讼系属始于原告向法院递交起诉状、法院登记立案。大陆法系行政诉讼程序一般实行职权进行主义，由法院将起诉状送达至被告，故在大陆法系，当事人只要提交了合法的起诉状和交纳了案件受理费，法院登记立案了，就能启动诉讼程序，形成诉讼系属。大陆法系对待诉的合法性问题，采取的理念不同于英美法系，英美法系在观念上把诉讼看成是当事人的私人事务，是当事人之间的对抗，因此将程序问题交给当事人协商处理。关于诉的合法性问题，也由当事人提出抗辩，体现了当事人主义、辩论主义。而在大陆法系，对于诉讼要件，往往视为法官职权判断的事项，仅在个别情况下由当事人抗辩，体现了大陆法系行政诉讼在相关诉讼程序性事项上的职权探知主义。

第三，大陆法系对行政起诉是否适法在案件诉讼系属后，由法院依职权进行调查。大陆法系行政诉讼理论将行政诉讼审理程序分为两阶段，即"两段式诉讼审理模式"。第一阶段为诉讼审理阶段，主要审理原告所提之诉是否合法，审查的标准为诉讼要件（也有称之为"实质裁判条件"或"实体判决条件"）。诉讼要件，是法院进行本案审理作出本案实体判决的前提要件。大陆法系诉讼理论认为诉讼要件是当事人寻求公力救济时，法律秩序所要求的条件，故起诉的合法性（或称"有效性""适法性"）体现了公益性。因此，对诉讼要件的审查原则上是法院的职责，换言之，诉讼要件属于法院职权调查事项。如果法院认为原告之诉欠缺诉讼要件又不能补正的，系属中的诉便不合法。此时，法院应以"诉不合法"为由驳回原告的起诉。如果认为诉讼要件齐备，法院无须制作特别文书，便可继续进行本案审理。

第二阶段为本案审理阶段，法院审理原告提出的诉讼请求是否有理由，审理标准为本案要件（或称"权利保护要件"）。如果法院认为原告的请求满足本案要件，应作出支持原告诉讼请求的实体判决；反之，则应以"诉无理由"作出驳回原告诉讼请求的实体判决。

在大陆法系，对原告所提之诉是否适法、是否具备诉讼要件原则上属于法院职权调查的事项。法院欲对诉讼要件进行审查，必须等案件诉讼系属后，法院具有了审判义务，能对行政案件行使行政审判权时，才能进行。换言之，在案件诉讼系属于法院之前，法院无权对原告的起诉状进行诉讼要件方面的审查。

需要说明的是，在诉讼程序中两个阶段的审理并没有明显的界线。因为某些诉讼要件与案件的实体争议存在联系，如当事人是否适格、有无诉的利益往往是依据案件实体法律关系中的因素来判断。因此，诉讼审理与本案审理难以截然分开。德国、中国澳门特区虽然都要求在进行本案审理之前审查清楚诉讼要件，但也不排斥在本案审理阶段，发现欠缺诉讼要件，仍然可以"诉不合法"为由驳回原告的起诉。换言之，法院对诉讼要件的审查可以发生在诉讼的任何阶段，或者说，对诉讼要件的审查贯穿于整个审理过程。

第四，大陆法系行政诉讼的诉讼审理阶段，原告有权参与。在大陆法系行政诉讼的诉讼审理中，法院即使发现原告起诉状有欠缺或记载不当，或原告之诉欠缺诉讼要件，一般不会直接以"诉不合法"为由，驳回原告的起诉。法官会向原告履行告知义务，告知其起诉状存在的欠缺和不当之处，并给予当事人补正的机会，为其指定期间允许其补正。在某些大陆法系国家或地区，法官拟驳回原告起诉之前，还允许当事人到庭前发表意见。这种程序参与权能较好地保障当事人的起诉权。

第五，在大陆法系，行政起诉对行政行为的效力可能产生影响。在大陆法系提起行政诉讼，在程序上一般会产生诉讼系属、受诉行政法院管辖恒定、案件当事人恒定、诉讼标的确定、禁止当事人重复起诉等法律效力。在实体法上，大陆法系国家和地区实行起诉停止执行原则的有德国，提起行政诉讼，行政行为的效力自动中止。实行起诉不停止执行原则的有法国，但一般都有例外规定作为该原则的补充。正是这些例外规定，当事人在提起行政诉讼后具有申请暂时停止被诉行政行为效力的机会。行政行为效力的中止是当事人行使起诉权除了发动诉讼程序之外最希望获得的效果。

第三节　域外行政诉讼立案登记制对我国的借鉴

在前述域外几个法治国家和地区的行政诉讼（司法审查）中，在起诉环节实行的都是立案登记制的绝对模式——诉状登记制，在诉状登记制下，行政起诉权能得到充分的保障，基本不存在"起诉难"的问题，这固然与其良好的行政法治环境有关，但科学、合理的立案制度也至关重要。域外立案制度的有些经验是值得我们借鉴的。

第一，立案制度设置的目的应是保障当事人的行政起诉权。从前述域外相关制度介绍中可以看出，域外立案制度，以保障当事人的行政起诉权为目的，而我国立案制度的设计初衷却是为了规制当事人滥诉。

　　我国行政诉讼法立法初期，基于种种原因，对当事人起诉权的保障是不够重视的。在观念上，未将当事人的起诉作为启动诉讼程序的唯一动因，导致在制度设计上，也未将当事人提起诉讼作为诉讼程序的起点，而是将法院立案作为诉讼程序的开端，这就使得在立案前进行的立案审查不属于诉讼程序。因此，诉讼程序中的辩论原则、公开审判等原则、制度不能适用于立案审查阶段，这必将导致立案审查阶段的行政化、法院单方职权性、非公开性。法院在立案审查阶段确实对起诉是否符合条件行使了审判权，此时审判权行使的合法性也将受到质疑。

　　在制定行政诉讼法时，立法者总是担心当事人会滥用起诉权，浪费法院的司法资源，增加被告行政机关的讼累。因此，在起诉条件中置入诉讼要件，强调进入诉讼程序案件的适法性。在程序上甚至要求人民法院应当组成合议庭对原告的起诉进行审查。这不仅增加了立案审查的难度，也增加了立案审查的工作量。而在实践中，立案庭的法官一般不具备行政法专业背景，要求其组成合议庭在7日之内决定起诉是否符合起诉条件很不现实。于是实践中大多数法院行政案件的立案是由行政审判庭来决定的，这种做法显然又与立审分离原则相背离，故形成行政案件的"立审分离形式主义"。另外，在立案审查阶段未给予当事人任何发表意见的机会，就对当事人的起诉权作出如此重大的处理，有违正当程序原则的基本要求。

　　第二，确立行政内救济先行原则。在英国、美国和我国香港特区，提起司法审查之前一般都经过了行政系统内部救济程序，在德国，提起撤销诉讼、课予义务诉讼都应先经过行政复议。而我国，行政复议与行政诉讼的关系，规定以当事人选择为主，复议必须前置为例外。学者认为这样设计有利于保护行政相对人的权利。① 但越过行政内救济直接进入行政诉讼，容易使司法成为解决行政纠纷的第一道防线，不利于落实司法最终解决原则。

---

　　① 立法时主要是考虑到虽然通过行政内途径解决行政纠纷具有很大的优越性，如有利于发挥行政机关处理行政案件的专业性优势；有助于尊重行政机关行使职权；具有简便、效率的特点等。但如果将行政内救济规定为解决每一行政案件必经的诉前程序，则不利于保护公民、法人和其他组织的合法权益，因为这样做将使公民、法人或者其他组织在自己的合法权益受到来自行政机关的侵害时不能直接地受到人民法院的司法保护，限制了公民、法人和其他组织的司法保护请求权；而且当事人跨地区申请复议也会遇到食宿、交通等困难；同时有些行政行为在下级行政机关实施前，一般都请示过上级行政机关，再经复议意义不大。

行政内救济先行原则，有学者称之为"穷尽行政救济原则""行政内救济优先原则"，是指对某一个行政争议，除法律另有规定的以外，相对人应当首先通过行政内部救济途径进行解决；行政内部救济途径不能解决或者当事人对行政内部救济途径解决不满意的，方可以向法院提起行政诉讼。行政内救济先行原则主要是基于现代行政管理的专业性和效率性要求而考虑的。按照国家权力之间的分工，对纠纷的解决和权利的救济本应属于司法权的内容。但由于现代社会的发展，行政权力逐渐扩大，理论上和立法上尽量在保留司法对行政裁决权的最终控制和监督的前提下，逐渐将对行政纠纷的裁决权和救济的给予权交给行政机关。"尽管有三权分立的迂腐教条，向行政机关授予审判权却一直没有中断过。复杂的现代社会需要行政机关具有司法职权，使这种授权不可避免"。① 随着现代行政法的发展，世界各国越来越重视通过行政程序解决行政纠纷和实施行政救济。将行政内部救济途径作为行政诉讼必经或者可能经过的诉前程序，已成为一种世界性经验。②

行政系统内部救济途径以其专业性、效率性的特点和尊重行政机关对行政的首次判断权的优势，为现代行政救济制度所广泛采用。行政内救济先行原则已成为现代法治国家在设置行政起诉制度时必须加以考虑的原则。我国在 2023 年《行政复议法》修改时，扩大了行政复议前置范围，正是顺应了这一趋势。

第三，在具体起诉制度上，起诉条件形式化，实行立案登记制。英美法系和大陆法系对行政起诉一般都实行立案登记制。英美法系对起诉都只有书面方式及诉状内容的规定，即使有诉前程序和起诉期限的限制，但这些内容属于被告抗辩的事项，起诉时法院不会审查。只要行政相对人向法院提出了符合法律规定的书面诉状，书记员对诉状进行形式审查，认为记载的事项完备，即可立案，司法审

---

① ［美］伯纳德·施瓦茨：《行政法》，徐炳译，群众出版社 1986 年版，第 55 页。

② 美国早在 1946 年《联邦行政程序法》中就授予了相对人"行政上诉"权。1958 年，英国制定《行政裁判所与调查法》，正式确立了由行政裁判所处理行政纠纷的制度。澳大利亚 1975 年实施《行政上诉裁判法》。大陆法系虽然一般都设有专门的行政法院，但同时也确立了类似的以原行政机关或者其上级行政机关受理不服请求的制度。如法国的行政救济制度。德国以其 1960 年《行政法院法》和 1976 年《行政程序法》规范了行政申诉制度。融两大法系特点于一体的日本，于 1962 年颁布了《行政不服审查法》，确立了今日日本的行政不服审查制度。参见林莉红：《中国行政救济理论与实务》，武汉大学出版社 2000 年版，第 19~22 页。

查的程序就开始了。

大陆法系对于行政起诉也只有形式上的要求，一般都规定以书面形式提起诉讼。立法对起诉状的规定，也只是要求起诉状在形式上具备当事人、诉讼请求、诉讼标的及事实理由等内容。原告只需要向法院递交了符合法律规定的起诉状和交纳了案件受理费，法院就进行登记立案。对案件进行登记的是法院书记室或类似部门，严格地说，负责登记的法院工作人员不是法官，不具有审判资格，其只能审查起诉状是否具备法律要求记载的内容。在未实行强制代理制度的大陆法系国家和地区，起诉状的某些内容即使欠缺或者记载不当，也不影响案件登记。即使起诉状递交的法院无管辖权，也不影响案件登记。

可见，无论是大陆法系国家，还是英美法系，对提起行政诉讼（司法审查）没有实质性限制条件，都实行立案登记制，立法对当事人行使行政起诉权没有设置障碍，当事人只要提交了合法的起诉状和交纳了案件受理费，在英美法系，就能引发诉答程序，在大陆法系就能产生诉讼系属。在 2015 年 5 月 1 日之前，我国行政诉讼立案实行的是立案审查制，只有法院审查原告起诉符合起诉条件后，法院才会立案受理。这无疑是为当事人行政起诉权的行使设置了障碍。即使在 2015 年 5 月 1 日之后，我国实行立案登记制，但是《行政诉讼法》关于行政起诉的条件仍然没有改变，不仅包括了诉讼成立要件，还包括了大陆法系的诉讼要件，甚至包含部分实体判决要件。起诉条件规定的存在是目前当事人行使起诉权的最大障碍。

第四，借鉴大陆法系诉讼系属理论和"两段式诉讼审理模式"。大陆法系关于行政诉讼的诉讼系属理论、"两段式诉讼审理模式"的研究较为成熟。这些理论有助于完善我国立案制度，使立案制度更加科学、更加符合诉讼规律。

在大陆法系当事人提起行政诉讼，在程序上一般会产生诉讼系属的法律效果。诉讼系属反映了某个诉讼正处于某个法院的审理过程中，是对诉讼自起诉时起至诉讼终结的整个诉讼过程的高度概括。① 大陆法系一般认为，应当以起诉时为诉讼系属的发生时间，即诉讼系属始于原告向法院递交起诉状、法院登记立案。具体来说，如果是以书面方式起诉，自起诉状送交法院时发生诉讼系属，如

---

① 刘学在：《略论民事诉讼中的诉讼系属》，载《法学评论》2002 年第 6 期。

果是口头起诉，自法院书记官做成笔录时发生诉讼系属。在大陆法系提起行政诉讼，诉讼系属于法院后，法院对该诉讼负有审理和裁判的义务，这些是诉讼系属在诉讼法上发生的一般效果，除此之外，诉讼系属还发生受诉法院管辖恒定、案件当事人恒定、诉讼标的确定、禁止当事人重复起诉等法律效力。

大陆法系行政诉讼理论将诉讼系属后开始的行政诉讼审理程序分为两阶段，即"两段式诉讼审理模式"。第一阶段为诉讼审理阶段，主要审理原告所提之诉是否合法，审查的标准为诉讼要件（也有称之为"实质裁判条件"或"实体判决条件"）。诉讼要件，是法院进行本案审理作出本案实体判决的前提要件。大陆法系诉讼理论认为诉讼要件是当事人寻求公力救济时，法律秩序所要求的条件，故诉讼要件体现了公益性。因此，对诉讼要件的审查原则上属于法院职权调查事项。如果诉讼审理中认为原告之诉欠缺诉讼要件而又不能补正的，则系属中的诉便不合法。此时，法院应以"诉不合法"为由驳回原告的起诉。如果诉讼审理后认为原告之诉的诉讼要件齐备，法院无须制作特别文书，便可继续进行本案审理。

第二阶段为本案审理阶段，法院审理原告提出的实体请求是否有理由，审理标准为本案要件（或称"权利保护要件"）。如果法院认为原告请求满足权利保护要件，则应作出支持原告诉讼请求的实体判决；如认为原告请求未满足权利保护要件，则应以"诉无理由"作出驳回原告诉讼请求的实体判决。

需要说明的是，在诉讼程序中两个阶段的审理并没有明显的界线。因为某些诉讼要件与案件的实体争议存在联系，如当事人是否适格、有无诉的利益往往依据的是案件实体法律关系中的因素来判断的。因此，诉讼审理与本案审理难以截然分开。德国、中国澳门特区虽然都要求在进行本案审理之前审查清楚诉讼要件，但也不排斥在本案审理阶段，若发现欠缺诉讼要件，仍然可以"诉不合法"为由驳回原告的起诉。换言之，法院对诉讼要件的审查可以发生在诉讼的任何阶段，或者说，对诉讼要件的审查贯穿于整个审理过程。

在域外，立案不属于行政诉讼的正式程序，在我国却是一个独立的诉讼阶段。在我国行政诉讼法上，立案才是诉讼程序的开端，学界通说也认为立案后才发生诉讼系属的效力。法院在立案前进行的立案审查工作，是大陆法系在诉讼审理阶段才进行的工作。我国行政诉讼法应当规定诉讼系属从起诉时发生，实行立案登记制并完善驳回起诉制度，这样有利于保障当事人的起诉权。

第五，在立案程序（或诉讼审理阶段）中赋予当事人程序参与权。英美法系有些国家和地区有类似我国行政诉讼受理程序的申请司法审查的许可程序，如英国司法审查中的诉讼许可程序，香港特区的司法复核申请许可程序，但在这些许可程序都是在立案之后，并在这些程序中都赋予了当事人程序参与权，允许当事人发表意见，从而保障当事人的起诉权。

在大陆法系行政诉讼的诉讼审理中，法院即使发现原告起诉状有欠缺或记载不当，或原告之诉欠缺诉讼要件，一般不会直接以"诉不合法"为由驳回原告的起诉。法官会向原告履行告知义务，告知其起诉状存在的欠缺和不当之处，并给予当事人补正的机会，为其指定期间允许其补正。在某些大陆法系国家或地区，法官拟驳回原告起诉之前，还允许当事人到庭前发表意见。这种程序参与权能较好地保障当事人的起诉权。

而我国行政诉讼立案阶段，当事人没有程序参与权，没有向法院表达其起诉是否合法的意见的机会。在没有听取当事人意见的前提下，就对当事人之起诉是否合法作出判断，显然是有违程序公正原则的，无疑侵害了当事人的起诉权。因此，在修改我国立案程序时，应增加当事人的程序参与权以充分表达其对立案的意见。

第六章　我国行政诉讼立案制度之完善路径

行政诉讼法制度先行的做法是有意义的，就法律对策而言，可借鉴其他国家和地区的先进经验，实行立案登记制，以尊重和保障当事人行政起诉权为理念，确立法院有义务接受当事人之起诉，以及当事人的起诉能直接启动行政诉讼第一审程序。并制定方便当事人行使行政起诉权的立案制度，让当事人能够毫无障碍地接近司法。同时科学、合理设置行政诉讼的诉讼要件，以提高保障行政起诉权的实效性。

第一节　行政诉讼立案制度之构建标准

行政诉讼立案制度应当首先能让当事人能毫无障碍地进入司法大门，启动行政诉讼第一审程序。

一、形式上保障：毫无障碍启动第一审程序

国家之所以要设置审判权并交由法院依法行使，其目的就是为了保障当事人的诉权能得以充分行使并依法实现。与审判权相比，诉权应当被置于制约审判权行使的优先地位，而审判权的行使则应以保障当事人诉权的充分实现为宗旨。① 行政相对人行使起诉权是法院行使行政审判权的前提，行政审判权对行政起诉权具有应答义务。国家有行政救济的职责，但并无主动干预的职权。"不告不理"是行政纠纷进行公力救济的基本准则，也是对行政相对人自由行使起诉权

---

① 赵钢：《正确处理民事经济审判工作中的十大关系》，载《法学研究》1999 年第 1 期。

的尊重。

第一，是否提起行政诉讼由行政相对人决定。

被动性是行政审判权最显著的特征，行政相对人行使起诉权是法院行使行政审判权的前提，国家（法院）有行政救济的职责，但并无主动干预的职权。"不告不理"是行政纠纷进行公力救济的基本准则，也是对行政相对人自由行使起诉权的尊重。行政相对人行使起诉权，提起行政诉讼是启动第一审程序的唯一动因。只有行政相对人起诉到法院，行政审判权才能启动和运行。行政相对人不起诉，行政审判权只能处于静止状态。

第二，立案制度应保障当事人能毫无障碍地进入行政诉讼程序。

行政诉权相对于行政审判权而言，处于优先地位。这种优先地位体现为行政审判权应当充分尊重诉权，首当其冲应当充分尊重相对人的行政起诉权。尊重行政起诉权最直接的表现就是接受当事人的起诉。接受当事人的起诉，让行政相对人有机会接近、参与司法，行政相对人就会对纠纷的解决产生希望，这不仅有利于纠纷的解决，也有利于社会的稳定。即使当事人所起的诉可能会因为诉不合法而被驳回起诉或诉无理由而被驳回诉讼请求，但至少在立案环节，行政相对人接近、参与了司法，利用了国家司法资源来解决自己的纠纷、维护自己的权益，这会让行政相对人有一种国家主人翁的社会存在感。如果在立案阶段，法院就以苛刻的条件限制了相对人的起诉，将其挡在法院大门之外，这会让行政相对人对纠纷的解决感到茫然不知所措，同时，也会觉得法律只是国家用来标榜法治的摆设，实际距离老百姓非常遥远，慢慢就会对行政诉讼、对法律失去信心。因此，在诉的成立要件的设置上应当"低阶化"甚至可以"无阶化"，充分体现行政审判权对行政起诉权的尊重。

"审判权对于起诉权具有应答性，对于起诉权有求必应、有问必答。只要当事人起诉，法院就应当受理。对于当事人提出的诉讼请求，法院必须一一作出裁判。"① 行政审判权对行政起诉权负有应答义务，法院无权以任何理由拒绝当事人的请求，包括"法无明文规定"这个理由。当事人的起诉只要符合法律规定，案件就应当产生诉讼系属，开启法院的审理程序。

---

① 吴英姿：《诉讼理论重构》，载《南京大学法律评论》2001 年春季号。

强调行政审判权对行政起诉权的应答性，有利于克服法院在受理诉讼上滥用立案审查权，将那些本应由法院保护的权益诉求拒在司法大门之外。不论行政诉讼程序设计得如何精密妥当，如果当事人无法有效地行使起诉权，那么，其正当权益就不可能得到司法保障。

有人总是担心让行政相对人没有任何限制地行使行政起诉权可能会导致滥诉，会令行政机关疲于奔命，会降低行政效率和行政权威。让行政相对人毫无障碍地行使行政起诉权，只是表明行政审判权对行政起诉权的尊重，让行政相对人遇到行政纠纷或权益遭受侵害时能够有机会接近和参与司法。况且，诉的成立并不意味着诉的合法，并不是任何人随意对行政机关提起的诉都是合法的，法院都会对其作出实体判决。对于滥诉的规制，并不等于要限制起诉权，而应当通过设置诉的合法要件（诉讼要件）来限制不合法的起诉进入案件实体审理程序。

另外，行政诉讼的特征决定了，行政起诉权不具有民事起诉权的完整性，在行政诉讼中还达不到"由当事人自己决定是否起诉与法院审判的内容"的程度，行政起诉权对行政审判权的制约仅表现在启动行政诉讼程序上。故不必过分担心让行政相对人没有任何限制地行使行政起诉权可能会导致滥诉。

二、实质性保障：实体权益得到救济

行政起诉权是一项基本的、自然的、程序性权利，是基于保护实体性权利的需要而产生的；行政审判权具有救济权益、解决纠纷、监督行政的功能，是基于对实体性权利予以司法救济的需要而产生的。行政起诉权是当事人启动行政审判权以救济自身权益的"钥匙"，是实体性权益与行政审判权之间的桥梁，行政审判权负有保护行政起诉权的职责和义务，行政起诉权的实现有赖于行政审判权的保障。

让行政相对人毫无障碍地进入行政诉讼，只能保障行政起诉权形式上的实现，行政起诉权实质上的实现，即让法院能真正救济行政相对人的实体权益，则要考虑下列因素。

（一）行政审判权的范围

行政审判权不是在任何时候对任何行政纠纷都能处理的。行政审判权在监督行政权的同时，应注意在一定范围内要尊重与礼让行政权。司法审查有限原则要求行政审判权对行政权介入的广度、深度和长度有限，即要求法院只能在法律规定的一定期限内对一定范围的行政行为进行合法性审查，不能超过法律规定的时限长度和范围广度以及深度。

第一，行政审判权对行政权介入的广度受受案范围的限制。行政诉讼的受案范围，是指法院受理和裁判行政案件的范围，也就是法院受理行政争议的界限，行政诉讼受案范围的宽窄直接反映了行政审判权对行政权干预范围的广度。

第二，行政审判权对行政权介入的时间受法定复议前置和起诉期限的限制。在域外一些国家和地区，在进行行政诉讼或司法审查之前要求经过行政复议。比如，在美国提起司法审查之前，要求穷尽行政救济途径。在德国，行政诉讼中的撤销诉讼与义务诉讼在提起之前，要求先进行行政复议。这主要是为了给予行政机关自行矫正违法或不当行政行为的机会，也彰显着行政审判权对行政权的尊重以及保持着必要的克制。

起诉期限是法律明确规定当事人起诉权行使的有效期间。法律设置合理的起诉期限，不仅可以催促当事人及时行使权利，还能提高权利行使的效率，有利于及时稳定法律关系。法律若不设置起诉期限，放任当事人长期怠于行使权利，将会导致诉讼不经济。行政诉讼起诉期限为当事人行使起诉权设置了时间的限制，也为行政审判权监督行政权设置了限制。既然起诉期限是法律规定的原告提起行政诉讼的期限，它必然涉及行政审判权对行政权监督的法定时间长度。司法审查长度有限，即司法只能对在法定期限内起诉的行政案件才有权进行审查。

第三，行政审判权对行政权介入的深度受行政诉讼判决方式的约束。法院在行政诉讼中，对行政行为的审查主要是以"判断"的方式实现的。而纠正行政执法的错误，恢复公共管理秩序的任务就不是也不能由法院完成。法院在行使行政审判权时，要适当地尊重行政机关在行政管理中对事实问题和法律问题的最初判断权，特别是一些专业性和技术性的问题，不能简单地代替行政机关作出判断，法院"不得代行行政权"成为行政诉讼法的底线规定，也是行政审判权必须恪守的界限。所以，行政诉讼的判决方式以撤销判决（形成判决）为主，即使是课予义务判决，也只是要求行政机关依法履行法定职责，绝对不会代替行政机关履行职责。

因此，立法上要设置诉讼要件，保证行政审判权的有效行使范围。行政相对人之起诉如果不具备诉讼要件，意味着其提起的行政纠纷超出了行政审判权的处理范围，即使行政起诉权形式上得到实现，但行政审判权也无法保障其最终实现。

（二）有效的诉讼指引

法院作为行政起诉权的义务主体，除了做到"不告不理""有告必理"之外，还应能够保障行政起诉权的有效行使。我国公民对行政诉讼了解程度不深，法律又没有规定强制代理制度，当事人对如何打行政官司完全不知，因此，法院不仅应当尊重当事人自由行使起诉权，接受当事人的起诉，更应该对当事人提起行政诉讼给予必要的诉讼指引、释明和告知义务，从而帮助当事人能有效地提起行政诉讼，提高诉讼效率。对贫困的当事人，因经济能力无法实施起诉权的当事人，法院应当为其提供司法救助，不能让当事人因为经济困难而无法行使起诉权。必要时，法院还可以将贫困当事人的信息转发给司法行政机关，建议司法行政机关为其提供法律援助，这都是保障贫困的当事人能够有效行使起诉权。让所有人都有接近司法、接近正义、平等地利用司法制度的机会。

（三）无漏洞的救济制度

"无救济即无权利"，如果只赋予当事人起诉权，可对侵害起诉权的行为没有相应的救济制度，该权利无疑被虚置。立法上不仅应当让当事人能毫无障碍地进入行政诉讼，能有效地提起行政诉讼，更应该在当事人的起诉权受到侵害时，能救济当事人的起诉权。这种救济应当包括两个方面：一是消除（或撤销）侵害、妨碍起诉权行使的行为，使当事人的起诉权能够得以实现；二是追究侵害、妨碍起诉权的相关责任人的责任，不仅仅追究其内部责任，应当建立一种类似错案责任追究终身制的制度。

要解决我国行政立案制度中的上述问题，需要实行"综合治理"，既解决法律外的问题，又解决制度上的问题。就法律对策而言，可借鉴其他国家和地区的先进经验，改革现行立案制度，以尊重和保障当事人行政起诉权为最高理念，确立法院有义务接受当事人之起诉，以及当事人的起诉是启动诉讼程序的唯一动因的观念。并制定方便当事人行使行政起诉权的立案制度，让当事人能够毫无障碍地接近司法。同时科学、合理设置行政诉讼的诉讼要件，以提高保障行政起诉权的实效性。就制度外的问题而言，在逐步改善外部法治环境的同时，法院应尽可能地提升自身的司法能力。

第二节　我国行政诉讼立案登记制完善建议

一、确立（起）诉权保障原则

行政诉讼法作为保障诉权实现的法，从体系的逻辑性和完整性来说，应当在法典总则中规定行政诉权。在我国，诉权一直停留在理论中，并未上升为立法。在行政诉讼法中规定行政诉权，不仅可以强调对当事人实体权利的救济与程序权利的保护，而且可以为诉权入宪打下部门法基础。在立法建议上，我国学者一般都是从保障起诉权的角度来确立起诉权保障原则。

为了解决司法实践中人民群众反映强烈的"立案难"问题，《行政诉讼法》（2014 年）在总则部分明确了保障起诉权原则，《行政诉讼法》（2014 年）第 3 条第 1 款规定："人民法院应当保障公民、法人或者其他组织的起诉权利，对应当受理的行政案件依法受理。"在三大诉讼法中，行政诉讼法率先在总则部分规定了保障起诉权和依法受理，行政起诉权的保护走在三大诉讼法的前列，对民事诉讼法与刑事诉讼法确立起诉权保障原则起到了示范作用。《行政诉讼法》（2014 年）规定的"保障起诉权"原则包含两个方面的内容。

（一）方便行政相对人行使起诉权

公民、法人和其他组织的行政起诉权是否得到切实行使的判断标准，笔者认为应当是当事人能够毫无障碍地、较方便地行使起诉权，不会因为自身的文化程度、专业背景、经济条件而让其行使起诉权感到不方便。《行政诉讼法》（2014 年）增加或修改了下列规定，体现了人民法院对行政相对人起诉权的保障，使得相对人行使起诉权更加方便。

第一，扩大了行政诉讼的受案范围，使当事人起诉时不必过多考虑被诉行为是否属于行政诉讼的受案范围这一专业性特别强的问题。《行政诉讼法》（2014 年）第 12 条将近年来社会中矛盾比较突出的对自然资源所有权或者使用权决定不服，对征收、征用及其补偿决定不服，对行政机关滥用行政权力排除或者限制竞争，要求支付最低生活保障待遇、社会保险待遇，以及实践中新出现的行政机关不依法履行、未按照约定履行或者违法变更、解除政府特许经营协议、土地房屋征收补偿协议等行政纠纷纳入了行政诉讼的受案范围。另外，《行政诉讼法》（2014 年）第 53 条明确了国务院部门和地方人民政府及其部门制定的规范性文件人民法院可以附带审查。受案范围的扩大、规范性文件的附带审查实质上扩大了相对人权益受保护的范围，使得行政主体无论通过何种方式针对行政相对人作出的绝大部分行政行为，相对人都可以起诉或一并起诉，相对人不必过多考虑被诉行为是否属于受案范围，这使得当事人行使起诉权更加方便。

第二，延长了起诉期限，使当事人有充足时间准备诉讼。《行政诉讼法》（2014 年）第 46 条将原来 3 个月的起诉期限延长至 6 个月，使相对人有充足的时间与行政主体协调，考虑是否起诉，或者收集证据，为诉讼做比较充分的准备，使当事人能更加有效地行使起诉权。

第三，允许口头起诉，规定法官有指导和释明义务，使文化程度、专业背景不再成为当事人行使起诉权的障碍。《行政诉讼法》（2014 年）第 50 条起诉方式增加了口头起诉的方式，保障当事人不会因为文化程度较低或书写有困难不能写或无法写出合法的起诉状而妨碍其行使起诉权。《行政诉讼法》（2014 年）第 51 条第 3 款规定，当当事人的起诉状内容欠缺或者有其他错误的，人民法院应当给予指导和释明，并一次性告知当事人需要补正的内容。不得未经指导和释明即以起诉不符合条件为由不接收起诉状。人民法院的这一义务保障当事人不会因为欠缺法律、诉讼专业知识而被莫名其妙地阻挡在法院大门之外。

（二）规范法院的立案程序

《行政诉讼法》（2014 年）确立了登记立案制，为法院妨碍或阻碍当事人行使起诉权提供了救济途径，同时明确了法院未依法受理将承担的责任，使当事人不必担心会因为案外的原因而被阻挡在法院大门之外第一，确立了立案登记制。《行政诉讼法》第51条规定了登记立案制，要求人民法院在接到起诉状时当场予以登记，当场不能判定是否符合起诉条件的，应当先接收起诉状，出具注明收到日期的书面凭证，并在7日内决定是否立案。如果不符合起诉条件，作出不予立案的裁定。裁定书应当载明不予立案的理由。根据登记立案制的要求，法院不得拒绝当事人的起诉，接收或不接收当事人的起诉状，法院都必须给予当事人书面的法律文件，以便当事人进一步主张权利。

第二，为妨碍当事人行使起诉权或为当事人起诉设置障碍的行为提供了救济途径。《行政诉讼法》（2014年）第51条第4款规定对于法院不接收起诉状、接收起诉状后不出具书面凭证，以及不一次性告知当事人需要补正的起诉状内容的，当事人可以向上级人民法院投诉。《行政诉讼法》（2014年）第52条规定法院既不立案，又不作出不予立案的裁定，当事人可以直接向上一级法院越级起诉。

第三，规定了法院不依法受理将承担的责任。《行政诉讼法》（2014年）第51条第四款规定法院若不接收起诉状、接收起诉状后不出具书面凭证，以及不一次性告知当事人补正起诉状内容的，当事人可以向上级人民法院投诉，上级人民法院应当责令改正，并对直接负责的主管人员和其他直接责任人员依法给予处分。

二、立案登记制的落实与完善

（一）实行立案登记制之必要性

第一，实行立案登记制更符合诉讼法理。如前所述，起诉权本质上是诉诸司法的权利，是打开司法之门的钥匙，是整个诉讼程序的原动力，也是启动第一审程序的唯一动因。行政审判权对起诉权具有被动性和应答性，只有第一审程序启动之后，法院才能行使行政审判权对原告起诉进行诉讼要件的审查。而立案审查制显然违背这一诉讼法理，试问，在法院尚未立案之前，即在诉讼程序尚未开始之前，法院何来权力对原告起诉进行诉讼要件审查。

第二，实行立案登记制能更充分、有效地保障当事人的起诉权。司法是社会公平正义的最后一道防线，然而立案审查制却为当事人进入司法之门设置了障碍。无论"立案审查制"的支持者摆出多少"必要性"，他们难以回避的问题是，相当数量的当事人的维权之路被"立案审查"阻断，行政相对人的权利救济诉求被"立案审查"挡在了司法大门之外。可以说，只要实行立案审查制，所有行政相对人都有可能被"立案审查"阻断权利救济之路。实行立案登记制，只要当事人提交了合法的起诉状和交纳了案件的受理费，法院即应当进行登记立案，就能发生诉讼系属的效力。借此降低起诉的门槛，以使当事人能够更便利地接近司法。只有当事人能够毫无障碍地进入诉讼程序，才能进一步谈利用司法来保障和救济自己的合法权益。

第三，行政诉讼中不存在滥诉与虚置行政复议的担忧。部分学者和实务部门的法官反对实行立案登记制，主要担心一是会导致滥诉，二是使诉讼外的纠纷解决机制（主要是行政复议）被虚置。这两点担忧在行政诉讼中是不存在的。行政起诉现在突出的问题不是滥诉，而是行政相对人不敢告、不愿告，法院依法受理行政案件的比率偏低的问题，致使行政诉讼功能难以充分发挥。行政诉讼实行立案登记制不会导致行政诉讼外纠纷解决机制（主要是行政复议）被虚置。在行政诉讼中，所有诉讼要件均属于法院职权调查事项，无须当事人抗辩，原告起诉的案件是否属于复议前置型案件，以及是否经过了复议，法院在立案后，会主动审查的。所以，即使实行立案登记制，也不会使"法定复议前置型案件必须先经行政复议"这一诉讼要件虚置。

第四，实行立案登记制也是司法实践中行政法官的意愿。与立案庭法官的观念不同，从事行政审判工作的法官，基本倾向于实行立案登记制。主要原因是因为在目前法院内部，绩效考核最主要的指标是案件数量和质量，案件数量直接关系行政庭及其工作人员在法院内部的地位，实行立案登记制肯定可以增加案件数量。况且，从事行政审判工作的法官还是有职业理想的，他们认为既然从事了这项工作，不办几件案子，无法体现其工作价值。另外，从司法实践来看，行政案件数量总量全国前两位的山东省、河南省，在行政案件立案上实行"立审分离的形式主义"，由于行政庭的法官基本倾向于实行立案登记制，因此，立案审查一般都很宽松，当事人的起诉很容易进入法院大门。① 而且，据我们的实地调查，这些地方基本上不存在"起诉难"的问题。

（二）贯彻严格的形式审查

使立案登记制贯彻严格的形式审查，从法理上讲是程序正义的要求。程序正义来源于英美普通法系的自然公正原则，它包括两个最基本的程序规则，一是任何人或团体在行使权力可能使别人受到不利影响时必须听取对方意见，每一个人都有为自己辩护和防卫的权利；二是任何人或团体都不能作为自己案件的法官。② 罗尔斯在《正义论》一书中进一步发展了程序正义理论，他认为纯粹程序正义是指存在这样一种正确的或公平的程序，这种程序若被人们恰当地遵守，其结果也会是正确的或公平的。③ 约翰·帝博特和劳伦斯·沃克 1974 年发表《作为公平的程序正义》，其中提到程序正义在一定程度上来说是当事人的一种心理感受，是其内心对公平和正义的体会和判断，而影响其心理感受的关键因素是"对裁决过程的控制能力"，当参与者在一个法律程序中有充分发表意见的机会，那么他就会感受到更大的公正感。④ 起诉是诉讼程序的开始，立案登记制设计的合理与否决定了行政诉讼立案程序的公正，当事人对程序的参与越充分，越能感受到法院裁定的公正。立案阶段作为诉讼前程序，具有封闭性、短时性的特征，立案庭只对原告提交的书面材料进行审查，原告没有充分的程序参与，不能行使陈述权和申辩权，原告参与的不充分必然影响其对立案公正的内心确信，引发其对不予立案裁定的猜忌和对抗。此外，立案程序最多只有 7 天的时间，此时若进

---

① 在 2009 年 10 月 25 日最高人民法院召开的"全国法院探索化解行政争议经验视频会议"上，山东高院介绍了抓诉权保护的经验，其中重要的一条，就是原则实行"登记立案"，对起诉仅作形式审查。

② 参见王明扬著：《英国行政法 比较行政法》，北京大学出版社 2016 年版，第 131 页。

③ 参见［美］约翰·罗尔斯：《正义论》，何怀宏、何包钢、廖申白译，中国社会科学出版社 2009 年版，第 67 页。

④ 参见马忠泉：《论警察执法中的正当程序》，载《净月学刊》2015 年第 1 期，第 36 页。

行实质审查，不仅增加审查的难度与成本，还未必能保证审查结果的正确性。因此若能保证在立案审查阶段只进行形式审查，不仅符合程序正义的精神，也会给起诉者带来更多的程序公正感，从而维护社会稳定、树立司法权威。

（三）科学、合理设置诉讼要件

程序的重要性不仅在于能够保证实体公正，还在于它能够增强司法制度抵抗外部压力的能力。社会转型和利益多元注定了行政纠纷的解决方式是多元化的，而司法仅仅是平衡社会利益关系、化解社会矛盾的救济途径之一。社会转型期出现的种种社会矛盾，并非都能够转化为法律问题，司法并不是无所不能的。我们必须克服"司法万能"的倾向，绝不能将所有社会矛盾都转化为司法矛盾，也不能将所有社会压力完全转化为司法压力。不承认司法的这种有限性，就不能客观全面地认识人民法院的职能作用，就可能给司法工作带来负面影响。行政诉讼的这种"形式化"起诉条件的制度设计需要有诉讼要件（诉的合法要件）审理制度相配合，否则必然会导致诉权的滥用、裁判的非实效性，甚至可能加剧司法矛盾、损害司法权威、给法院带来灾难性后果。但设置诉讼要件的目的并非为了防止滥诉，控制不合法的诉进入案件实体审理程序，而是为了界定行政审判权对行政权干预的广度、深度和时间长度，以便于行政审判权在其权限范围内能切实有效地保障和救济当事人的实体权益。

我国现行法律规定的起诉条件既包含了起诉要件，又包含了诉讼要件。起诉要件，又称诉的成立条件，当事人提交的诉状满足起诉要件，诉就客观存在，该案件得以系属法院。对于起诉要件往往只需进行形式审查即可判断。诉讼要件，又称诉的合法要件，当事人满足诉讼要件，意味着诉由成立变为合法，从而获得"法院就诉讼请求的正确与否进行审理、裁判"的权利。① 诉讼要件一般需要进行实质审查才能判断。我们要区别对待起诉要件和诉讼要件的审查阶段。前者关系到一个诉能否进入法院，所以放在立案阶段进行核查；后者关系到一个诉能否

---

① 参见［日］中村英郎：《新民事诉讼法讲义》，陈刚等译，法律出版社 2001 年版，第 53 页。

进入法庭予以实体审理,所以要放在庭前准备阶段予以审查。因为诸如当事人适格、是否属于法院受案范围、是否违反"一事不再理原则"的审查往往涉及实体问题和专业性问题,需要由具备专业知识的法官,并在双方当事人都在场且有言辞辩论的情况下才能审查清楚。只有厘清了不同要件的界定和审查时间,我们才能对当下法律规定的起诉条件予以剖析,剥离出其中需要进行实质审核的内容,从而明确我国立案登记制形式审查的标准。

1. 一般诉讼要件

我国诉讼法具有大陆法系的特点,我们可以借鉴大陆法系关于行政诉讼的诉讼要件的立法规定,将行政诉讼的诉讼要件分为一般诉讼要件与特别诉讼要件。一般诉讼要件,是指所有行政诉讼案件都必须具备的要件。特别诉讼要件,是指不同类型的行政诉讼需要具备某些特定的要求。作为诉的合法要件,行政诉讼具有与民事诉讼相同的一般诉讼要件。

(1)关于法院的诉讼要件

第一,法院对案件需有审判权,即被诉行政行为属于行政诉讼受案范围。这在诉讼法上称为属于法院的主管,若被诉行政行为不属于法院的受案范围,法院就无权对该争议进行裁判。行政诉讼受案范围界定了行政审判权干预行政权的广度,学术界与实务界都在呼吁要扩大行政诉讼的受案范围。《行政诉讼法》(2014年)第12条的规定也确实扩大受案范围,将行政机关侵犯公民、法人或者其他组织依法享有的土地、矿藏、水流、森林、山岭、草原、荒地、滩涂、海域等自然资源的所有权或者使用权,行政机关侵犯农村土地承包经营权,行政机关违法集资、征收征用财产、摊派费用,行政机关没有依法支付最低生活保障待遇或者社会保险待遇等纳入受案范围。扩大受案范围一定要审慎,扩大受案范围的本意是为了将更多的行政纠纷纳入法院司法审查的范围,但如果将法院目前没有能力或根本不适合由法院解决的行政纠纷纳入受案范围,不仅不能使相对人的权益得到救济,反而会使法院陷入非常艰难的境地。

第二,法院须有管辖权。对案件有管辖权是法院行使审判权进行裁判具有正当性的基础。此种管辖权要件,是指符合地域管辖、级别管辖、专属管辖等国内管辖权要求。①《行政诉讼法》（1989 年）规定，基层人民法院管辖第一审行政案件。为了解决行政案件审理难问题，减少地方政府对行政审判的干预，在总结现行做法的基础上，根据党的十八届三中全会关于探索建立与行政区划适当分离的司法管辖制度的精神，《行政诉讼法》（2014 年）在管辖部分增加规定：一是高级人民法院可以确定若干基层人民法院跨行政区域管辖第一审行政案件②；二是对县级以上地方人民政府所作的具体行政行为提起诉讼的案件，由中级人民法院管辖③。

（2）有关当事人的诉讼要件

第一，双方当事人应具有当事人能力。

第二，原告和被告，须有诉讼行为能力，原告没有诉讼行为能力时，需通过其法定代理人代为进行诉讼行为。

第三，若诉讼由诉讼代理人代为进行，则代理人的代理权必须符合法律规定。

第四，当事人适格。《行政诉讼法》（1989 年）关于原告资格的规定比较原则，实践中，有的将行政诉讼原告仅理解为具体行政行为的相对人，排除了其他利害关系人。《行政诉讼法》（2014 年）第 25 条明确行政行为的相对人以及其他与行政行为有利害关系的公民、法人或者其他组织，有权作为原告提起诉讼。《行政诉讼法》（2014 年）第 26 条进一步明确被告资格。一是复议机关在法定期

---

① 行政诉讼几乎不存在涉外管辖的问题，依《行政诉讼法》（2014 年）的规定，管辖法院为被告行政机关所在地法院，被告行政机关肯定是我国的行政机关，因此，一般管辖不可能涉外。但在特殊地域管辖中，涉及被诉行政行为限制行政相对人人身自由的，可由被告所在地、原告住所地、原告经常居住地、原告被限制人身自由地法院管辖，被告所在地与原告被限制人身自由地肯定在中华人民共和国领域内，但若被限制人身自由者是外国人和无国籍人，原告住所地或原告经常居住地就有可能涉外了，对于这一问题，目前尚没有研究。行政诉讼涉及的不是当事人之间的私权纠纷，而是公权力纠纷，被告不是私主体，而是公权力主体，显然让中国的行政机关到国外参加诉讼是不可能的事情，在理论上也是说不通的。所以，我国行政诉讼法没有涉外管辖的规定。但依特殊地域管辖的规定以及选择管辖的规定，显然是有涉外管辖存在之可能，因此，笔者建议在选择管辖中，规定一但书，当事人涉外的除外。

② 《行政诉讼法》（2014 年）第 18 条第 2 款。

③ 《行政诉讼法》（2014 年）第 15 条。

限内未作出复议决定，公民、法人或者其他组织起诉原行政行为的，作出原行政行为的行政机关是被告；起诉复议机关不作为的，复议机关是被告。二是行政机关职权变更的，继续行使其职权的行政机关是被告。

（3）有关诉讼标的的诉讼要件

第一，对同一诉讼不得有重复的诉讼系属。此种情形若有发生，为防止重复诉讼和矛盾判决，按我国现行行政诉讼法的规定，后诉法院应将案件移送至先收到起诉状的法院。

第二，对同一诉讼不得有前诉生效裁判既判力的约束。

第三，当事人对诉讼标的具有诉的利益。诉的利益是指当事人具有权利保护的利益或必要。

2. 特别诉讼要件

行政诉讼的特别诉讼要件，是指不同类型的行政诉讼需要具备某些特定的要求。这需要有行政诉讼类型制度与之相配套，在各类型的行政诉讼中单独规定。行政诉讼的诉讼类型主要包括撤销诉讼、给付诉讼（又包括课予义务诉讼与一般给付诉讼）以及确认诉讼。

撤销诉讼的特别诉讼要件包括：①被诉行政行为存在；②原告须主张被诉行政行为违法并损害其权利或法律上利益；③须经行政复议而未获救济；④须于法定期间内起诉。

课予义务诉讼的特别诉讼要件为：①原告所申请的应是要求行政机关履行法定职责；②被诉行政机关在法定期间内应作为而不作为（怠为处分之诉）或被诉行政机关作出拒绝原告申请之意思表示（拒绝申请之诉）；③须先经行政复议程序；④原告须主张损害其权利或法律上利益。

一般给付诉讼的特别诉讼要件为：①给付是因公法上的原因发生的；②限于财产上的给付或请求履行法定职责以外的其他非财产上的给付；③须主张行政机关违反给付义务损害了原告的权利；④不属于可在撤销诉讼中并为请求的给付。

确认行政处分无效之诉的特别诉讼要件包括：①确认的对象须为无效或违法的行政行为；②须经行政程序，即须已向原处分机关请求确认无效未被允许，或经请求后在法定时间内未作答复；③须有即受确认判决之法律上利益。

确认法律关系存否之诉的特别诉讼要件包括：①确认对象须为公法上法律关

系成立或不成立；②须有即受确认判决之法律上利益；③须已不得提起撤销诉讼。

（四）立案时应审查的条件与方式

在确定立案登记制形式审查的标准时，要充分考虑制度的目的和政策的导向。第一，基于最大程度保护当事人诉权的目的，我们要尽量放宽形式审查的标准，对于涉及实体审查的内容，一律放在立案后的庭审阶段予以审查。第二，基于"立审分离"的导向，对一些涉及专业性的问题不宜由立案庭进行审查。第三，基于贯彻《若干意见》的要求，坚持形式审查，而不管提供的材料依据是否充分、事实是否清楚、证据是否确凿、法律关系是否明确。以这三个因素为出发点，我们可以明确在立案时应审查的条件。

对于《行政诉讼法》第49条中"有明确的被告""有具体的诉讼请求和事实根据""属于受诉人民法院管辖"，以及《行诉解释》和《若干规定》规定的"法定复议前置""是否超过法定起诉期限"这几个条件，属于起诉要件，不需要进行实质审查，因此应当放在立案阶段进行审查。根据《若干规定》的相关条文，在具体操作中，有以下几点要求。第一，正如日本将起诉状的内容区分为必须记载事项和任意记载事项，其中职业，年龄，住址属于任意记载事项。① 即使原告没有提供被告的地址，只要原告提供被告的名称等信息足以使被告与其他行政机关相区别，就认定满足"有明确的被告"。第二，只要原告的诉讼请求符合《行诉解释》第68条规定的类别，就认定满足"有具体的诉讼请求"，对于诉讼请求不符合法律规定的类型，比如原告请求法院对被告进行行政处罚或确认行政工作人员的行为构成犯罪，这种情况下法院应给予释明。当事人坚决不修改的，就应裁定不予立案。第三，只要原告提供的材料能证明被诉行政行为或者不作为存在，而不必要求原告提出的案件事实达到支撑自己诉讼请求的程度，就认定满足"有事实依据"。第四，审查管辖权时，如果发现没有管辖权的，应当告知当事人向有管辖权的人民法院起诉。第五，审查是否属于复议前置时，不得滥用权

---

① 参见王天华：《行政诉讼的构造：日本行政诉讼法研究》，法律出版社2010年版，第42页。

力，"对于不属于复议前置的案件，人民法院不得以当事人的起诉未经行政机关复议为由不予立案或者不接收起诉材料"。第六，审查是否超过起诉期限的，"人民法院应当进行认真审查，确因不可抗力或者不可归责于当事人自身原因耽误起诉期限的，人民法院不得以超过起诉期限为由不予立案"。

对于原告适格、受案范围、重复起诉这三个条件，因为属于诉讼要件，涉及实质审查，因此应当放在立案后、开庭审理前的庭前准备阶段审理。但这并不意味着对这三个条件在立案阶段不进行任何审查。根据形式审查的特征，我们认为实践中应当这样操作。

首先，将审查原告与被诉行政行为是否存在利害关系改为审查原告的必要信息是否齐全，以及原告是否与被诉行政行为存在联系。这种联系达到事实上存在联系的程度即可，无须审查是否存在法律上的联系，如果很明显原告与被诉行政行为不能产生任何交集，自然不能予以立案。关于原告的必要信息，如果是公民，要求写明身份证上的信息以及联系电话；如果是法人或其他组织，需要写明名称、地址、法定代表人、联系方式。虽说当今学术界普遍认为原告资格是诉讼要件的范畴，但在 20 世纪的美国曾对原告资格划分为诉讼要件还是本案要件进行过争辩，但最终确定归属于诉讼要件。1968 年"弗拉斯特诉科恩"（Flast z. Cohen）案指出"原告资格的基本要件是，它关注的是将其诉状提交联邦法院的当事人，而不是当事人希望裁判的纠纷"。① 美国学者凯文·科伊尔也认为原告身份"限制联邦法院对案件或争议的管辖权"，只是作为诉讼要件而存在。②

其次，审查被诉行为是否属于行政诉讼的受案范围时，应当完全贯彻形式审查，除了《行政诉讼法》第 13 条规定的 4 种不予立案的情形，以及《关于人民法院推行立案登记制改革的意见》中强调的不予立案的情形，对其他情形是否属于受案范围的判断不应放在立案阶段。即立案庭只有发现起诉事项属于国家行为、规范性文件、内部行政行为、行政机关终局裁决行为、涉及危害国家主权和领土完整、危害国家安全、破坏国家统一和民族团结、破坏国家宗教政策时，才

---

① 参见 Steven L. Winter：The Metaphor of Standing and the Problem of Self-Governance，载 Stanford Law Review1988 年第 6 期第 40 卷，第 1392 页。

② 参见 Kevin A. Coyle：Standing of Third Parties to Challenge Administrative Agency Actions，载 California Law Review1988 年第 76 期，第 1061~1062 页。

能以不属于受案范围为由裁定不予立案。对于《行诉解释》中规定的 10 种不属于受案范围的类型，不能通过形式审查判断是否属于受案范围，因此要放在立案后的阶段审查。如公安机关实施的行为属于行政行为还是依照刑事诉讼法的明确授权实施的行为，行政机关作出的行为是否属于重复性行为、过程性行为、监督性行为、不具有外部效力的行为，这些情形往往通过形式审查难以辨别，需要通过实质审查才能作出判断。

最后，审查是否构成重复起诉时，除非两次起诉的当事人、事实依据、诉讼请求完全一致，否则就应当先登记立案。

综上，我们可以得出这样的结论。立案登记制形式审查的标准应该界定为：第一，存在两造当事人。当事人与案件事实存在一定联系；第二，有案件事实，案件事实表明有一个行政纠纷；第三，有诉讼请求，诉讼请求在《行政诉讼法》中有明文规定；第四，案件不属于"国家行为、规范性文件、内部行政行为、行政机关终局裁决行为等"这几类情形；第五，案件属于人民法院管辖；第六，属于法定复议前置的案件已经经过发复议；第七，起诉没有超过法定起诉期限。

三、确立行政内救济先行原则

在设置行政诉讼的特别诉讼要件时，几乎强调要先经过行政复议程序或先经行政程序由行政机关处理。

社会中存在一类制度或习俗，作为解决社会冲突的手段，能为社会或群体成员提供某些正常渠道，将平时积蓄的敌对、不满情绪及个人间的怨愤予以宣泄和消除，从而在维护社会和群体的生存、维持既定的社会关系中，发挥"安全阀"一样的功能。① 行政诉讼制度就是这样的一类制度。人们相信"可以期待纠纷根据权威的判断得到解决，不过在现实中的许多情况下，法官虽然作出了决定，然而纠纷也不能就此得到解决"。② 行政诉讼尤其如此。

《行政诉讼法》（2014 年）第 4 条虽然规定："人民法院依法对行政案件独立

---

① 刘泽君：《合理与现实——社会学基本理论》，学苑出版社 1998 年版，第 16 页。
② ［日］棚濑孝雄：《纠纷的解决与审判制度》，王亚新译，中国政法大学出版社 1994 年版，第 1 页。

行使审判权，不受行政机关、社会团体和个人的干涉。"但现实中，司法权无法与掌握各种资源支配权的行政权相抗衡。这样就造成了法院怕得罪行政机关的局面。并且，作为被告的行政机关往往也不把法院放在眼里，甚至发生被告在诉讼中拘捕原告，被告公开刁难报复法院、约束法官行动自由等现象。① 换言之，行政诉讼法能否顺利实施对被告有严重的依赖性。因为即使法院依法对行政争议作出裁判，如果没有上级领导的支持，行政官员很少有动力以牺牲自己的利益为代价来执行法院的裁判。同时，行政案件具有很强的专业性，行政纠纷的处理有时须依赖于行政管理经验和行政技术专长，这也是法官所缺乏的。由此可见，行政诉讼作为行政纠纷的解决途径，是有局限性的。如果不考虑这一点而将案件纳入司法途径中来，最终解决不了纠纷。这不仅消解了司法权威，也使合法性危机加速上移，带来了更深层次的社会治理危机。法院不能包打天下，行政诉讼当然也不能包治百病。如果看不到行政诉讼制度固有的局限，一味地放宽诉讼要件，让法院解决所有的行政纠纷，那么，反而可能会挫伤行政诉讼的功能。②

"司法不是万能的。司法只是解决社会问题的多种途径之一种，不可能解决所有社会问题。司法是社会问题的一种法律解决途径，它只能解决法律范围内的问题，不属于法律的问题，司法是无能为力的。将不适宜司法解决的问题交给司法解决，不仅不利于该问题的公正而有效率的解决，而且也是一种司法资源的浪费，损害其他需要获得司法保护的人权要求。"③ 由此，行政争议的解决不能够完全依赖单一的司法救济途径。随着现代行政法的发展，世界各国越来越重视通过行政程序解决行政纠纷和实施行政救济。将行政内救济作为行政纠纷解决的主渠道，已成为一种世界性经验。在英美法系，如美国、我国香港特别行政区，提起司法审查都要遵循穷尽行政救济原则；在大陆法系，如德国、日本、我国澳门特别行政区，提起撤销诉讼、课予义务诉讼之前都要先经过行政复议程序。

在一定范围内建立行政内救济先行原则，使一部分行政案件，必须经过行政

---

① 张志勇：《试析我国行政诉讼的现状与对策》，载《行政法学研究》1995 年第 4 期。

② 何海波：《行政诉讼法》，法律出版社 2011 年版，第 28 页。

③ 喜子：《反思与重构：完善行政诉讼受案范围的诉权视角》，载《中国法学》2004 年第 2 期。

复议或行政裁决，才能向人民法院提起行政诉讼，这样可以使一些在行政诉讼过程中无法解决的案件，尽可能地在行政复议程序中加以解决，从而根本上使公民权利得到切实有效的保护。行政内救济先行原则，是指当事人在寻求司法救济之前，应当先利用行政内部存在的、最近的和简便的救济手段，司法应当是纠纷解决的最后一道防线，不应当是纠纷解决的第一道防线。这一原则存在的目的，在于避免司法程序不必要和不合时宜地干预行政程序。它的基本作用在于保障行政机关的自主和行政审判权的有效执行，避免法院和行政机关之间可能产生的矛盾。①

行政内救济先行原则，也称之为行政复议前置原则。我国并没有规定行政复议前置原则，只是在单行的法律、行政法规当中规定了某些案件属于行政复议前置的范围。行政复议前置，是指根据法律、行政法规的规定，公民、法人或其他组织对行政机关作出的行政行为不服，必须先向行政机关申请复议，经过行政复议以后，对于行政复议机关作出的行政复议决定仍然不服的，才能向人民法院提起行政诉讼，而不能直接向人民法院提起行政诉讼。行政复议前置是长期实践经验的积累，有其自身的优势。第一，有利于发挥专业优势。目前法律行政法规设定的复议前置情形，大多具有专业性强、涉及面广的特点，能够充分发挥行政复议机关的专业优势，更为有效地监督专业性较强的行政执法行为。第二，有利于提高争议解决效率。能够有效发挥行政复议高效便捷灵活的救济特点，运用多种手段规范行政行为，减少当事人的诉累，减轻救济成本，提高救济效率。第三，有利于缓解诉讼压力。复议前置类案件往往是专业领域的技术性问题，或者社会影响较大，法院处理并不具有优势，复议前置有利于让法院集中精力办理涉及法律适用等方面的疑难问题。②

哪些案件应纳入复议前置程序范围内？对于因农村土地征收、城市房屋拆迁、企业改制、劳动和社会保障、资源环保等社会热点问题引发的群体性、敏感性行政争议可以确立行政内救济先行原则，即司法实践中，进行选择性立案时被

---

① 张正钊、韩大元主编：《比较行政法》，中国人民大学出版社1998年版，第757页。
② 江必新主编：《中华人民共和国行政复议法条文解读与法律适用》，中国法制出版社2023年版，第64~65页。

立案审查拒之门外的案件。因为群体性、敏感性行政争议是多中心的问题，它并不适合用司法来解决。① "群体性纠纷除具有通常意义上的权利救济需求外，还有政治性、政策性等特点，当事人利益冲突激烈，法律界定不清或难以界定；案件处理对社会生活有较大冲击，社会敏感度高而备受公众瞩目；案件处理的结果关系到社会管理秩序、经济秩序的稳定与良性发展。"② 鉴于群体性纠纷的特点及处理结果对社会的重要影响，这类纠纷应合理解决，但该类纠纷的解决要求法院至少具备以下两方面的能力：一是需要具备很强的资源配置能力，这种资源配置不仅仅局限于对现有利益格局的调解，而是需要具备从系统外获取资源的能力；二是需要在纠纷解决机制中处于主导或者优势地位，因为只有处于主导或者优势地位，才能够在最大程度上充分调动各方的资源。③ 法院作为裁判机关，只有对存量资源的配置进行调整的能力，但没有直接的资源"增量"能力，而目前的纠纷解决，尤其是群体性纠纷，往往需要资源的"增量"而非存量资源在配置上的调整。从纠纷解决实践来看，大部分群体性的、非常规性纠纷的解决，都是通过资源增量来满足诉求。④ 所以，针对群体性纠纷，如果法院迫于压力介入，无论怎样处理都会惹出更大麻烦，引发更多争议和纠纷，而政府却因此回避了自己理应承担的政治责任。司法是正义的最后一道防线，并不是第一道防线。

2023 年 9 月 1 日修改的《行政复议法》为了强化行政复议吸纳和化解行政争议的能力，扩大了行政复议的前置范围。明确了对行政主体当场作出的行政处罚决定、侵犯行政相对人已经依法取得的自然资源相关的权利、未履行法定职责，不予公开政府信息等行为不服，应当先申请行政复议。此次扩大的行政复议前置范围，强调的是专业性行政案件以及过于简单不值得动用司法资源的行政案件。对于群体性、敏感性这类法院没有能力处理或者处理效果不理想的案件，还

---

① 汪庆华：《政治中的司法：中国行政诉讼的法律社会学考察》，清华大学出版社 2011 年版，第 148 页。

② 杨力：《司法多边主义——以中国社会阶层化发展趋势为主线》，法律出版社 2010 年版，第 114 页。

③ 王禄生：《地位与策略："大调解"中的人民法院》，载《法制与社会发展》2011 年第 6 期。

④ 龙宗智：《关于"大调解"和"能动司法"的思考》，载《政法论坛》2010 年第 4 期。

是没有涉及。

四、完善起诉权的救济制度与其他保障制度

（一）完善起诉权的救济制度

根据《行政诉讼法》（1989 年）的规定，法院对起诉权的审查有三种结果：一是符合起诉条件的，立案；二是原告起诉后，法院经审查认为不符合起诉条件的，裁定不予受理；三是立案后发现不符合起诉条件的，裁定驳回起诉。法律规定了对起诉权的救济方式，即不服不予受理和驳回起诉的裁定，当事人有权提起上诉。但现实中，法院在立案方面存在司法不作为的情形：一是法院对当事人的起诉不予理睬，对当事人的起诉状不予接收；二是法院对当事人的起诉，口头告知不予受理，拒绝出具书面裁定；三是法院对当事人的起诉状接收后，在法定期限内既不立案，也不裁定不予受理。上述司法不作为的情形都属于法院在立案程序不履行或不当履行法定义务，既违反了行政诉讼法的规定，又剥夺了当事人对不予受理提起上诉的权利，实质上侵害了当事人的起诉权。

为了保障当事人对不予受理的上诉权，《行政诉讼法》（2014 年）第 52 条规定："人民法院既不立案，又不作出裁定书，当事人可以向上一级人民法院起诉。上一级人民法院认为符合起诉条件的，应当立案、审理，也可以指定其他下级人民法院立案、审理。"该规定既规定了对起诉权的救济措施，又规定了审理问题。这是专门针对有些法院在法定期限内既不立案又不作出裁定的错误做法而规定的，目的在于为起诉人提供救济途径，有利于解决有些受诉法院因担心当事人上诉而不作裁定的问题。

（二）完善妨害起诉的责任制度

当事人在诉讼中滥用诉讼权利或实施了妨害诉讼的行为，会受到法律的规定。司法实践中，法院在立案方面的司法不作为属于法院在立案程序不履行或不当履行法定义务，是违反行政诉讼法规定的违法行为，应当追究责任。《行政诉讼法》（2014 年）第 51 条第 4 款明确了人民法院未履行相应义务的责任。规定如果受诉法院不接收起诉状、接收起诉状后未出具书面凭证，或者未一次性告知

当事人起诉状应补正的内容，当事人可以向上级法院投诉，上级法院应当责令改正，并对直接负责的主管人员和其他直接责任人员依法给予处分。《人民法院审判纪律处分办法（实行）》第 22 条规定："违反法律规定，擅自对应当受理的案件不予受理，或者对不应当受理的案件违法受理，给予警告至记大过处分。私自受理案件的，给予记大过至撤职处分。因过失致使依法应当受理的案件未予受理，或者对不应当受理的案件违法受理，造成严重后果的，给予警告至记大过处分。"最高人民法院《人民法院审判人员违法审判责任追究办法（实行）》将违法受理纳入追究范围，其第 5 条规定："违反法律规定，擅自对应当受理案件不予受理，或者对不应当受理的案件违法受理，或者私自受理案件的。因过失致使依法应当受理的案件不予受理，或者对不应当受理的案件违法受理，造成后果的。"第 32 条规定了违法审判的责任方式："对责任人的追究，应当根据违法行为的具体情况确定：情节轻微的，责令有关负责人作出检查或者通报批评；情节较重，应当给予纪律处分的，依照《人民法院审判纪律处分办法（实行）》给予相应的纪律处分；有犯罪嫌疑的，移送有关司法部门依法处理。"

上述规定的"处分"虽属法院内部行政处分，但也能给法官造成某些负面影响。因而，对于法院侵害当事人起诉权的行为，能够起到一定的震慑作用，从而保障当事人的起诉权。

（三）贯彻落实司法救助制度和法律援助制度

司法救助制度，是指人民法院对向法院提起诉讼、经济确有困难的当事人实行诉讼费用的缓交、减交、免交的制度。在现代法治国家，当事人依法获得司法保护是一项宪法性权利，而保证经济确有困难者也能有机会平等地利用司法程序在本质上是一种国家责任。在国家实行"有偿诉讼"制度的情况下，为了确保经济确有困难的当事人能够行使起诉权，进行诉讼，保障其合法权益，应当建立并贯彻落实司法救助制度。国务院公布的 2007 年 4 月 1 日施行的《诉讼费用交纳办法》对司法救助做了较为详细的规定。

法律援助是指国家为了保证法律赋予公民的各项权利在现实生活中切实得以实现，对需要法律救济，但因经济困难无力支付法律服务费用的当事人以及某些特殊案件的当事人，提供免费法律服务，以保障其合法权益得以实现的一种法律保障制度。法律援助是政府的责任，由司法行政部门监督管理法律援助工作，并根据需要确定法律援助机构，律师协会对法律援助工作予以协助，社会团体、事业单位等社会组织可以利用自身资源为经济困难的公民提供法律援助。国务院制定的 2003 年 9 月 1 日施行的《法律援助条例》对法律援助进行了较为详细的规定。

在行政诉讼中，贫困虽不是当事人"起诉难"的原因，但从制度设计上来说，制度应当保障所有人的起诉权。对贫困的当事人，因经济能力无法实施起诉权的当事人，法院应当为其提供司法救助，不能因为经济能力的问题，使当事人无法行使起诉权。必要时，法院还可以将贫困当事人的信息转发给司法行政机关，建议司法行政机关为其提供法律援助，这都是保障贫困的当事人能够有效行使起诉权。让所有人都有接近司法、接近正义、平等地利用司法制度的机会。

第三节　我国网上立案完善建议

在当今信息化时代背景下，传统诉讼方式面临着巨大挑战，网上立案系统的出现为我国法治建设提供了全新的思路。网上立案在有效分散司法负担的同时，能够更好地保障当事人诉权，有利于实现诉讼制度的标准化、程式化，使立案过程公开透明，从而提高司法公信力。在网上立案系统的发展过程中，全国各级法院积极参与其中，纷纷投入大量人力、物力，切实推进网上立案系统建设进程。在此期间，不少地区网上立案系统已基本成型，少数地区还发展出具有一定先进性的自身特色，标志着我国网上立案制度发展已取得阶段性成果。但在实践过程中，用户仍在某些方面感到不便，说明我国网上立案系统建设依然任重而道远。随着互联网技术的持续进步以及依法治国基本方针的深入落实，我们有理由相信，在不久的将来网上立案定会为我国司法建设添上浓墨重彩的一笔。

一、依法治国背景下网上立案蓝图构想

针对新时代人民群众多元司法需求，法院要进一步转理念、转模式、转作风，推动实现"走在前列、全面开创"的目标要求。2017 年 5 月 11 日最高人民法院院长周强在第四次信息化工作会议上明确了智慧法院的概念：智慧法院是依

托现代人工智能，围绕司法为民、公正司法，坚持司法规律、体制改革与技术变革相融合，以高度信息化方式支持司法审判、诉讼服务和司法管理，实现全业务网上办理、全流程依法公开、全方位智能服务的人民法院组织、建设、运行和管理形态。

网上立案是智慧法院建设的重要组成，我们从网上立案系统使用者、操作者的角度，构建一幅网上立案系统的蓝图，在我们看来，网上立案的信息化蓝图主要包括四方面，即真实有效，使其有与线下立案相同的体验感与法律效力；全面覆盖，促进信息系统互联互通；稳定智能，充分运用大数据、人工智能等先进技术进行开拓创新；便民高效，让人民群众能够充分利用科技方便生活。以这些理念优化司法资源的配置，引导诉讼主体立案观念转变，建立安全、真实、稳定、便民、高效的网上立案制度，即在使用网上立案系统时既保障使用者的诉权与信息安全，又防止使用者滥用诉讼权利①，提起虚假诉讼，使用网上立案系统过程享有便捷流畅的体验感。

（一）真实有效

真实有效是网上立案信息化的必要条件。若想充分发挥网上立案系统的实用价值，使其在实践中得到广泛的运用，必须明确网上立案的性质、定位及法律效力。网上立案是在我国立案登记制背景下利用互联网信息技术对立案方式的拓展，是线下立案在线上的延伸，不应仅仅将其作为现场立案的辅助工具，当事人通过网上立案系统所提交的诉讼材料应具有与现场立案相同的法律效力，只有确保当事人在网上立案时能体验到与线下立案一样的真实感，如民事案件在网上立案前也可以进行诉前调解，在网上立案时有智能答疑等人性化功能，同时在立法上又保障其与线下立案有相同的法律效力，才可以增加当事人对网上立案系统的信赖度，使网上立案在实践中得到更好的施行与发展。

（二）全面覆盖

全面覆盖是网上立案信息化的基本要求。一方面要求全国所有法院都能实现

---

① 林至铭、罗莎、陈菲：《立案登记，伸张公民诉权》，载《浙江人大》2015 年第 5 期。

网上立案，但在我国地区发展不平衡的情况下，东部地区网上立案发展较为成熟，中西部地区相较而言还存在不足，创新地区帮扶机制则会有效解决地区发展不均衡的问题，可以采用点对点的帮扶机制，或者针对中西部地区欠缺的方面，相应方面完成得较好的东部地区可以一对一地帮扶，提高效率，以此实现网上立案的信息化蓝图；另一方面所有案件类型都可以实现网上立案，目前我国多数地区的网上立案系统的立案范围限于民事诉讼，只有少数地区可以进行行政及刑事诉讼的网上立案。并且随着我国司法发展的不断深化，出现了越来越多解决纠纷的模式，诉前调解以及仲裁方式等可以分散司法负担，网上立案系统可以吸收这些方式，真正做到让网上立案成为立案程序在互联网上的延伸，实现网上立案的全面覆盖。

（三）稳定智能

稳定智能是网上立案信息化的发展目标。理想的网上立案系统首先应做到安全稳定，即重视数据的安全保障，保证用户的隐私和相关司法信息不被泄露。第一，在立案的起始环节，系统会强制当事人进行人脸验证和身份信息比对，符合条件者才可以进入下一环节，同时建立相应的预防和惩戒机制，防止虚假诉讼和恶意诉讼。第二，系统会提高自身网络的安全级别，安排专业人员对系统进行定期升级维护，及时更新信息，发现漏洞，杜绝信息数据泄露的可能性。第三，组建法院自己的专门的科研队伍来进行开发研究，既可完善各个程序框架下的内容构建，又避免了提供智能技术的第三方带来的信息泄露的隐患。第四，网上立案系统在 PC 端和公众号、小程序以及手机 APP 等各个渠道可流畅切换，信息互联互通，构建一个程序流畅，用户体验良好，安全稳定的网上立案系统。

互联网智能性体现在网络立案的各个流程。首先网上立案系统应当立足于5G 新技术的应用，打通更多立案平台。其次，针对专业知识薄弱的当事人，网络立案可实现各步骤智能视频指导，视频模拟立案，使当事人在立案的各个环节都得到有效便捷的指导。最后，智能机器答疑会覆盖网络立案的每个流程，针对当事人提出的法院管辖、案件类型、诉费计算等问题进行智能化解答，真正做到便民利民。

（四）高效便民

高效便民是网上立案信息化的显著优点。网上立案的目的就是方便群众，提高司法效率。而在网上立案的过程中，注册信息等环节较为烦琐，给当事人带来了极大的不便，随着我国近年来网上实名认证的不断发展，人民群众常用的微信支付宝等账号都进行了实名认证，在网上立案的注册环节中利用微信支付宝等账号登录将会方便当事人，提高立案效率。便民不仅体现在注册等环节，人性化设计也是必不可少的一部分：在立案过程中为当事人提供可视化流程图或视频指导；根据当事人的阅读习惯自由调节合适的阅读模式；针对少数民族提供自动的翻译或者部分文字的解释等都体现着网上立案的便民性。

二、网上立案便民性提升的建议与对策

网上立案的便民性是司法便民的有效措施，体现了对"司法为民"宗旨的践行。司法为民是在改革开放以来我国政治、经济、文化发生深刻变化的时代背景下"立党为公、执政为民"基本理念的基础上提出来的，是时代对构建现代司法体系提出的本质要求，是人民法院开展司法活动的根本宗旨。从本质上来说，司法为民这一思想的践行，最为关键的是解决人民群众最关心的、与人民群众切身利益关系最为深刻的问题。司法为民决定了一切司法活动的着力点，就是要在保护好、实现好最广大人民的根本利益上下大功夫，坚持司法为民，必须在工作措施上尽力体现司法利民。[1] 智慧法院建设网上立案创新了立案的方式，迎合了信息化时代人民群众对高效、便捷的司法服务的需求，同时在减少当事人诉讼成本上也起着积极的作用，这正是从广大人民群众的需要和利益出发，贯彻落实司法为民的良好体现。但这并不意味着当下网上立案系统已经尽善尽美，在实践运行中它还存在着与民众司法需求并不相适应的地方，加之社会关系和人们的需求会随着时间的沉淀、时代的变化而改变。因此，网上立案便民性的提升势在必行。

---

[1] 江必新：《论司法为民的内涵及其实践》，载《人民司法》2005 年第 3 期，第 18~21 页。

（一）统一网上立案系统

首先，促进省内三级人民法院立案系统的统一，再推动全国范围网上立案的统一；其次，促进网页端和微信端账号与信息的互联互通；最后，推动各立案系统在立案要求上统一。我国各地区法院的网上立案系统应做好信息互通，在确保网上立案系统能在所有主流浏览器上正常运行的基础上，建立统一的网上立案系统，做到一个账号在同一地区范围内所有终端都能通用，所提交的材料在同一地区不同管辖权法院的网上立案系统之间能够灵活转移。形成全国统一的立案系统是网上立案系统建设的理想形态也是最终形态。因全国立案统一涉及到行政、经济、技术等多方面的因素，单靠地方法院的努力是不可能实现的，所以只能由最高人民法院自上而下地进行统筹安排。就当前网上立案建设现状来看，网页端网上立案的统一可以通过借鉴不同省份立案系统的优势建立一套全国统一的网上立案系统或者是建立集中各地网上立案服务平台的信息网站，通过该网站端口的链接可以直达案件管辖法院的网上立案系统。在网页端和微信端的账号与信息的互通上，部分法院已经实现两个端口的信息互通，其他法院在网上立案建设的完善中也应当逐步开通，为当事人提供便利的立案服务。为实现网上立案要求的统一，仅靠各地法院的自主建设是无法实现的，因此需要由最高人民法院根据各地的建设情况和当事人使用的反馈情况出台统一规范的文件对网上立案在信息、材料等内容、形式要求作出基本性规定，才能达到不同的网上立案系统对信息、材料等有原则性的把握，从而促进立案要求的统一。

（二）优化立案系统的便民性

第一，优化网上立案系统设计。

优化网页版面设置，突出网上立案端口，使网页内容更加简洁，更好地引导当事人操作进入网站后的一系列立案程序。网页上出现的法律名词通俗化，以视频、漫画或通俗易懂的语言、案例等多种方法对一般民众难以理解的法律用语进行解释，使之便于用户理解，让网上立案系统真正地走入群众生活，解决群众问题，同时缓解线下法院立案的压力。加强网页管理，及时清理网站信息，及时更新法律条文与指导立案程序的法律文本，减少当事人因网页内容滞后而理解错误的可能性。

　　减少网上立案的形式限制，疏通立案各环节。在用户注册方面应将便捷性与安全性结合，从身份验证环节增设自动检查功能与人脸识别功能，填入个人信息时，若有格式或内容的错误，自动弹出提醒窗口，及时提醒注册人更正信息，人脸识别可以确保是注册人本人操作，避免身份信息被他人盗用。可在游客模式下增加更多服务功能，如诉讼费用计算工具等，方便使用者在未注册时体验到更多功能。关于立案范围，个别地区应将网上立案范围由民事诉讼扩展到民事诉讼、行政诉讼、刑事自诉案件，拓展网上立案的范围，真正体现网上立案的价值。上传立案材料时，减少对文件类型及规格的限制，被告身份信息只需填写其姓名与电话，允许当事人提供多样的材料供审核。同时，要加强对所上传材料的审核，确保立案申请人与实际操作人为同一人，防止虚假诉讼和恶意诉讼。建立及时反馈与线上补交材料机制，提交立案材料后，法院须在一定时间内作出反馈并送达，方便当事人及时补交相关材料，提高立案效率。

　　第二，丰富和拓展立案指导的形式。立案毕竟是严肃的、专业性强的法律活动，当事人初次接触时可能会觉得难懂，容易产生抵触心理。这时如果以形象直观、浅显易懂的方式引导当事人了解立案以及配套的辅助功能，那么会从"距离"上拉近网上立案与当事人的关系。例如把叙述立案过程的文字与立案流程图相结合的形式，通过文字叙述当事人操作的步骤并对一些专业名词进行解释，方便当事人理解立案过程，以流程图的形式让当事人更加直观把握立案流程；或在立案指引中增设讲解当事人如何立案、立案系统配套功能介绍的动画视频引导当事人了解立案和立案系统的功能；或在网上立案的配套服务中增加模拟立案功能，让当事人可通过实际操作了解立案的全过程，这在很大程度上可以化解当事人对网上立案的陌生感和谨慎心理，但需要强调的是模拟立案系统应当与实际立案系统的设置保持一致。这三种类型的立案指导从不同方面为当事人提供了指导，赋予了当事人多种选择的同时也能够满足不同当事人的需求。另外在立案过程中可以增设嵌入或弹窗式的解释说明与提示，例如在上传诉讼材料过程中，可将模板或可在线制作起诉状等内容设置在上传材料流程中或以弹窗询问，方便当事人获取和使用立案过程中的配套服务。

　　第三，推动咨询服务与立案的融合，及时解决当事人的立案困惑。首先，加快智能问答的开发与完善，推动法律数据库与智能机器人的结合，为当事人提供及时、有效的问题定位和法律知识；其次，为了弥补智能问答机械的缺陷，推动智能问答与人工咨询的融合，在智能问答不能解决当事人问题时能够通过人工进行实时咨询，解答当事人在立案中遇到的疑惑；最后，在咨询服务的位置设定上，可以类似小挂件的形式附随在立案的每一个环节和页面中，方便当事人有疑惑可以立刻进行咨询。如此，当事人在立案过程中遇到问题便可即时进行咨询并得到实时回复，从而顺利完成立案。

（三）提升立案协助服务的人性化

网上立案要得到真正推广，必须让广泛的非专业的当事人能够使用，当事人的广泛性决定了其情况存在多样性和复杂性。针对大多数当事人法律知识欠缺或电子设备操作能力不足的现实情况，可通过多种渠道和方式来协助非专业人士操作网上立案。首先，倡导和推动律师事务所、法律援助站、社区法律咨询等提供法律服务的场所派专人为有立案需求的当事人讲解和教授如何操作网上立案系统，帮助其了解立案流程、讲授法律知识和解答疑惑，必要时可协助其进行网上立案操作。其次，在法院中也可以开设专门的司法服务台，由负责立案的工作人员或者法官轮流坐班，向有立案需求的当事人宣传和推广网上立案，指导和协助其在手机端或电脑端进行网上立案操作，并向其解答在立案过程遇到的法律和操作问题，同时推动当事人向身边人宣传线上立案等司法服务。另外，可以开发和投入提供司法服务的移动终端设备，设置在相关的法律服务场所，法律专业人士通过该移动设备操作和演练网上立案系统的使用，逐步地指导和引导当事人进行网上立案，为非专业人士的操作解答疑惑。最后，各地区各级法院应增加对网上立案系统的推广与宣传力度，从线上线下两个途径分别推进。可以通过各地区法院的公众号推文，小程序等线上宣传方式让民众增加对网上立案的了解度与信赖度，让网上立案在民众心中有着和现场立案相同的接受度。可以将网上立案的推广工作与法律援助工作相结合，在律所、社区调解所、法律服务机构或者法院立案庭等地增设指导岗位，安排专业人员指导当事人在终端设备上操作立案，提高网上立案系统的普及度与接受度。

第四节　我国行政纠纷解决机制之整合

改革开放以来，我国经济高速发展、人民生活水平不断提高。与此同时，社会利益关系日趋复杂，社会矛盾纠纷呈多发态势。尤其在改革进入攻坚期和深水区背景下，各种矛盾纠纷的增长与加剧不可避免。新时期的行政纠纷呈现一些新特点、新趋向。从牵涉主体来看，土地、公安、资源、城建、乡政府、农业、交通各个领域的行政机关均可能与行政相对人发生纠纷；从纠纷内容来看，诸如征地拆迁、环境污染、劳动保障、医疗、投资等新类型纠纷数量激增，法律关系更加复杂，处理难度加大；从表现形式来看，矛盾纠纷的牵扯面增大，对抗性增强，有的采用过激行为表达诉求，有的恶意缠访、闹访，甚至引发刑事案件或群体性事件，扰乱社会秩序，造成恶劣影响。新时期行政纠纷的急剧增长和日益复杂化，给社会治理带来了巨大挑战。行政纠纷不可避免，但应积极预防和化解。行政纠纷的多样性决定了行政纠纷解决途径的多元化。面对诉讼激增、案多人少、司法机关不堪重负的局面，改变纠纷解决中对于司法诉讼的过度依赖，对现有行政纠纷解决机制进行整合成为必由之路。

对行政纠纷解决机制的整合研究是在当前依法治国背景下，推进司法改革，打造法治政府的重要环节。2014 年 10 月 23 日，中国共产党第十八届中央委员会第四次全体会议通过《中共中央关于全面推进依法治国若干重大问题的决定》，提出坚持走中国特色社会主义法治道路，建设中国特色社会主义法治体系，"健全社会矛盾纠纷预防化解机制，完善调解、仲裁、行政裁决、行政复议、诉讼等有机衔接、相互协调的多元化纠纷解决机制"。2015 年底，中共中央办公厅、国务院办公厅联合印发《关于完善矛盾纠纷多元化解机制的意见》，对推进多元化纠纷解决机制进行了顶层设计。2016 年 6 月，最高人民法院颁布《最高人民法院关于人民法院进一步深化多元化纠纷解决机制改革的意见》，该意见规定要以合理配置纠纷解决资源、畅通纠纷解决渠道为主要目标，要求人民法院要加强与行政机关的沟通协调、促进诉讼与行政调解、行政复议、行政裁决等机制的对接。截至 2019 年，我国《行政复议法》已实施了 20 周年，2020 年正值我国《行政诉讼法》实施 30 周年之际，对多元化行政纠纷解决机制的探究也包括了对行政复议制度、行政诉讼制度多年以来的实施情况进行总结与反思，具有现实意义。通过整合现有行政纠纷解决制度，构建一套方式多元、运行有序、相互衔接、保障有力的行政纠纷解决机制体系，更好地保障公民的基本权利的实现，化解公民与行政机关的矛盾，促进社会和谐，正是本书的研究意义之所在。

当前对行政纠纷解纷机制的研究所呈现出的特点是对单项行政纠纷解决方式的研究成果较多，对整体纠纷解决机制的研究成果相对较少。笔者在中国知网论文库中输入"行政纠纷""行政纠纷解决机制""纠纷解决"等关键词后，所显示的文章数量远不如以"行政复议""行政诉讼""行政调解"作为关键词所搜索出的文章数量。在各解纷制度的衔接方面，研究成果多集中于行政复议与行政诉讼两项制度之间的衔接，缺乏对其他行政纠纷解决方式的整合。

一、行政纠纷解决机制概述

现代国家权力可以划分为立法权、行政权与司法权。在现实生活中，对社会影响最大的并非是立法权与司法权，而是行政权。行政管理渗透到公民生活中的方方面面，行政权的行使往往就会伴随行政纠纷的产生。如列宁所言："在社会主义下，对抗将会消失，矛盾仍将存在。"[①] 行政纠纷的普遍存在正是马克思唯物辩证主义所主张的矛盾的普遍性的体现。因此，行政纠纷解决机制应运而生。行政纠纷的性质不同，所采用的解纷方式也各不相同。将不同性质的行政纠纷解决方式进行整合，以保证其衔接有序、利弊互补，有效解纷，是维护和谐社会的应有之义。

（一）行政纠纷解决机制概念

纠纷解决机制应为各种纠纷解决方式、制度的总和或体系。所谓"机制"是指系统内各子系统、各要素之间相互作用、相互联系、相互制约的形式和运用原理以及内在的、本质的工作方式。[②] 各个国家存在不同的行政纠纷解纷机制，例如，英美法系国家的行政纠纷解决方式以行政裁决为主，设置了行政裁判所或行

---

① 《列宁全集》（第 60 卷），人民出版社 1965 年版，第 282 页。
② 齐树洁著：《纠纷解决与和谐社会》，厦门大学出版社 2020 年版，第 7 页。

政法官专门对行政纠纷进行裁决，再辅以司法审查制度。当行政相对人穷尽行政救济途径之后才能选择司法审查进行终局救济。而以德国、法国为代表的大陆法系国家则设立了专门的行政法院集中解决行政纠纷，行政相对人可以在行政救济与司法救济之中任意选择一种方式。我国行政纠纷解决方式既包含了以行政权为主导的行政复议、以司法权为主导的行政诉讼等法定方式，也包含了以非正式的行政申诉及第三方监督为主的电视问政、微博问政、市长热线等制度外纠纷解决方式。本书对我国行政纠纷解决机制的研究的主要对象就是上述行政纠纷解决方式，一方面要保证各个机制能最大化发挥自身优势，将行政纠纷快速消解；另一方面则需要保证各个解纷方式之间连接顺畅，行政纠纷得到彻底解决。

（二）我国行政纠纷解决机制分类

学界根据不同的划分标准，对行政纠纷解决机制进行不同的分类。依据传统行政学基本理论，行政纠纷解决机制即行政救济机制，可按照当事人的申请，划分为申诉控告救济、申请行政复议救济、提起行政诉讼救济、请求国家赔偿救济[1]。按照日本学者棚濑孝雄的观点，纠纷的解决过程可分为合意性与决定性[2]。前者包括和解、调解等基于双方合意而采取的纠纷解决方法，后者包括诉讼、裁决等单方决议。学者耿宝健根据救济主体与原行政机关之间是否存在特定的利害关系为标准，将行政纠纷解决机制划分为内部性救济与外部性救济[3]。内部性救济是指作出原行政行为的行政机关自身进行救济，如向原行政机关进行申诉，请求复查。外部救济指行政相对人向做出原行政行为的机关之外的主体进行救济，如行政复议、行政诉讼、向人大进行的救济。

从纠纷解决的角度出发，对行政纠纷解决机制的分类可以是否有法律明确规定为标准，区分为制度内行政纠纷解决机制及制度外行政纠纷解决机制。行政纠纷的解决，涉及对行政主体的权力运行规范和行政相对人的权益保障以及社会和谐安定的问题。一个行政纠纷问题的解决要获得法律的认可取得法律层面的效

---

①　姜明安主编：《行政法与行政诉讼法》，高等教育出版社 2015 年版，第 405~411 页。

②　[日] 棚濑孝雄：《纠纷的解决与审判制度》，王亚新译，中国政法大学出版社 1994 年版，第 9~11 页。

③　耿宝健著：《行政纠纷解决的路径选择》，法律出版社 2013 年版，第 78~79 页。

力，应当从现行法律规范的角度出发寻找依据，必须首先回归法律的本体规定，以法律规定解决方式为依托。同时，再加以对制度外新型纠纷解决方式的关注，注重其解决行政纠纷的便利性与灵活性，发挥其对行政纠纷解决的辅助性作用，特别是利用民主监督、新闻媒体监督的方式，敦促行政机关进行自我纠错，及时改正不当行政行为，以防止更多行政纠纷的发生。

二、我国行政纠纷解决方式之梳理

当前，我国现有的行政纠纷解决方式多种多样。以是否具有法律明确规定为标准，制度内的行政纠纷解决机制主要包括了行政复议、行政诉讼两种。行政复议与行政诉讼作为行政纠纷解决的传统模式，具有比较成熟的解纷条件，是大多数行政相对人的解纷首选。特别是行政诉讼程序，在立案登记制的施行后，更受行政相对人青睐。另一方面，制度外的行政纠纷解决模式也随着行政管理模式的更新而更具有时代特色。例如电视问政、微博问政、微信问政、市长热线、首长接待日以及各种政府网站答疑投诉专区的建设，为行政相对人提供了与行政机关沟通交流的机会。从纠纷解决的立场出发，这些新型的行政管理手段，既可以让人民群众积极参与社会治理，对行政机关进行有效监督，同时也兼具行政纠纷解决功能。其中，本书选取最具代表性的行政申诉制度以及电视问政、微博问政、市长热线几种新型行政纠纷解纷方式进行研究。

（一）制度内行政纠纷解决方式

我国法律明确规定的行政相对人救济机制主要是两种，一个是行政复议制度，一个是行政诉讼制度。行政复议制度主要由行政权对纠纷进行处理，体现了行政机关的内部监督。行政诉讼制度主要由司法权对行政纠纷进行审查，体现了司法权对行政权的监督。两种制度在纠纷解决过程中侧重点不同，所发挥的作用也各不相同。

1. 制度内行政纠纷解决方式之简介

（1）行政复议

行政复议是行政相对人认为行政机关作出的具体行政行为侵犯其合法权益时，向作出具体行政行为的上级行政机关或法律、法规规定的特定行政机关提出申请，由复议机关对具体行政行为的合法性、合理性进行审查后作出裁决的制度。行政复议的优势在于作为一项行政救济途径，既可以保证对行政纠纷处理的专业性，也可以利用上级行政机关的监督，保证纠纷解决措施的执行。如今，行政复议制度经过二十周年的发展，不断地完善成熟，拓宽了行政相对人的救济途径，正在积极发挥出其监督行政、解决行政纠纷的作用。

但是，我国行政复议制度存在公信力不足、利用率不高的缺陷。其主要表现于：其一，行政复议管辖模式较为封闭。根据现行《行政复议法》第 12、13、14 条之规定，行政相对人对行政机关作出的行政决定不服时，多数应向该行政机关的上一级主管部门或者当地人民政府申请行政复议。从正常情理角度来看，公众对同一系统内部处理问题的公正性难免产生疑问。其二，行政复议的处理过程缺乏透明性与可参与性。我国行政复议的处理方式主要是书面审理，少数情况下召集各方主体听证，即行政相对人在提交一纸申请书后便很难参与到案件的处理过程中去，只能消极地等待结果。此种参与机会的缺失极易导致复议决定失去申请人的认同基础。同时，与法院公开审理情况所不同，行政复议的处理过程不允许普通群众参与旁听，使得社会公众难以通过最直接的方式感受行政复议的运作流程。此种处理过程的封闭性致使行政复议不易得到社会公众的认可。其三，行政复议维持率畸高。国务院公开的全国行政复议工作统计数据显示①，2017 年全国各级行政复议机关共审结案件 193740 件，占受理案件总数的 94.26%。从审理结果看，维持的占 50.89%，驳回申请的占 12.37%，即超六成的行政复议案件的结果都是对被申请复议的原行政行为的肯定。确认违法、撤销、变更、责令履行等直接纠错的仅占 14.58%，以调解、被申请人自我纠错后申请人撤回申请等方式终止结案间接纠错的占 20.39%。14.58% 的直接纠错率让公众对行政复议的效果难持乐观态度。

（2）行政诉讼

行政诉讼制度是专门解决行政纠纷的司法制度，由人民法院对行政纠纷进行裁决。行政诉讼的核心是审查行政行为的合法性，是否存在超越职权、滥用职权

---

① 数据来源：中国政府法制信息网 http：//www.chinalaw.gov.cn/Department/content/2019-01/11/601_228943.html（最后访问时间 2020 年 4 月 5 日）。

从而损害私人和公共利益的行为。将行政行为的合理性和适当性的审查排除在外，从而使得行政诉讼所能发挥的作用受到限制。同时，行政诉讼的启动依赖于行政相对人主动向法院提起诉讼，导致行政诉讼处于被动解纷状态。行政相对人与行政主体被原、被告身份所限定，处于明显的对立状态。公权力与私权利之间的矛盾纠纷往往会直接关系到社会的稳定和谐，一旦处理不当将对公权力的权威性造成难以磨灭的损害。因此，需要一个平台让权利义务关系不对等的双方可以平等对话，共同解决纠纷，也需要一个第三方对公私双方的矛盾进行公平的裁决。但是，当前行政诉讼制度呈现出"诉讼爆炸"趋势，大量行政案件在法院堆积。一直以来，行政诉讼案件总量总体呈现不断增长的趋势。尤其是在行政诉讼领域进行立案登记制改革以后，受案量有了较大幅度的提高。同时，相比较于民、刑法官，当前我国行政审判法官的数量难以快速处理当前所累积的行政纠纷。即便是如此，大量的行政纠纷也并没有进入到诉讼程序中。依据现有的发展趋势来看，行政诉讼的案件数量将会保持着一定速度的增长，这将给原本就有限的司法资源加重了负担。

2. 制度内行政纠纷解决方式之特点

（1）解纷的启动依申请

行政纠纷解决机制可以在行政相对人权益受到侵害之后，为其提供帮助，弥补因公权力行使而造成的损失。而行政复议的准司法性质及行政诉讼不告不理的司法被动性决定了制度内的行政纠纷解决机制都是因行政相对人申请而启动的。依申请而启动的性质意味着制度内的纠纷解决方式不能主动参与到纠纷的解决过程中，解纷的全面性也会受到影响。依申请而启动的解纷方式一方面赋予了行政相对人充分的自由选择权，另一方面也对行政纠纷解决方式的公信力提出了更高的要求，只有提升行政纠纷解决方式的公信力，让行政相对人充分信赖该解纷方式的公正性与有效性，从而选择使用该解纷方式维护自身权益，使得行政纠纷进入法治渠道解决。

（2）解纷的程序较规范

行政机关行使行政权从而产生的行政纠纷属于国家公权力与公民私权利之间的冲突，涉及公权力的处分时，必须通过具体的法律规范对此类纠纷的解决进行限制。因此，制度内的行政纠纷解决机制都有专门的法律规范对纠纷解决的程序进行详细规定。从行政纠纷解决的申请、到受案范围，再到管辖、证据以及审判裁决过程，都加以详细细致规定，以保证行政纠纷解决在法制轨道之内运行。程序的规范性也满足了纠纷解决过程中对于程序正义的需求，保证行政纠纷解决过程的规范性也是保证了行政纠纷解决过程的正当性，以实现"看得见的正义"。基于法律的强制性，一套完备规范的解纷程序更有利于行政相对人的权利保护，可以有效地将公权力装进笼子里，形成对公权力的制约。

（3）解纷的效果较彻底

行政复议以及行政诉讼都经过了长时间的发展，配备有完整的法律法规加以规范，是法定的行政相对人权利救济机制。目前，大多数行政纠纷仍是通过这些法定救济渠道解决。据中国法学会行政法学研究会在北京发布的《行政复议法实施二十周年研究报告》显示①，截至 2018 年底，全国各级行政复议机关共收到行政复议申请 226 万件，立案审理 199.7 万件，审结 186.4 万件。其中，作出撤销、变更、确认违法等纠错决定的 26.6 万件，直接纠错率为 14.3%。同时通过行政机关自行纠错，由行政复议机关主持调解或双方达成和解的 17.7 万件，占审结案件总数的 9.5%。经行政复议后，约 70% 的案件实现了"案结事了"，当事人不再提起行政诉讼。同时，行政诉讼案件的受理量、审结量都在逐年提升。由此可知，制度内的纠纷解决方式仍是行政纠纷解决的"主力军"。

3. 制度内行政纠纷解决方式之不足

（1）解纷过度依赖诉讼

一方面，由于"诉讼万能"思潮的盛行，行政相对人对司法权威盲目追崇，在发生行政纠纷之后往往越过其他纠纷解决途径而直接选择向法院提起行政诉讼。由图 6.1 可知②，与行政复议相比，在 2008 年至 2017 年十年间，全国各级人民法院受理的行政诉讼案件数量的增长幅度远大于行政复议机构受理的行政复议案件。2014 年确立行政立案登记制后，行政案件受理数量增幅较之前几年，有所提升，并逐年增长。立案登记制运行到 2017 年，行政案件的受理数量达到

---

① 数据来源：中国政府法制信息网 http：//www.chinalaw.gov.cn/Department/content/2019-11/09/601_3235464.html（最后访问时间 2020 年 4 月 5 日）。

② 表中数据由笔者整理中国政府法制信息网以及最高人民法院工作报告所公布的信息而得。

91.3 万件的高峰，这也给法院带来了极大的诉讼压力。立案登记制推行之后，行政案件数量激增，在原有法官数量不变的前提下，难以消解数量如此庞大的行政纠纷。

另一方面，行政复议的解纷机制利用率不高。行政复议的使用率虽然有所提升，但是远远达不到解纷的需要。从统计数据来看，行政复议这一解纷方式的使用率明显低于行政诉讼。行政复议与行政诉讼处理案件的比例方面，域外不少国家采取行政复议处理的案件数量远高于行政诉讼处理的案件数量。如美国案件数量比例约为 24 : 1，日本案件比例约为 8 : 1，韩国则是 7 : 1①。观之我国，近十年来，只有在 2013 年和 2014 年，行政复议案件数量超过了行政诉讼案件数量，二者案件数量比例分别为 1 : 1.08、1 : 1.17，远未能达到纠纷解决的要求。该数据表明，我国行政复议制度尚未能为行政诉讼进行分流，不能在法院大门之外及时将行政纠纷化解。

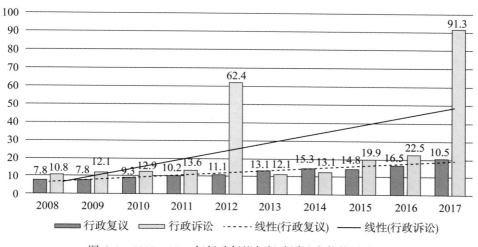

图 6.1　2008—2017 年行政复议与行政诉讼案件数量对比

（2）解纷制度衔接不畅

---

①　Cheng Li：On the Improvement of the Administrative Reconsideration Committee System of China：From the Quasi-Judicial Perspective，载 Canadian Social Science2015 年第 7 期。

当前,各种解纷方式之间尚未实现有效衔接,缺少统一规划。在行政复议与行政诉讼的衔接方面主要存在程序衔接及证据制度衔接的不足。在程序衔接方面,我国所采取的是自由选择模式,即在大多数行政纠纷中,行政相对人可以自由选择纠纷解决方式。此衔接方式虽然保证了行政相对人的自由选择权,却与穷尽行政救济原则相悖,不利于行政救济方式发挥作用。与法官相比,行政机关自身具有更为专业的行政管理知识以及更为丰富的行政纠纷处理经验。在进行司法审查之前,应该给予行政机关自我审查、自我纠正的机会。在证据衔接方面,行政复议没有细致具体的证据规定,只有类比行政诉讼证据规则进行适用。在行政诉讼过程中,需要对行政复议程序所认定的证据重新进行审查。既增加了双方当事人的举证负担,又拖延了行政纠纷处理的时间,无益于纠纷的快速解决。

(3)解纷范围有所限制

首先,制度内的行政纠纷解决方式需要受到法律规定的严格限制,因此受案范围也在相关法律条文中有所展现。由于行政纠纷的复杂性与多元性,法律条文的列举并不能包含所有行政纠纷。例如,侵害公民人身权、财产权的部分临时性强制保护措施是否可诉仍有待商榷;宪法所保护的劳动权、教育权是否可通过行政诉讼、行政复议得到救济有待解释。其次,基于制度内解纷方式的消极被动性,只有在行政相对人主动申请,主动告知时解纷方式才能启动,否则这些解纷机制无法主动对行政纠纷进行处理,也不能给予行政相对人权益保障。最后,部分行政纠纷形成的根源在于法律的滞后性,当行政机关依据滞后的法律作出侵犯行政相对人权益的合法行为时,此类纠纷也难以通过传统的制度内解纷方式进行化解。

(4)解纷流程过于专业

解纷操作的专业性与规范性虽保证了制度内解纷机制的权威性与公正性,也在一定程度上限制其解纷功能的发挥。首先,解纷流程的专业性决定了制度内解纷方式启动的复杂性,对行政相对人的专业知识提出更高的要求。要想运用制度内的行政纠纷解决方式维护自身权益,需要对解纷流程熟悉,不仅要在行政复议当中列明正确的复议机关,在行政诉讼中列明正确的被告,还需要掌握一定的文书写作能力。对于部分知识文化水平有限的行政相对人来说,启动制度内的解纷方式存在一定难度。其次，解纷流程的专业性决定了制度内的行政纠纷解决方式受理门槛较高。对于大量处于萌芽期的潜在型行政纠纷，或是处于受案范围之外的行政纠纷无法进行处理。最后，解纷流程的专业化提高了行政相对人的解纷成本，不利于纠纷的快速解决。行政相对人一旦启动制度内的解纷方式，则需要投入大量的时间精力，甚至是金钱成本于其中。

（二）制度外行政纠纷解决方式

从纠纷解决的角度来看，行政纠纷的多样性决定了行政纠纷解决方式的多元性。我们不能将目光局限于当前法律所规定的解纷方式，应该将视角拉伸至制度之外，寻找行政纠纷解决的新型路径。一方面，投诉、举报这类非正式的行政申诉渠道虽然没有法律的具体规定，却被行政相对人广泛运用于行政生活当中。另一方面，随着时代的发展，行政机关的行政管理手段也越来越丰富。电视、微博、电话这些媒介不仅能够在行政机关与群众之间搭起沟通桥梁，还能在行政纠纷的解决当中发挥一定的作用，成为具有时代特色的新型解纷方式。

1. 制度外行政纠纷解决方式之介绍

（1）行政申诉

根据《宪法》第 41 条之规定，申诉权是宪法所赋予公民的一项基本权利，但宪法并不能直接运用于解纷实际过程，只能通过其他法律规定来确认行政申诉具体形式。我国的行政申诉可区分为制度内的行政申诉与制度外的行政申诉。制度内的行政申诉是指有法律明确、具体规定的申诉制度，主要针对公务员、教师、学生三类特殊群体，有《教育法》《公务员法》及《教师法》的具体规定。该类行政申诉所针对的是公务员内部管理关系以及学校与教师、学校与学生之间的管理关系，不属于本书所针对的行政纠纷管理范畴，故不在本书讨论范围之内。制度外的行政申诉主要指尚无法律明确规定的行政投诉及举报机制。因缺乏具体法律授权，制度外的行政申诉并未形成一项完整的行政纠纷解决机制，申诉的受理机关、受理时间、处理办法都不受限制。本书所讨论的行政申诉均指非正式的制度外申诉方式。虽没有具体法律进行规范，非正式的行政申诉依然被广泛运用于日常生活当中，其具体表现形式为各级行政机关在网站上设立的投诉举报专区，开通的投诉举报热线，各行政办事窗口放置的意见簿，部分省市建立的行政投诉处理中心等。相比较而言，投诉多为行政相对人自身权益受到损害时，向有关机关寻求救济的一种方式，不当行政行为与自身利益有直接利害关系。而举报多为行政机关的违法或失当行政行为侵害到公共利益，与自身利益并不一定存在直接联系。前者倾向于行政救济性质，而后者更倾向于行政监督性质。因此非正式的行政申诉的纠纷处理范围更为广泛。不仅能针对行政行为所造成的不利后果进行救济，还能在行政行为尚未实施的时候，对其进行监督。因其具有变通性强的优势，行政机关在处理行政申诉时可以不受申请范围的限制，甚至可以在自由裁量权之内直接对原行政行为进行纠正。

非正式的行政申诉虽具有灵活性强、维权成本低的优势，也因其缺少法律规制而存在不少问题。一方面，非正式行政申诉的受理不具有强制性。当行政相对人向有关部门投诉或举报后，受理机关可能会不予理会，对所反映的问题置若罔闻，不及时处理。在此种情况下，行政相对人得不到受理机关的反馈，纠纷也得不到进一步解决，甚至会加重行政相对人的负面情绪，导致矛盾的激化。另一方面，容易造成申诉权利的滥用。由于投诉举报的便利性，行政相对人可能会就同一问题进行反复申诉，或是同时向几个部门申诉，在不同的部门之间表达自身冤屈，也有可能出于泄私愤的目的进行恶意举报，导致行政资源的浪费。甚至是出于不合理的期待怂恿身边人共同举报，此时就容易将个人矛盾升级为群体矛盾，违背纠纷解决的初衷。

（2）电视问政

电视问政是由各行政机关主要负责人参与电视节目录制，并在节目上当场回答记者搜集的人民群众日常生活所遇到的食品安全、污染治理、违法建设等问题，从而聚焦职能部门工作推进落实情况的一种监督形式。电视问政形式兴起于湖北省武汉市，并逐渐扩展到山东、浙江等全国各个省市。2011 年武汉电视台推出"十个突出问题承诺整改电视问政"特别节目，有 4 名市领导和 14 个管理部门负责人接受公众电视直播问询，这一举动在全国产生重要影响①。如今，电

---

① 夏涤平：《电视问政——在公共性构建实践中延伸》，载《前沿报告》2019 年第 5 期。

视问政形式由地方电视台延伸到省级电视台播出，由集中播出延伸到固定常态化播出，由电视直播延伸到网络同步直播，不断地扩大其影响力。

对于行政纠纷的解决来说，电视问政形式提供了让一个行政相对人与行政机关面对面进行对话的平台，利用电视平台媒体监督、群众监督的影响力，督促行政机关对自身不当行政行为进行纠正。特别对于涉及公共利益的食品安全、环境污染、住房保障等社会民生问题，引起行政机关重视，从而落实改善措施。但是该问政方式仍然存在一定的缺陷，主要表现为以下两方面：其一，节目过后整改效果难以保障。电视问政施行已有十来年，行政机关在参与这些电视问政的过程中也总结出各种应对经验，在现场以类似"深感歉意""重视解决""尽快处理"为借口作为应对，录制完成后并没有着手进行整改，这使电视问政沦为一种形式，不利于行政纠纷的解决。其二，电视问政涉及的话题有限。由于播出安全、录制时间以及录制现场的限制，所展现的问题都经过电视台精心挑选，未必能真正将群众所关心关注的问题展示出来。

（3）微博问政

随着互联网技术的发展，微博、微信等网络平台得到群众的普遍运用，从而诞生了新型的问政方式，即微博问政。区别于传统的政府发布命令，群众被动接受模式，微博问政拓宽了公共沟通的渠道，公民可以通过微博评论或者使用微博转发"@"功能表达自身的诉求和建议，政府也可以通过微博，与民众第一时间进行交流，及时修正和解决问题，从而提高沟通效率和决策的科学性。截至2019年6月，经过新浪平台认证的政务机构微博为13.9万个，中国大陆共有31个省、自治区、直辖市开通政务微博①。政务微博的覆盖领域包括政府、司法、团委等各个部门，以"中国警方在线""共青团中央""中国消防"为代表的政务微博发挥着重要作用。在处理行政纠纷时，微博问政的形式为行政机关提供了一个公共的发声平台，使得权威声音可以及时传播，从而能迅速有效地应对各类社会舆情，防止谣言的扩散，进一步促进社会和谐。

目前，从纠纷解决方面来看，微博问政方式存在下列两个方面的问题。第

---

① 中国网信网．CNNIC发布第44次《中国互联网络发展状况统计报告》．http：//www.cac.gov.cn/2019-08/30/c_1124939590.htm（最后访问时间：2020年4月5日）。

一，微博解纷机制不健全。目前，微博仍以传达信息为主，忽略解纷功能的发挥。当行政相对人采取私信政务微博或者"@"政务微博的方式寻求帮助时，若不存在一定的影响力，很难得到相关行政机构的回应，导致纠纷得不到妥善解决。第二，网络平台的信息不对称性容易导致矛盾的激化。有部分网民利用网络的虚拟性，截取部分事实，针对公共事务进行非理性的谩骂和恶搞，容易将矛盾纠纷进一步扩大化，造成不良社会影响。若这些舆情处理不当，会直接降低民众对政府的信任感，影响行政机关的公信力。

（4）市长热线

自12345成为全国统一的政府热线号码后，这个号码慢慢发展为"市长公开电话"的代名词，具有预警、咨询、投诉、非紧急救助、突发事件协调等综合性功能，是政府进行社会管理的重要方式。从纠纷解决的角度来看，一方面，市长热线可视为政府各部门统一对外的纠纷投诉处理窗口，群众只要通过这个统一窗口，就能将问题协调解决，避免出现找不准、找不对纠纷处理机构的情况。另一方面，市长热线的投诉功能，在一定程度上可以化解行政纠纷。市民选择拨打市长热线投诉行政机关在行政管理过程中作出的不当行政行为，而市长热线可以牵头协调各部门机构，利用行政机关上级对下级的监督，促使行政机关对自己的不当行政行为作出纠正。

市长热线的设立是本着便民利民的原则，为广大群众建立了一个便利地解决纠纷的服务窗口，畅通了群众的诉求渠道。更重要的是市长热线可以收集市民的各项投诉信息，进行分析研判，针对矛盾纠纷较为集中的问题采取行之有效的行政措施，从而建立起纠纷预警机制，对矛盾纠纷力争抓早抓小，尽量防止行政纠纷发生。但是，市长热线电话仍存在下列两方面的不足。一是热线定位与群众期待存在误差。市长热线经过这么多年的发展，其强大的功能性深入人心，使得百姓误以为市长热线上联党政机关，下系人民群众，无所不能。一旦市长热线对自己的诉求不予受理便是玩忽职守，有违为人民服务的宗旨，更有甚者想通过市长热线来改变法律法规与自身诉求相悖的地方从而满足自己的要求。这些情况的存在使得群众对热线的服务产生误解和偏见，一定程度上影响了政府公信力。二是市长热线诉求回复质量不高。造成该问题的主要原因在于接线员自身专业素质不够。前台接线员是受理群众来电的直接受众，与群众进行直接的沟通。该工作需要接线员具备良好的沟通能力，以及相关的行政知识储备。新时期的行政纠纷复杂多样，行政法规政策也在不断更新，接线员需要对这些专业知识进行不断学习，以及时应对百姓们各式各样的咨询与投诉。

2. 制度外行政纠纷解决方式之特点

（1）解纷形式多样性

制度外的行政纠纷解决方式可以通过各个形式的媒介进行，包括电视、电话、微博、微信等各个种类。一方面，形式的多样性可以使得各个解纷方式侧重于解决不同类型的行政纠纷。电视问政的方式可以着重解决涉及公共利益的行政纠纷。近些年来，涉及食品药品安全、环境保护等方面的行政纠纷数量越来越多，电视问政的方式则为公共利益的保护提供了表达渠道。市长热线及微博问政的方式则为行政相对人提供了利益表达的窗口，着重处理有关举报、投诉的行政纠纷，有利于化解初期的、潜在的行政纠纷。在纠纷的萌芽阶段，行政相对人可以通过市长热线表达不满，疏解情绪，削弱与行政机关之间的对立性，缓和部分矛盾。另一方面，不同方式的解纷方式也可以为不同年龄段的行政相对人提供不同的选择。中老年行政相对人一般倾向于通过电视、电话媒介解决纠纷，而稍微年轻的行政相对人更善于利用网络方式表达自身诉求，积极参与到行政管理活动当中，并给予行政机关反馈。

（2）解纷具有便捷性

相比于程序复杂、专业性较强的制度内解纷机制，制度外的行政纠纷解决方式具有操作简便、成本低廉的解纷优势。从操作程序上看，行政相对人可根据自身需要，自由选择网络、电话、口头、书面等各种简便方式启动制度外的行政纠纷解决方式。行政相对人可以依靠相关指引以及自身的知识储备，熟练地运用各制度外解纷方式与行政机关进行沟通，维护自身权益。从解纷成本上看，通过制度外的解纷方式解决纠纷的时间更短，所耗费的精力更少。制度内的解纷机制因其专业性与规范性，需要行政相对人耗费大量的时间成本在程序审查上，甚至付出金钱成本，寻求专业人士帮助。而制度外的行政纠纷解决方式，可以为行政相对人节约解决纠纷的精力，行政相对人进行申诉或留言等简单操作后，便可直接等待行政机关的处理结果，更便捷地达到解纷目的。

（3）解纷具有主动性

区别于制度内不告不理的纠纷解决方式，制度外的行政纠纷解决方式可以在法定程序外主动对行政纠纷进行介入，预防行政纠纷的产生与矛盾的进一步扩大。制度内的行政纠纷解决机制是在行政决定作出后才能申请救济，而制度外的行政纠纷解决机制可以参与到行政决定的作出过程，在行政行为的形成过程中提出相应的意见反馈，以避免行政行为在作出之后引发矛盾。电视问政、微博问政与市长热线均是在行政相对人与行政机关之间搭建了一个沟通平台，行政机关可通过这些平台了解行政相对人的利益诉求，进而正视这些诉求，消除行政相对人的对立情绪。同时，制度外的纠纷解决机制也属于监督机制，利用媒体网络的第三方监督以及民众监督，督促行政机关主动对自身行政行为进行自我审查，可以使行政纠纷的解决关口前移，积极在行政纠纷发生之前或者发生初期设置一道防线，以避免法定救济渠道的拥堵，减轻制度内行政纠纷解决机制的解纷压力。

（4）解纷具有辅助性

制度外的行政纠纷解决方式往往兼具多种功能，行政纠纷的解决只是其中一部分。特别是新型解纷方式，其辅助性尤为突出。电视问政的主要功能为对行政机关的一种监督，并不必然能为行政相对人解决问题，只有在监督有效，促使行政机关纠正自身不当行政行为情况下，才能发挥出其解决纠纷的作用。微博问政的功能更侧重于民意的表达，倾听大多数人的声音，个人关于自我诉求的表达可能会被淹没在海量网络信息中，得不到行政机关的回应。只有在行政行为造成重大影响，得到大量关注与转发时，才能引起行政机关的重视。而市长热线功能包括咨询、举报、投诉、预警、求助等，具有综合的行政管理性质，其中只有举报投诉功能与行政纠纷的解决产生关联。这种多功能性质决定了制度外的行政纠纷解决机制只能在行政纠纷的处理过程中发挥辅助性作用，而不能直接回应行政相对人的诉求，解决行政相对人的实质性问题。制度外解纷机制的综合性质不能满足行政纠纷解纷对专业性的需求，必须依赖制度内的专业解纷机制才能有效化解不同类型的行政纠纷。

3. 制度外行政纠纷解决方式之局限

（1）解纷缺乏规范性

制度外的行政纠纷解决方式缺乏统一的规范，解纷方式以及解纷效力都得不到有效保障。影响制度外行政纠纷解决机制解纷效力的关键因素在于行政机关对行政行为审查的自觉性与主动性。一方面，由于制度外的行政纠纷解决方式对行政行为的监督不具有强制力，不可强制性要求行政机关进行自我审查或者对行政相对人提出的请求给予反馈，导致行政机关对可能产生或者已经产生的行政纠纷视而不见，不予理睬，从而导致行政纠纷不能得到进一步解决。另一方面，由于缺乏相对应的约束机制，行政机关就算开启了自我审查，也可能是流于形式的应付式审查，并未认真思考自身所作出的行政行为是否合法合理，是否对行政相对人的权益造成侵害。或是行政机关仅在电视上、电话里口头承诺会及时解决行政相对人所反映的问题，最终却未能具体落实相应的整改措施，造成行政相对人的权益得不到相应救济的情况出现。

（2）解纷缺乏普适性

制度外的行政纠纷解决方式缺乏普适性是指这些解纷方式并非在全国各个地区各个行政机构统一适用，只能适用于局部地区或者局部行政管理范畴。就行政申诉而言，该纠纷解决方式的利用率取决于当地行政行政机关对民意反馈的重视程度，若行政机关重视投诉举报的相关情况，就群众所反映的问题积极响应，则能保证行政纠纷的顺利解决，若该行政机关无视民意，对于行政纠纷不采取任何处理措施，则该解纷形式形同虚设。就新型解纷方式而言，不同行政区域之间所普及的解纷方式各不相同。以微博问政为例，由图6.2可知①，河南省政务微博数量位居全国首位，达到10256个。其次是广东、四川、江苏、浙江等省份。除港澳台地区外，海南、青海、西藏三省市的政务微博数量居于全国倒数三位。由以上数据可知，在政务微博数量较多的地区如河南、广东等地区更具备推广微博问政方式的条件，而在青海、西藏等地，政务微博数量较少，以至于微博问政方式所能发挥的效力有限，不能形成一项常态化的解纷方式。同理，电视问政及市长热线都是局部地区或者局部行政管理领域所使用的解纷方式，具有较强的时代特色。随着时代的发展，特别是传播媒介的不断变化，这些新型解纷途径也会随之变化，以至于这些解纷方式缺乏普适性，难以形成一项长久的解

---

① 数据来源：国家互联网信息办公室，第44次《中国互联网络发展状况统计报告》，http：//www.cac.gov.cn/2019-08/30/c_1124938750.htm（最后访问时间：2020年4月5日）。

纷机制。

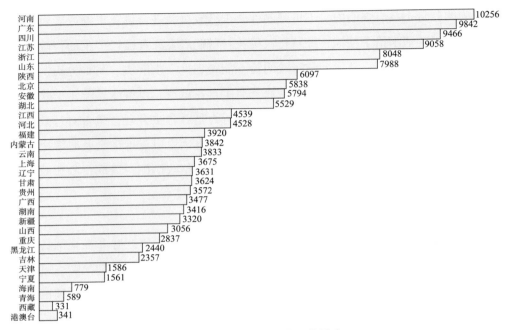

图 6.2　政务微博分省情况统计表

三、我国行政纠纷解决机制整合的原则

(一) 我国行政纠纷解决机制整合应坚持的原则

1. 坚持预防与调判并重原则

制度内的行政纠纷解决方式是对过去已经发生了的案件事实展开调查与处理，对案件的裁决都是在查明事实基础上适用法律的结果。因此，在制度内的纠纷解决方式中，当事人是否能获得权利救济是以权利受到侵害为前提的。这一定位与强调中立性、消极性的纠纷解决功能有密切联系，此时的纠纷解决主体只追求个案的处理过程与处理结果的公正，欠缺和忽视对继续发生的关联性纠纷的思考。纠纷解决者抱着"一判了之"的思想，往往只能得到"案结"却不能实现"事了"。预防与调判并重原则要求在完整的行政纠纷解决机制当中，不仅存在专

注于解决个案的权利救济机制，也需要有纠纷预防机制对行政纠纷进行预判与疏解。从行政纠纷的分类来看，针对潜在型的行政纠纷，需要及时关注此类纠纷的发展趋势，避免纠纷的进一步扩大化，预防此类行政纠纷的再次发生；针对自由裁量型的行政纠纷，可在合法的范围内运用调解、协商等方式和平地化解矛盾；针对多发的涉及土地资源的行政纠纷，需要通过法律的强制判决对该纠纷进行妥善处理，以维护社会稳定。行政纠纷的多样性决定了行政纠纷解决方式的多样性，完整的行政纠纷解决机制需要各种新型解纷方式与行政复议、行政诉讼各尽其用，协调合作，以保证各种类型的行政纠纷都能找到妥善的出口。

2. 坚持穷尽行政救济原则

穷尽行政救济原则（Exhaustion of Administrative Remedies）起源于英美法系国家。该原则要求行政相对人在权益遭受损害后，必须穷尽行政机关内部的救济途径，司法审查才会介入。除非适用该原则会对行政机关或者行政相对人其中一方不利，或者是对法律适用问题存疑时，才能由法院介入展开司法审查。反之，如果争议的焦点是由行政机关根据专业知识作出的行政决定，则不能在行政救济未穷尽的情况下提起行政诉讼。该原则注重于将行政纠纷化解在司法程序之外。其中缘由主要有二，一方面，司法审查多为对行政决定的合法性审查，仅对行政决定是否合法作出是非判断，侧重于发挥司法监督功能，未必能对行政纠纷的有效解决产生实质性推动作用。另一方面，行政救济程序给予了审查机关自我监督与自我纠错机会，运用行政资源将行政纠纷化解于行政程序之中，在保障行政机关自主性的同时，也减轻了法院诉累。

3. 坚持司法最终原则

运用司法解决纠纷是人类文明的发展成果，也是各国解纷的根本。强化法律在维护群众权益、化解社会矛盾中的权威地位必然要树立法院在纠纷解决中的权威。司法最终原则既意味着司法救济是权利救济体系中的最后一种救济手段，也意味着非经法律程序，任何主体不得改变司法裁判。经过司法裁判过后的案件，不应该接受其他制度性的解纷方式对法院裁决结果进行的审查。同时，法院所作出的裁决具有执行效力，可直接进入执行阶段。司法审查除了可以解决行政纠纷之外，还可以为其他纠纷解决方式提供一个范本，使得其他纠纷解决方式可以参考何为合法解决行政纠纷所作出的判决结果。

（二）我国行政纠纷解决机制运行应考虑的要素

1. 解纷方式的多样性

一套完善的行政纠纷解决机制应该针对不同性质不同类别的行政纠纷确立相对应的纠纷解决机制。从行政行为的性质来看，具有违法性质的行政行为需要经由法律途径裁决，并责令行政机关及时撤销改正。合法但不合理的行政失当行为则可以配置多种行政纠纷解决机制进行监督，从而提高行政机关的行政管理水平。合法合理但不被行政相对人所理解的行政行为要求配备有相应的解纷机制对行政相对人进行教育疏导，向行政相对人解释阐明行政行为做出的依据与相关法律规定。从行政纠纷侵害的对象来看，当行政相对人的个人利益受损害时，有针对个人的权利保护机制，如行政复议、行政诉讼等；当公共利益受到损害时，有针对公共利益的保护机制，如公益诉讼、电视问政等。从行政纠纷发展的过程来看，在纠纷形成初期，矛盾尚未明确时，需要有纠纷解决机制发挥预判作用，对早期的行政纠纷进行及时的疏导化解，未能化解的则引导行政相对人选择正确的法定解纷途径进行维权，争取避免行政纠纷的激化。当矛盾进一步深化发展时，则需要进入相应的法律途径，通过法定的各项方式对行政纠纷进行裁决。

2. 解纷程序的规范性

行政纠纷的解决应该注重程序上的规范性，其中缘由有二。其一，从行政机关的角度来看，基于行政纠纷所具有的纠纷双方权利义务不对等特性，行政机关在纠纷解决过程中的优势更为明显，地位更为强势。为保证行政权得以限制，防止行政机关在解纷过程中滥用行政权力，进一步侵害行政相对人权益，应该对行政纠纷的解纷程序加以规范，以保证解纷过程的公平与公正性。解纷过程中对行政权的处置也会直接影响到行政机关的公信力建设，甚至是社会的和谐稳定，因而行政机关更不可恣意妄为，需要依法依规办事。其二，从行政相对人的角度来看，若是缺乏相关的程序规范，会给予行政相对人不合理期待。行政相对人可能通过各种闹事方式将行政纠纷扩大化，倒逼行政机关出于维护社会稳定需要向其妥协。由于缺乏规范的指引，行政相对人会在解纷过程中遇到的问题也得不到统一解决，例如启动解纷程序所需的条件、解纷的时间限制、解纷的效力都得不到保障。规范性的缺失不仅增加了行政相对人的解纷负担，无益于纠纷的有效化解，也阻碍了该行政纠纷解决机制解纷功能的发挥。

3. 机制衔接的协调性

解纷机制之间衔接的协调性是保证整套行政纠纷解决机制得以运转的重要因素。该协调性是指同一套行政纠纷解决机制内的不同解纷方式之间可以衔接有序，相互协调，通力合作，保证行政纠纷得以顺利解决。当行政相对人权益受到侵害时，其可以选择解纷机制内的任一解纷方式进行救济，除诉讼外，若行政相对人对该项解纷机制的解纷结果不满意，可以继续选择后续解纷方式寻求保障。

如图6.3所示，本书所需整合的行政纠纷解决方式主要包括新型解纷方式、行政申诉、行政复议以及行政诉讼四种方式。行政纠纷发生之后，若行政相对人所在的行政区域有较为完善的新型解纷方式，其可选择通过新型解纷方式表达诉求或是直接解决问题，新型解纷方式知悉行政相对人的诉求后，会及时将诉求反馈至相应行政机关，纠纷将直接进入到行政申诉领域；若行政相对人所在的行政区域没有新型解纷机制，则可直接向原行政行为的作出机关提出行政申诉，表达自身不满。行政纠纷经投诉举报进入行政申诉程序后，行政机关会对行政相对人提出的诉请进行审查，通过说服、劝解等方式过滤潜在型行政纠纷，在根源上及时遏制住纠纷的进一步发展。若行政相对人对行政申诉的结果不满意，则可继续向行政机关提起行政复议，由上一级行政机关对行政行为进行合法性、合理性审查，督促下级行政机关及时纠正自身行政行为。行政复议作为制度内解纷方式的主要渠道，应该化解大部分的行政纠纷。最后，若行政相对人还是对复议结果不服，则应向法院提起行政诉讼，进入司法救济程序。经过行政审判的纠纷最终都将得以定论，不可再选择其他方式进行救济。行政纠纷进入解纷机制后，各个机制之间的衔接应该保持畅通，按照解纷流程逐渐向后推进，不可在同一解纷机制内重复处理。为保障解纷机制的利用率以及救济的有效性，除法律另有规定外，不可在尚未寻求行政救济的时候直接选择行政诉讼进行救济，以此来保证每一项解纷机制能得到充分利用。

4. 解纷结果的有效性

一套良性的纠纷解决机制应该保证纠纷解决的有效性，主要表现为解纷的实质性与终局性。行政纠纷解决的实质性强调"案结事了"，行政相对人的问题得到实质性解决。若是行政行为合法合理，经过解纷程序之后，行政相对人对该行

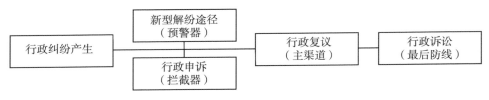

图 6.3　行政纠纷解决机制流程图

政行为认可；若是行政行为不合法不合理，则行政机关对自身行政行为进行改正，使得行政相对人权益得到保障，原本被破坏的权利义务关系恢复正常，不会继续产生新的冲突。行政纠纷解决的终局性强调行政纠纷必须消解于本套纠纷解决机制当中，不允许行政纠纷无限期地存在。法律条文对行政纠纷解决的时限进行了规定，以保证行政纠纷在某一适当的时点得到及时解决，即使存在困难，纠纷解决机构也应该在时限范围内作出最终裁判。行政诉讼是行政纠纷解决机制中的最后一道防线。经过行政审判的而作出的解决方案具有强制性，行政相对人与行政机关双方都受该方案约束，不可变更。行政纠纷能在诉讼外的解纷程序当中得到实质性的解决是解纷机制得以发挥效果的理想化状态，若行政相对人对诉讼外解纷方式的裁决不服，仍可将行政纠纷诉至法院，由法院进行判决，以实现最后的权利救济。

四、我国行政纠纷解决机制整合路径

综合考虑我国各项行政纠纷解决机制的特点以及分析我国行政纠纷的现状后，可以将我国现行的各行政纠纷解决方式整合成四大部分，分别是：将新型行政纠纷解决途径定义为解纷预警器；将行政申诉定义为解纷拦截器；将行政复议定义为解纷主渠道；将行政诉讼定义为解纷最终防线。四大解纷方式之间利弊互补、衔接有序，共同组合成一套良性运转的行政纠纷解决机制。

（一）新型解纷途径——解纷预警器

在科学技术飞速发展的今日，行政机关的行政管理水平在提高，所产生的行政纠纷也越发复杂，从而对一套完整的行政纠纷解决机制的运行提出了更高的要求。要想保证行政纠纷解决机制的良性运转，必须配备一些新型行政纠纷解决机制与传统行政纠纷处理机制互相补充，相辅相成。各式各样多功能的新型解纷途径需要在行政纠纷的解决过程中发挥出监督作用、预警作用以及宣传作用，以辅助其他解纷机制全面、方便、快速地解决各类行政纠纷。当然，此类解纷方式的解纷范围应该受到严格控制，不能恣意使用。

1. 发挥新型解纷途径的监督作用

各式各样的新型行政纠纷解决机制都具有一个统一的功能——对行政机关进行监督。不论是电视微博，还是电话微信，都能够反映行政机关所存在的问题，形成对行政机关的媒体监督、群众监督。要想避免此类监督流于形式，能够真正发挥效力，必须在行政机关的考核机制中加入是否妥善处理媒体、群众所反映的问题这一要素。强化监督效力，要求行政机关将电视媒体、电话投诉、微博反映的问题记录在册，并及时解决。处理影响较大的，涉及公共利益的行政纠纷时，行政机关还应及时向同级人民政府报备，及时向上级行政机关汇报处理进度以及处理结果。在纠纷解决后，可邀请行政相对人对此次纠纷的解决进行评价，调查统计行政相对人对该行政机关纠纷处理能力的满意度，以便行政机关根据公众的反馈及时调整自己的行政管理行为，进一步提高自身行政执法能力，避免今后类似纠纷的再发生。同时，应该把握好第三方监督与纠纷处理之间的关系。适当的监督可以发挥出积极作用，但是不能将监督工具变为舆论利器，不能通过网络方式将行政纠纷扭曲成政治问题，应该积极引导行政相对人选择法定方式进行权利救济，依法合理维权。

2. 发挥新型解纷途径的预警作用

新型行政纠纷解决途径通常会设置于解纷机制的前端，能够直接倾听行政相对人的诉请表达，第一时间面对这些行政纠纷。在面对各种类型的行政纠纷时，这些解纷途径能够提醒行政机关对行政纠纷类别、影响力以及后续的发展进行一个预判，并根据行政纠纷的不同特点及发展阶段引导行政相对人选择正确的解纷方式。例如，当政务微博被网友大量@，当某些行政相对人的诉求被大量转发时，说明行政机关应该及时对此类行政纠纷进行重视，并及时给出回应。否则此类纠纷容易经过媒体的传播而放大，舆论风暴会给行政机关造成巨大的压力，甚至是直接影响到政府公信力与社会稳定。当市长热线接到有关行政纠纷的举报投诉时，可以通过行政相对人的描述，对行政纠纷类别进行简单的识别，并引导其选择正确的权利救济机制，找准找对相对应的行政机构。或者在把行政相对人所需处理的问题移交给行政机关时，及时向行政机关提醒纠纷风险。

3. 发挥新型解纷途径的宣传作用

一方面，新型解纷形式所依赖的电视传媒、网络平台本身就具有宣传作用。要利用好各种传播途径，发挥其传播速度快，群众接受度高的优势，积极向群众宣传各类法定的行政纠纷解决方式，保证行政纠纷能在法治渠道内得到解决，避免将行政纠纷转化成影响社会和谐的不稳定因素。同时积极利用媒体平台进行典型案例的宣传，展示法定解纷渠道解纷的权威性，帮助制度内的解纷方式树立公信力。另一方面，诸如电视问政、微博问政这类新型行政纠纷解纷方式的解纷过程是公开化，透明化的，可以让行政相对人以外的更多群众及时了解此类纠纷的处理结果，切身参与到行政纠纷的解决过程当中来。行政机关可以利用这些传播性广、群众接受度高的宣传途径发出权威声音，作出正确的解纷示范。特别是涉及公共利益的行政纠纷时，利用网络平台的影响力，这些公开解答可以给其他群众提供相应的参考，避免类似的行政纠纷再发生。

（二）行政申诉——解纷拦截器

类似于日本的行政苦情制度、中国香港特区的申诉专员制度以及中国台湾地区的行政陈情制度，行政申诉在行政纠纷解决机制当中主要受理行政相对人对行政机关不服、不满的申诉。行政申诉的拦截效果主要体现在两方面，一方面，行政申诉有利于行政机关在纠纷早期主动介入到纠纷处理过程当中，有助于在源头上及时地化解行政纠纷，将处于萌芽期的潜在型行政纠纷拦截在制度内的解纷程序之外，减轻后续行政复议及行政诉讼程序的解纷压力。另一方面，由于制度内纠纷解决方式的解纷范围有限，行政申诉可以将行政复议与行政诉讼受案范围之外的行政纠纷纳入解决范围之中，以适应新时代的解纷需要，保证行政相对人权益得到救济。要想充分发挥行政申诉的"拦截器"效果，须从确定行政申诉制度、制定行政申诉规范两方面进行改革。

1. 确定行政申诉制度

当前，针对行政纠纷解决的行政申诉制度仍然是一项制度外的解纷方式，缺乏具体法律规范的承认。基于行政权在解决行政纠纷方面的优势,行政申诉应该被确定为一项法律所明确承认的制度,以保证公民申诉权的实现。

一方面,行政申诉制度是一项行政机关的内部行政程序,旨在通过行政机关的内部审查以及与行政相对人的双向沟通,化解行政纠纷。行政申诉的主体是作出行政行为的原行政机关,设置于行政机关内部,与行政系统之外的解纷机构无任何联系。区别于普通行政程序,行政申诉程序应该独立于行政执法程序,由专门的机构或人员负责,以保证行政申诉的公正性。区别于行政复议的层级监督属性,行政申诉制度是行政机关的自我监督机制,在行政纠纷交由上级机关审查之前,给予作出原行政行为的行政机关进行自我纠正或者自我处理的机会。

另一方面,行政申诉制度是一项专门的行政纠纷解决机制。从权利救济属性来看,行政申诉制度侧重于对民众所表达的意见进行梳理回馈,对行政纠纷进行实质性化解。行政申诉制度被置于整套解纷机制的前端,需要及时预防、弱化矛盾,将纠纷所造成的不良影响控制在最低限度。从受案范围来看,行政申诉制度的受案范围应该广于行政复议以及行政诉讼制度,行政相对人可就任一行政纠纷或不当行政行为进行投诉举报,弥补制度内解纷机制受案范围有限的缺陷。从解纷程序来看,行政申诉应该更为灵活、便捷。行政相对人可以通过电话、邮件、微博微信、书面申请等各种专项途径提交申诉申请。行政机关的解纷的方式也不受限制,可依据不同的行政纠纷类型采取调解、协商、听证等各种方式给予行政相对人回应。

2. 制定行政申诉规范

为保证行政申诉制度的规范开展,应该制定一部《行政申诉条例》,从受理范围、受理方式、处理时间、处理结果等各个方面对行政申诉制度进行系统化规定,以统一各个地区的行政申诉规范,指引行政相对人正确行使申诉权。

首先,应明确申诉处理流程。行政相对人可就行政机关作出的损害自身权益或者公共利益的行政行为向该行政机关进行申诉,申诉机关即作出原行政行为的行政机关。需要特别强调的是,行政申诉机关不可受理经行政复议或行政诉讼程序审理过的纠纷。申诉机关知晓行政相对人诉请后,应该及时出具书面的受理答复。申诉机关可视行政纠纷的类型,在遵守合法原则的前提下,灵活采取协商沟通、调解、听证、书面审查等各种方式进行处理。申诉处理完毕后,行政机关应该出具书面的申诉处理书，向行政相对人阐明处理的结果以及理由，便于之后的解纷程序对原行政机关行为的审查。同时，规范应该对行政相对人滥用申诉权进行规制，以避免行政资源的浪费。

其次，应专设申诉处理机构。该处理机构设置于行政机关内部，设置模式可根据行政纠纷数量来确定，如在社会保障领域、工商行政管理领域、土地保障领域投诉类案件较多，可在这些行政机关内部专设一个申诉处理办公室，配备专门的申诉处理人员进行处理。其他行政纠纷较少的部门可共用一个申诉受理平台或受理热线，由平台统一收集后再将申诉信息传达到各个部门。申诉处理机构需要对这些纠纷信息进行筛选判断，从中选取真实有效的举报投诉信息，防止行政相对人滥用申诉权利。若申诉内容涉及几个行政部门，申诉处理机构还需要与其他行政机关保持密切联系，保证信息之间的畅通，便于申诉信息的及时交接。

最后，应做好与其他解纷机制之间的衔接。对于新型解纷机制来说，行政申诉需要及时从电视问政、微博问政、市长热线以及其他渠道获取申诉信息，申诉机构应记录好新型解纷方式所反馈的各类行政纠纷并及时解决。对于行政复议来说，当行政相对人对行政申诉结果不服时，可就该申诉结果提起行政复议，申请上级行政机关对下级的行政行为进行审核。当行政申诉处理的纠纷处于行政复议或行政诉讼受案范围之外时，应持审慎解决态度。需要通过仔细研究找出该行政纠纷形成的根源，给予行政相对人充分申辩的机会，进而采取劝说教育、阐明利弊等方式消除行政相对人对行政机关的误解，说服行政相对人接受原行政决定。若该行政行为对行政相对人造成的实际损害较大，可采取建议的方式，建议原行政机关对行政相对人进行适当补偿，帮助行政相对人获得相应的救济。

（三）行政复议——解纷主渠道

相比于其他替代性纠纷解决机制，行政复议与行政诉讼均具有规范性、确定性、强制性优势，二者俨然成为我国解决行政纠纷的重要渠道。但是，从解纷的实质需求上来看，行政复议应该被定义为行政纠纷解决机制中的解纷主渠道。要想确立行政复议主渠道的地位，一方面要做好该制度与其他几项解纷机制的之间前后衔接，特别是与行政诉讼制度之间的衔接，保证行政纠纷解决机制的顺畅运转。另一方面则要解决自身公信力不够、利用率不足的缺陷，注重对行政复议自身程序进行改革，从而最大化地发挥出其解纷作用。

1. 明确行政复议制度之定位

与法院相比，行政复议具有专业性、快速性、经济性优势。首先，从专业性方面来看，司法权从性质上说是一种判断权，法院一般只对行政行为的合法性进行审查并作出是否合法的论断。行政权从性质上讲是一种执行权，行政机关工作人员多具有丰富的行政管理经验，可对行政行为从合法性及合理性多方面进行考量，并运用自身专业知识以及强大的行政资源高效地实质性地解决行政管理过程中所出现的各种复杂问题。从行政相对人的角度来说，行政相对人无论是行政复议还是行政诉讼，其目的主要是为了使行政纠纷能够得到实质性解决，而非与行政机关争是非、讨说法。行政复议比行政诉讼更能让行政相对人获得实质性的权益。其次，从快速性方面来看，法院的司法程序更为烦琐，案件积压量较大，行政相对人要将大量时间与精力耗费在程序排期与等待当中。与有限的司法资源相比，行政复议机构数量更多，人手更充足，程序更灵活，有利于行政纠纷的迅速解决。最后，从经济性方面来看，法院的诉讼费用一般较为昂贵，而行政复议费用更便宜，有利于降低行政相对人维权成本。因此，行政复议制度在解决行政纠纷方面，有着无可比拟的优势，需要将行政复议作为行政纠纷解决的"主渠道"。

2. 重构行政复议与行政诉讼之关系

在行政复议与行政诉讼的机制选择问题上，可以确立行政复议强制前置规则。我国目前所采取的是以行政相对人自由选择为原则，复议前置为例外的处理模式。即在绝大多数情形下，行政相对人可以自由选择以行政复议或行政诉讼来处理行政纠纷，只有在极少数情况下才必须先经由行政复议方能开启行政诉讼。当行政相对人对行政复议了解程度不高或者主观认识有偏差时，会直接影响行政复议机制的使用率。针对上述问题，应该坚持行政救济穷尽原则，在我国确立行政复议强制前置规则。详言之，除极少数复议强制前置可能会对一方当事人造成不利的情形外，多数行政纠纷的解决都应先经过行政复议程序，优先在行政系统内解决纠纷，只有在复议结果令行政相对人不服的情况下，其方可诉诸法院。该规则的确立一则可以提高行政复议的使用率，给予行政机关自我监督、自我纠错的机会；二则可以有效减轻法院的诉讼负担，优化司法资源的有效配置；三则可以充分调动行政资源利用行政手段解决行政纠纷，有利于行政相对人权益的实质性保障。

在行政复议与行政诉讼的程序衔接方面,需要建立相应的证据衔接模式。目前,我国没有具体明确的法律对行政复议的证据制度作出系统规定,在行政复议案件审理过程中通常参照行政诉讼的证据制度进行适用,并且在行政诉讼的过程中,法院对行政复议决定认定的事实和采信的证据在证据都要按照司法程序重新审查。适用相同的证据规则,却需要对同样的证据进行反复审查,如此做法不仅是对司法资源的一种浪费,也拖延了纠纷解决的时间。因此,笔者建议,可在立法中增设对行政复议证据效力的认定。对于经过行政复议确认其合法性且原被告双方均无异议的证据,法院可省略掉该证据的质证环节,只进行书面审查。原则上,行政诉讼过程中所审查的证据都应经过行政复议机关的审查。除特殊情况外,若原被告双方无正当理由,不能在行政诉讼期间提供未经行政复议机关认定过的证据,保证了在证据制度上同样贯彻行政复议前置原则。

3. 优化行政复议处理之程序

导致我国行政复议制度公信力不足的重要原因在于行政复议的阅卷处理模式。当前,以阅卷处理为主的处理模式已难以满足行政公开的需要,而听证程序又并非行政复议的必经程序,进而导致行政相对人对案件的参与度得不到相应保障。我国现行《行政复议法实施条例》第33条之规定,将听证的适用范围限制在申请人提出要求或行政机关认为必要时两种情形之中。笔者认为,听证程序应适用于大多数案件中,成为行政复议的主要处理方式。根据程序的严格与否可将听证分为正式听证与非正式听证两种形式。在行政复议审查过程中,应根据案件的复杂程度选择适用对应的听证程序。正式听证程序通常具有较为严格的程序规定,由双方当事人对自己所主张的事实进行举证说明,双方交叉询问、质证。行政复议的承办人通过双方质证、辩论,来查明事实真相,尽快作出裁决。正式听证可允许普通群众到场进行旁听,受公众监督,使普通群众通过最直观的方式感受行政复议制度运行模式。由于正式听证程序往往需要耗费大量人力、财力与物力,不适应行政效率的需求,其应被运用于案情复杂、重大,存在较大争议的案件当中。非正式听证不强调听证形式,行政复议机构对此有较大的裁量权,只要使行政相对人得到表达意见的机会即满足了听证的要求。非正式听证可运用于多数事实清楚、证据充分的案件中。听证程序的适用可以消弭公众对行政复议公正性的质疑,在保证当事人参与度的同时兼顾了行政复议的效率性。

(四)行政诉讼——解纷最终防线

行政诉讼在整个行政纠纷解决机制中应该置于最后一道防线。基于司法最终原则,行政纠纷应该在行政诉讼的过程中得到最终解决。法院对矛盾纠纷的解决拥有最终的审查权、裁决权和强制执行权。同时,行政诉讼所具有的严格规范性和高度专业化能够为诉讼外纠纷解决机制提供指导。面对当前行政诉讼案件数量暴增的情况,除了依靠诉讼外的解纷方式为法院分流之外,还应对行政诉讼本身的解纷过程进行优化,以提高行政纠纷的处理效率。

1. 扩大行政诉讼受案范围

行政诉讼作为解纷机制中的最后一道防线,应该保证纠纷解决的全面性与彻底性。要想保证各类行政纠纷能得到最终的司法救济,应该将更多的行政纠纷纳入审查范围中。根据《行政诉讼法》第 2 条、第 12 条、第 13 条之规定,我国行政诉讼受案范围在立法上采取混合式规定,即正面列举、概括性规定以及否定列举三种规定方式,并在《行政诉讼法司法解释》中对受案范围进行进一步细化。从纠纷解决的角度来看,仍有大量行政纠纷没有纳入立案范围中,例如,由抽象行政行为引起的行政纠纷、对终局性行政行为不服的行政纠纷以及部分内部行政行为引起的行政纠纷。故而,笔者建议扩大行政诉讼的受案范围,将更多行政纠纷纳入法院审理范畴当中。

首先,可在行政诉讼受案范围当中扩大对抽象行政行为的审查。抽象行政行为相对于具体行政行为而言,针对的是不特定的行政相对人群,该行为违法后所产生的危害性更大、范围更广、救济也更为困难。在行政诉讼的过程中扩大对抽象行政行为的审查,有利于加强司法权对行政权的监督,避免行政机关因立法失当从而侵害到大多数人的利益。其次,可在行政诉讼受案范围纳入对终局行政行为的审查。终局行政行为是指依据《行政复议法》《出境入境管理法》等法律相关规定,在上述领域内,行政相对人权益受到侵害时,只能寻求行政救济,且行政机关作出的裁决为最终决定,不可就行政机关的裁决结果提起行政诉讼。终局行政行为的不可诉性违反了司法最终原则的要求,使得该类行政纠纷不能得到司法审查。因此,终局性行政行为应该纳入行政诉讼范围当中,以保障司法救济的全面性。最后，可将部分内部行政行为纳入可诉范围。国家机关工作人员具有双重身份，一个是公务员身份，另一个是公民身份。若该内部行政行为只是针对公务员身份的奖惩任免决定时，不属于行政诉讼范围。若该内部行政行为影响到公务员公民身份的权利义务时，此类内部行政行为应该纳入可诉范围之中，以保障公务员的基本权利。

2. 推进行政案件集中管辖

自 2013 年最高人民法院发布《开展行政案件相对集中管辖试点工作》的通知以来，全国各地中级人民法院积极响应，结合各地实际情况，陆续推行行政案件集中管辖。集中管辖的模式主要为集中地域管辖和铁路运输法院管辖两种。集中地域管辖是指在中级人民法院的管辖地域范围内，由选中的部分基层法院对一定类别的行政案件进行集中审理。而铁路运输法院管辖则是依托铁路运输法院，探索不同模式的行政纠纷管辖模式。如，将行政纠纷全部交由行政法院管辖，形成独立的行政纠纷处理体系。或是由铁路运输法院管辖一审行政纠纷，由各地中级人民法院管辖二审行政纠纷。

从纠纷解决的角度来看，推行行政案件的集中管辖主要具有整合行政审判资源以及保证司法独立两大优势。一方面，各个地区的经济发展状况、资源分布以及行政管理水平都各不相同，这也导致不同地区的行政受案量有所差异，形成了审判资源分配的不平衡的局面。推进行政案件集中管辖后，可以将案件集中到审理水平较高的法院统一审理，既保证了案件审理的专业化，加快行政纠纷的解决，也对基层行政审判资源进行了优化。另一方面，推进行政案件集中管辖有利于保障司法的独立性。受限于地方政府"人、财、物"的管理，法院在审理以地方政府为被告的行政案件时往往难以做到司法公正。进行案件集中管辖过后，审理行政案件的法院不再将不再受地方政府的管控，在案件审理过程中可以做到更加地公平、公正，从而提升司法公信力，让行政相对人服判息诉。

3. 加强行政诉讼队伍建设

面对行政纠纷在法院堆积的情况，需要及时对行政诉讼队伍进行调整，以缓解"案多人少"的矛盾。一方面，需要加强对行政法官的能力培养。行政纠纷的专业性、复杂性对行政法官的综合判案能力提出更高要求。行政法官在审理案件过程中，不仅要熟练运用法律知识，查找分析不同类别不同性质的法规规章、政府文件，还需要掌握涉及公安、土地、劳动社保、食品安全等等各个领域的行政管理知识。因此，需要通过线上培训、案例研讨、组织集中学习等方式加强对行政法官的业务培训，以提升司法能力，提高办案水平，使得行政纠纷得以顺利解决。另一方面，要增加相应的行政法官及司法辅助人员数量。面对大数量的行政纠纷，增加纠纷处理的人手是必然趋势。在法官队伍中，可以调整员额法官的配置，增加行政法官的数量，也可以向社会招募一些高素质的司法辅助人员，及时帮助法官处理各项行政纠纷。同时，应该保障行政法官及司法辅助人员的待遇，以维护行政诉讼队伍的稳定性。

4. 运用智慧法院便捷审案

在"互联网+"的时代背景下，智慧法院模式在司法实践中得到广泛运用。将人工智能、大数据等科学技术运用在法官审案、判案的过程中，可以促进审判智能化的发展，缓和"案多人少"的矛盾。例如，在行政诉讼立案阶段，可以设立案件风险评估系统，对行政纠纷的类别、可诉价值加以分析，指引行政相对人选择正确的纠纷方式，分流行政纠纷。在送达过程中，可以运用智慧系统一键生成各类传票、送达回证、公告等法律文书，提高准备工作的效率，以便法官将精力集中于之后的开庭审理及判决写作中。同时，采取电子化送达方式，以减少双方当事人来往法院的时间、金钱成本。在案件开庭审理过程中，可以采用智能语音识别和音字转换记录庭审过程，进而进一步提高诉讼效率。在一些行政简易程序中，可以考虑使用人工智能进行审判，以节约司法资源。简易程序所审理的案件往往案情简单、争议不大，事实查明和法律适用等工作较为容易通过算法和模型加以固定，形成明确、可预测的标准①。智慧法院等高科技方式的运用可以帮助法院提高案件审理的效率，有助于行政纠纷的快速消解。

---

① 杨寅、戴岩：《行政诉讼简易程序的新近发展与完善》，载《上海政法学院学报》2019 年第 6 期。

结　　语

　　本书从制度规定和实际运行两个方面来论证行政诉讼存在"立案难"。一方面是我国行政立案制度本身不科学、不合理，尤其是起诉条件"高阶化"，给当事人行使起诉权制造了障碍。另一方面，司法实践中，法院在受理行政诉讼时，存在"选择性立案"的情况。在行政诉讼制度层面，在行政审判权的能力范围内尽量科学合理地设置行政立案制度来保障当事人的起诉权。至于司法实践中的选择性立案，对于立案时间的选择，加强监督，一方面可以向上级法院直接起诉或申诉，另一方面可以向检察院进行申诉。对于立案地域上的选择，可以通过最高院发布指导性案例，统一全国对同类案件的受理。对于立案类型上的选择，确立行政内救济先行原则，将不属于行政审判权处理的事项尽量交给行政机关处理，法院对于欠缺诉讼要件又不能补正的情况，要大胆地适用驳回起诉裁定。

　　本书落脚点在于行政诉讼立案登记制的完善，至于要真正解决"起诉难""立案难"问题，除了立案登记制自身的完善，还有赖于司法外部环境的完善与优化，这是一个远远超出行政诉讼制度的课题。故笔者并未关照太多制度之外的内容。在立案登记制的完善中，笔者重点讨论的是立案规则的完善，对于法院侵犯当事人起诉权的责任追究的问题，并未着太多笔墨。因为当前这类制度的实施无疑会给行政审判工作雪上加霜。本书研究还存在诸多不足，书中有些观点还需要推敲，有些论述还不成熟、不周全，有些问题还需要进一步查证。比如，在介绍域外行政起诉制度时，域外是否有对侵害行政起诉权的救济制度，笔者暂时还没有足够的资料去考察。

　　"立案难"实际上是行政诉讼制度陷入困境的一个缩影。行政诉讼制度实施陷入困境既有制度上的原因，也有制度外的原因，既有法院外部的原因，也有法院自身的原因，既有客观原因，也有法院主观上的原因，是各种因素相互交织，相互影响产生的结果。在这些因素中，制度本身的问题所占权重实际上并不大。"立案难"从一个侧面反映了许多行政纠纷的解决已经超出我国法院现有的能力，这个问题从根本上反映的是我国目前没有有效的公众参与的监督行政权、制约行政权的机制，致使行政相对人在行政纠纷中的权益没有有效的途径进行救济。从世界范围来看，行政诉讼从来就不是解决行政纠纷、救济行政相对人权益"主渠道"。司法只是纠纷解决的最后一道防线，不是第一道防线，也不是主要防线。司法只能最终定分止争，并不意味着能够满足当事人的权益要求。我们不能赋予行政诉讼太多超出其能力范围、其不可能完成的任务。在我国，司法权威尚在树立中，将所有的行政纠纷都寄希望于司法来解决，不现实，也不可能。解铃还须系铃人，行政相对人在行政纠纷中的权益最终需要行政机关来解决，行政相对人权益的最有效的救济途径应是行政系统内部的救济途径，我们需要的是有效的制约、监督行政机关的机制来促使行政机关救济行政相对人的合法权益。

当然，行政诉讼"制度先行"的做法是有意义的。历史的车轮总是不断前进的，先构建完善的制度，随着经济的发展、政治体制的改革、人民群众权利意识的增强，这些制度最终会得到落实的。

参 考 文 献

一、中文著作

［1］白绿铉：《美国民事诉讼法》，经济日报社出版社 1996 年版。

［2］蔡彦敏：《民事诉讼主体论》，广东人民出版社 2001 年版。

［3］蔡志方：《行政救济与行政法学》（一）（二）（三），台湾三民书局 1998 年版。

［4］蔡志方：《行政救济法新论》，台湾元照出版公司 2000 年版。

［5］常怡主编：《民事诉讼法学》，中国政法大学出版社 2008 年版。

［6］陈桂明：《诉讼公正与程序保障》，中国法制出版社 1996 年版。

［7］陈桂明：《程序理念与程序规则》，中国法制出版社 1999 年版。

［8］陈桂明主编：《民事诉讼法》，中国人民大学出版社 2000 年版。

［9］陈计男：《民事诉讼法释论》，台湾三民书局 2000 年版。

［10］陈计男：《民事诉讼法论》，台湾三民书局股份有限公司 2002 年版。

［11］陈清秀：《行政诉讼法》，台湾翰芦图书出版有限公司 1999 年版。

［12］陈新民：《行政法学总论》（修订第六版），台湾三民书局 1997 年版。

［13］城仲模：《行政法之基础理论》，台湾三民书局 1994 年版。

［14］池强主编：《民事立案、调解与再审实务研究》，法律出版社 2007 年版。

［15］崔峰：《敞开司法之门——民事起诉制度研究》，中国政法大学出版社 2005 年版。

［16］甘文：《行政诉讼法司法解释之评论——理由、观点与问题》，中国法制出版社 2000 年版。

［17］郝明金：《行政行为可诉性研究》，中国人民公安大学出版社 2005 年版。

［18］ 何海波：《行政诉讼法》，法律出版社 2011 年版。

［19］ 贺卫方：《司法的理念与制度》，中国政法大学出版社 1998 年版。

［20］ 胡建淼：《十国行政法——比较研究》，中国政法大学出版社 1993 年版。

［21］ 胡建淼主编：《行政诉讼法修改研究——〈中华人民共和国行政诉讼法〉法条建议及理由》浙江大学出版社 2007 年版。

［22］ 胡肖华主编：《权利与权力的博弈——行政诉讼法修改纵横谈》，中国法制出版社 2004 年版。

［23］ 黄学贤、杨海坤：《新编行政诉讼法学》，中国人事出版社 2001 年版。

［24］ 纪敏：《法院立案工作及改革探索》，中国政法大学出版社 2000 年版。

［25］ 季卫东：《法治秩序的建构》，中国政法大学出版社 1999 年版。

［26］ 季卫东：《法律程序的意义——对中国法制建设的另一种思考》，中国法制出版社 2004 年版。

［27］ 江必新、梁凤云：《行政诉讼法理论与实务》（第二版），北京大学出版社 2011 年版。

［28］ 江必新、梁凤云：《行政诉讼法理论与实务》（第三版），法律出版社 2016 年版。

［29］ 江必新、梁凤云：《最高人民法院新行政诉讼法司法解释理解与适用》，中国法制出版社 2015 年版。

［30］ 江必新：《行政诉讼法——疑难问题探讨》，北京师范学院出版社 1991 年版。

［31］ 江必新主编：《中华人民共和国行政诉讼法理解适用与实务指南》，中国法制出版社 2015 年版。

［32］ 江利红：《日本行政诉讼法》，知识产权出版社 2008 年版。

［33］ 江伟、邵明、陈刚：《民事诉权研究》，法律出版社 2005 年版。

［34］ 江伟主编：《〈中华人民共和国民事诉讼法〉修改建议稿（第三稿）及立法理由》，人民法院出版社 2005 年版。

［35］ 江伟主编、孙邦清副主编：《民事诉讼法典专家修改建议稿及立法理由》，法律出版社 2008 年版。

［36］ 江伟主编：《民事诉讼法学原理》，中国人民大学出版社 1999 年版。

[37] 江伟主编：《民事诉讼法》（第六版），中国人民大学出版社 2013 年版。

[38] 姜明安：《行政诉讼法学》，法律出版社 2007 年版。

[39] 姜明安主编：《行政法与行政诉讼法》（第六版），北京大学出版社、高等教育出版社 2015 年版。

[40] 姜启波、李玉林主编：《案件受理》，人民法院出版社 2008 年版。

[41] 姜启波等编：《立案工作法律法规及司法解释精选》，人民法院出版社 2008 年版。

[42] 柯友阳：《起诉权研究：以解决"起诉难"为中心》，北京大学出版社 2012 年版。

[43] 孔繁华：《行政诉讼性质研究》，人民出版社 2011 年版。

[44] 林莉红：《中国行政救济理论与实务》，武汉大学出版社 2000 年版。

[45] 林莉红：《行政诉讼法学》（第三版），武汉大学出版社 2009 年版。

[46] 林莉红主编：《亚洲六国公益诉讼考察报告》，中国社会科学出版社 2010 年版。

[47] 林莉红主编：《行政法治的理想与现实》，北京大学出版社 2014 年版。

[48] 林明锵、蔡茂寅主编：《行政法实务与理论》（二），台湾元照出版公司 2006 年版。

[49] 林腾鹞：《行政诉讼法》（增订三版），台湾三民书局 2009 年版。

[50] 刘敏：《裁判请求权研究——民事诉讼的宪法理念》，中国人民出版社 2003 年版。

[51] 刘泽君：《合理与现实——社会学基本理论》，学苑出版社 1998 年版。

[52] 马怀德主编：《司法改革与行政诉讼制度的完善——行政诉讼法修改建议稿及理由说明书》，中国政法大学出版社 2004 年版。

[53] 马怀德主编：《行政诉讼原理》（第二版），法律出版社 2009 年版。

[54] 潘剑锋：《民事诉讼原理》，北京大学出版社 2001 年版。

[55] 齐树洁主编：《英国民事司法改革》，北京大学出版社 2004 年版。

[56] 齐树洁主编：《英国司法制度》，厦门大学出版社 2007 年版。

[57] 邱联恭：《司法之现代化与程序法》，台湾三民书局股份有限公司 2001 年版。

［58］ 邱联恭：《程序制度机能论》，台湾三民书局股份有限公司 2002 年版。

［59］ 全国人大常委会法制工作委员会民法室编：《中华人民共和国民事诉讼法条文说明、立法理由及相关规定》，北京大学出版社 2007 年版。

［60］ 任瑞兴：《在价值与技术之间：一种诉权的法理学分析》，法律出版社 2010 年版。

［61］ 邵建东主编：《德国司法制度》，厦门大学出版社 2010 年版。

［62］ 邵明：《民事诉讼法理研究》，中国人民大学出版社 2004 年版。

［63］ 沈达明编著：《比较民事诉讼法初论》，中国法制出版社 2002 年版。

［64］ 沈德咏主编：《立案工作理论与实务研究》，人民法院出版社 2003 年版。

［65］ 沈福俊：《中国行政救济程序论》，北京大学出版社 2008 年版。

［66］ 沈冠伶：《诉讼权保障与裁判外纷争处理》，北京大学出版社 2008 年版。

［67］ 苏泽林主编：《立案工作指导》（2009 年第 1 辑）（总第 20 辑），人民法院出版社 2009 年版。

［68］ 孙琬钟、江必新主编：《行政管理相对人的权益保护》，人民法院出版社 2003 年版。

［69］ 汤维建主编：《外国民事诉讼法学研究》，中国人民大学出版社 2007 年版。

［70］ 王甲乙、杨建华、郑健才：《民事诉讼法新论》，台湾三民书局股份有限公司 2002 年版。

［71］ 王名扬：《英国行政法》，中国政法大学出版社 1987 年版。

［72］ 王名扬：《法国行政法》，中国政法大学出版社 1989 年版。

［73］ 王名扬：《美国行政法》，中国法制出版社 1995 年版。

［74］ 王名扬主编：《外国行政诉讼制度》，人民法院出版社 1991 年版。

［75］ 汪庆华：《政治中的司法：中国行政诉讼的法律社会学考察》，清华大学出版社 2011 年版。

［76］ 王亚新：《对抗与判定——日本民事诉讼的基本结构》，清华大学出版社 2002 年版。

［77］ 翁岳生：《法治国家之行政法与司法》，台湾元照出版有限公司 2009 年版。

［78］ 翁岳生主编：《（台湾地区）行政诉讼法逐条释义》，台湾五南图书出版公司 2002 年版。

［79］ 翁岳生主编：《行政法》（上）（下），中国法制出版社 2002 年版。

［80］ 吴庚：《行政法之理论与实用》，中国人民大学出版社 2005 年版。

［81］ 吴庚：《行政争讼法论》，台湾三民书局 1999 年版。

［82］ 吴华：《行政诉讼类型研究》，中国人民公安大学出版社 2006 年版。

［83］ 吴偕林：《中国行政诉讼制度研究》，人民法院出版社 2003 年。

［84］ 吴越编著：《英国行政法》，中国政法大学出版社 2004 年版。

［85］ 相庆梅：《从逻辑到经验——民事诉权的一种分析框架》，法律出版社 2008 年版。

［86］ 谢荣堂：《社会法治国基础问题与权利救济》，台湾元照出版有限公司 2008 年版。

［87］ 熊先觉主编：《中国行政诉讼法教程》，中国政法大学出版社 1988 年版。

［88］ 徐亚文：《程序正义论》，山东人民出版社 2004 年版。

［89］ 许士宦：《程序保障与阐明义务》，台湾新学林出版股份有限公司 2006 年版。

［90］ 许宗立：《法与国家权力》（增订二版），台湾月旦出版公司 1993 年版。

［91］ 薛波主编：《元照英美法词典》，法律出版社 2003 年版。

［92］ 薛刚凌：《行政诉权研究》，华文出版社 1999 年版。

［93］ 薛刚凌主编：《外国及港澳台行政诉讼制度》，北京大学出版社 2006 年版。

［94］ 杨建顺：《日本行政法通论》，中国法制出版社 1998 年版。

［95］ 杨力：《司法多边主义——以中国社会阶层化发展趋势为主线》，法律出版社 2010 年版。

［96］ 杨伟东：《行政行为司法审查强度研究——行政审判权纵向范围分析》，中国人民大学出版社 2003 年版。

［97］ 叶百修、吴绮云：《行政撤销诉讼之研究》，司法院印行 1990 年版。

［98］ 叶必丰：《行政法的人文精神》，湖北人民出版社 1999 年版。

［99］ 叶必丰：《行政法学》，武汉大学出版社 2003 年版。

［100］ 易有禄：《正当立法程序研究——以立法权正当行使的程序控制为视角》，中国社会科学出版社 2009 年版。

［101］ 应松年主编：《行政诉讼法学》，中国政法大学出版社 1994 年版。

［102］于安：《德国行政法》，清华大学出版社 1997 年版。

［103］袁杰主编：《中华人民共和国行政诉讼法解读》，中国法制出版社 2014 年版。

［104］章剑生：《行政诉讼法基本理论》，中国人事出版社 1998 年版。

［105］张名实：《立案导读》，法律出版社 1999 年版。

［106］张尚鷟主编：《走出低谷的中国行政法学》，中国政法大学出版社 1991 年版。

［107］张树义：《冲突与选择——行政诉讼的理论与实践》，时事出版社 1992 年版。

［108］张树义：《行政法与行政诉讼法学》，高等教育出版社 2002 年版。

［109］张卫平、陈刚：《法国民事诉讼法导论》，中国政法大学出版社 1997 年版。

［110］张卫平、齐树洁主编：《司法改革论评》（第五辑），厦门大学出版社 2007 年版。

［111］张卫平：《民事诉讼法》，中国人民大学出版社 2011 年版。

［112］张卫平主编：《民事程序法研究》（第一辑），中国法制出版社 2004 年版。

［113］张文显：《法学基本范畴研究》，中国政法大学出版社 1993 年版。

［114］张文显主编：《马克思主义法理学——理论、方法和前沿》，高等教育出版社 2003 年版。

［115］张文郁：《权利与救济——实体与程序权利之关系》，台湾元照出版公司 2008 年版。

［116］张文郁：《权利与救济（二）——实体与程序之关联》，台湾元照出版社 2008 年版。

［117］张正钊、韩大元主编：《比较行政法》，中国人民大学出版社 1998 年版。

［118］章志远：《行政诉讼类型构造研究》，法律出版社 2008 年版。

［119］赵钢、占善刚、刘学在：《民事诉讼法》（第二版），武汉大学出版社 2010 年版。

［120］赵钢：《民事诉讼法学专题研究（一）》，中国政法大学出版社 2006 年版。

[121] 赵清林：《行政诉讼类型研究》，法律出版社 2008 年版。

[122] 周叶中：《宪法》，高等教育出版社、北京大学出版社 2000 年版。

[123] 周佑勇：《行政法基本原则研究》，武汉大学出版社 2005 年版。

[124] 周佑勇：《行政法原论》（第二版），中国方正出版社 2005 年版。

[125] 朱新力：《司法审查的基准》，法律出版社 2005 年版。

[126] 左卫民：《诉讼权研究》，法律出版社 2003 年版。

[127] 最高人民检察院法律政策研究室编著：《民事诉讼法修改研究综述》，吉林人民出版社 2006 年版。

二、中文译著

[128] ［奥］凯尔森：《法与国家的一般理论》，沈宗灵译，中国大百科全书出版社 1996 年版。

[129] ［德］奥特马·尧厄尼希：《民事诉讼法》（第 27 版），周翠译，法律出版社 2003 年版。

[130] ［德］狄特·克罗林庚：《德国民事诉讼法律与实务》，刘汉富译，法律出版社 2000 年版。

[131] ［德］弗里德赫尔穆·胡芬：《行政诉讼法》，莫光华译，法律出版社 2003 年版。

[132] ［德］哈特穆特·毛雷尔：《行政法学总论》，高家伟译，法律出版社 2000 年版。

[133] ［德］汉斯·J. 沃尔夫、奥托·巴霍夫、罗尔夫·施托贝尔：《行政法》，高家伟译，商务印书馆 2002 年版。

[134] ［德］汉斯·约阿希姆·穆泽拉克：《德国民事诉讼基础教程》，周翠译，中国政法大学出版社 2005 年版。

[135] ［德］罗森贝克、施瓦布、戈特瓦尔德：《德国民事诉讼法（上、下）》，李大雪译，中国法制出版社 2007 年版。

[136] ［德］平特纳：《德国普通行政法》，朱林译，中国政法大学出版社 1999 年版。

[137] ［法］让·文森、塞尔日·金沙尔：《法国民事诉讼法要义》，罗结珍译，

中国法制出版社 2001 年版。

[138] [美] 庞德：《通过法律的社会控制：法律的任务》，沈宗灵、董世忠译，商务印书馆 1984 年版。

[139] [美] H·W. 埃尔曼：《比较法律文化》，贺卫方、高鸿钧译，清华大学出版社 2002 年版。

[140] [美] 伯纳德 施瓦茨：《行政法》，徐炳译，群众出版社 1986 年版。

[141] [美] 伯纳德·施瓦茨：《美国法律史》，王军等译，中国政法大学出版社 1990 年版。

[142] [美] 博登海默：《法理学：法律哲学与法律方法》，邓正来译，中国政法大学出版社 2004 年版。

[143] [美] 德沃金：《法律帝国》，李常青译，中国大百科全书出版社 1996 年版。

[144] [美] 德沃金：《认真对待权利》，信春鹰、吴玉章等译，中国大百科全书出版社 1998 年版。

[145] [美] 理查德·波斯纳：《法律的经济分析》，蒋兆康译，中国大百科全书出版社 1997 年版。

[146] [美] 罗尔斯：《正义论》，何怀冰等译，中国大百科全书出版社 2005 年版。

[147] [美] 斯蒂文·N. 苏本、马莎·L. 米卢、马克·N. 布诺丁、托马斯·O. 梅菌：《民事诉讼法——原理、实务与运作环境》，傅郁林等译，中国政法大学出版社 2004 年版。

[148] [日] 高桥宏志：《民事诉讼法——制度与理论的深层分析》，林剑锋译，法律出版社 2003 年版。

[149] [日] 高桥宏志：《重点讲义民事诉讼法》，张卫平、许可译，法律出版社 2007 年版。

[150] [日] 谷口安平：《程序的正义与诉讼》，王亚新、刘荣军译，中国政法大学出版社 1996 年版。

[151] [日] 兼子一、竹下守夫：《民事诉讼法》，白绿铉译，法律出版社 1995 年版。

［152］［日］棚濑孝雄：《纠纷的解决与审判制度》，王亚新译，中国政法大学出版社 2004 年版。

［153］［日］室井力：《日本现代行政法》，吴微译，中国政法大学出版社 1995 年版。

［154］［日］小岛武司、伊藤真主编：《诉讼外纠纷解决法》，丁婕译，中国政法大学出版社 2005 年版。

［155］［日］小岛武司：《诉讼制度改革的法理与实证》，陈刚、郭美松等译，法律出版社 2001 年版。

［156］［日］小岛武司等：《司法制度的历史与未来》，汪祖兴译，法律出版社 2000 年版。

［157］［日］盐野宏：《行政法》，杨建顺译，法律出版社 1999 年版。

［158］［意］莫诺·卡佩莱蒂等：《当事人基本程序保障权与未来的民事诉讼》，徐昕译，法律出版社 2000 年版。

［159］［意］桑德罗·斯奇巴尼选编：《司法管辖权·审判·诉讼》，黄风译，中国政法大学出版社 1992 年版。

［160］［印］M. P. 赛夫：《德国行政法——普通法的分析》，周伟译，台湾五南图书出版公司 1991 年版。

［161］［英］A. J. M. 米尔恩：《人的权利与人的多样性》，夏勇、张志铭译，中国大百科全书出版社 1995 年版。

［162］［英］P. H. Kollin 编著：《英汉双解法律词典》，陈庆柏、王景仙译，世界图书出版公司 1998 年版。

［163］［英］阿德里安 A. S. 朱克曼主编：《危机中的民事司法——民事诉讼程序的比较视角》，傅郁林等译，中国政法大学出版社 2005 年版。

［164］［英］丹宁：《法律的正当程序》，李克强、杨百揆、刘庸安译，法律出版社 1999 年版。

［165］［英］彼得·斯坦、约翰·香德：《西方社会的法律价值》，中国法制出版社 2004 年版。

［166］［英］威廉 韦德：《行政法》，徐炳等译，中国大百科全书出版社 1997 年版。

［167］［英］休谟：《人性论》，关文运译，商务印书馆 1980 年版。

［168］《德意志联邦共和国民事诉讼法》，谢怀栻译，中国法制出版社 2002 年版。

［169］《俄罗斯联邦民事诉讼法典》（第一版），黄道秀译，中国人民公安大学出版社 2003 年。

［170］《法国新民事诉讼法》，罗结珍译，中国法制出版社 1999 年版。

［171］《法国新民事诉讼法典（上、下册）》（附判例解释），罗结珍译，法律出版社 2008 年版。

［172］《日本新民事诉讼法》，白绿铉编译，中国法制出版社 2000 年版。

［173］《英国民事诉讼规则》（2000 年 8 月更新版），徐昕译，中国法制出版社 2001 年版。

三、外文著作

［174］ Alfred C. Aman, Jr. and William T. Mayton, Administrative Law, West Publishing Co. , 2001.

［175］ Black's, Law Dictionary, 6th, 1990.

［176］ Ceeil J. North Ⅲ, NLRB：The Res Judicata Effect of Representation Proceedings in Subsequent Technical 8（a）（5）Actions, 51Alb. L. Rev, 1986.

［177］ George A. Martine, The Res Judicata Effect of Bankruptcy Court Judgments：The Procedural And Constitutional Concerns, 62Mo. L. Rev, 1997.

［178］ Gregory Gerald, Patent Law：The Res Judicata effect of Consent Decrees in Patent Litgation-Lear, Inc. v, Adkins Takes A Back Seat Foster v. Halloc Mfg. Co, 18U. Dayton L. Rev, 1992.

［179］ Harvard Law Review Association, Developments in the Law Res Judicata, 65 Hary. L. Rev, 1952.

［180］ Jaek H. Friedenthal, Mary Kay Kane and Arthur R. Miller, Civil Procedure （Third Edition）, West Group, St. Paul, Minn, 1999.

［181］ John Rawls, A Theory of Justice, Cambridge, Massachusetts：The Belknap

Press of Harvard University Press, 1999.

[182] John Rawls, Political Liberalism, New York: Columbia University Press, 1996.

[183] Joseph W. Glannon, Civil Procedure examples and explanation (Second edition), Little Brown and Company, 1992.

[184] Kent Sinlain Jr. , Federal Civil Practice, Practising Law lnstitute, 1980.

[185] Louis L. Jaffe, Judicial Control of Administrive Action, Little, Brown and Company, 1965.

[186] Michael A. Ritscherete, The Status of Dual Path Litigation in the ITC and the Courts: Issues of jurisdiction, Res Judicata and Appellate Review, 1990.

[187] P. P. Craig, Administrative Law, Sweet & Maxwell, 1999.

[188] R. Jason Richards, Richards v. Jefferson County: The Supreme Court Stems The Crimson Tide of Res Judicata, 38 Santa Clara L. Rev, 1998.

[189] Riehard D. Freer, Wendy Collins Perdue, Civil Procedure—Cases, Materials, and Questions (Second Edition), Anderson Publishing Co, 1997.

[190] Robert C. Cased, Kevin M. Clermont: Res Judicata: A Handbook on Its Theory, Doctrine, and Practice. Durham: Carolina Academic Press, 2001.

[191] S. M. Thio, Locus Standi and Judicial Review, SingaPore University Press, 1971.

[192] Thomas A. Mauet, Pretrial, 第五版, 北京: 中信出版社, 2003 年版。

[193] 小山昇:《訴訟行為・立証責任・訴訟要件の研究》（小山昇著作集第 3 卷），信山社 1994 年版。

四、论文

[194] 毕玉谦:《对我国现行民诉法有关起诉条件的审视与建议》，载《人民法院报》2007 年 11 月 6 日第 6 版。

[195] 毕玉谦:《民事诉讼起诉要件与诉讼系属之间关系的定位》，载《华东政法学院学报》2006 年第 4 期。

[196] 蔡小雪:《完善行政诉讼起诉与受理制度之构想》，载最高人民法院行政庭编:《行政执法与行政审判》，法律出版社 2005 年版，总第 14 辑。

[197] 曾进：《通往和谐之路的必经之门——对我国民事诉讼受理范围的反思》，载张卫平、齐树洁主编：《司法改革论评》（第五辑），厦门大学出版社2007年版。

[198] 陈端洪：《排他性与他者化：中国农村"外嫁女"案件的财产权分析》，载北大法律评论（第5卷第2辑），法律出版社2004年版。

[199] 陈桂明：《论程序形成权》，载《法律科学》2006年第6期。

[200] 陈洪杰：《司法改革与诉权保障》，载张卫平、齐树洁主编：《司法改革论评》（第五辑），厦门大学出版社2007年版。

[201] 陈启垂：《论不合法起诉的裁定驳回——"裁定"驳回欠诉讼要件或有诉讼障碍的诉讼的不合理规定》，载《铭传大学法学论丛》2004年6月第2卷。

[202] 陈启垂：《诉讼要件与诉讼障碍》，载《月旦法学教室》2003年11月第13期。

[203] 陈启垂：《重复起诉的效果》，载《月旦法学教室》2004年5月第19期。

[204] 陈瑞华：《通过法律实现程序正义——萨默斯"程序价值"理论评析》，载《北大法律评论》1998年第1卷。

[205] 陈小君、方世荣：《具体行政行为几个疑难问题的识别研析》，载《中国法学》1996年第1期。

[206] 崔卓兰：《论确立行政法中公民与政府的平等关系》，载《中国法学》1995年第4期。

[207] 戴晨逸：《重复起诉问题探究》，载《东南大学学报（哲学社会科学版）》2009年S2期（第11卷增刊）。

[208] 邓志伟、秦飞雁：《畅通诉求与机制改革——对民事立案工作机制的若干思考》，载《人民司法·应用》2009年第19期。

[209] 冯举：《民事起诉制度的反思与重构》，载《研究生法学》2006年第1期。

[210] 冯珂：《诉讼要件与我国民事起诉条件研究》，载《研究生法学》2006年第5期。

[211] 高家伟：《论行政诉权》，载《政法论坛》1998年第1期。

[212] 郭磊:《民事起诉证据之我见——原告起诉时无须提供作为诉求基础事实理由之证据材料》,载《人民法院报》2006年10月9日第5版。

[213] 何海波:《行政诉讼撤诉考》,载《中外法学》2001年第2期。

[214] 侯猛:《最高法院公共政策的运作:权力策略与信息选择》,载《北大法律评论》(第7卷第1辑),北京大学出版社2005年版。

[215] 胡亚球:《论民事起诉证据》,载《法学》1998年第11期。

[216] 胡肖华:《行政诉讼目的论》,载《中国法学》2001年第6期。

[217] 胡玉鸿:《论行政审判权的政治性》,载《法学》2004年第5期。

[218] 季卫东:《程序比较论》,载《比较法研究》1993年第1期。

[219] 季卫东:《中国:通过法治迈向民主》,载《战略与管理》1998年第4期。

[220] 江必新:《论行政案件的受理标准》,载《法学》2009年第6期。

[221] 江必新:《在法律之内寻求社会效果》,载《中国法学》2009年第3期。

[222] 江必新:《新形势下行政审判工作面临的挑战及应对》,载最高人民法院行政审判庭编:《行政执法与行政审判》,法律出版社2007年版,总第5辑。

[223] 姜启波:《行政案件审查起诉中的几个问题》,载最高人民法院立案庭编:《立案工作指导》,人民法院出版社2004年版,第1辑。

[224] 姜启波:《人民法院立案审查制度的必要性与合理性》,载黄松有主编:《民事诉讼论坛(第1卷)》,知识产权出版社2006年版。

[225] 姜世明:《诉讼要件之审查次序》,载《月旦法学教室》2003年10月第12期。

[226] 孔繁华:《行政诉权的法律形态及其实现路径——兼评最高人民法院法发〔2009〕54号文件》,载《法学评论》2011年第1期。

[227] 李国光:《在全国法院行政审判工作会议上的讲话(2003年2月13日)》,最高人民法院行政审判庭编:《行政执法与行政审判》,法律出版社2003年版,总第5辑。

[228] 李季:《行政诉讼起诉条件几个问题之我见》,载《政法论坛》1996年第3期。

［229］李季:《行政诉讼起诉条件之我见》,载《人民司法》1996年第5期。

［230］李喜莲:《我国民事立案审查程序之完善》,载《湘潭大学学报(哲学社会科学版)》2010年第2期。

［231］李湘刚:《论完整意义上的公民行政诉权的构建》,载《政治与法律》2011年第6期。

［232］李卓:《和谐社会视野下诉权保护问题研究——兼论社会纠纷的司法救济途径》,载《辽宁法治研究》2006年第1期。

［233］林莉红:《世纪之交的中国法学——我国的行政诉讼法的研究状况及其发展趋势》,载《法学评论》1998年第3期。

［234］林莉红:《法社会学视野下的中国公益诉讼》,载《学习与探索》2008年第1期,总174期。

［235］林莉红:《论行政诉讼中的协调——兼评诉讼调解》,载《法学论坛》2010年9月第25期。

［236］刘敏:《我国起诉受理制度的检讨与重构——以保障裁判请求权为目的的考察》,载陈光中主编:《诉讼法理论与实践(下)》,中国政法大学出版社2003年版。

［237］刘敏:《论司法为民的实质——从裁判请求权与审判权的关系着手考察》,载《法律适用》2005年第3期。

［238］刘学在:《略论民事诉讼中的诉讼系属》,载《法学评论》2002年第6期。

［239］龙宗智:《关于"大调解"和"能动司法"的思考》,载《政法论坛》2010年第4期。

［240］骆永家:《重复起诉之禁止》,载《月旦法学教室》2002年9月第2期。

［241］苗连营、仪喜峰:《行政法理论基础比较研究》,载《当代法学》2004年1月,18卷第1期。

［242］蒲菊花:《审查起诉基本问题研究》,载郑孟状主编:《法苑纵横》(第一卷),人民法院出版社2002年版。

［243］单国军:《检察机关民事起诉权的法理分析》,载《国家检察官学院学报》2006年第3期。

［244］ 邵俊武：《关于起诉权保护的思考》，载陈光中主编：《诉讼法理论与实践
（下）》，中国政法大学出版社 2003 年版。

［245］ 史晓娟：《民事诉讼受理制度刍议》，载《南方论刊》2008 年第 2 期。

［246］ 宋朝武：《民事诉讼受理制度改造的理性视角》，载《法学论坛》2007 年
第 3 期。

［247］ 宋旭明、叶榅平：《罗马法诉权概念之审思——基于文本与逻辑的视角》，
载《法学评论》2009 年第 4 期。

［248］ 苏力：《关于能动司法与大调解》，载《中国法学》2010 年第 1 期。

［249］ 汤维建：《恶意诉讼及其防治》，载陈光中主编：《诉讼法理论与实践
（下）》，中国政法大学出版社 2003 年版。

［250］ 汤维建：《论司法公正的保障机制及其改革》，载《河南省政法管理干部
学院学报》2004 年第 6 期。

［251］ 王东进等：《积极化解人民内部矛盾，妥善处理群体性事件》，载《中国
社会发展战略》2004 年第 3 期。

［252］ 王福华：《民事起诉条件之辩证》，载陈光中主编：《诉讼法理论与实
践——民事行政诉讼卷》，人民法院出版社 2001 年版。

［253］ 王福华：《民事起诉制度改革研究》，载《法制与社会发展》2001 年第 6
期。

［254］ 王国锋：《司法权的限度与司法能力建设》，载《法律适用》2006 年第 1
期。

［255］ 王禄生：《地位与策略："大调解"中的人民法院》，载《法制与社会发
展》2011 年第 6 期。

［256］ 汪庆华：《中国行政诉讼：多中心主义的司法》，载《中外法学》2007 年
第 5 期。

［257］ 王锡锌：《正当法律程序与"最低限度的公正"——基于行政程序角度之
考察》，载《法学评论》2002 年第 2 期。

［258］ 吴少军等：《论民事诉讼立案审查制度》，载陈桂明主编：《民事诉讼法学
专论》（中国法学会民事诉讼法学研究会论文集 2007 年卷），厦门大学出
版社 2008 年版。

［259］ 吴英姿：《诉讼理论重构》，载《南京大学法律评论》，2001 年春季卷。

［260］ 吴英姿：《转型社会中法官的角色紧张与角色认同》，载王亚新等著：《法律程序运作的实证研究》，法律出版社 2005 年版。

［261］ 伍贤华：《民事立案程序之立法重构》，载《行政与法》2004 年第 10 期。

［262］ 喜子：《反思与重构：完善行政诉讼受案范围的诉权视角》，载《中国法学》2004 年第 2 期。

［263］ 相庆梅：《完善民事诉讼法起诉条件的思考》，载《理论探索》2008 年第 3 期。

［264］ 肖建华：《试论"告状难"问题之解决》，载《研究生法学》1996 年第 3 期。

［265］ 薛刚凌：《行政诉讼类型研究》，载《诉讼法学研究》（第 1 卷），中国检察出版社 2002 年版。

［266］ 薛少峰：《试论民事诉讼要件》，载《前沿》2006 年第 12 期。

［267］ 阎尔宝：《关于起诉与受理的几个问题》，载《行政法学研究》2001 年第 2 期。

［268］ 杨富元：《谈谈民事诉讼中的起诉权与胜诉权》，载《法学评论》1985 年第 3 期。

［269］ 杨海坤、周春华：《行政诉讼起诉规则理论述评》，载《法治论丛》2007 年第 2 期。

［270］ 杨建顺：《论行政裁量与司法审查》，载《法商研究》2003 年第 1 期。

［271］ 杨伟东：《行政诉讼目的探讨》，载《国家行政学院学报》2004 年第 3 期。

［272］ 杨伟东：《行政诉讼架构分析——行政行为中心主义安排的反思》，载《华东政法大学学报》2012 年第 2 期。

［273］ 杨欣：《美、英司法审查受案标准的演化及其启示》，载《行政法学研究》2008 年第 1 期。

［274］ 叶必丰：《论公共利益与个人利益的辩证关系》，载《学术季刊》1997 年第 1 期。

［275］ 应星、汪庆华：《涉法信访、行政诉讼与公民救济行动中的二重理性》，载《洪范评论》第 3 卷第 1 辑，中国政法大学出版社 2006 年版。

参 考 文 献

［276］应星、徐胤：《"立案政治学"与行政诉讼率的徘徊——华北两市基层法院的对比研究》，载《政法论坛》2009 年第 6 期。

［277］应星：《行政诉讼程序运作中的法律、行政与社会——以一个"赤脚律师"的诉讼代理实践为切入点》，载《北大法律评论》（第 9 卷第 1 辑），北京大学出版社 2008 年版。

［278］占善刚、赵钢：《再论民事诉讼的起诉条件及其适用——以〈民事诉讼法〉之修订为背景》，载陈光中、江伟主编：《诉讼法论丛》（第 9 卷），法律出版社 2004 年版。

［279］张坤世、欧爱民：《现代行政诉讼制度发展的特点——兼与我国相关制度比较》，载《国家行政学院学报》2002 年第 5 期。

［280］张坤世：《行政起诉难的成因分析与对策研究》，载《法治研究》2009 年第 10 期。

［281］张坤世：《行政起诉权保障与行政案件受理制度的完善》，载《湖南大学学报》（社会科学版）2008 年第 6 期。

［282］张坤世：《行政起诉制度的若干问题探析》，载《行政法学研究》2009 年第 1 期。

［283］张坤世：《行政诉讼受案制度之检讨与重构》，载《法治研究》2008 年第 9 期。

［284］张庆东：《我国民事起诉受理制度的检讨与改革设想》，载《山东审判》2006 年第 6 期。

［285］张卫平：《民事诉讼处分原则重述》，载《现代法学》2001 年第 6 期。

［286］张卫平：《起诉难：一个中国问题的思索》，载《法学研究》2009 年第 6 期。

［287］张卫平：《起诉条件与实体判决要件》，载《法学研究》2004 年第 5 期。

［288］张熠：《浅议诉权与起诉权之位阶》，载《法制与社会》2008 年第 11 期。

［289］张永泉：《审查起诉制度刍议》，载《北京科技大学学报（社会科学版）》2001 年第 1 期。

［290］张玉录：《论行政起诉条件》，载《政法论坛》1999 年第 4 期。

［291］章剑生：《论司法审查有限原则》，载《行政法学研究》1998 年第 2 期。

［292］张志勇：《试析我国行政诉讼的现状与对策》，载《行政法学研究》1995年第4期。

［293］赵钢、占善刚：《试析起诉的消极条件》，载《法商研究》1996年第5期。

［294］赵正群：《行政之诉与诉权》，载《法学研究》1995年第6期。

［295］赵正群：《行政诉权在中国大陆的生成及其面临的挑战》，载《诉讼法论丛》（第6卷），法律出版社2001年版。

［296］周永坤：《诉权法理研究论纲》，载《中国法学》2004年第5期。

附录1 行政诉讼立案制度相关附录规定

中华人民共和国行政诉讼法（1989 年）（节选）

(1989 年 4 月 4 日第七届全国人民代表大会第二次会议通过 1989 年 4 月 4 日
中华人民共和国主席令第 16 号公布)

第六章 起诉和受理

第三十七条 对属于人民法院受案范围的行政案件，公民、法人或者其他组织可以先向上一级行政机关或者法律、法规规定的行政机关申请复议，对复议不服的，再向人民法院提起诉讼，也可以直接向人民法院提起诉讼。

法律、法规规定应当先向行政机关申请复议，对复议不服再向人民法院提起诉讼的，依照法律、法规的规定。

第三十八条 公民、法人或者其他组织向行政机关申请复议的，复议机关应当在收到申请书之日起两个月内作出决定。法律、法规另有规定的除外。

申请人不服复议决定的，可以在收到复议决定书之日起十五日内向人民法院提起诉讼。复议机关逾期不作决定的，申请人可以在复议期满之日起十五日内向人民法院提起诉讼。法律另有规定的除外。

第三十九条 公民、法人或者其他组织直接向人民法院提起诉讼的，应当在知道作出具体行政行为之日起三个月内提出。法律另有规定的除外。

第四十条 公民、法人或者其他组织因不可抗力或者其他特殊情况耽误法定期限的，在障碍消除后的十日内，可以申请延长期限，由人民法院决定。

第四十一条　提起诉讼应当符合下列条件：

（一）原告是认为具体行政行为侵犯其合法权益的公民、法人或者其他组织；

（二）有明确的被告；

（三）有具体的诉讼请求和事实根据；

（四）属于人民法院受案范围和受诉人民法院管辖。

第四十二条　人民法院接到起诉状，经审查，应当在七日内立案或者作出裁定不予受理。原告对裁定不服的，可以提起上诉。

中华人民共和国行政诉讼法（2017 年）（节选）

（1989 年 4 月 4 日第七届全国人民代表大会第二次会议通过；根据 2014 年 11 月 1 日第十二届全国人民代表大会常务委员会第十一次会议《关于修改〈中华人民共和国行政诉讼法〉的决定》第一次修正；根据 2017 年 6 月 27 日第十二届全国人民代表大会常务委员会第二十八次会议《关于修改〈中华人民共和国民事诉讼法〉和〈中华人民共和国行政诉讼法〉的决定》第二次修正）

第二十五条 行政行为的相对人以及其他与行政行为有利害关系的公民、法人或者其他组织，有权提起诉讼。

有权提起诉讼的公民死亡，其近亲属可以提起诉讼。

有权提起诉讼的法人或者其他组织终止，承受其权利的法人或者其他组织可以提起诉讼。

人民检察院在履行职责中发现生态环境和资源保护、食品药品安全、国有财产保护、国有土地使用权出让等领域负有监督管理职责的行政机关违法行使职权或者不作为，致使国家利益或者社会公共利益受到侵害的，应当向行政机关提出检察建议，督促其依法履行职责。行政机关不依法履行职责的，人民检察院依法向人民法院提起诉讼。

第六章 起诉和受理

第四十四条 对属于人民法院受案范围的行政案件，公民、法人或者其他组织可以先向行政机关申请复议，对复议决定不服的，再向人民法院提起诉讼；也可以直接向人民法院提起诉讼。

法律、法规规定应当先向行政机关申请复议，对复议决定不服再向人民法院提起诉讼的，依照法律、法规的规定。

第四十五条 公民、法人或者其他组织不服复议决定的，可以在收到复议决定书之日起十五日内向人民法院提起诉讼。复议机关逾期不作决定的，申请人可以在复议期满之日起十五日内向人民法院提起诉讼。法律另有规定的除外。

第四十六条　公民、法人或者其他组织直接向人民法院提起诉讼的，应当自知道或者应当知道作出行政行为之日起六个月内提出。法律另有规定的除外。

因不动产提起诉讼的案件自行政行为作出之日起超过二十年，其他案件自行政行为作出之日起超过五年提起诉讼的，人民法院不予受理。

第四十七条　公民、法人或者其他组织申请行政机关履行保护其人身权、财产权等合法权益的法定职责，行政机关在接到申请之日起两个月内不履行的，公民、法人或者其他组织可以向人民法院提起诉讼。法律、法规对行政机关履行职责的期限另有规定的，从其规定。

公民、法人或者其他组织在紧急情况下请求行政机关履行保护其人身权、财产权等合法权益的法定职责，行政机关不履行的，提起诉讼不受前款规定期限的限制。

第四十八条　公民、法人或者其他组织因不可抗力或者其他不属于其自身的原因耽误起诉期限的，被耽误的时间不计算在起诉期限内。

公民、法人或者其他组织因前款规定以外的其他特殊情况耽误起诉期限的，在障碍消除后十日内，可以申请延长期限，是否准许由人民法院决定。

第四十九条　提起诉讼应当符合下列条件：

（一）原告是符合本法第二十五条规定的公民、法人或者其他组织；

（二）有明确的被告；

（三）有具体的诉讼请求和事实根据；

（四）属于人民法院受案范围和受诉人民法院管辖。

第五十条　起诉应当向人民法院递交起诉状，并按照被告人数提出副本。

书写起诉状确有困难的，可以口头起诉，由人民法院记入笔录，出具注明日期的书面凭证，并告知对方当事人。

第五十一条　人民法院在接到起诉状时对符合本法规定的起诉条件的，应当登记立案。

对当场不能判定是否符合本法规定的起诉条件的，应当接收起诉状，出具注明收到日期的书面凭证，并在七日内决定是否立案。不符合起诉条件的，作出不予立案的裁定。裁定书应当载明不予立案的理由。原告对裁定不服的,可以提起上诉。

起诉状内容欠缺或者有其他错误的,应当给予指导和释明,并一次性告知当事人需要补正的内容。不得未经指导和释明即以起诉不符合条件为由不接收起诉状。

对于不接收起诉状、接收起诉状后不出具书面凭证,以及不一次性告知当事人需要补正的起诉状内容的,当事人可以向上级人民法院投诉,上级人民法院应当责令改正,并对直接负责的主管人员和其他直接责任人员依法给予处分。

第五十二条　人民法院既不立案,又不作出不予立案裁定的,当事人可以向上一级人民法院起诉。上一级人民法院认为符合起诉条件的,应当立案、审理,也可以指定其他下级人民法院立案、审理。

第五十三条　公民、法人或者其他组织认为行政行为所依据的国务院部门和地方人民政府及其部门制定的规范性文件不合法,在对行政行为提起诉讼时,可以一并请求对该规范性文件进行审查。

前款规定的规范性文件不含规章。

《行政诉讼法》(2014)第六章起诉和受理第四十四条至第五十三条与《行政诉讼法》(2017)第六章起诉和受理第四十四条至第五十三条一致。

最高人民法院关于贯彻执行《中华人民共和国行政诉讼法》若干问题的意见（试行）（1991 年）（节选）

法（1991）19 号

（1991 年 5 月 29 日最高人民法院审判委员会第 499 次会议讨论通过）

40. 人民法院接到原告的起诉状，应由行政审判庭进行审查，符合起诉条件的，应当在 7 日内立案受理；不符合起诉条件的，应当在 7 日内作出不予受理的裁定。

最高人民法院关于执行《中华人民共和国行政诉讼法》若干问题的解释 (1999 年) (节选)

法释 [2000] 8 号

(1999 年 11 月 24 日最高人民法院审判委员会第 1088 次会议通过,自 2000 年 3 月 10 日起施行。)

五、起诉与受理

第三十二条 人民法院应当组成合议庭对原告的起诉进行审查。符合起诉条件的,应当在 7 日内立案;不符合起诉条件的,应当在 7 日内裁定不予受理。

7 日内不能决定是否受理的,应当先予受理;受理后经审查不符合起诉条件的,裁定驳回起诉。

受诉人民法院在 7 日内既不立案,又不作出裁定的,起诉人可以向上一级人民法院申诉或者起诉。上一级人民法院认为符合受理条件的,应予受理;受理后可以移交或者指定下级人民法院审理,也可以自行审理。

前三款规定的期限,从受诉人民法院收到起诉状之日起计算;因起诉状内容欠缺而责令原告补正的,从人民法院收到补正材料之日起计算。

第三十三条 法律、法规规定应当先申请复议,公民、法人或者其他组织未申请复议直接提起诉讼的,人民法院不予受理。

复议机关不受理复议申请或者在法定期限内不作出复议决定,公民、法人或者其他组织不服,依法向人民法院提起诉讼的,人民法院应当依法受理。

第三十四条 法律、法规未规定行政复议为提起行政诉讼必经程序,公民、法人或者其他组织既提起诉讼又申请行政复议的,由先受理的机关管辖;同时受理的,由公民、法人或者其他组织选择。公民、法人或者其他组织已经申请行政复议,在法定复议期间内又向人民法院提起诉讼的,人民法院不予受理。

第三十五条 法律、法规未规定行政复议为提起行政诉讼必经程序,公民、法人或者其他组织向复议机关申请行政复议后，又经复议机关同意撤回复议申请，在法定起诉期限内对原具体行政行为提起诉讼的，人民法院应当依法受理。

第三十六条　人民法院裁定准许原告撤诉后，原告以同一事实和理由重新起诉的，人民法院不予受理。

准予撤诉的裁定确有错误，原告申请再审的，人民法院应当通过审判监督程序撤销原准予撤诉的裁定，重新对案件进行审理。

第三十七条　原告或者上诉人未按规定的期限预交案件受理费，又不提出缓交、减交、免交申请，或者提出申请未获批准的，按自动撤诉处理。在按撤诉处理后，原告或者上诉人在法定期限内再次起诉或者上诉，并依法解决诉讼费预交问题的，人民法院应予受理。

第三十八条　人民法院判决撤销行政机关的具体行政行为后，公民、法人或者其他组织对行政机关重新作出的具体行政行为不服向人民法院起诉的，人民法院应当依法受理。

第三十九条　公民、法人或者其他组织申请行政机关履行法定职责，行政机关在接到申请之日起 60 日内不履行的，公民、法人或者其他组织向人民法院提起诉讼，人民法院应当依法受理。法律、法规、规章和其他规范性文件对行政机关履行职责的期限另有规定的，从其规定。

公民、法人或者其他组织在紧急情况下请求行政机关履行保护其人身权、财产权的法定职责，行政机关不履行的，起诉期间不受前款规定的限制。

第四十条　行政机关作出具体行政行为时，没有制作或者没有送达法律文书，公民、法人或者其他组织不服向人民法院起诉的，只要能证明具体行政行为存在，人民法院应当依法受理。

第四十一条　行政机关作出具体行政行为时，未告知公民、法人或者其他组织诉权或者起诉期限的，起诉期限从公民、法人或者其他组织知道或者应当知道诉权或者起诉期限之日起计算，但从知道或者应当知道具体行政行为内容之日起最长不得超过 2 年。

复议决定未告知公民、法人或者其他组织诉权或者法定起诉期限的，适用前款规定。

第四十二条　公民、法人或者其他组织不知道行政机关作出的具体行政行为内容的，其起诉期限从知道或者应当知道该具体行政行为内容之日起计算。对涉及不动产的具体行政行为从作出之日起超过 20 年、其他具体行政行为从作出之日起超过 5 年提起诉讼的，人民法院不予受理。

　　第四十三条　由于不属于起诉人自身的原因超过起诉期限的，被耽误的时间不计算在起诉期间内。因人身自由受到限制而不能提起诉讼的，被限制人身自由的时间不计算在起诉期间内。

六、审理与判决

　　第四十四条　有下列情形之一的，应当裁定不予受理；已经受理的，裁定驳回起诉：

　　（一）请求事项不属于行政审判权限范围的；

　　（二）起诉人无原告诉讼主体资格的；

　　（三）起诉人错列被告且拒绝变更的；

　　（四）法律规定必须由法定或者指定代理人、代表人为诉讼行为，未由法定或者指定代理人、代表人为诉讼行为的；

　　（五）由诉讼代理人代为起诉，其代理不符合法定要求的；

　　（六）起诉超过法定期限且无正当理由的；

　　（七）法律、法规规定行政复议为提起诉讼必经程序而未申请复议的；

　　（八）起诉人重复起诉的；

　　（九）已撤回起诉，无正当理由再行起诉的；

　　（十）诉讼标的为生效判决的效力所羁束的；

　　（十一）起诉不具备其他法定要件的。

　　前款所列情形可以补正或者更正的，人民法院应当指定期间责令补正或者更正；在指定期间已经补正或者更正的，应当依法受理。

最高人民法院关于适用《中华人民共和国行政诉讼法》若干问题的解释（2015 年）（节选）

法释〔2015〕9 号

（2015 年 4 月 20 日最高人民法院审判委员会第 1648 次会议通过）

第一条　人民法院对符合起诉条件的案件应当立案，依法保障当事人行使诉讼权利。

对当事人依法提起的诉讼，人民法院应当根据行政诉讼法第五十一条的规定，一律接收起诉状。能够判断符合起诉条件的，应当当场登记立案；当场不能判断是否符合起诉条件的，应当在接收起诉状后七日内决定是否立案；七日内仍不能作出判断的，应当先予立案。

起诉状内容或者材料欠缺的，人民法院应当一次性全面告知当事人需要补正的内容、补充的材料及期限。在指定期限内补正并符合起诉条件的，应当登记立案。当事人拒绝补正或者经补正仍不符合起诉条件的，裁定不予立案，并载明不予立案的理由。

当事人对不予立案裁定不服的，可以提起上诉。

第二条　行政诉讼法第四十九条第三项规定的"有具体的诉讼请求"是指：

（一）请求判决撤销或者变更行政行为；

（二）请求判决行政机关履行法定职责或者给付义务；

（三）请求判决确认行政行为违法；

（四）请求判决确认行政行为无效；

（五）请求判决行政机关予以赔偿或者补偿；

（六）请求解决行政协议争议；

（七）请求一并审查规章以下规范性文件；

（八）请求一并解决相关民事争议；

（九）其他诉讼请求。

当事人未能正确表达诉讼请求的，人民法院应当予以释明。

第三条　有下列情形之一，已经立案的，应当裁定驳回起诉：

（一）不符合行政诉讼法第四十九条规定的；

（二）超过法定起诉期限且无正当理由的；

（三）错列被告且拒绝变更的；

（四）未按照法律规定由法定代理人、指定代理人、代表人为诉讼行为的；

（五）未按照法律、法规规定先向行政机关申请复议的；

（六）重复起诉的；

（七）撤回起诉后无正当理由再行起诉的；

（八）行政行为对其合法权益明显不产生实际影响的；

（九）诉讼标的已为生效裁判所羁束的；

（十）不符合其他法定起诉条件的。

人民法院经过阅卷、调查和询问当事人，认为不需要开庭审理的，可以迳行裁定驳回起诉。

最高人民法院关于适用《中华人民共和国行政诉讼法》的解释（2017 年）（节选）

法释〔2018〕1 号

（2017 年 11 月 13 日最高人民法院审判委员会第 1726 次会议通过，自 2018 年 2 月 8 日起施行）

六、起诉与受理

第五十三条　人民法院对符合起诉条件的案件应当立案，依法保障当事人行使诉讼权利。

对当事人依法提起的诉讼，人民法院应当根据行政诉讼法第五十一条的规定接收起诉状。能够判断符合起诉条件的，应当当场登记立案；当场不能判断是否符合起诉条件的，应当在接收起诉状后七日内决定是否立案；七日内仍不能作出判断的，应当先予立案。

第五十四条　依照行政诉讼法第四十九条的规定，公民、法人或者其他组织提起诉讼时应当提交以下起诉材料：

（一）原告的身份证明材料以及有效联系方式；

（二）被诉行政行为或者不作为存在的材料；

（三）原告与被诉行政行为具有利害关系的材料；

（四）人民法院认为需要提交的其他材料。

由法定代理人或者委托代理人代为起诉的，还应当在起诉状中写明或者在口头起诉时向人民法院说明法定代理人或者委托代理人的基本情况，并提交法定代理人或者委托代理人的身份证明和代理权限证明等材料。

第五十五条　依照行政诉讼法第五十一条的规定，人民法院应当就起诉状内容和材料是否完备以及是否符合行政诉讼法规定的起诉条件进行审查。

起诉状内容或者材料欠缺的，人民法院应当给予指导和释明，并一次性全面告知当事人需要补正的内容、补充的材料及期限。在指定期限内补正并符合起诉条件的，应当登记立案。当事人拒绝补正或者经补正仍不符合起诉条件的，退回诉状并记录在册；坚持起诉的，裁定不予立案，并载明不予立案的理由。

第五十六条　法律、法规规定应当先申请复议，公民、法人或者其他组织未申请复议直接提起诉讼的，人民法院裁定不予立案。

依照行政诉讼法第四十五条的规定，复议机关不受理复议申请或者在法定期限内不作出复议决定，公民、法人或者其他组织不服，依法向人民法院提起诉讼的，人民法院应当依法立案。

第五十七条　法律、法规未规定行政复议为提起行政诉讼必经程序，公民、法人或者其他组织既提起诉讼又申请行政复议的，由先立案的机关管辖；同时立案的，由公民、法人或者其他组织选择。公民、法人或者其他组织已经申请行政复议，在法定复议期间内又向人民法院提起诉讼的，人民法院裁定不予立案。

第五十八条　法律、法规未规定行政复议为提起行政诉讼必经程序，公民、法人或者其他组织向复议机关申请行政复议后，又经复议机关同意撤回复议申请，在法定起诉期限内对原行政行为提起诉讼的，人民法院应当依法立案。

第五十九条　公民、法人或者其他组织向复议机关申请行政复议后，复议机关作出维持决定的，应当以复议机关和原行为机关为共同被告，并以复议决定送达时间确定起诉期限。

第六十条　人民法院裁定准许原告撤诉后，原告以同一事实和理由重新起诉的，人民法院不予立案。

准予撤诉的裁定确有错误，原告申请再审的，人民法院应当通过审判监督程序撤销原准予撤诉的裁定，重新对案件进行审理。

第六十一条　原告或者上诉人未按规定的期限预交案件受理费，又不提出缓交、减交、免交申请，或者提出申请未获批准的，按自动撤诉处理。在按撤诉处理后，原告或者上诉人在法定期限内再次起诉或者上诉，并依法解决诉讼费预交问题的，人民法院应予立案。

第六十二条　人民法院判决撤销行政机关的行政行为后，公民、法人或者其他组织对行政机关重新作出的行政行为不服向人民法院起诉的，人民法院应当依法立案。

第六十三条 行政机关作出行政行为时，没有制作或者没有送达法律文书，公民、法人或者其他组织只要能证明行政行为存在，并在法定期限内起诉的，人民法院应当依法立案。

第六十四条 行政机关作出行政行为时，未告知公民、法人或者其他组织起诉期限的，起诉期限从公民、法人或者其他组织知道或者应当知道起诉期限之日起计算，但从知道或者应当知道行政行为内容之日起最长不得超过一年。

复议决定未告知公民、法人或者其他组织起诉期限的，适用前款规定。

第六十五条 公民、法人或者其他组织不知道行政机关作出的行政行为内容的，其起诉期限从知道或者应当知道该行政行为内容之日起计算，但最长不得超过行政诉讼法第四十六条第二款规定的起诉期限。

第六十六条 公民、法人或者其他组织依照行政诉讼法第四十七条第一款的规定，对行政机关不履行法定职责提起诉讼的，应当在行政机关履行法定职责期限届满之日起六个月内提出。

第六十七条 原告提供被告的名称等信息足以使被告与其他行政机关相区别的，可以认定为行政诉讼法第四十九条第二项规定的"有明确的被告"。

起诉状列写被告信息不足以认定明确的被告的，人民法院可以告知原告补正；原告补正后仍不能确定明确的被告的，人民法院裁定不予立案。

第六十八条 行政诉讼法第四十九条第三项规定的"有具体的诉讼请求"是指：

（一）请求判决撤销或者变更行政行为；

（二）请求判决行政机关履行特定法定职责或者给付义务；

（三）请求判决确认行政行为违法；

（四）请求判决确认行政行为无效；

（五）请求判决行政机关予以赔偿或者补偿；

（六）请求解决行政协议争议；

（七）请求一并审查规章以下规范性文件；

（八）请求一并解决相关民事争议；

（九）其他诉讼请求。

当事人单独或者一并提起行政赔偿、补偿诉讼的，应当有具体的赔偿、补偿事项以及数额；请求一并审查规章以下规范性文件的，应当提供明确的文件名称或者审查对象；请求一并解决相关民事争议的，应当有具体的民事诉讼请求。

当事人未能正确表达诉讼请求的，人民法院应当要求其明确诉讼请求。

第六十九条　有下列情形之一，已经立案的，应当裁定驳回起诉：

（一）不符合行政诉讼法第四十九条规定的；

（二）超过法定起诉期限且无行政诉讼法第四十八条规定情形的；

（三）错列被告且拒绝变更的；

（四）未按照法律规定由法定代理人、指定代理人、代表人为诉讼行为的；

（五）未按照法律、法规规定先向行政机关申请复议的；

（六）重复起诉的；

（七）撤回起诉后无正当理由再行起诉的；

（八）行政行为对其合法权益明显不产生实际影响的；

（九）诉讼标的已为生效裁判或者调解书所羁束的；

（十）其他不符合法定起诉条件的情形。

前款所列情形可以补正或者更正的，人民法院应当指定期间责令补正或者更正；在指定期间已经补正或者更正的，应当依法审理。

人民法院经过阅卷、调查或者询问当事人，认为不需要开庭审理的，可以迳行裁定驳回起诉。

第七十条　起诉状副本送达被告后，原告提出新的诉讼请求的，人民法院不予准许，但有正当理由的除外。

中华人民共和国民事诉讼法（试行）（1982 年）
（已废止）（节选）

（1982 年 3 月 8 日第五届全国人民代表大会常务委员会第二十二次会议通过 1982 年 3 月 8 日全国人民代表大会常务委员会令第八号公布 自 1982 年 10 月 1 日起试行。）

第二编　第一审程序

第十章　普通程序

第一节　起诉和受理

第八十一条　起诉必须符合以下条件：

（一）原告是与本案有直接利害关系的个人、企业事业单位、机关、团体；

（二）有明确的被告、具体的诉讼请求和事实根据；

（三）属于人民法院管辖范围和受诉人民法院管辖。

第八十二条　起诉应当向人民法院递交起诉状，并按被告人数提出副本。

书写起诉状确有困难的，可以口诉，由人民法院记入笔录，并告知对方当事人。

第八十三条　起诉状应当记明以下事项：

（一）当事人的姓名、性别、年龄、民族、籍贯、职业、工作单位和住址，企业事业单位、机关、团体的名称、所在地和法定代表人的姓名、职务；

（二）诉讼请求和所根据的事实与理由；

（三）证据和证据来源，证人姓名和住址。

第八十四条　人民法院对于下列起诉，分别情况，予以处理：

（一）违反治安管理处罚条例的案件，告知原告向公安机关申请解决；

（二）依法应当由其他行政机关处理的争议，告知原告向有关行政机关申请解决；

（三）对判决、裁定已经发生法律效力的案件，当事人又起诉的，告知原告按申诉处理；

（四）依法在一定时期内不得起诉的案件，在不得起诉的期限内起诉的，不予受理；

（五）判决不准离婚的案件，没有新情况、新理由，在六个月内又起诉的，不予受理。

第八十五条　人民法院接到起诉状或者口头起诉，经审查，符合本法规定的受理条件的，应当在七日内立案；不符合本法规定的受理条件的，应当在七日内通知原告不予受理，并说明理由。

中华人民共和国民事诉讼法（1991 年）（节选）

（1991 年 4 月 9 日第七届全国人民代表大会第四次会议通过）

第十二章 第一审普通程序

第一节 起诉和受理

第一百零八条 起诉必须符合下列条件：

（一）原告是与本案有直接利害关系的公民、法人和其他组织；

（二）有明确的被告；

（三）有具体的诉讼请求和事实、理由；

（四）属于人民法院受理民事诉讼的范围和受诉人民法院管辖。

第一百零九条 起诉应当向人民法院递交起诉状，并按照被告人数提出副本。

书写起诉状确有困难的，可以口头起诉，由人民法院记入笔录，并告知对方当事人。

第一百一十条 起诉状应当记明下列事项：

（一）当事人的姓名、性别、年龄、民族、职业、工作单位和住所，法人或者其他组织的名称、住所和法定代表人或者主要负责人的姓名、职务；

（二）诉讼请求和所根据的事实与理由；

（三）证据和证据来源，证人姓名和住所。

第一百一十一条 人民法院对符合本法第一百零八条的起诉，必须受理；对下列起诉，分别情形，予以处理：

（一）依照行政诉讼法的规定，属于行政诉讼受案范围的，告知原告提起行政诉讼；

（二）依照法律规定，双方当事人对合同纠纷自愿达成书面仲裁协议向仲裁机构申请仲裁、不得向人民法院起诉的，告知原告向仲裁机构申请仲裁；

（三）依照法律规定，应当由其他机关处理的争议，告知原告向有关机关申请解决；

（四）对不属于本院管辖的案件，告知原告向有管辖权的人民法院起诉；

（五）对判决、裁定已经发生法律效力的案件，当事人又起诉的，告知原告按照申诉处理，但人民法院准许撤诉的裁定除外；

（六）依照法律规定，在一定期限内不得起诉的案件，在不得起诉的期限内起诉的，不予受理；

（七）判决不准离婚和调解和好的离婚案件，判决、调解维持收养关系的案件，没有新情况、新理由，原告在六个月内又起诉的，不予受理。

第一百一十二条 人民法院收到起诉状或者口头起诉，经审查，认为符合起诉条件的，应当在七日内立案，并通知当事人；认为不符合起诉条件的，应当在七日内裁定不予受理；原告对裁定不服的，可以提起上诉。

中华人民共和国民事诉讼法（2007 年）（节选）

(1991 年 4 月 9 日第七届全国人民代表大会第四次会议通过　根据 2007 年 10 月 28 日第十届全国人民代表大会常务委员会第三十次会议《关于修改〈中华人民共和国民事诉讼法〉的决定》修正)

第十二章　第一审普通程序

第一节　起诉和受理

第一百零八条　起诉必须符合下列条件：

（一）原告是与本案有直接利害关系的公民、法人和其他组织；

（二）有明确的被告；

（三）有具体的诉讼请求和事实、理由；

（四）属于人民法院受理民事诉讼的范围和受诉人民法院管辖。

第一百零九条　起诉应当向人民法院递交起诉状，并按照被告人数提出副本。

书写起诉状确有困难的，可以口头起诉，由人民法院记入笔录，并告知对方当事人。

第一百一十条　起诉状应当记明下列事项：

（一）当事人的姓名、性别、年龄、民族、职业、工作单位和住所，法人或者其他组织的名称、住所和法定代表人或者主要负责人的姓名、职务；

（二）诉讼请求和所根据的事实与理由；

（三）证据和证据来源，证人姓名和住所。

第一百一十一条　人民法院对符合本法第一百零八条的起诉，必须受理；对下列起诉，分别情形，予以处理：

（一）依照行政诉讼法的规定，属于行政诉讼受案范围的，告知原告提起行政诉讼；

（二）依照法律规定，双方当事人对合同纠纷自愿达成书面仲裁协议向仲裁机构申请仲裁、不得向人民法院起诉的，告知原告向仲裁机构申请仲裁；

（三）依照法律规定，应当由其他机关处理的争议，告知原告向有关机关申请解决；

（四）对不属于本院管辖的案件，告知原告向有管辖权的人民法院起诉；

（五）对判决、裁定已经发生法律效力的案件，当事人又起诉的，告知原告按照申诉处理，但人民法院准许撤诉的裁定除外；

（六）依照法律规定，在一定期限内不得起诉的案件，在不得起诉的期限内起诉的，不予受理；

（七）判决不准离婚和调解和好的离婚案件，判决、调解维持收养关系的案件，没有新情况、新理由，原告在六个月内又起诉的，不予受理。

第一百一十二条 人民法院收到起诉状或者口头起诉，经审查，认为符合起诉条件的，应当在七日内立案，并通知当事人；认为不符合起诉条件的，应当在七日内裁定不予受理；原告对裁定不服的，可以提起上诉。

中华人民共和国民事诉讼法（2012 年）（节选）

（1991 年 4 月 9 日第七届全国人民代表大会第四次会议通过，根据，2007 年 10 月 28 日第十届全国人民代表大会常务委员会第三十次会议《关于修改〈中华人民共和国民事诉讼法〉的决定》第一次修正，根据，2012 年 8 月 31 日第十一届全国人民代表大会常务委员会第二十八次会议《关于修改〈中华人民共和国民事诉讼法〉的决定》第二次修正）

第十二章　第一审普通程序

第一节　起诉和受理

第一百一十九条　起诉必须符合下列条件：

（一）原告是与本案有直接利害关系的公民、法人和其他组织；

（二）有明确的被告；

（三）有具体的诉讼请求和事实、理由；

（四）属于人民法院受理民事诉讼的范围和受诉人民法院管辖。

第一百二十条　起诉应当向人民法院递交起诉状，并按照被告人数提出副本。

书写起诉状确有困难的，可以口头起诉，由人民法院记入笔录，并告知对方当事人。

第一百二十一条　起诉状应当记明下列事项：

（一）原告的姓名、性别、年龄、民族、职业、工作单位、住所、联系方式，法人或者其他组织的名称、住所和法定代表人或者主要负责人的姓名、职务、联系方式；

（二）被告的姓名、性别、工作单位、住所等信息，法人或者其他组织的名称、住所等信息；

（三）诉讼请求和所根据的事实与理由；

（四）证据和证据来源，证人姓名和住所。

第一百二十二条 当事人起诉到人民法院的民事纠纷，适宜调解的，先行调解，但当事人拒绝调解的除外。

第一百二十三条 人民法院应当保障当事人依照法律规定享有的起诉权利。对符合本法第一百一十九条的起诉，必须受理。符合起诉条件的，应当在七日内立案，并通知当事人；不符合起诉条件的，应当在七日内作出裁定书，不予受理；原告对裁定不服的，可以提起上诉。

第一百二十四条 人民法院对下列起诉，分别情形，予以处理：

（一）依照行政诉讼法的规定，属于行政诉讼受案范围的，告知原告提起行政诉讼；

（二）依照法律规定，双方当事人达成书面仲裁协议申请仲裁、不得向人民法院起诉的，告知原告向仲裁机构申请仲裁；

（三）依照法律规定，应当由其他机关处理的争议，告知原告向有关机关申请解决；

（四）对不属于本院管辖的案件，告知原告向有管辖权的人民法院起诉；

（五）对判决、裁定、调解书已经发生法律效力的案件，当事人又起诉的，告知原告申请再审，但人民法院准许撤诉的裁定除外；

（六）依照法律规定，在一定期限内不得起诉的案件，在不得起诉的期限内起诉的，不予受理；

（七）判决不准离婚和调解和好的离婚案件，判决、调解维持收养关系的案件，没有新情况、新理由，原告在六个月内又起诉的，不予受理。

中华人民共和国民事诉讼法（2017 年）（节选）

（1991 年 4 月 9 日第七届全国人民代表大会第四次会议通过　根据 2007 年 10 月 28 日第十届全国人民代表大会常务委员会第三十次会议《关于修改〈中华人民共和国民事诉讼法〉的决定》第一次修正　根据 2012 年 8 月 31 日第十一届全国人民代表大会常务委员会第二十八次会议《关于修改〈中华人民共和国民事诉讼法〉的决定》第二次修正　根据 2017 年 6 月 27 日第十二届全国人民代表大会常务委员会第二十八次会议《关于修改〈中华人民共和国民事诉讼法〉和〈中华人民共和国行政诉讼法〉的决定》第三次修正）

第一百一十九条　起诉必须符合下列条件：

（一）原告是与本案有直接利害关系的公民、法人和其他组织；

（二）有明确的被告；

（三）有具体的诉讼请求和事实、理由；

（四）属于人民法院受理民事诉讼的范围和受诉人民法院管辖。

第一百二十条　起诉应当向人民法院递交起诉状，并按照被告人数提出副本。

书写起诉状确有困难的，可以口头起诉，由人民法院记入笔录，并告知对方当事人。

第一百二十一条　起诉状应当记明下列事项：

（一）原告的姓名、性别、年龄、民族、职业、工作单位、住所、联系方式，法人或者其他组织的名称、住所和法定代表人或者主要负责人的姓名、职务、联系方式；

（二）被告的姓名、性别、工作单位、住所等信息，法人或者其他组织的名称、住所等信息；

（三）诉讼请求和所根据的事实与理由；

（四）证据和证据来源，证人姓名和住所。

第一百二十二条　当事人起诉到人民法院的民事纠纷，适宜调解的，先行调解，但当事人拒绝调解的除外。

第一百二十三条　人民法院应当保障当事人依照法律规定享有的起诉权利。对符合本法第一百一十九条的起诉，必须受理。符合起诉条件的，应当在七日内立案，并通知当事人；不符合起诉条件的，应当在七日内作出裁定书，不予受理；原告对裁定不服的，可以提起上诉。

第一百二十四条　人民法院对下列起诉，分别情形，予以处理：

（一）依照行政诉讼法的规定，属于行政诉讼受案范围的，告知原告提起行政诉讼；

（二）依照法律规定，双方当事人达成书面仲裁协议申请仲裁、不得向人民法院起诉的，告知原告向仲裁机构申请仲裁；

（三）依照法律规定，应当由其他机关处理的争议，告知原告向有关机关申请解决；

（四）对不属于本院管辖的案件，告知原告向有管辖权的人民法院起诉；

（五）对判决、裁定、调解书已经发生法律效力的案件，当事人又起诉的，告知原告申请再审，但人民法院准许撤诉的裁定除外；

（六）依照法律规定，在一定期限内不得起诉的案件，在不得起诉的期限内起诉的，不予受理；

（七）判决不准离婚和调解和好的离婚案件，判决、调解维持收养关系的案件，没有新情况、新理由，原告在六个月内又起诉的，不予受理。

中华人民共和国民事诉讼法（2021 年）（节选）

（1991 年 4 月 9 日第七届全国人民代表大会第四次会议通过；根据 2007 年 10 月 28 日第十届全国人民代表大会常务委员会第三十次会议《关于修改〈中华人民共和国民事诉讼法〉的决定》第一次修正；根据 2012 年 8 月 31 日第十一届全国人民代表大会常务委员会第二十八次会议《关于修改〈中华人民共和国民事诉讼法〉的决定》第二次修正；根据 2017 年 6 月 27 日第十二届全国人民代表大会常务委员会第二十八次会议《关于修改〈中华人民共和国民事诉讼法〉和〈中华人民共和国行政诉讼法〉的决定》第三次修正）；2021 年 12 月 24 日，中华人民共和国第十三届全国人民代表大会常务委员会第三十二次会议通过《全国人民代表大会常务委员会关于修改〈中华人民共和国民事诉讼法〉的决定》，自 2022 年 1 月 1 日起施行。）

第一百二十二条　起诉必须符合下列条件：

（一）原告是与本案有直接利害关系的公民、法人和其他组织；

（二）有明确的被告；

（三）有具体的诉讼请求和事实、理由；

（四）属于人民法院受理民事诉讼的范围和受诉人民法院管辖。

第一百二十三条　起诉应当向人民法院递交起诉状，并按照被告人数提出副本。

书写起诉状确有困难的，可以口头起诉，由人民法院记入笔录，并告知对方当事人。

第一百二十四条　起诉状应当记明下列事项：

（一）原告的姓名、性别、年龄、民族、职业、工作单位、住所、联系方式，法人或者其他组织的名称、住所和法定代表人或者主要负责人的姓名、职务、联系方式；

（二）被告的姓名、性别、工作单位、住所等信息，法人或者其他组织的名称、住所等信息；

（三）诉讼请求和所根据的事实与理由；

（四）证据和证据来源，证人姓名和住所。

第一百二十五条　当事人起诉到人民法院的民事纠纷，适宜调解的，先行调解，但当事人拒绝调解的除外。

第一百二十六条　人民法院应当保障当事人依照法律规定享有的起诉权利。对符合本法第一百二十二条的起诉，必须受理。符合起诉条件的，应当在七日内立案，并通知当事人；不符合起诉条件的，应当在七日内作出裁定书，不予受理；原告对裁定不服的，可以提起上诉。

第一百二十七条　人民法院对下列起诉，分别情形，予以处理：

（一）依照行政诉讼法的规定，属于行政诉讼受案范围的，告知原告提起行政诉讼；

（二）依照法律规定，双方当事人达成书面仲裁协议申请仲裁、不得向人民法院起诉的，告知原告向仲裁机构申请仲裁；

（三）依照法律规定，应当由其他机关处理的争议，告知原告向有关机关申请解决；

（四）对不属于本院管辖的案件，告知原告向有管辖权的人民法院起诉；

（五）对判决、裁定、调解书已经发生法律效力的案件，当事人又起诉的，告知原告申请再审，但人民法院准许撤诉的裁定除外；

（六）依照法律规定，在一定期限内不得起诉的案件，在不得起诉的期限内起诉的，不予受理；

（七）判决不准离婚和调解和好的离婚案件，判决、调解维持收养关系的案件，没有新情况、新理由，原告在六个月内又起诉的，不予受理。

最高人民法院关于适用《中华人民共和国民事诉讼法》若干问题的意见（1992 年）（已废止）（节选）

（1992 年 7 月 14 日最高人民法院审判委员会第 528 次会议讨论通过）

139. 起诉不符合受理条件的，人民法院应当裁定不予受理。立案后发现起诉不符合受理条件的，裁定驳回起诉。

不予受理的裁定书由负责审查立案的审判员、书记员署名；驳回起诉的裁定书由负责审理该案的审判员、书记员署名。

最高人民法院关于适用《中华人民共和国民事诉讼法》的解释（2014 年）（节选）

（2014 年 12 月 18 日最高人民法院审判委员会第 1636 次会议通过）

第二百零八条　人民法院接到当事人提交的民事起诉状时，对符合民事诉讼法第一百一十九条的规定，且不属于第一百二十四条规定情形的，应当登记立案；对当场不能判定是否符合起诉条件的，应当接收起诉材料，并出具注明收到日期的书面凭证。

需要补充必要相关材料的，人民法院应当及时告知当事人。在补齐相关材料后，应当在七日内决定是否立案。

立案后发现不符合起诉条件或者属于民事诉讼法第一百二十四条规定情形的，裁定驳回起诉。

第二百零九条　原告提供被告的姓名或者名称、住所等信息具体明确，足以使被告与他人相区别的，可以认定为有明确的被告。

起诉状列写被告信息不足以认定明确的被告的，人民法院可以告知原告补正。原告补正后仍不能确定明确的被告的，人民法院裁定不予受理。

第二百一十条　原告在起诉状中有谩骂和人身攻击之辞的，人民法院应当告知其修改后提起诉讼。

第二百一十一条　对本院没有管辖权的案件，告知原告向有管辖权的人民法院起诉；原告坚持起诉的，裁定不予受理；立案后发现本院没有管辖权的，应当将案件移送有管辖权的人民法院。

第二百一十二条　裁定不予受理、驳回起诉的案件，原告再次起诉，符合起诉条件且不属于民事诉讼法第一百二十四条规定情形的，人民法院应予受理。

第二百一十三条　原告应当预交而未预交案件受理费，人民法院应当通知其预交，通知后仍不预交或者申请减、缓、免未获批准而仍不预交的，裁定按撤诉处理。

第二百一十四条 原告撤诉或者人民法院按撤诉处理后，原告以同一诉讼请求再次起诉的，人民法院应予受理。

原告撤诉或者按撤诉处理的离婚案件，没有新情况、新理由，六个月内又起诉的，比照民事诉讼法第一百二十四条第七项的规定不予受理。

最高人民法院关于适用《中华人民共和国民事诉讼法》的解释（2020 年）（节选）

（2014 年 12 月 18 日最高人民法院审判委员会第 1636 次会议通过，根据 2020 年 12 月 23 日最高人民法院审判委员会第 1823 次会议通过的《最高人民法院关于修改〈最高人民法院关于人民法院民事调解工作若干问题的规定〉等十九件民事诉讼类司法解释的决定》修正）

第二百零八条 人民法院接到当事人提交的民事起诉状时，对符合民事诉讼法第一百一十九条的规定，且不属于第一百二十四条规定情形的，应当登记立案；对当场不能判定是否符合起诉条件的，应当接收起诉材料，并出具注明收到日期的书面凭证。

需要补充必要相关材料的，人民法院应当及时告知当事人。在补齐相关材料后，应当在七日内决定是否立案。

立案后发现不符合起诉条件或者属于民事诉讼法第一百二十四条规定情形的，裁定驳回起诉。

第二百零九条 原告提供被告的姓名或者名称、住所等信息具体明确，足以使被告与他人相区别的，可以认定为有明确的被告。

起诉状列写被告信息不足以认定明确的被告的，人民法院可以告知原告补正。原告补正后仍不能确定明确的被告的，人民法院裁定不予受理。

第二百一十条 原告在起诉状中有谩骂和人身攻击之辞的，人民法院应当告知其修改后提起诉讼。

第二百一十一条 对本院没有管辖权的案件，告知原告向有管辖权的人民法院起诉；原告坚持起诉的，裁定不予受理；立案后发现本院没有管辖权的，应当将案件移送有管辖权的人民法院。

第二百一十二条 裁定不予受理、驳回起诉的案件，原告再次起诉，符合起诉条件且不属于民事诉讼法第一百二十四条规定情形的，人民法院应予受理。

第二百一十三条　原告应当预交而未预交案件受理费，人民法院应当通知其预交，通知后仍不预交或者申请减、缓、免未获批准而仍不预交的，裁定按撤诉处理。

第二百一十四条　原告撤诉或者人民法院按撤诉处理后，原告以同一诉讼请求再次起诉的，人民法院应予受理。

原告撤诉或者按撤诉处理的离婚案件，没有新情况、新理由，六个月内又起诉的，比照民事诉讼法第一百二十四条第七项的规定不予受理。

第二百一十五条　依照民事诉讼法第一百二十四条第二项的规定，当事人在书面合同中订有仲裁条款，或者在发生纠纷后达成书面仲裁协议，一方向人民法院起诉的，人民法院应当告知原告向仲裁机构申请仲裁，其坚持起诉的，裁定不予受理，但仲裁条款或者仲裁协议不成立、无效、失效、内容不明确无法执行的除外。

最高人民法院关于适用《中华人民共和国民事诉讼法》的解释（2022年）（节选）

(2014 年 12 月 18 日最高人民法院审判委员会第 1636 次会议通过；根据 2020 年 12 月 23 日最高人民法院审判委员会第 1823 次会议通过的《最高人民法院关于修改〈最高人民法院关于人民法院民事调解工作若干问题的规定〉等十九件民事诉讼类司法解释的决定》第一次修正；根据 2022 年 3 月 22 日最高人民法院审判委员会第 1866 次会议通过的《最高人民法院关于修改〈最高人民法院关于适用《中华人民共和国民事诉讼法》的解释〉的决定》第二次修正，该修正自 2022 年 4 月 10 日起施行)

第二百零八条　人民法院接到当事人提交的民事起诉状时，对符合民事诉讼法第一百二十二条的规定，且不属于第一百二十七条规定情形的，应当登记立案；对当场不能判定是否符合起诉条件的，应当接收起诉材料，并出具注明收到日期的书面凭证。

需要补充必要相关材料的，人民法院应当及时告知当事人。在补齐相关材料后，应当在七日内决定是否立案。

立案后发现不符合起诉条件或者属于民事诉讼法第一百二十七条规定情形的，裁定驳回起诉。

第二百零九条　原告提供被告的姓名或者名称、住所等信息具体明确，足以使被告与他人相区别的，可以认定为有明确的被告。

起诉状列写被告信息不足以认定明确的被告的，人民法院可以告知原告补正。原告补正后仍不能确定明确的被告的，人民法院裁定不予受理。

第二百一十条　原告在起诉状中有谩骂和人身攻击之辞的，人民法院应当告知其修改后提起诉讼。

第二百一十一条　对本院没有管辖权的案件，告知原告向有管辖权的人民法院起诉；原告坚持起诉的，裁定不予受理；立案后发现本院没有管辖权的，应当将案件移送有管辖权的人民法院。

第二百一十二条　裁定不予受理、驳回起诉的案件，原告再次起诉，符合起诉条件且不属于民事诉讼法第一百二十七条规定情形的，人民法院应予受理。

第二百一十三条　原告应当预交而未预交案件受理费，人民法院应当通知其预交，通知后仍不预交或者申请减、缓、免未获批准而仍不预交的，裁定按撤诉处理。

第二百一十四条　原告撤诉或者人民法院按撤诉处理后，原告以同一诉讼请求再次起诉的，人民法院应予受理。

原告撤诉或者按撤诉处理的离婚案件，没有新情况、新理由，六个月内又起诉的，比照民事诉讼法第一百二十七条第七项的规定不予受理。

第二百一十五条　依照民事诉讼法第一百二十七条第二项的规定，当事人在书面合同中订有仲裁条款，或者在发生纠纷后达成书面仲裁协议，一方向人民法院起诉的，人民法院应当告知原告向仲裁机构申请仲裁，其坚持起诉的，裁定不予受理，但仲裁条款或者仲裁协议不成立、无效、失效、内容不明确无法执行的除外。

第二百一十六条　在人民法院首次开庭前，被告以有书面仲裁协议为由对受理民事案件提出异议的，人民法院应当进行审查。

经审查符合下列情形之一的，人民法院应当裁定驳回起诉：

（一）仲裁机构或者人民法院已经确认仲裁协议有效的；

（二）当事人没有在仲裁庭首次开庭前对仲裁协议的效力提出异议的；

（三）仲裁协议符合仲裁法第十六条规定且不具有仲裁法第十七条规定情形的。

第二百一十七条　夫妻一方下落不明，另一方诉至人民法院，只要求离婚，不申请宣告下落不明人失踪或者死亡的案件，人民法院应当受理，对下落不明人公告送达诉讼文书。

第二百一十八条　赡养费、扶养费、抚养费案件，裁判发生法律效力后，因新情况、新理由，一方当事人再行起诉要求增加或者减少费用的，人民法院应作为新案受理。

　　第二百一十九条　当事人超过诉讼时效期间起诉的，人民法院应予受理。受理后对方当事人提出诉讼时效抗辩，人民法院经审理认为抗辩事由成立的，判决驳回原告的诉讼请求。

最高人民法院关于适用《中华人民共和国 刑事诉讼法》（2020 年）的解释（节选）

（2020 年 12 月 7 日最高人民法院审判委员会第 1820 次会议通过，自 2021 年 3 月 1 日起施行）

第三百二十条　对自诉案件，人民法院应当在十五日以内审查完毕。经审查，符合受理条件的，应当决定立案，并书面通知自诉人或者代为告诉人。

具有下列情形之一的，应当说服自诉人撤回起诉；自诉人不撤回起诉的，裁定不予受理：

（一）不属于本解释第一条规定的案件的；

（二）缺乏罪证的；

（三）犯罪已过追诉时效期限的；

（四）被告人死亡的；

（五）被告人下落不明的；

（六）除因证据不足而撤诉的以外，自诉人撤诉后，就同一事实又告诉的；

（七）经人民法院调解结案后，自诉人反悔，就同一事实再行告诉的；

（八）属于本解释第一条第二项规定的案件，公安机关正在立案侦查或者人民检察院正在审查起诉的；

（九）不服人民检察院对未成年犯罪嫌疑人作出的附条件不起诉决定或者附条件不起诉考验期满后作出的不起诉决定，向人民法院起诉的。

最高人民法院关于人民法院立案工作的暂行规定

法发〔1997〕7 号

1997 年 4 月 21 日

为了切实保护当事人的诉讼权利，加强人民法院的立案工作，根据我国刑事诉讼法、民事诉讼法、行政诉讼法等有关法律，结合审判实践经验，对人民法院的立案工作作如下规定。

第一条　人民法院的立案工作遵循便利人民群众诉讼、便利人民法院审判的原则。

第二条　上级人民法院对下级人民法院的立案工作进行监督和指导。

基层人民法院对人民法庭的立案工作进行检查和指导。

第三条　人民法院立案工作的任务，是保障当事人依法行使诉讼权利，保证人民法院正确、及时审理案件。

第四条　人民法院对当事人提起的诉讼依法进行审查，符合受理条件的应当及时立案。

第五条　人民法院实行立案与审判分开的原则。

第六条　人民法院的立案工作由专门机构负责，可以设在告诉申诉审判庭内；不设告诉申诉审判庭的，可以单独设立。

第七条　立案工作的范围：

（一）审查民事、经济纠纷、行政案件的起诉，决定立案或者裁定不予受理；审查刑事自诉案件的起诉，决定立案或者裁定驳回；对刑事公诉案件进行立案登记。

（二）对下级人民法院移送的刑事、民事、经济纠纷、行政上诉案件和人民检察院对第一审刑事判决、裁定提出的抗诉案件进行立案登记。

（三）对本院决定再审、上级人民法院指令再审和人民检察院按照审判监督程序提出抗诉的案件进行立案登记。

（四）负责应由人民法院依法受理的其他案件的立案工作。

（五）计算并通知原告、上诉人预交案件受理费。

第八条　人民法院收到当事人的起诉，应当依照法律和司法解释规定的案件受理条件进行审查：

（一）起诉人应当具备法律规定的主体资格；

（二）应当有明确的被告；

（三）有具体的诉讼请求和事实根据；

（四）属于人民法院受理案件的范围和受诉人民法院管辖。

提起刑事自诉、刑事附带民事诉讼的，还应当符合《最高人民法院关于执行〈中华人民共和国刑事诉讼法〉若干问题的解释（试行）》中关于受理条件的规定。

第九条　人民法院审查立案中，发现原告或者自诉人证明其诉讼请求的主要证据不具备的，应当及时通知其补充证据。收到诉状的时间，从当事人补交有关证据材料之日起开始计算。

第十条　人民法院收到诉状和有关证据，应当进行登记，并向原告或者自诉人出具收据。收据中应当注明证据名称、原件或复制件、收到时间、份数和页数，由负责审查起诉的审判人员和原告、自诉人签名或者盖章。对于不予立案或者原告、自诉人在立案前撤回起诉的，应当将起诉材料退还，并由当事人签收。

第十一条　对经审查不符合法定受理条件，原告坚持起诉的，应当裁定不予受理；自诉人坚持起诉的，应当裁定驳回。

第十二条　不予受理和驳回起诉的裁定书由负责审查起诉的审判人员制作，报庭长或者院长审批。裁定书由负责审查起诉的审判员、书记员署名，加盖人民法院印章。

第十三条　经审查认为起诉符合受理条件的，根据案件的不同情况，由负责审查起诉的审判人员决定立案或者报庭长审批。重大疑难案件报院长审批或者经审判委员会讨论决定。

第十四条　起诉经审查决定立案后，应当编立案号，填写立案登记表，计算案件受理费，向原告或者自诉人发出案件受理通知书，并书面通知原告预交案件受理费。

第十五条　决定立案后，立案机构应当在二日内将案件移送有关审判庭审理，并办理移交手续，注明移交日期。经审查决定受理或立案登记的日期为立案日期。

第十六条　刑事自诉案件应当在收到自诉状、口头告诉第二日起十五日内决定立案或者裁定驳回起诉；民事、经济纠纷案件应当在收到起诉状、口头告诉之日起七日内决定立案或者裁定不予受理；行政案件应当在收到起诉状之日起七日内决定立案或者裁定不予受理。

第十七条　审判庭对立案机构移送的案件认为不属本庭职责范围的，应当及时提出，报院长决定。

第十八条　人民法院经审查认为符合受理条件的起诉，报庭长批准立案；当事人直接向基层人民法院起诉的，基层人民法院应当审查受理。

人民法院决定立案后，应当将当事人的姓名、单位、案由、简要案情报基层人民法院统一编立案号。

对符合受理条件的起诉人民法庭不予立案的，基层人民法院应当决定立案，交由人民法庭审理。

第十九条　对当事人不服一审判决、裁定提出上诉的案件，第一审人民法院应当及时办妥送达上诉状副本等有关手续，将案卷材料连同二审案件诉讼费缴费凭证第一并移送第二审人民法院。

第二十条　第二审人民法院立案机构收到第一审人民法院移送的上诉材料及一审案件卷宗材料，应当查对以下内容：

（一）上诉状、一审裁判文书齐全；一审卷宗数应与案件移送函标明的数量相符。

（二）上诉人递交上诉状的时间在法定上诉期限以内；虽然超过法定上诉期限，但提交了因不可抗拒的事由或者具有其他正当理由申请顺延上诉期限的书面材料。

（三）附有上诉案件受理费单据或者上诉人关于缓、减、免交上诉费用的申请。

对卷宗、材料不齐备的，应当及时通知第一审人民法院补充。

第二十一条　第二审人民法院立案机构经查对有关材料无误的，应当填写立案登记表，编立案号，向当事人发送案件受理通知书和上诉案件应诉通知书，并将案卷材料于立案登记的第二日移交有关审判庭。

第二十二条　对当事人提出的申诉或者再审申请，认为符合受理条件的，应当登记后立卷审查。

第二十三条　对具有以下情形的再审案件，应当移送有关审判庭审理：

（一）经审查认为申诉或者再审申请符合法律规定的条件，并报经院长批准再审的；

（二）本院院长提交审判委员会讨论决定再审的；

（三）上级人民法院指令再审的；

（四）人民检察院提出抗诉的。

第二十四条　执行案件的立案工作可参照本规定执行。

第二十五条　各高级人民法院、解放军军事法院可以根据本规定制定实施细则，并报最高人民法院备案。

以前有关立案工作的规定与本规定不一致的，以本规定为准。

最高人民法院关于全国法院立案工作座谈会纪要

法〔1999〕186 号

1999 年 09 月 08 日

颁布单位最高人民法院

各省、自治区、直辖市高级人民法院，解放军军事法院，新疆维吾尔自治区高级人民法院生产建设兵团分院：

全国法院立案工作座谈会于 1999 年 8 月 23 日至 26 日在吉林省延吉市召开。各省、自治区、直辖市高级人民法院，解放军军事法院，新疆维吾尔自治区高级人民法院生产建设兵团分院分管立案工作的院领导、主管立案工作的庭长及会上介绍立案工作经验的中级人民法院、基层人民法院的代表共计 100 人，参加了座谈会。

最高人民法院告诉申诉审判庭庭长纪敏主持会议。

会议以邓小平理论为指导，总结交流立案工作的情况与经验；研究部署当前和今后一个时期的立案工作；贯彻落实不久前在上海召开的全国高级法院院长座谈会关于积极推进人民法院改革的精神，探索深化、发展立案工作的新路子，实现立案工作跨世纪的新发展。会议达到预期目的。现纪要如下：

一、会议充分肯定了各级法院立案工作所取得的显著成绩与经验。自 1997 年最高人民法院制定下发《立案工作的暂行规定》（以下简称暂行规定）以来，特别是 1998 年 7 月全国高级法院院长座谈会上，肖扬院长明确提出年内全部实行"三个分立"，坚决纠正三个不分的做法以后，在各级法院领导和立案干部的共同努力下，立审分立的落实摆上议事日程，立案工作切实得到了改进和加强，工作局面有了很大的改观，为服务大局、维护司法公正作出了积极的贡献。

主要表现：

（一）不断加深对立审分立的认识，全面推行立审分立，各级法院普遍设立了立案机构，立审分立的格局已经形成。

据今年（1999 年）6 月份对全国 31 个省、自治区、直辖市 3424 个法院的统计，已有 3315 个法院成立了立案机构，实现了全部或部分的立审分立，占 96.82%。

（二）严格依法立案。群众告状难的问题基本上得以解决。

（三）依据暂行规定与实践经验，明确了职责，完善了制度，使立案工作步入专业化、规范化的法制化轨道。

（四）把做好立案工作与人民法院的文明建设结合起来，提高了效率，转变了作风，人民群众更加满意。

（五）积累了一些好的做法与经验。与会代表从提高认识，加强领导；健全机构，配备干部；严肃执法，依法立案；明确职责，规范制度；锐意改革，大胆探索诸方面总结交流了立案工作的经验。

会议交流的 7 个高级法院、7 个中级法院、4 个基层法院的经验材料，受到与会代表的肯定和好评。

二、会议分析了当前立案工作的形势，明确了当前和今后一个时期立案工作的总体目标和基本要求。

会议认为，我国正处在世纪之交的重要历史关头，改革已进入攻坚阶段，发展正处于关键时期。由于社会关系变化，利益格局调整，社会矛盾交织，起诉到法院的各类案件大幅度上升，人民法院的立案工作和整个审判工作一样，面临着前所未有的复杂局面。

人民法院的管理体制和审判工作机制，也受到了严峻的挑战。面对困难与机遇同在，改革与发展并存的形势，如何抓住机遇，加快发展，适应形势的需要，把人民法院的立案工作以崭新的面貌推向 21 世纪，这是亟待我们深入思考和认真解决的问题。

会议确定，当前和今后一个时期人民法院立案工作的总体目标和基本要求是：以邓小平理论为指导，认真贯彻落实党的十五大精神，坚持党的基本路线和依法治国的基本方略，以确保司法公正为核心，积极探索和深化立案工作的改革。

健全机构，统一职责，完善制度，规范管理，在全面实施立审分立、贯彻落实暂行规定的基础上，逐步建立起公开、公正、高效、规范、有序的立案工作机制和审判管理模式。

努力提高工作效率和执法水平，为改革、发展、稳定服务，为把建设有中国特色社会主义事业全面推向 21 世纪，提供可靠的司法保障。

讨论中，大家对深化法院立案工作改革取得了共识，一致认为改革是推动法院工作发展的强大动力。近几年法院的立案工作，所以发展较快，取得了很大的成绩，一个重要的原因在于狠抓了立案工作的改革，推行了立审分立的审判管理机制。

今后的立案工作要发展，要开创立案工作的新局面，还必须坚持和完善立审分立制度，必须深化立案工作的改革。要立足当前，考虑长远，要把全面实行立审分立作为近期立案工作改革的重点，在 1999 年底前限期完成。关于立案工作改革的长远考虑，大家认为，这次座谈会上印发的上海市高级人民法院、上海市第一中级人民法院、吉林省延边自治州中级人民法院、陕西省铜川市中级人民法院、辽宁省辽阳市中级人民法院、山东省寿光市人民法院、河南省西华县人民法院实施审判流程管理的做法和经验，给我们很好的启示和借鉴。他们突破立案工作的传统模式，由立案机构对立案审查、文书送达、庭前准备、排期开庭、审限跟踪、结案归档等程序性工作，实施全面管理。

这种赋予立案机构流程管理职能的做法，在我国是一个创新，是对法院立案工作和审判方式改革的深化和发展。《人民法院五年改革纲要》已对建立科学的案件审理流程管理制度作了明文规定，各级法院应结合各自的实际，制定具体的改革步骤与方案，通过试点取得经验，逐步推行，积极稳妥地落实这一改革举措，以保证案件审理的公正、高效。

三、为适应形势发展的需要，确保人民法院立案工作总体目标与要求的实现，会议就今后工作，尤其对立案工作中遇到的亟待解决的一些问题进行了探讨，并提出以下意见：

（一）统一立案机构的职责范围，全面实施立审分立的原则。

会议针对一些法院立案机构职责范围不清，立审分立落实不到位的实际情况，特就立案机构的主要职责及全面落实立审分立，坚决纠正立审不分做法的问题，进行了研究并重申如下意见：

1. 全面落实立审分立，坚决纠正立审不分的做法。会议认为，全面实行立审分立，建立立案与审理互相分立、相互制约又有机结合的诉讼运行机制，是人民法院为了确保司法公正，完善我国审判制度而推出的一项重要改革举措。

各级人民法院都应按暂行规定及《人民法院五年改革纲要》的规定与要求，建立健全专门的立案机构，保证立案机构能够完全承担起暂行规定所要求的审查受理各类案件的任务，全面实施立审分立，坚决纠正立审不分的做法。会议要求，目前尚未全面实行立审分立的法院，一定要在今年（1999 年）年底前限期完成立审分立的任务。已经完成立审分立任务的法院，应进一步完善制度，充实业务骨干，保证工作正常有效地进行。

2. 统一立案机构的职责范围，全面发挥立案机构的职能作用。会议认为，根据刑诉法、民诉法、行政诉讼法和最高法院司法解释的规定，结合立案工作的实际，按照立审分立的要求，立案机构应承担以下主要职责：

（1）审查民事、经济纠纷、行政案件的起诉，决定立案或者裁定不予受理；审查刑事自诉案件的起诉，决定立案或者裁定驳回；审查执行案件的申请，决定是否立案或裁定不予受理；对刑事公诉案件进行立案登记。

（2）对上诉案件、抗诉案件进行立案登记。审理不服下级法院不予受理、管辖异议的上诉案件。

（3）审查申诉、申请再审，符合受理条件的，应当立卷审查，并决定是否裁定再审立案；对审委会讨论决定再审、上级法院指令再审和人民检察院按照审判监督程序提出抗诉的案件进行立案登记。

（4）负责应由本院依法受理的其他案件的立案工作。

（5）根据当事人申请，依法进行诉前财产、诉前证据保全。

（6）依法处理公民、法人和其他组织提出的管辖异议和下级法院的管辖权争议案件。对下级法院应当受理而不受理的告诉案件，指定下级法院受理。

（7）核算当事人预交诉讼费用，办理缓、减、免诉讼费的审批或报批手续。

（8）对本院各类案件的审限进行跟踪督办，并定期向有关领导与部门通报。

（9）办理上级机关和本院领导交办案件的登记、编号、程序上的审查处理和督办，并回报或转报结果。

（10）处理告诉申诉来信来访，解答法律咨询，做好上访老户工作。

（11）监督、指导下级法院的立案工作。基层法院检查指导人民法庭的立案工作。

以上意见，各级法院在确定各自立案机构的职责范围时应参照执行。

（二）建立健全机构，调整充实立案干部队伍。

会议认为，立案机构的设置，各级法院可根据实际情况自行决定，凡条件允许的，应当争取单独设置，设在告诉申诉审判庭内的，立案人员也应相对固定。凡单独设置立案机构的，名称统一为××人民法院立案庭，设在告申庭内的，名称统一为××人民法院立案室，并对外公开挂牌。立案机构的人力一定要与所承担的任务相适应，要选调一批政治、业务素质高，会做群众工作，作风过硬，年富力强的业务骨干充实立案干部队伍。保证立案机构能够完全承担起立案工作暂行规定所要求的审查受理各类案件的任务。

（三）抓好基层法院的立案工作，实现人民法庭立案规范化。

全国法院 80% 以上的案件是基层法院受理的，因而，基层法院的立案工作在整个法院立案工作中具有特别重要的地位和作用，会议认为，各级法院的领导应注重抓基层，这是深化人民法院立案工作改革的基础。

抓好基层法院的立案工作，重点抓好人民法庭的立案工作。暂行规定从两便原则出发，赋予法庭立案权，采取专人审查，庭长批准，基层人民法院立案机构指导，统一编立案号的变通做法。实践证明，这种做法既坚持了立审分立的原则，又考虑了法庭立案的特殊性，是统一立案的原则性与灵活性的统一，是两便原则的生动体现。会议强调，各地在落实去年（1998 年）全国人民法庭工作会议精神和贯彻实施《关于人民法庭若干问题的规定》过程中，在抓好人民法庭设置规范化的同时，要抓好法庭立案工作的规范化，两者要同步进行。人民法庭设置的适度规模化，使法庭的人、财、物配置更合理，更便于立审分立原则的实施。在抓教育、抓认识的同时，着重从建章立制、加强管理、规范做法上入手，落实专职立案人员，落实立案人员责任，落实立案制度，落实接待时间，落实立案监督制约机制。从而保障程序上的公开和公正，促使人民法庭的立案工作及审判管理日趋专业化、规范化、科学化。

（四）对暂行规定第二十二条、第二十三条的理解与执行问题。

会议认为，暂行规定第二十二条和第二十三条的规定是明确的，对申诉和申请再审的立卷复查由立案机构负责，再审案件的审判由审判监督机构负责。

如不是第二十三条规定的四种情况，就不应移送审监庭，应由立案庭立卷复查。对其中第一种情况，经审查，没有道理的，应由立案庭口头或书面驳回。经审查，可能有错，符合再审立案条件的，再审裁定立案后转审监庭审理。

对其中第二、三、四种情况，应由立案庭登记立案后转审监庭审理。这样分层次地审查处理，既把再审的立案与审理分开了，充分体现了再审案件的立审分立原则，同时也加大了审判监督工作的力度，有利提高再审案件的质量。

中级以上法院的立案、审监机构都应采取这种做法。基层法院一般是立案任务繁重，审监任务不大，故基层法院的立案机构，对申诉、申请再审案件可只进行程序性审查，是否再审立案的决定及再审的审理可都交审监机构去办理。各级法院的立案、审监机构还应强调分工协作，协同处理好申诉老户的工作。

会议认为，还有许多具体问题需要细化，比如：对上级法院发函要结果的案件、当地党委、人大、政府、政协等单位领导交办的案件的审查处理及两个庭如何分工更合理的问题，还需进一步调查研究。

关于申诉复查的操作执行问题，会议充分肯定了申诉复查听证制度的做法。会议认为该做法体现了申诉复查的平等原则，增加了复查的透明度，实践中取得了积极的审判效果与社会效果。会议要求有条件的法院，应积极试行推广。

试行推广时，应体现听证的简便、快捷、实用的特性，不对案件全面审查，抓住争议焦点，开门见山，直奔主题，听证目的是确定原判是否有错，是依法驳回，还是调卷审查或再审立案。切忌把复查听证与再审开庭相混淆。听证的组织形式还是组成合议庭为好。

会议指出，今年（1999 年）是我国历史上具有重要意义的一年。做好当前的各项工作，将为我们实现跨世纪发展的宏伟目标打下坚实的基础。希望身处审判工作前沿的广大立案干部在以江泽民同志为核心的党中央领导下，高举邓小平理论伟大旗帜，进一步振奋精神，扎实工作，开拓进取，积极深化立案工作改革，为实现依法治国，建设社会主义法治国家作出新的、更大的贡献！

最高人民法院关于行政案件管辖若干问题的规定

法释〔2008〕1 号

(2007 年 12 月 17 日最高人民法院审判委员会第 1441 次会议讨论通过, 自 2008 年 2 月 1 日起施行。)

为保证人民法院依法公正审理行政案件, 切实保护公民、法人和其他组织的合法权益, 维护和监督行政机关依法行使职权, 根据《中华人民共和国行政诉讼法》制定本规定。

第一条　有下列情形之一的, 属于行政诉讼法第十四条第 (三) 项规定的应当由中级人民法院管辖的第一审行政案件:

(一) 被告为县级以上人民政府的案件, 但以县级人民政府名义办理不动产物权登记的案件可以除外;

(二) 社会影响重大的共同诉讼、集团诉讼案件;

(三) 重大涉外或者涉及香港特别行政区、澳门特别行政区、台湾地区的案件;

(四) 其他重大、复杂的案件。

第二条　当事人以案件重大复杂为由或者认为有管辖权的基层人民法院不宜行使管辖权, 直接向中级人民法院起诉, 中级人民法院应当根据不同情况在 7 日内分别作出以下处理:

(一) 指定本辖区其他基层人民法院管辖;

(二) 决定自己审理;

(三) 书面告知当事人向有管辖权的基层人民法院起诉。

第三条　当事人向有管辖权的基层人民法院起诉, 受诉人民法院在 7 日内未立案也未作出裁定, 当事人向中级人民法院起诉, 中级人民法院应当根据不同情况在 7 日内分别作出以下处理:

(一) 要求有管辖权的基层人民法院依法处理;

（二）指定本辖区其他基层人民法院管辖；

（三）决定自己审理。

第四条　基层人民法院对其管辖的第一审行政案件，认为需要由中级人民法院审理或者指定管辖的，可以报请中级人民法院决定。中级人民法院应当根据不同情况在 7 日内分别作出以下处理：

（一）决定自己审理；

（二）指定本辖区其他基层人民法院管辖；

（三）决定由报请的人民法院审理。

第五条　中级人民法院对基层人民法院管辖的第一审行政案件，根据案件情况，可以决定自己审理，也可以指定本辖区其他基层人民法院管辖。

第六条　指定管辖裁定应当分别送达被指定管辖的人民法院及案件当事人。本规定第四条的指定管辖裁定还应当送达报请的人民法院。

第七条　对指定管辖裁定有异议的，不适用管辖异议的规定。

第八条　执行本规定的审理期限，提级管辖从决定之日起计算；指定管辖或者决定由报请的人民法院审理的，从收到指定管辖裁定或者决定之日起计算。

第九条　中级人民法院和高级人民法院管辖的第一审行政案件需要由上一级人民法院审理或者指定管辖的，参照本规定。

第十条　本规定施行前已经立案的不适用本规定。本院以前所作的司法解释及规范性文件，凡与本规定不一致的，按本规定执行。

自 2019 年 7 月 20 日起，《最高人民法院关于行政案件管辖若干问题的规定》不再适用，但此前依据这些司法解释对有关案件作出的判决、裁定仍然有效。

最高人民法院关于依法保护行政诉讼当事人诉权的意见

2009 年 11 月 9 日

行政诉讼法施行以来，人民法院依法受理和审理了大量行政案件，有效化解了行政争议，维护了人民群众合法权益，促进了行政机关依法行政，行政审判的特殊职能作用日益彰显。但是，行政诉讼"告状难"现象依然存在，已经成为人民群众反映强烈的突出问题之一。为不断满足人民群众日益增长的司法需求，切实解决行政诉讼有案不收、有诉不理的问题，现就进一步重视和加强行政案件受理，依法保护当事人诉讼权利，切实解决行政诉讼"告状难"问题，提出如下意见：

一、切实提高对行政案件受理工作重要性的认识

行政诉讼制度是保障最广大人民群众利益最有效、最直接的法律制度之一，是新形势下解决人民内部矛盾的一种有效方式，是维护社会和谐稳定的重要手段。行政诉讼受理渠道是否畅通，是这一优良司法制度能否有效发挥功能和作用的前提。诉权保障不力，公民的合法权益就难以有效救济，人民群众日益增长的司法需求就不可能得到满足。随着社会利益格局日益多元化和复杂化，特别是受国际金融危机的影响，行政纠纷日益增多，日趋复杂多样化，有的还呈现出突发性、群体性、极端性的特点。只有畅通行政诉讼渠道，才能引导人民群众以理性合法的方式表达利益诉求，最大限度地减少社会不和谐因素，增进人民群众与政府之间的理解与信任。诉讼渠道不畅，必然导致上访增多，非理性行为加剧，必将严重影响社会和谐稳定，削弱人民法院行政审判"为大局服务，为人民司法"的职能作用。各级人民法院必须充分理解司法权源于人民、属于人民、服务人民、受人民监督的根本属性，从贯彻落实党的十七届四中全会精神和实现司法的人民性的高度，充分认识行政案件受理工作的重要性，认真抓好行政案件受理工作，切实解决行政诉讼"告状难"问题。

二、不得随意限缩受案范围、违法增设受理条件

行政诉讼法和相关司法解释根据我国国情和现阶段的法治发展程度，设计了

符合实际的行政案件受案范围，这是人民法院受理行政诉讼案件的法定依据。各级人民法院要全面准确理解和适用，不得以任何借口随意限制受案范围。凡是行政诉讼法明确规定的可诉性事项，不得擅自加以排除；行政诉讼法没有明确规定但有单行法律、法规授权的，也要严格遵循；法律和司法解释没有明确排除的具体行政行为，应当属于人民法院行政诉讼受案范围。不仅要保护公民、法人和其他组织的人身权和财产权，也要顺应权利保障的需要，依法保护法律、法规规定可以提起诉讼的与人身权、财产权密切相关的其他经济、社会权利。要坚决清除限制行政诉讼受理的各种"土政策"，严禁以服务地方中心工作、应对金融危机等为借口，拒绝受理某类依法应当受理的行政案件。要准确理解、严格执行行政诉讼法和相关司法解释关于起诉条件、诉讼主体资格、起诉期限的规定，不得在法律规定之外另行规定限制当事人起诉的其他条件。要正确处理起诉权和胜诉权的关系，不能以当事人的诉讼请求明显不成立而限制或者剥夺当事人的诉讼权利。要正确处理诉前协调和立案审理的关系，既要充分发挥诉前协调的作用，又不能使之成为妨碍当事人行使诉权的附加条件。要全面正确审查起诉期限，对不属于起诉人自身原因超过起诉期限的，应当根据案件具体情况依法提供有效救济。

三、依法积极受理新类型行政案件

随着形势的发展和法治的进步，行政行为的方式不断丰富，行政管理的领域不断拓展，人民群众的司法需求不断增长，行政争议的特点不断变化。各级人民法院要深入了解各阶层人民群众的生活现状和思想动向，了解人民群众对行政审判工作的期待，依法受理由此引发的各种新类型案件，积极回应人民群众的现实司法需求。要依法积极受理行政给付、行政监管、行政允诺、行政不作为等新类型案件；依法积极受理教育、劳动、医疗、社会保障等事关民生的案件；依法积极受理政府信息公开等涉及公民其他社会权利的案件；积极探讨研究公益诉讼案件的受理条件和裁判方式。对新类型案件拿不准的，应当在法定期间先予立案，必要时请示上级人民法院，不得随意作出不予受理决定。

四、完善工作机制，改进工作作风

行政案件立案专业性较强。各级人民法院的立案庭和行政庭要在行政案件受理环节加强协调、沟通与配合。要严格执行行政诉讼法和司法解释有关受理案件的程序制度，对于当事人的起诉要在法定期限内立案或者作出裁定；不能决定是否受理的，应当先予受理，经审查确实不符合法定立案条件的，裁定驳回起诉。要认真执行《关于行政案件管辖若干问题的规定》，对于起诉人向上一级人民法院起诉的，上一级人民法院应当依法及时作出处理，符合受理条件的，督促有管辖权的人民法院立案受理，也可以直接立案后由自己审理或者指定辖区其他人民法院审理。要改进工作作风，强化便民措施，简化立案环节，丰富立案方式，方便群众诉讼。对于情况紧急且涉及人民群众切身利益或公共利益符合立案条件的案件，要及时立案，尽快审理。要大力推行诉讼引导和指导、权利告知、风险提示等措施，由于起诉人法律知识不足导致起诉状内容欠缺、错列被告等情形的，应当给予必要的指导和释明，不得未经指导和释明即以起诉不符合条件为由予以驳回。要增强司法公开和透明，对依法不予受理或驳回起诉的，必须依法出具法律文书，并在法律文书中给出令人信服的理由。

五、加强对行政案件受理工作的监督

上级人民法院要通过审理上诉和申诉案件、受理举报、案件评查、专项检查、通报排名等各种措施，进一步加强对下级人民法院行政案件立案受理工作的指导和监督，切实防止因当事人告状无门而引发到处上访、激化社会矛盾的事件发生。要健全完善行政审判绩效考核办法，加大因违法不受理案件导致申诉信访的考核权重。要严格执行《人民法院审判人员违法审判责任追究办法（试行）》的规定，对于违反法律规定，擅自对应当受理的案件不予受理，或者因违法失职造成严重后果的责任人员，要依法依纪严肃处理。要坚决抵制非法干预行政案件受理的各种违法行为，彻底废除各种违法限制行政案件受理的"土政策"。对于干预、阻碍人民法院受理行政案件造成恶劣影响的，应当及时向当地党委、纪检监察机关和上级人民法院反映，上级人民法院要协助党委和纪检监察机关作出严肃处理。

六、努力营造行政案件立案受理的良好外部环境

要通过典型案例、普法宣传、诉讼指导等多种途径，加大行政诉讼法的宣传力度，提高当事人参与行政诉讼的能力和水平，引导人民群众通过理性合法的方式主张权利；要切实提高行政案件的办案质量，千方百计降低诉讼成本，缩短诉讼周期，加大执行力度，增强行政审判的公信力；要进一步改进工作作风，增强

服务意识，提高服务水平，为人民群众提供更加便捷的救济；要采取强有力的法律保护手段，严厉查处打击报复当事人的行为，使人民群众敢于运用法律手段维护自己的合法权益。要建议政府和有关部门正确理解和评价行政诉讼败诉现象，修改和完善相关考评制度，防止和消除由此产生的负面影响。要更加主动自觉地争取党委的领导和人大的监督，取得政府机关及社会各界的支持。通过不懈努力，使行政案件受理难、审理难、执行难问题得到根本解决，使行政诉讼制度在保护合法权益，促进依法行政，化解行政争议，维护和谐稳定中发挥更加积极的作用。

关于人民法院推行立案登记制改革的意见

2015 年 4 月 1 日，中央全面深化改革领导小组第十一次会议审议通过了《关于人民法院推行立案登记制改革的意见》（以下简称《意见》）。该《意见》自 2015 年 5 月 1 日起施行。

为充分保障当事人诉权，切实解决人民群众反映的"立案难"问题，改革法院案件受理制度，变立案审查制为立案登记制，依照《中华人民共和国民事诉讼法》《中华人民共和国行政诉讼法》《中华人民共和国刑事诉讼法》等有关法律，提出如下意见。

一、立案登记制改革的指导思想

（一）坚持正确政治方向。深入贯彻党的十八届四中全会精神，坚持党的群众路线，坚持司法为民公正司法，通过立案登记制改革，推动加快建设公正高效权威的社会主义司法制度。

（二）坚持以宪法和法律为依据。依法保障当事人行使诉讼权利，方便当事人诉讼，做到公开、透明、高效。

（三）坚持有案必立、有诉必理。对符合法律规定条件的案件，法院必须依法受理，任何单位和个人不得以任何借口阻挠法院受理案件。

二、登记立案范围

有下列情形之一的，应当登记立案：

（一）与本案有直接利害关系的公民、法人和其他组织提起的民事诉讼，有明确的被告、具体的诉讼请求和事实依据，属于人民法院主管和受诉人民法院管辖的；

（二）行政行为的相对人以及其他与行政行为有利害关系的公民、法人或者其他组织提起的行政诉讼，有明确的被告、具体的诉讼请求和事实根据，属于人民法院受案范围和受诉人民法院管辖的；

（三）属于告诉才处理的案件，被害人有证据证明的轻微刑事案件，以及被害人有证据证明应当追究被告人刑事责任而公安机关、人民检察院不予追究的案件，被害人告诉，且有明确的被告人、具体的诉讼请求和证明被告人犯罪事实的证据，属于受诉人民法院管辖的；

（四）生效法律文书有给付内容且执行标的和被执行人明确，权利人或其继承人、权利承受人在法定期限内提出申请，属于受申请人民法院管辖的；

（五）赔偿请求人向作为赔偿义务机关的人民法院提出申请，对人民法院、人民检察院、公安机关等作出的赔偿、复议决定或者对逾期不作为不服，提出赔偿申请的。

有下列情形之一的，不予登记立案：

（一）违法起诉或者不符合法定起诉条件的；

（二）诉讼已经终结的；

（三）涉及危害国家主权和领土完整、危害国家安全、破坏国家统一和民族团结、破坏国家宗教政策的；

（四）其他不属于人民法院主管的所诉事项。

三、登记立案程序

（一）实行当场登记立案。对符合法律规定的起诉、自诉和申请，一律接收诉状，当场登记立案。对当场不能判定是否符合法律规定的，应当在法律规定的期限内决定是否立案。

（二）实行一次性全面告知和补正。起诉、自诉和申请材料不符合形式要件的，应当及时释明，以书面形式一次性全面告知应当补正的材料和期限。在指定期限内经补正符合法律规定条件的，人民法院应当登记立案。

（三）不符合法律规定的起诉、自诉和申请的处理。对不符合法律规定的起诉、自诉和申请，应当依法裁决不予受理或者不予立案，并载明理由。当事人不服的，可以提起上诉或者申请复议。禁止不收材料、不予答复、不出具法律文书。

（四）严格执行立案标准。禁止在法律规定之外设定受理条件，全面清理和废止不符合法律规定的立案"土政策"。

四、健全配套机制

（一）健全多元化纠纷解决机制。进一步完善调解、仲裁、行政裁决、行政复议、诉讼等有机衔接、相互协调的多元化纠纷解决机制，加强诉前调解与诉讼调解的有效衔接，为人民群众提供更多纠纷解决方式。

（二）建立完善庭前准备程序。完善繁简分流、先行调解工作机制。探索建立庭前准备程序，召集庭前会议，明确诉辩意见，归纳争议焦点，固定相关证据，促进纠纷通过调解、和解、速裁和判决等方式高效解决。

（三）强化立案服务措施。加强人民法院诉讼服务中心和信息化建设，实现公开、便捷立案。推行网上立案、预约立案、巡回立案，为当事人行使诉权提供便利。加大法律援助、司法救助力度，让经济确有困难的当事人打得起官司。

五、制裁违法滥诉

（一）依法惩治虚假诉讼。当事人之间恶意串通，或者冒充他人提起诉讼，企图通过诉讼、调解等方式侵害他人合法权益的，人民法院应当驳回其请求，并予以罚款、拘留；构成犯罪的，依法追究刑事责任。

（二）依法制裁违法行为。对哄闹、滞留、冲击法庭等不听从司法工作人员劝阻的，以暴力、威胁或者其他方法阻碍司法工作人员执行职务的，或者编造事实、侮辱诽谤审判人员，严重扰乱登记立案工作的，予以罚款、拘留；构成犯罪的，依法追究刑事责任。

（三）依法维护立案秩序。对违法围攻、静坐、缠访闹访、冲击法院等，干扰人民法院依法立案的，由公安机关依照治安管理处罚法，予以警告、罚款、行政拘留等处罚；构成犯罪的，依法追究刑事责任。

（四）健全相关法律制度。加强诉讼诚信建设，规范行使诉权行为。推动完善相关立法，对虚假诉讼、恶意诉讼、无理缠诉等滥用诉权行为，明确行政处罚、司法处罚、刑事处罚标准，加大惩治力度。

六、切实加强立案监督

（一）加强内部监督。人民法院应当公开立案程序，规范立案行为，加强对立案流程的监督。上级人民法院应充分发挥审级监督职能，对下级法院有案不立的，责令其及时纠正。必要时，可提级管辖或者指定其他下级法院立案审理。

（二）加强外部监督。人民法院要自觉接受监督，对各级人民代表大会及其常务委员会督查法院登记立案工作反馈的问题和意见，要及时提出整改和落实措施；对检察机关针对不予受理、不予立案、驳回起诉的裁定依法提出的抗诉，要依法审理，对检察机关提出的检察建议要及时处理，并书面回复；自觉接受新闻媒体和人民群众的监督，对反映和投诉的问题，要及时回应，确实存在问题的，要依法纠正。

（三）强化责任追究。人民法院监察部门对立案工作应加大执纪监督力度。发现有案不立、拖延立案、人为控制立案、"年底不立案"、干扰依法立案等违法行为，对有关责任人员和主管领导，依法依纪严肃追究责任。造成严重后果或者恶劣社会影响，构成犯罪的，依法追究刑事责任。

各级人民法院要认真贯彻本意见精神，切实加强领导，明确责任，周密部署，精心组织，确保立案登记制改革顺利进行。

最高人民法院关于人民法院登记立案若干问题的规定

法释〔2015〕8 号

（最高人民法院《关于人民法院登记立案若干问题的规定》已于 2015 年 4 月 13 日由最高人民法院审判委员会第 1647 次会议通过，现予公布，自 2015 年 5 月 1 日起施行。）

为保护公民、法人和其他组织依法行使诉权，实现人民法院依法、及时受理案件，根据《中华人民共和国民事诉讼法》《中华人民共和国行政诉讼法》《中华人民共和国刑事诉讼法》等法律规定，制定本规定。

第一条　人民法院对依法应该受理的一审民事起诉、行政起诉和刑事自诉，实行立案登记制。

第二条　对起诉、自诉，人民法院应当一律接收诉状，出具书面凭证并注明收到日期。

对符合法律规定的起诉、自诉，人民法院应当当场予以登记立案。

对不符合法律规定的起诉、自诉，人民法院应当予以释明。

第三条　人民法院应当提供诉状样本，为当事人书写诉状提供示范和指引。

当事人书写诉状确有困难的，可以口头提出，由人民法院记入笔录。符合法律规定的，予以登记立案。

第四条　民事起诉状应当记明以下事项：

（一）原告的姓名、性别、年龄、民族、职业、工作单位、住所、联系方式，法人或者其他组织的名称、住所和法定代表人或者主要负责人的姓名、职务、联系方式；

（二）被告的姓名、性别、工作单位、住所等信息，法人或者其他组织的名称、住所等信息；

（三）诉讼请求和所根据的事实与理由；

（四）证据和证据来源；

（五）有证人的，载明证人姓名和住所。

行政起诉状参照民事起诉状书写。

第五条 刑事自诉状应当记明以下事项：

（一）自诉人或者代为告诉人、被告人的姓名、性别、年龄、民族、文化程度、职业、工作单位、住址、联系方式；

（二）被告人实施犯罪的时间、地点、手段、情节和危害后果等；

（三）具体的诉讼请求；

（四）致送的人民法院和具状时间；

（五）证据的名称、来源等；

（六）有证人的，载明证人的姓名、住所、联系方式等。

第六条 当事人提出起诉、自诉的，应当提交以下材料：

（一）起诉人、自诉人是自然人的，提交身份证明复印件；起诉人、自诉人是法人或者其他组织的，提交营业执照或者组织机构代码证复印件、法定代表人或者主要负责人身份证明书；法人或者其他组织不能提供组织机构代码的，应当提供组织机构被注销的情况说明；

（二）委托起诉或者代为告诉的，应当提交授权委托书、代理人身份证明、代为告诉人身份证明等相关材料；

（三）具体明确的足以使被告或者被告人与他人相区别的姓名或者名称、住所等信息；

（四）起诉状原本和与被告或者被告人及其他当事人人数相符的副本；

（五）与诉请相关的证据或者证明材料。

第七条 当事人提交的诉状和材料不符合要求的，人民法院应当一次性书面告知在指定期限内补正。

当事人在指定期限内补正的，人民法院决定是否立案的期间，自收到补正材料之日起计算。

当事人在指定期限内没有补正的，退回诉状并记录在册；坚持起诉、自诉的，裁定或者决定不予受理、不予立案。

经补正仍不符合要求的，裁定或者决定不予受理、不予立案。

第八条 对当事人提出的起诉、自诉，人民法院当场不能判定是否符合法律规定的，应当作出以下处理：

（一）对民事、行政起诉，应当在收到起诉状之日起七日内决定是否立案；

（二）对刑事自诉，应当在收到自诉状次日起十五日内决定是否立案；

（三）对第三人撤销之诉，应当在收到起诉状之日起三十日内决定是否立案；

（四）对执行异议之诉，应当在收到起诉状之日起十五日内决定是否立案。

人民法院在法定期间内不能判定起诉、自诉是否符合法律规定的，应当先行立案。

第九条 人民法院对起诉、自诉不予受理或者不予立案的，应当出具书面裁定或者决定，并载明理由。

第十条 人民法院对下列起诉、自诉不予登记立案：

（一）违法起诉或者不符合法律规定的；

（二）涉及危害国家主权和领土完整的；

（三）危害国家安全的；

（四）破坏国家统一和民族团结的；

（五）破坏国家宗教政策的；

（六）所诉事项不属于人民法院主管的。

第十一条 登记立案后，当事人未在法定期限内交纳诉讼费的，按撤诉处理，但符合法律规定的缓、减、免交诉讼费条件的除外。

第十二条 登记立案后，人民法院立案庭应当及时将案件移送审判庭审理。

第十三条 对立案工作中存在的不接收诉状、接收诉状后不出具书面凭证，不一次性告知当事人补正诉状内容，以及有案不立、拖延立案、干扰立案、既不立案又不作出裁定或者决定等违法违纪情形，当事人可以向受诉人民法院或者上级人民法院投诉。

人民法院应当在受理投诉之日起十五日内，查明事实，并将情况反馈当事人。发现违法违纪行为的，依法依纪追究相关人员责任；构成犯罪的，依法追究刑事责任。

第十四条 为方便当事人行使诉权，人民法院提供网上立案、预约立案、巡回立案等诉讼服务。

第十五条 人民法院推动多元化纠纷解决机制建设，尊重当事人选择人民调解、行政调解、行业调解、仲裁等多种方式维护权益，化解纠纷。

第十六条　人民法院依法维护登记立案秩序，推进诉讼诚信建设。对干扰立案秩序、虚假诉讼的，根据民事诉讼法、行政诉讼法有关规定予以罚款、拘留；构成犯罪的，依法追究刑事责任。

第十七条　本规定的"起诉"，是指当事人提起民事、行政诉讼；"自诉"，是指当事人提起刑事自诉。

第十八条　强制执行和国家赔偿申请登记立案工作，按照本规定执行。

上诉、申请再审、刑事申诉、执行复议和国家赔偿申诉案件立案工作，不适用本规定。

第十九条　人民法庭登记立案工作，按照本规定执行。

第二十条　本规定自 2015 年 5 月 1 日起施行。以前有关立案的规定与本规定不一致的，按照本规定执行。

最高人民法院印发《关于人民法院推行立案登记制改革的意见》

2015 年 4 月 15 日

2015 年 4 月 1 日，中央全面深化改革领导小组第十一次会议审议通过了《关于人民法院推行立案登记制改革的意见》。最高人民法院今日印发该意见，改革人民法院案件受理制度，变立案审查制为立案登记制，对依法应该受理的案件，做到有案必立、有诉必理，保障当事人诉权。意见将于 5 月 1 日起施行。

意见指出，要坚持正确政治方向，坚持司法为民、公正司法，以宪法和法律为依据，依法保障当事人行使诉讼权利，方便当事人诉讼。对符合法律规定条件的案件，人民法院必须依法受理，任何单位和个人不得以任何借口阻挠法院受理案件。

意见规定，登记立案针对的是人民法院的初始案件，对上诉、申请再审和申诉，不适用登记立案。人民法院对符合法律规定条件的民事起诉、行政起诉、刑事自诉、强制执行和国家赔偿申请，一律接收诉状，当场登记立案。当场不能判定的，应当在法律规定的期限内决定是否立案。在法律规定期限内无法判定的，先行立案。不符合形式要件的，人民法院应当及时释明，以书面形式一次性全面告知应当补正的材料和期限。不符合法律规定条件的，应当依法作出裁决。当事人不服的，可以提起上诉或者申请复议。

对违法起诉或者不符合法定起诉条件的，涉及危害国家主权和领土完整、危害国家安全、破坏国家统一和民族团结、破坏国家宗教政策的，以及其他不属于人民法院主管的所诉事项，不予登记立案。

意见同时提出，要健全配套机制，进一步完善调解、仲裁、行政裁决、行政复议、诉讼等有机衔接，健全多元化纠纷解决机制，让更多的矛盾纠纷通过非诉方式处理。要探索建立司法诉讼的庭前准备程序，完善案件繁简分流、先行调解工作机制。促进各类纠纷案件快速审结，节约司法成本，减轻当事人诉累。意见强调，法院要自觉接受人大、检察机关、新闻媒体和人民群众的监督，对反映和投诉的问题，及时回应。对有案不立、拖延立案、人为控制立案、"年底不立案"、干扰依法立案等违法行为，依法依纪严肃追究有关责任人员和主管领导的责任。造成严重后果或者恶劣社会影响，构成犯罪的，依法追究刑事责任。

推行立案登记制改革，是党的十八届四中全会提出的重要举措。推进这项改革，有利于从制度上、源头上解决人民群众反映强烈的"立案难"问题，对加快建设公正高效权威的社会主义司法制度具有重要意义。

解决 "立案难" 的关键性举措

——最高人民法院负责人就《关于人民法院
推行立案登记制改革的意见》答记者问

2015 年 4 月 1 日，中央全面深化改革领导小组第十一次会议审议通过《关于人民法院推行立案登记制改革的意见》（以下简称《意见》）。4 月 15 日，最高人民法院发布了该《意见》，自 5 月 1 日起施行。针对公众普遍关注的问题，最高人民法院负责人接受了记者采访。

记者：立案登记制改革的总体思路是什么？请简要介绍一下这份意见的主要内容。

负责人：这次改革的总体思路是，以党的十八届四中全会精神和习近平总书记的重要指示为指针，坚持以宪法和法律为依据，以群众需求为导向，从解决实际问题入手，对依法应该受理的案件，做到有案必立、有诉必理，切实保障当事人诉权，从制度上、源头上、根本上解决 "立案难" 问题。

《意见》的主要内容包括：立案登记制改革的指导思想、登记立案范围、登记立案程序、健全配套机制、制裁违法滥诉、切实加强立案监督六个方面，内容十分丰富，主要包括五个方面：

第一，对符合法律规定的起诉、自诉和申请，一律接收诉状，当场登记立案。

第二，对提交的材料不符合形式要件的，及时释明，以书面形式一次性全面告知应当补正的材料和期限。

第三，对在法律规定期限内无法判定的，应当先行立案。

第四，对不符合法律规定的，应当依法裁决不予受理或者不予立案，并载明理由。当事人不服的，可以提起上诉或者申请复议。禁止不收材料、不予答复、不出具法律文书。

第五，强化责任追究，对有案不立、拖延立案、人为控制立案、"年底不立案"、干扰依法立案等违法行为，依法依纪严肃追究有关责任人员和主管领导责任。

记者：与现行的立案审查制相比，立案登记制有什么特点？

负责人：立案审查制是指，当事人向法院提起诉讼时，法院对诉讼要件进行实质审查后，决定是否受理。其审查内容主要包括主体资格、法律关系、诉讼请求以及管辖权等。

立案登记制是指，法院对当事人的起诉不进行实质审查，仅仅对形式要件进行核对。除了《意见》规定不予登记立案的情形外，当事人提交的诉状一律接收，并出具书面凭证。起诉状和相关证据材料符合诉讼法规定条件的，当场登记立案。

两者的区别一是诉讼起点不同。立案审查制下，诉讼起点是法院决定立案时。立案登记制下，诉状提交给法院时，诉讼就开始了。二是立案条件不同。立案审查制下，各级法院对当事人起诉能否立案的审查尺度存在标准不一的问题。立案登记制下，当事人只要提供符合形式要件的诉状，法院应当一律接收，并在规定期限内依法处理。三是对当事人起诉权的保障不同。立案登记制下，法院一律接收诉状，当事人依法无障碍行使诉权，体现了对当事人起诉权的充分保护。

记者：哪些案件属于登记立案的范围？

负责人：登记立案针对的是初始案件，包括民事起诉、行政起诉、刑事自诉、强制执行和国家赔偿申请。对上诉、申请再审、申诉等，法律另有规定，不适用登记立案的规定。

目前，《民事诉讼法》、《行政诉讼法》、《刑事诉讼法》、《国家赔偿法》等法律和司法解释已经对民事起诉、行政起诉、刑事自诉、强制执行申请和国家赔偿申请的受理条件作出明确规定。《意见》中也对应当登记立案的具体情形作出了详细规定。

此外，对违法起诉和不符合起诉条件的，涉及危害国家主权和领土完整、危害国家安全、破坏国家统一和民族团结、破坏国家宗教政策的，以及其他不属于人民法院主管的所诉事项，不在登记范围之内。比如，当事人起诉的事项按规定应当由其他机关处理的争议，法院应当及时释明，告知当事人向有关机关申请解决。如果当事人坚持起诉，法院应当裁定不予受理或者裁定不予立案。

记者：在登记立案程序是否有时间上的硬性要求，来防止案件"久拖不立"？

负责人：老百姓到法院起诉、自诉或者申请强制执行、国家赔偿，法院要一律接受诉状。当场能够判定起诉、自诉和申请符合法律规定条件的，当场登记立案。当场不能判定是否符合法律规定条件的，应当在法律规定期限内决定是否立案。

这种要求是明确的，时效性是很强的，要求是很高的。如起诉应当在收到之日起 7 日内决定是否立案，刑事自诉应当在收到次日起 15 日内决定是否立案；对于执行异议之诉，应当在收到之日起 15 日内决定是否立案。在法律规定期限内，认为起诉、自诉和申请不符合法律规定的条件，应当依法裁决不予受理或不予立案，并载明理由。无法判定是否符合法律规定条件的，先行立案。这主要是为了更充分地保障当事人的诉权，也对法院立案工作提出了更高的要求。对当事人而言，起诉、自诉应当提供必要的材料，法院如果认为申请材料不符合形式要件的，当场应当及时释明，以书面形式一次性全面告知应当补正的材料和期限。

这里要明确的是，首先是书面形式告知，防止口头表达不清或者事后是否告知了说不清楚；其次是一次性全面告知，不能反反复复，让当事人来回跑路。当事人在指定期限内经补正达到法律规定条件的，应当登记立案。在指定期限内没有补正的，退回诉状并记录在册；当事人坚持起诉、自诉的，裁决不予受理或者不予立案。经补正仍不符合形式要件的，裁决不予受理或不予立案。登记立案后，法院应当及时将案件材料转给相关业务庭。对登记立案后移送的案件，相关部门不得随意以起诉材料不齐全、诉讼证据有缺失或者案件难以审理执行等为由，退回立案部门。为了进一步规范登记立案的程序，最高人民法院将颁发登记立案的规范性文件。

记者：法院如何应对实行登记立案后，可能出现的案件数量增加等问题？

负责人：实行登记立案制，法院各类案件数量预计会出现不同程度增长，涉诉信访等方面的任务也可能增加。

从法院自身而言，要大力提升诉讼服务水平。我们将继续抓好诉讼服务中心建设工作，完善便民服务机制，特别是运用信息技术手段，大力推行网上登记立案平台建设，让当事人更加方便地行使诉权。加大法律援助、司法救助力度，让经济确有困难的当事人打得起官司。

要改革审判执行机制，完善先行调解机制，探索庭前准备程序。积极稳妥推进司法体制改革，包括完善主审法官和合议庭办案责任制，法官员额制改革、司法辅助人员制度改革、司法人员分类管理等。大力开展案件分流、促进和解、指导调解、诉调对接和案件速裁工作。探索建立民事庭前准备程序，组织当事人交换证据，归纳争议焦点，促进双方和解，强化审前案件管理和程序管控，让更多的案件解决在审前。

同时，法院要在发挥审判功能的同时，进一步完善调解、仲裁、行政裁决、行政复议、诉讼等有机衔接、相互协调的多元化纠纷解决机制。通过建设功能强大、资源充足的诉调对接平台和形式多样、运行规范的诉调对接机制，尊重当事人的选择，减轻当事人诉累，有效化解矛盾纠纷。在诉讼服务中心为商事调解组织、行业调解组织或者其他具有调解职能的组织开展调解工作搭建平台，落实人民调解协议司法确认制度，充分发挥行政调解、人民调解、行业调解的作用。完善仲裁与诉讼的衔接机制，引导更多纠纷通过仲裁程序解决。

记者：对于可能出现的虚假诉讼、恶意诉讼、无理缠诉行为，法院如何规制？

负责人：起诉是当事人的基本权利，应当予以充分保障。但同时要引导当事人依法行使诉权，理性表达诉求，诚信维护权益。如果诉权被滥用，不仅没有让有限的司法资源用在"刀刃"上，给更有需要的人以司法救济，而且会损害司法权威。对当事人之间恶意串通，或者冒充他人提起诉讼，企图通过诉讼、调解等方式侵害他人合法权益的虚假诉讼，人民法院一经发现，都将驳回其请求，并给予司法处罚。情节严重构成犯罪的，还将依法追究其刑事责任。对扰乱法庭、阻碍司法工作人员执行职务以及编造事实、侮辱诽谤审判人员的，依法进行处罚。对聚众围攻、缠访闹访、冲击法院等干扰人民法院审判工作的行为，人民法院将加大与公安机关的协调配合力度，依法予以制裁，维护正常立案秩序。

记者：法院将如何加强立案监督力度，确保立案登记制改革得到全面落实？

负责人：《意见》专门对加强立案监督，强化责任追究进行了规定。从规定的立案监督方式看，涉及党委纪检监督、人大权力机关的监督、政府监察监督、政协和民主党派民主监督、法院内部上级法院对下级法院的监督、检察机关的法律监督、社会和公众监督、媒体舆论监督、系统内的制度监督等，可以说是非常严的。

具体来说，一是加强法院内部监督。包括法院加强自查和上级人民法院依法进行监督。如果发现有案不立、拖延立案、人为控制立案、"年底不立案"、干扰依法立案等违法行为，对有关责任人员和主管领导，依法依纪严肃追究责任。造成严重后果或者恶劣社会影响，构成犯罪的，依法追究刑事责任。二是依靠人大、政协、检察机关的监督。三是自觉接收社会监督。通过全面推行立案公开，将立案活动晒在阳光下，规范立案行为，接受社会监督。

最高人民法院关于进一步保护和规范
当事人依法行使行政诉权的若干意见

法发〔2017〕25 号

2017 年 8 月 31 日

新行政诉讼法和立案登记制同步实施以来，各级人民法院坚持司法为民的工作宗旨，进一步强化诉权保护意识，着力从制度上、源头上、根本上解决人民群众反映强烈的"立案难"问题，对依法应当受理的案件有案必立、有诉必理，人民群众的行政诉权得到了充分保护，立案渠道全面畅通，新行政诉讼法实施和立案登记制改革取得了重大成果。但与此同时，阻碍当事人依法行使诉权的现象尚未完全消除；一些当事人滥用诉权，浪费司法资源的现象日益增多。为了更好地保护和规范当事人依法行使诉权，引导当事人合理表达诉求，促进行政争议实质化解，结合行政审判工作实际，提出如下意见：

一、进一步强化诉权保护意识，积极回应人民群众合理期待，有力保障当事人依法合理行使诉权

1. 各级人民法院要高度重视诉权保护，坚持以宪法和法律为依据，以满足人民群众需求为导向，以实质化解行政争议为目标，对于依法应当受理的行政案件，一律登记立案，做到有案必立、有诉必理，切实维护和保障公民、法人和其他组织依法提起行政诉讼的权利。

2. 要切实转变观念，严格贯彻新行政诉讼法的规定，坚决落实立案登记制度，对于符合法定起诉条件的，应当当场登记立案。严禁在法律规定之外，以案件疑难复杂、部门利益权衡、影响年底结案等为由，不接收诉状或者接收诉状后不出具书面凭证。

3. 要不断提高保护公民、法人和其他组织依法行使诉权的意识，对于需要当事人补充起诉材料的，应当一次性全面告知当事人需要补正的内容、补充的材料及补正期限等；对于当事人欠缺法律知识的，人民法院必须做好诉讼引导和法律释明工作。

4. 要坚决清理限制当事人诉权的"土政策"，避免在立案环节进行过度审查，违法将当事人提起诉讼的依据是否充分、事实是否清楚、证据是否确凿、法律关系是否明确等作为立案条件。对于不能当场作出立案决定的，应当严格按照行政诉讼法和司法解释的规定，在七日内决定是否立案。人民法院在七日内既不立案、又不作出不予立案裁定，也未要求当事人补正起诉材料的，当事人可以向上一级人民法院起诉，上一级人民法院认为符合起诉条件的，应当立案、审理或指定其他下级人民法院立案、审理。

5. 对于属于人民法院受案范围的行政案件，人民法院发现没有管辖权的，应当告知当事人向有管辖权的人民法院起诉；已经立案的，应当移送有管辖权的人民法院。对于不属于复议前置的案件，人民法院不得以当事人的起诉未经行政机关复议为由不予立案或者不接收起诉材料。当事人的起诉可能超过起诉期限的，人民法院应当进行认真审查，确因不可抗力或者不可归责于当事人自身原因耽误起诉期限的，人民法院不得以超过起诉期限为由不予立案。

6. 要进一步提高诉讼服务能力，充分利用"大数据""互联网+""人工智能"等现代技术，继续推进诉讼服务大厅、诉讼服务网络、12368 热线、智能服务平台等建设，不断创新工作理念，完善服务举措，为人民群众递交材料、办理手续、领取文书以及立案指导、咨询解答、信息查询等提供一站式、立体化服务，为人民群众依法行使诉权提供优质、便捷、高效的诉讼引导和服务。

7. 要依法保障经济困难和诉讼实施能力较差的当事人的诉权。通过法律援助、司法救助等方式，让行使诉权确有困难的当事人能够顺利进入法院参与诉讼。要积极建立与律师协会、法律援助中心等单位的沟通交流和联动机制，为当事人提供及时有效的法律援助，提高当事人的诉讼实施能力。

8. 要严格执行中共中央办公厅、国务院办公厅印发的《领导干部干预司法活动、插手具体案件处理的记录、通报和责任追究规定》和中央政法委印发的《司法机关内部人员过问案件的记录和责任追究规定》，及时制止和纠正干扰依法立案、故意拖延立案、人为控制立案等违法违规行为。对于阻碍和限制当事人依法行使诉权、干预人民法院依法受理和审理行政案件的机关和个人，人民法院应当如实记录，并按规定报送同级党委政法委，同时可以向其上级机关或监察机关进行通报、提出处理建议。

二、正确引导当事人依法行使诉权，严格规制恶意诉讼和无理缠诉等滥诉行为

9. 要正确理解立案登记制的精神实质，在防止过度审查的同时，也要注意坚持必要审查。人民法院除对新行政诉讼法第四十九条规定的起诉条件依法进行审查外，对于起诉事项没有经过法定复议前置程序处理、起诉确已超过法定起诉期限、起诉人与行政行为之间确实没有利害关系等明显不符合法定起诉条件的，人民法院依法不予立案，但应当向当事人说明不予立案的理由。

10. 要引导当事人依法行使诉权，对于没有新的事实和理由，针对同一事项重复、反复提起诉讼，或者反复提起行政复议继而提起诉讼等违反"一事不再理"原则的起诉，人民法院依法不予立案，并向当事人说明不予立案的理由。当事人针对行政机关未设定其权利义务的重复处理行为、说明性告知行为及过程性行为提起诉讼的，人民法院依法不予立案，并向当事人做好释明工作，避免给当事人造成不必要的诉累。

11. 要准确把握新行政诉讼法第二十五条第一款规定的"利害关系"的法律内涵，依法审查行政机关的行政行为是否确与当事人权利义务的增减得失密切相关，当事人在诉讼中是否确实具有值得保护的实际权益，不得虚化、弱化利害关系的起诉条件。对于确与行政行为有利害关系的起诉，人民法院应当予以立案。

12. 当事人因请求上级行政机关监督和纠正下级行政机关的行政行为，不服上级行政机关作出的处理、答复或者未作处理等层级监督行为提起诉讼，或者不服上级行政机关对下级行政机关作出的通知、命令、答复、回函等内部指示行为提起诉讼的，人民法院在裁定不予立案的同时，可以告知当事人可以依法直接对下级行政机关的行政行为提起诉讼。上述行为如果设定了当事人的权利义务或者对当事人权利义务产生了实际影响，人民法院应当予以立案。

13. 当事人因投诉、举报、检举或者反映问题等事项不服行政机关作出的行政行为而提起诉讼的，人民法院应当认真审查当事人与其投诉、举报、检举或者反映问题等事项之间是否具有利害关系，对于确有利害关系的，应当依法予以立案，不得一概不予受理。对于明显不具有诉讼利益、无法或者没有必要通过司法渠道进行保护的起诉，比如当事人向明显不具有事务、地域或者级别管辖权的行政机关投诉、举报、检举或者反映问题，不服行政机关作出的处理、答复或者未

作处理等行为提起诉讼的，人民法院依法不予立案。

14. 要正确区分当事人请求保护合法权益和进行信访之间的区别，防止将当事人请求行政机关履行法定职责当作信访行为对待。当事人因不服信访工作机构依据《信访条例》作出的处理意见、复查意见、复核意见或者不履行《信访条例》规定的职责提起诉讼的，人民法院依法不予立案。但信访答复行为重新设定了当事人的权利义务或者对当事人权利义务产生实际影响的，人民法院应当予以立案。

15. 要依法制止滥用诉权、恶意诉讼等行为。滥用诉权、恶意诉讼消耗行政资源，挤占司法资源，影响公民、法人和其他组织诉权的正常行使，损害司法权威，阻碍法治进步。对于以危害国家主权和领土完整、危害国家安全、破坏国家统一和民族团结、破坏国家宗教政策为目的的起诉，人民法院依法不予立案；对于极个别当事人不以保护合法权益为目的，长期、反复提起大量诉讼，滋扰行政机关，扰乱诉讼秩序的，人民法院依法不予立案。

16. 要充分尊重和保护公民、法人或者其他组织的知情权，依法及时审理当事人提起的涉及申请政府信息公开的案件。但对于当事人明显违反《中华人民共和国政府信息公开条例》立法目的，反复、大量提出政府信息公开申请进而提起行政诉讼，或者当事人提起的诉讼明显没有值得保护的与其自身合法权益相关的实际利益，人民法院依法不予立案。公民、法人或者其他组织申请公开已经公布或其已经知晓的政府信息，或者请求行政机关制作、搜集政府信息或对已有政府信息进行汇总、分析、加工等，不服行政机关作出的处理、答复或者未作处理等行为提起诉讼的，人民法院依法不予立案。

17. 在认定滥用诉权、恶意诉讼的情形时，应当从严掌握标准，要从当事人提起诉讼的数量、周期、目的以及是否具有正当利益等角度，审查其是否具有滥用诉权、恶意诉讼的主观故意。对于属于滥用诉权、恶意诉讼的当事人，要探索建立有效机制，依法及时有效制止。

最高人民法院关于全面深化人民法院改革的意见
——人民法院第四个五年改革纲要（2014—2018）

法发〔2015〕3 号

党的十八大从发展社会主义民主政治、加快建设社会主义法治国家的高度，作出了进一步深化司法体制改革的重要战略部署。党的十八届三中全会通过的《中共中央关于全面深化改革若干重大问题的决定》，确定了推进法治中国建设、深化司法体制改革的主要任务。党的十八届四中全会通过的《中共中央关于全面推进依法治国若干重大问题的决定》，将建设中国特色社会主义法治体系、建设社会主义法治国家作为全面推进依法治国的总目标，从科学立法、严格执法、公正司法、全民守法等方面提出了一系列重大改革举措。人民法院司法改革正面临前所未有的重大历史机遇。为贯彻党的十八大和十八届三中、四中全会精神，进一步深化人民法院各项改革，现制定《关于全面深化人民法院改革的意见》，并将之作为《人民法院第四个五年改革纲要（2014—2018）》贯彻实施。

一、全面深化人民法院改革的总体思路

全面深化人民法院改革的总体思路是：紧紧围绕让人民群众在每一个司法案件中感受到公平正义的目标，始终坚持司法为民、公正司法工作主线，着力解决影响司法公正、制约司法能力的深层次问题，确保人民法院依法独立公正行使审判权，不断提高司法公信力，促进国家治理体系和治理能力现代化，到 2018 年初步建成具有中国特色的社会主义审判权力运行体系，使之成为中国特色社会主义法治体系的重要组成部分，为实现"两个一百年"奋斗目标、实现中华民族伟大复兴的中国梦提供强有力的司法保障。

二、全面深化人民法院改革的基本原则

全面深化人民法院改革应当遵循以下基本原则：

——坚持党的领导，确保正确政治方向。人民法院深化司法改革，应当始终坚持党的领导，充分发挥党总揽全局、协调各方的领导核心作用，真正实现党的领导、人民当家作主、依法治国的有机统一，确保司法改革始终坚持正确的政治方向。

——尊重司法规律，体现司法权力属性。人民法院深化司法改革，应当严格遵循审判权作为判断权和裁量权的权力运行规律，彰显审判权的中央事权属性，突出审判在诉讼制度中的中心地位，使改革成果能够充分体现审判权的独立性、中立性、程序性和终局性特征。

——依法推动改革，确保改革稳妥有序。人民法院深化司法改革，应当坚持以宪法法律为依据，立足中国国情，依法有序推进，实现重大改革于法有据，推动将符合司法规律和公正司法要求的改革举措及时上升为法律。

——坚持整体推进，强调重点领域突破。人民法院深化司法改革，应当着力解决影响司法公正、制约司法能力的深层次问题，破解体制性、机制性、保障性障碍，同时要分清主次、突出重点，以问题为导向，确保改革整体推进。

——加强顶层设计，鼓励地方探索实践。人民法院深化司法改革，应当加强顶层设计，做好重大改革项目的统筹规划，注重改革措施的系统性、整体性和协同性，同时要尊重地方首创精神，鼓励下级法院在中央统一安排部署下先行先试，及时总结试点经验，推动制度创新。

三、全面深化人民法院改革的主要任务

（一）建立与行政区划适当分离的司法管辖制度

建立中国特色社会主义审判权力运行体系，必须从维护国家法制统一、体现司法公正的要求出发，探索建立确保人民法院依法独立公正行使审判权的司法管辖制度。到 2017 年底，初步形成科学合理、衔接有序、确保公正的司法管辖制度。

1. 设立最高人民法院巡回法庭。最高人民法院设立巡回法庭，审理跨行政区划的重大民商事、行政等案件，确保国家法律统一正确实施。调整跨行政区划重大民商事、行政案件的级别管辖制度，实现与最高人民法院案件管辖范围的有序衔接。

2. 探索设立跨行政区划的法院。以科学、精简、高效和有利于实现司法公正为原则，探索设立跨行政区划法院，构建普通类型案件在行政区划法院受理、特殊类型案件在跨行政区划法院受理的诉讼格局。将铁路运输法院改造为跨行政区划法院，主要审理跨行政区划案件、重大行政案件、环境资源保护、企业破产、食品药品安全等易受地方因素影响的案件、跨行政区划人民检察院提起公诉的案件和原铁路运输法院受理的刑事、民事案件。

3. 推动设立知识产权法院。根据知识产权案件的特点和审判需要，建立和完善符合知识产权案件审判规律的专门程序、管辖制度和审理规则。

4. 改革行政案件管辖制度。通过提级管辖和指定管辖，逐步实现易受地方因素影响的行政案件由中级以上人民法院管辖。规范行政案件申请再审的条件和程序。

5. 改革海事案件管辖制度。进一步理顺海事审判体制。科学确定海事法院管辖范围，建立更加符合海事案件审判规律的工作机制。

6. 改革环境资源案件管辖制度。推动环境资源审判机构建设。进一步完善环境资源类案件的管辖制度。

7. 健全公益诉讼管辖制度。探索建立与检察机关提起的公益诉讼相衔接的案件管辖制度。

8. 继续推动法院管理体制改革。将林业法院、农垦法院统一纳入国家司法管理体系，理顺案件管辖机制，改革部门、企业管理法院的体制。

9. 改革军事司法体制机制。完善统一领导的军事审判制度，维护国防利益，保障军人合法权益，依法打击违法犯罪。

（二）建立以审判为中心的诉讼制度

建立中国特色社会主义审判权力运行体系，必须尊重司法规律，确保庭审在保护诉权、认定证据、查明事实、公正裁判中发挥决定性作用，实现诉讼证据质证在法庭、案件事实查明在法庭、诉辩意见发表在法庭、裁判理由形成在法庭。到2016年底，推动建立以审判为中心的诉讼制度，促使侦查、审查起诉活动始终围绕审判程序进行。

10. 全面贯彻证据裁判原则。强化庭审中心意识，落实直接言词原则，严格落实证人、鉴定人出庭制度，发挥庭审对侦查、起诉程序的制约和引导作用。坚决贯彻疑罪从无原则，严格实行非法证据排除规则，进一步明确非法证据的范围和排除程序。

11. 强化人权司法保障机制。彰显现代司法文明，禁止让刑事在押被告人或上诉人穿着识别服、马甲、囚服等具有监管机构标识的服装出庭受审。强化诉讼过程中当事人和其他诉讼参与人的知情权、陈述权、辩护辩论权、申请权、申诉权的制度保障。完善律师执业权利保障机制，强化控辩对等诉讼理念，禁止对律师进行歧视性安检，为律师依法履职提供便利。依法保障律师履行辩护代理职责，落实律师在庭审中发问、质证、辩论等诉讼权利。完善对限制人身自由司法措施和侦查手段的司法监督，加强对刑讯逼供和非法取证的源头预防，健全冤假错案的有效防范、及时纠正机制。

12. 健全轻微刑事案件快速办理机制。在立法机关的授权和监督下，有序推进刑事案件速裁程序改革。

13. 完善刑事诉讼中认罪认罚从宽制度。明确被告人自愿认罪、自愿接受处罚、积极退赃退赔案件的诉讼程序、处罚标准和处理方式，构建被告人认罪案件和不认罪案件的分流机制，优化配置司法资源。

14. 完善民事诉讼证明规则。强化民事诉讼证明中当事人的主导地位，依法确定当事人证明责任。明确人民法院依职权调查收集证据的条件、范围和程序。严格落实证人、鉴定人出庭制度。发挥庭审质证、认证在认定案件事实中的核心作用。严格高度盖然性原则的适用标准，进一步明确法官行使自由裁量权的条件和范围。一切证据必须经过庭审质证后才能作为裁判的依据，当事人双方争议较大的重要证据都必须在裁判文书中阐明采纳与否的理由。

15. 建立庭审全程录音录像机制。加强科技法庭建设，推动庭审全程同步录音录像。建立庭审录音录像的管理、使用、储存制度。规范以图文、视频等方式直播庭审的范围和程序。

16. 规范处理涉案财物的司法程序。明确人民法院处理涉案财物的标准、范围和程序。进一步规范在刑事、民事和行政诉讼中查封、扣押、冻结和处理涉案财物的司法程序。推动建立涉案财物集中管理信息平台，完善涉案财物信息公开机制。

（三）优化人民法院内部职权配置

建立中国特色社会主义审判权力运行体系，必须优化人民法院内部职权配置，健全立案、审判、执行、审判监督各环节之间的相互制约和相互衔接机制，充分发挥一审、二审和再审的不同职能，确保审级独立。到 2016 年底，形成定位科学、职能明确、运行有效的法院职权配置模式。

17. 改革案件受理制度。变立案审查制为立案登记制，对人民法院依法应该受理的案件，做到有案必立、有诉必理，保障当事人诉权。加大立案信息的网上公开力度。推动完善诉讼收费制度。

18. 完善分案制度。在加强专业化合议庭建设基础上，实行随机分案为主、指定分案为辅的案件分配制度。建立分案情况内部公示制度。对于变更审判组织或承办法官的，应当说明理由并公示。

19. 完善审级制度。进一步改革民商事案件级别管辖制度，科学确定基层人民法院的案件管辖范围，逐步改变主要以诉讼标的额确定案件级别管辖的做法。完善提级管辖制度，明确一审案件管辖权从下级法院向上级法院转移的条件、范围和程序。推动实现一审重在解决事实认定和法律适用，二审重在解决事实和法律争议、实现二审终审，再审重在依法纠错、维护裁判权威。

20. 强化审级监督。严格规范上级法院发回重审和指令再审的条件和次数，完善发回重审和指令再审文书的公开释明机制和案件信息反馈机制。人民法院办理二审、提审、申请再审及申诉案件，应当在裁判文书中指出一审或原审存在的问题，并阐明裁判理由。人民法院办理已经立案受理的申诉案件，应当向当事人出具法定形式的结案文书；符合公开条件的，一律在中国裁判文书网公布。

21. 完善案件质量评估体系。建立科学合理的案件质量评估体系。废止违反司法规律的考评指标和措施，取消任何形式的排名排序做法。强化法定期限内立案和正常审限内结案，建立长期未结案通报机制，坚决停止人为控制收结案的错误做法。依托审判流程公开、裁判文书公开和执行信息公开三大平台，发挥案件质量评估体系对人民法院公正司法的服务、研判和导向作用。

22. 深化司法统计改革。以"大数据、大格局、大服务"理念为指导，改革司法统计管理体制，打造分类科学、信息全面的司法统计标准体系，逐步构建符合审判实际和司法规律的实证分析模型，建立全国法院裁判文书库和全国法院司法信息大数据中心。

23. 完善法律统一适用机制。完善最高人民法院的审判指导方式，加强司法解释等审判指导方式的规范性、及时性、针对性和有效性。改革和完善指导性案例的筛选、评估和发布机制。健全完善确保人民法院统一适用法律的工作机制。

24. 深化执行体制改革。推动实行审判权和执行权相分离的体制改革试点。

建立失信被执行人信用监督、威慑和惩戒法律制度。加大司法拍卖方式改革力度，重点推行网络司法拍卖模式。完善财产刑执行制度，推动将财产刑执行纳入统一的刑罚执行体制。

25. 推动完善司法救助制度。明确司法救助的条件、标准和范围，规范司法救助的受理、审查和决定程序，严格资金的管理使用。推动国家司法救助立法，切实发挥司法救助在帮扶群众、化解矛盾中的积极作用。

26. 深化司法领域区际国际合作。推动完善司法协助体制，扩大区际、国际司法协助覆盖面。推动制定刑事司法协助法。

（四）健全审判权力运行机制

建立中国特色社会主义审判权力运行体系，必须严格遵循司法规律，完善以审判权为核心、以审判监督权和审判管理权为保障的审判权力运行机制，落实审判责任制，做到让审理者裁判，由裁判者负责。到 2015 年底，健全完善权责明晰、权责统一、监督有序、配套齐全的审判权力运行机制。

27. 健全主审法官、合议庭办案机制。选拔政治素质好、办案能力强、专业水平高、司法经验丰富的审判人员担任主审法官。独任制审判以主审法官为中心，配备必要数量的审判辅助人员。合议制审判由主审法官担任审判长。合议庭成员都是主审法官的，原则上由承办案件的主审法官担任审判长。完善院、庭长、审判委员会委员担任审判长参加合议庭审理案件的工作机制。改革完善合议庭工作机制，明确合议庭作为审判组织的职能范围，完善合议庭成员在交叉阅卷、庭审、合议等环节中的共同参与和制约监督机制。改革裁判文书签发机制。

28. 完善主审法官、合议庭办案责任制。按照权责利相统一的原则，明确主审法官、合议庭及其成员的办案责任与免责条件，实现评价机制、问责机制、惩戒机制、退出机制与保障机制的有效衔接。主审法官作为审判长参与合议时，与其他合议庭成员权力平等，但负有主持庭审活动、控制审判流程、组织案件合议、避免程序瑕疵等岗位责任。科学界定合议庭成员的责任，既要确保其独立发表意见，也要明确其个人意见、履职行为在案件处理结果中的责任。

29. 健全院、庭长审判管理机制。明确院、庭长与其职务相适应的审判管理职责。规范案件审理程序变更、审限变更的审查报批制度。健全诉讼卷宗分类归档、网上办案、审判流程管控、裁判文书上网工作的内部督导机制。

30. 健全院、庭长审判监督机制。明确院、庭长与其职务相适应的审判监督职责，健全内部制约监督机制。完善主审法官会议、专业法官会议机制。规范院、庭长对重大、疑难、复杂案件的监督机制，建立院、庭长在监督活动中形成的全部文书入卷存档制度。依托现代信息化手段，建立主审法官、合议庭行使审判权与院、庭长行使监督权的全程留痕、相互监督、相互制约机制，确保监督不缺位、监督不越位、监督必留痕、失职必担责。

31. 健全审判管理制度。发挥审判管理在提升审判质效、规范司法行为、严格诉讼程序、统一裁判尺度等方面的保障、促进和服务作用，强化审判流程节点管控，进一步改善案件质量评估工作。

32. 改革审判委员会工作机制。合理定位审判委员会职能，强化审判委员会总结审判经验、讨论决定审判工作重大事项的宏观指导职能。建立审判委员会讨论事项的先行过滤机制，规范审判委员会讨论案件的范围。除法律规定的情形和涉及国家外交、安全和社会稳定的重大复杂案件外，审判委员会主要讨论案件的法律适用问题。完善审判委员会议事规则，建立审判委员会会议材料、会议记录的签名确认制度。建立审判委员会决议事项的督办、回复和公示制度。建立审判委员会委员履职考评和内部公示机制。

33. 推动人民陪审员制度改革。落实人民陪审员"倍增计划"，拓宽人民陪审员选任渠道和范围，保障人民群众参与司法，确保基层群众所占比例不低于新增人民陪审员三分之二。进一步规范人民陪审员的选任条件，改革选任方式，完善退出机制。明确人民陪审员参审案件职权，完善随机抽取机制。改革陪审方式，逐步实行人民陪审员不再审理法律适用问题，只参与审理事实认定问题。加强人民陪审员依法履职的经费保障。建立人民陪审员动态管理机制。

34. 推动裁判文书说理改革。根据不同审级和案件类型，实现裁判文书的繁简分流。加强对当事人争议较大、法律关系复杂、社会关注度较高的一审案件，以及所有的二审案件、再审案件、审判委员会讨论决定案件裁判文书的说理性。对事实清楚、权利义务关系明确、当事人争议不大的一审民商事案件和事实清楚、证据确实充分、被告人认罪的一审轻微刑事案件，使用简化的裁判文书，通过填充要素、简化格式，提高裁判效率。重视律师辩护代理意见，对于律师依法提出的辩护代理意见未予采纳的，应当在裁判文书中说明理由。完善裁判文书说理的刚性约束机制和激励机制，建立裁判文书说理的评价体系，将裁判文书的说理水平作为法官业绩评价和晋级、选升的重要因素。

35. 完善司法廉政监督机制。改进和加强司法巡查、审务督察和廉政监察员工作。建立上级纪委和上级法院为主、下级法院协同配合的违纪案件查处机制，实现纪检监察程序与法官惩戒程序的有序衔接。建立法院内部人员过问案件的记录制度和责任追究制度。依法规范法院人员与当事人、律师、特殊关系人、中介组织的接触、交往行为。

36. 改革涉诉信访制度。完善诉访分离工作机制，明确诉访分离的标准、范围和程序。健全涉诉信访终结机制，依法规范涉诉信访秩序。建立就地接访督导机制，创新网络办理信访机制。推动建立申诉案件律师代理制度。探索建立社会第三方参与机制，增强涉诉信访矛盾多元化解合力。

（五）构建开放、动态、透明、便民的阳光司法机制

建立中国特色社会主义审判权力运行体系，必须依托现代信息技术，构建开放、动态、透明、便民的阳光司法机制，增进公众对司法的了解、信赖和监督。到 2015 年底，形成体系完备、信息齐全、使用便捷的人民法院审判流程公开、裁判文书公开和执行信息公开三大平台，建立覆盖全面、系统科学、便民利民的司法为民机制。

37. 完善庭审公开制度。建立庭审公告和旁听席位信息的公示与预约制度。对于依法应当公开审理，且受社会关注的案件，人民法院应当在已有条件范围内，优先安排与申请旁听者数量相适应的法庭开庭。有条件的审判法庭应当设立媒体旁听席，优先满足新闻媒体的旁听需要。

38. 完善审判流程公开平台。推动全国法院政务网站建设。建立全国法院统一的诉讼公告网上办理平台和诉讼公告网站。继续加强中国审判流程信息公开网网站建设，完善审判信息数据及时汇总和即时更新机制。加快建设诉讼档案电子化工程。推动实现全国法院在同一平台公开审判流程信息，方便当事人自案件受理之日起，在线获取审判流程节点信息。

39. 完善裁判文书公开平台。加强中国裁判文书网网站建设，完善其查询检索、信息聚合功能，方便公众有效获取、查阅、复制裁判文书。严格按照"以公开为原则，不公开为例外"的要求，实现四级人民法院依法应当公开的生效裁判

文书统一在中国裁判文书网公布。

40. 完善执行信息公开平台。整合各类执行信息，推动实现全国法院在同一平台统一公开执行信息，方便当事人在线了解执行工作进展。加强失信被执行人名单信息公布力度，充分发挥其信用惩戒作用，促使被执行人自动履行生效法律文书。完善被执行人信息公开系统建设，方便公众了解执行工作，主动接受社会监督。

41. 完善减刑、假释、暂予监外执行公开制度。完善减刑、假释、暂予监外执行的适用条件和案件办理程序，确保相关案件公开、公正处理。会同刑罚执行机关、检察机关推动网上协同办案平台建设，对执法办案和考核奖惩中的重要事项、重点环节，实行网上录入、信息共享、全程留痕，从制度和技术上确保监督到位。建立减刑、假释、暂予监外执行信息网，实现三类案件的立案公示、庭审公告、文书公布统一在网上公开。

42. 建立司法公开督导制度。强化公众对司法公开工作的监督，健全对违反司法公开规定行为的投诉机制和救济渠道。充分发挥司法公开三大平台的监督功能，使公众通过平台提出的意见和建议成为人民法院审判管理、审判监督和改进工作的重要参考依据。

43. 完善诉讼服务中心制度。加强诉讼服务中心规范化建设，完善诉讼服务大厅、网上诉讼服务平台、12368 司法服务热线。建立网上预约立案、送达、公告、申诉等工作机制。推动远程调解、信访等视频应用，进一步拓展司法为民的广度和深度。

44. 完善人民法庭制度。优化人民法庭的区域布局和人员比例。积极推进以中心法庭为主、社区法庭和巡回审判点为辅的法庭布局形式。根据辖区实际情况，完善人民法庭便民立案机制。优化人民法庭人员构成。有序推进人民法庭之间、人民法庭和基层人民法院其他庭室之间的人员交流。

45. 推动送达制度改革。推动建立当事人确认送达地址并承担相应法律后果的约束机制，探索推广信息化条件下的电子送达方式，提高送达效率。

46. 健全多元化纠纷解决机制。继续推进调解、仲裁、行政裁决、行政复议等纠纷解决机制与诉讼的有机衔接、相互协调，引导当事人选择适当的纠纷解决方式。推动在征地拆迁、环境保护、劳动保障、医疗卫生、交通事故、物业管理、保险纠纷等领域加强行业性、专业性纠纷解决组织建设，推动仲裁制度和行政裁决制度的完善。建立人民调解、行政调解、行业调解、商事调解、司法调解联动工作体系。推动多元化纠纷解决机制立法进程，构建系统、科学的多元化纠纷解决体系。

47. 推动实行普法责任制。强化法院普法意识，充分发挥庭审公开、文书说理、案例发布的普法功能，推动人民法院行使审判职能与履行普法责任的高度统一。

（六）推进法院人员的正规化、专业化、职业化建设

建立中国特色社会主义审判权力运行体系，必须坚持以审判为中心、以法官为重心，全面推进法院人员的正规化、专业化、职业化建设，努力提升职业素养和专业水平。到 2017 年底，初步建立分类科学、分工明确、结构合理和符合司法职业特点的法院人员管理制度。

48. 推动法院人员分类管理制度改革。建立符合职业特点的法官单独职务序列。健全法官助理、书记员、执行员等审判辅助人员管理制度。科学确定法官与审判辅助人员的数量比例，建立审判辅助人员的正常增补机制，切实减轻法官事务性工作负担。拓宽审判辅助人员的来源渠道，探索以购买社会化服务的方式，优化审判辅助人员结构。探索推动司法警察管理体制改革。完善司法行政人员管理制度。

49. 建立法官员额制度。根据法院辖区经济社会发展状况、人口数量（含暂住人口）、案件数量、案件类型等基础数据，结合法院审级职能、法官工作量、审判辅助人员配置、办案保障条件等因素，科学确定四级法院的法官员额。根据案件数量、人员结构的变化情况，完善法官员额的动态调节机制。科学设置法官员额制改革过渡方案，综合考虑审判业绩、业务能力、理论水平和法律工作经历等因素，确保优秀法官留在审判一线。

50. 改革法官选任制度。针对不同层级的法院，设置不同的法官任职条件。在国家和省一级分别设立由法官代表和社会有关人员参与的法官遴选委员会，制定公开、公平、公正的选任程序，确保品行端正、经验丰富、专业水平较高的优秀法律人才成为法官人选，实现法官遴选机制与法定任免机制的有效衔接。健全初任法官由高级人民法院统一招录，一律在基层人民法院任职机制。配合法律职

业人员统一职前培训制度改革，健全预备法官训练制度。适当提高初任法官的任职年龄。建立上级法院法官原则上从下一级法院遴选产生的工作机制。完善将优秀律师、法律学者，以及在立法、检察、执法等部门任职的专业法律人才选任为法官的制度。健全法院和法学院校、法学研究机构人员双向交流机制，实施高校和法院人员互聘计划。

51. 完善法官业绩评价体系。建立科学合理、客观公正、符合规律的法官业绩评价机制，完善评价标准，将评价结果作为法官等级晋升、择优遴选的重要依据。建立不适任法官的退出机制，完善相关配套措施。

52. 完善法官在职培训机制。严格以实际需求为导向，坚持分类、分级、全员培训，着力提升法官的庭审驾驭能力、法律适用能力和裁判文书写作能力。改进法官教育培训的计划生成、组织调训、跟踪管理和质量评估机制，健全教学师资库、案例库、精品课件库。加强法官培训机构和现场教学基地建设。建立中国法官教育培训网，依托信息化手段，大力推广网络教学，实现精品教学课件由法院人员免费在线共享。大力加强基层人民法院法官和少数民族双语法官的培训工作。

53. 完善法官工资制度。落实法官法规定，研究建立与法官单独职务序列配套的工资制度。

（七）确保人民法院依法独立公正行使审判权

建立中国特色社会主义审判权力运行体系，必须坚持在党的领导下，推动完善确保人民法院依法独立公正行使审判权的各项制度，优化司法环境，树立司法权威，强化职业保障，提高司法公信力。到 2018 年底，推动形成信赖司法、尊重司法、支持司法的制度环境和社会氛围。

54. 推动省级以下法院人员统一管理改革。配合中央有关部门，推动建立省级以下地方法院人员编制统一管理制度。推动建立省级以下地方法院法官统一由省级提名、管理并按法定程序任免的机制。

55. 建立防止干预司法活动的工作机制。配合中央有关部门，推动建立领导干部干预审判执行活动、插手具体案件处理的记录、通报和责任追究制度。按照案件全程留痕要求，明确审判组织的记录义务和责任，对于领导干部干预司法活动、插手具体案件的批示、函文、记录等信息，建立依法提取、介质存储、专库录入、入卷存查机制，相关信息均应当存入案件正卷，供当事人及其代理人查询。

56. 健全法官履行法定职责保护机制。合理确定法官、审判辅助人员的工作职责、工作流程和工作标准。明确不同主体、不同类型过错的甄别标准和免责事由，确保法官依法履职行为不受追究。非因法定事由，未经法定程序，不得将法官调离、辞退或者作出免职、降级等处分。完善法官申诉控告制度，建立法官合法权益因依法履职受到侵害的救济机制，健全不实举报澄清机制。在国家和省一级分别设立由法官代表和社会有关人员参与的法官惩戒委员会，制定公开、公正的法官惩戒程序，既确保法官的违纪违法行为及时得到应有惩戒，又保障其辩解、举证、申请复议和申诉的权利。

57. 完善司法权威保障机制。推动完善拒不执行判决、裁定、藐视法庭权威等犯罪行为的追诉机制。推动相关法律修改，依法惩治当庭损毁证据材料、庭审记录、法律文书和法庭设施等严重藐视法庭权威的行为，以及在法庭之外威胁、侮辱、跟踪、骚扰法院人员或其近亲属等违法犯罪行为。

58. 强化诉讼诚信保障机制。建立诉讼诚信记录和惩戒制度。依法惩治虚假诉讼、恶意诉讼、无理缠诉行为，将上述三类行为信息纳入社会征信系统。探索建立虚假诉讼、恶意诉讼受害人损害赔偿之诉。

59. 优化行政审判外部环境。健全行政机关负责人依法出庭应诉制度，引导、规范行政机关参加诉讼活动。规范司法建议的制作和发送，促进依法行政水平提升。

60. 完善法官宣誓制度。完善法官宣誓制度，经各级人大及其常委会选举或任命的法官，正式就职时应当公开向宪法宣誓。

61. 完善司法荣誉制度。明确授予法官、审判辅助人员不同类别荣誉的标准、条件和程序，提升法院人员的司法职业尊荣感和归属感。

62. 理顺法院司法行政事务管理关系。科学设置人民法院的司法行政事务管理机构，规范和统一管理职责，探索实行法院司法行政事务管理权和审判权的相对分离。改进上下级法院司法行政事务管理机制，明确上级法院司法行政事务管理部门对下级法院司法行政事务的监管职能。

63. 推动人民法院财物管理体制改革。配合中央有关部门，推动省级以下地方法院经费统一管理机制改革。完善人民法院预算保障体系、国库收付体系和财务管理体系，推动人民法院经费管理与保障的长效机制建设。严格"收支两条线"管理，地方各级人民法院收取的诉讼费、罚金、没收的财物，以及追缴的赃款赃物等，统一上缴省级国库。加强"两庭"等场所建设。建立人民法院装备标准体系。

64. 推动人民法院内设机构改革。按照科学、精简、高效的工作要求，推进扁平化管理，逐步建立以服务审判工作为重心的法院内设机构设置模式。

65. 推动人民法院信息化建设。加快"天平工程"建设，着力整合现有资源，推动以服务法院工作和公众需求的各类信息化应用。最高人民法院和高级人民法院主要业务信息化覆盖率达到100%，中级人民法院和基层人民法院分别达到95%和85%以上。

四、全面深化人民法院改革的工作要求

全面深化人民法院改革，任务艰巨、责任重大、时间紧迫。各级人民法院要认真贯彻中央决策部署，加强组织领导，完善工作机制，有重点、有步骤、有秩序地抓好落实和推动工作，确保改革措施取得实际效果，改革成果惠及全体人民。

最高人民法院司法改革领导小组是人民法院司法改革的议事、协调和指导机构，不定期召开小组会议，研究确定改革要点、审议改革方案、听取进度汇报、讨论决定重大问题。

最高人民法院建立情况通报、督导检查、评估总结制度，及时掌握改革动态，加强督促指导，纠正错误做法，总结成功经验，做到每项改革任务都有布置、有督促、有检查，确保各项任务不折不扣完成。

各高级人民法院应当成立司法改革领导小组，监督指导、统筹协调辖区内法院的司法改革工作。各级人民法院要建立健全司法改革事务报批备案和请示报告制度，及时总结改革经验、报告工作进展、反映问题困难。各高级人民法院拟就部分改革项目开展试点的，试点方案须报最高人民法院审批同意，重大改革试点方案须经最高人民法院报中央审批同意方可实施。

最高人民法院关于防范和制裁虚假诉讼的指导意见

法发〔2016〕13 号

当前，民事商事审判领域存在的虚假诉讼现象，不仅严重侵害案外人合法权益，破坏社会诚信，也扰乱了正常的诉讼秩序，损害司法权威和司法公信力，人民群众对此反映强烈。各级人民法院对此要高度重视，努力探索通过多种有效措施防范和制裁虚假诉讼行为。

1. 虚假诉讼一般包含以下要素：（1）以规避法律、法规或国家政策谋取非法利益为目的；（2）双方当事人存在恶意串通；（3）虚构事实；（4）借用合法的民事程序；（5）侵害国家利益、社会公共利益或者案外人的合法权益。

2. 实践中，要特别注意以下情形：（1）当事人为夫妻、朋友等亲近关系或者关联企业等共同利益关系；（2）原告诉请司法保护的标的额与其自身经济状况严重不符；（3）原告起诉所依据的事实和理由明显不符合常理；（4）当事人双方无实质性民事权益争议；（5）案件证据不足，但双方仍然主动迅速达成调解协议，并请求人民法院出具调解书。

3. 各级人民法院应当在立案窗口及法庭张贴警示宣传标识，同时在"人民法院民事诉讼风险提示书"中明确告知参与虚假诉讼应当承担的法律责任，引导当事人依法行使诉权，诚信诉讼。

4. 在民间借贷、离婚析产、以物抵债、劳动争议、公司分立（合并）、企业破产等虚假诉讼高发领域的案件审理中，要加大证据审查力度。对可能存在虚假诉讼的，要适当加大依职权调查取证力度。

5. 涉嫌虚假诉讼的，应当传唤当事人本人到庭，就有关案件事实接受询问。除法定事由外，应当要求证人出庭作证。要充分发挥民事诉讼法司法解释有关当事人和证人签署保证书规定的作用，探索当事人和证人宣誓制度。

6. 诉讼中，一方对另一方提出的于己不利的事实明确表示承认，且不符合常理的，要做进一步查明，慎重认定。查明的事实与自认的事实不符的，不予确认。

7. 要加强对调解协议的审查力度。对双方主动达成调解协议并申请人民法院出具调解书的，应当结合案件基础事实，注重审查调解协议是否损害国家利益、社会公共利益或者案外人的合法权益；对人民调解协议司法确认案件，要按照民事诉讼法司法解释要求，注重审查基础法律关系的真实性。

8. 在执行公证债权文书和仲裁裁决书、调解书等法律文书过程中，对可能存在双方恶意串通、虚构事实的，要加大实质审查力度，注重审查相关法律文书是否损害国家利益、社会公共利益或者案外人的合法权益。如果存在上述情形，应当裁定不予执行。必要时，可向仲裁机构或者公证机关发出司法建议。

9. 加大公开审判力度，增加案件审理的透明度。对与案件处理结果可能存在法律上利害关系的，可适当依职权通知其参加诉讼，避免其民事权益受到损害，防范虚假诉讼行为。

10. 在第三人撤销之诉、案外人执行异议之诉、案外人申请再审等案件审理中，发现已经生效的裁判涉及虚假诉讼的，要及时予以纠正，保护案外人诉权和实体权利；同时也要防范有关人员利用上述法律制度，制造虚假诉讼，损害原诉讼中合法权利人利益。

11. 经查明属于虚假诉讼，原告申请撤诉的，不予准许，并应当根据民事诉讼法第一百一十二条的规定，驳回其请求。

12. 对虚假诉讼参与人，要适度加大罚款、拘留等妨碍民事诉讼强制措施的法律适用力度；虚假诉讼侵害他人民事权益的，虚假诉讼参与人应当承担赔偿责任；虚假诉讼违法行为涉嫌虚假诉讼罪、诈骗罪、合同诈骗罪等刑事犯罪的，民事审判部门应当依法将相关线索和有关案件材料移送侦查机关。

13. 探索建立虚假诉讼失信人名单制度。将虚假诉讼参与人列入失信人名单，逐步开展与现有相关信息平台和社会信用体系接轨工作，加大制裁力度。

14. 人民法院工作人员参与虚假诉讼的，要依照法官法、法官职业道德基本准则和法官行为规范等规定，从严处理。

15. 诉讼代理人参与虚假诉讼的，要依法予以制裁，并应当向司法行政部门、律师协会或者行业协会发出司法建议。

16. 鉴定机构、鉴定人参与虚假诉讼的，可以根据情节轻重，给予鉴定机构、鉴定人训诫、责令退还鉴定费用、从法院委托鉴定专业机构备选名单中除名等制裁，并应当向司法行政部门或者行业协会发出司法建议。

17. 要积极主动与有关部门沟通协调，争取支持配合，探索建立多部门协调配合的综合治理机制。要通过向社会公开发布虚假诉讼典型案例等多种形式，震慑虚假诉讼违法行为。

18. 各级人民法院要及时组织干警学习了解中央和地方的各项经济社会政策，充分预判有可能在司法领域反映出来的虚假诉讼案件类型，也可以采取典型案例分析、审判业务交流、庭审观摩等多种形式，提高甄别虚假诉讼的司法能力。

附录 2 1989—2023 年全国法院一审案件收案数

年度	合计收案数	民事（含经济案件）		刑事案件		行政案件	
		收案数	比例数（%）	收案数	比例数（%）	收案数	比例数（%）
1989	2913515	2506150	86.02	392564	13.47	9934	0.34
1990	2916774	2440040	83.66	459656	15.76	13006	0.45
1991	2901685	2443895	84.22	427840	14.74	25667	0.88
1992	3051157	2601041	85.25	422991	13.86	27125	0.89
1993	3414845	2985497	87.43	403267	11.81	27911	0.82
1994	3955475	3437465	86.90	482927	12.21	35083	0.89
1995	4545676	3997339	87.94	495741	10.91	52596	1.16
1996	5312580	4613788	86.85	618826	11.65	79966	1.51
1997	5288379	4760928	90.03	436894	8.26	90557	1.71
1998	5410798	4830284	89.27	482164	8.91	98350	1.82
1999	5692434	5054857	88.80	540008	9.49	97569	1.71
2000	5356294	4710102	87.94	560432	10.46	85760	1.60
2001	5344934	4615017	86.34	628996	11.77	100921	1.89
2002	5132199	4420123	86.13	631348	12.31	80728	1.57
2003	5130760	4410236	85.98	632605	12.33	87919	1.71
2004	5072881	4332727	85.41	647541	12.76	92613	1.83
2005	5161170	4380095	84.87	684897	13.27	96178	1.86
2006	5183794	4385732	84.60	702445	13.55	95617	1.84
2007	5550062	4724440	85.12	724112	13.05	101510	1.83
2008	6288831	5412591	86.07	767842	12.21	108398	1.72

年度	合计收案数	民事（含经济案件）		刑事案件		行政案件	
		收案数	比例数（%）	收案数	比例数（%）	收案数	比例数（%）
2009	6688963	5800144	86.71	768507	11.49	120312	1.80
2010	6999350	6090622	87.02	779595	11.14	129133	1.84
2011	7596116	6614049	87.07	845714	11.13	136353	1.80
2012	8442657	7316463	86.66	996611	11.80	129583	1.53
2013	8876733	7781972	87.66	971567	10.95	123194	1.39
2014	9489787	8307450	87.54	1040457	10.96	141880	1.50
2015	11444950	10097804	88.23	1126748	9.84	220398	1.93
2016	12088800	10762124	89.03	1101191	9.11	225485	1.86
2017	12898562	11373753	88.18	1294377	10.04	230432	1.79
2018	13909396	12449685	89.51	1203055	8.65	256656	1.85
2019	15425537	13852052	89.80	1293911	8.39	279574	1.81
2020	14504266	13136436	90.57	1107610	7.64	260220	1.79
2021	18210067	16612893	91.23	1277197	7.01	319977	1.78
2022	17145115	15827199	92.31	1039612	6.06	278304	1.62
2023	19059064	17530542	91.98	1229811	6.45	298711	1.57

1989—2023 年全国法院一审案件收案数相关数据来源国家统计局国家数据 https：//data. stats. gov. cn/easyquery. htm？cn=C01。

附录 3 2002—2023 年全国法院 审理行政一审案件情况

2002 年全国法院审理行政一审案件情况统计表 单位：件

案件类型	收案	结案	其 中							单独提起行政赔偿
			维持	撤销	履行法定职责	驳回诉讼请求	驳回起诉	撤诉	其他	
城建	16287	15672	3051	2386	324	1150	1389	4977	2395	195
资源	13464	13506	2825	2654	357	771	1567	3912	1420	77
公安	11707	11761	3634	1593	113	769	1001	3351	1300	223
乡政府	5138	5130	567	763	263	256	796	1742	743	45
劳动和社会保障	3587	3362	659	423	494	468	266	828	224	11
工商	2892	2928	687	296	32	176	319	919	499	48
农业	2631	2678	133	426	113	233	82	1454	237	7
交通	2184	2192	382	187	26	120	153	1006	318	38
税务	1496	1482	91	73	2	51	125	733	407	7
计划生育	1389	1386	284	86	40	47	93	348	488	31
其他	19953	24846	3207	2155	831	1453	7147	6782	3271	323
合计	80728	84943	15520	11042	2595	5494	12938	26052	11302	1005

2003 年全国法院审理行政一审案件情况统计表　　　　单位：件

案件类型	收案	结案	其　中								结案中单独提起行政赔偿
			维持	撤销	履行法定职责	驳回诉讼请求	驳回起诉	撤诉	其他	
城建	19811	19793	3717	2559	602	1815	2196	6313	2591	393
资源	16750	16804	3054	2467	567	1721	2006	4348	2641	309
公安	10816	10950	3166	1342	95	729	1007	3373	1238	417
劳动和社会保障	4047	4060	1125	628	243	559	289	904	312	41
乡政府	4976	5031	476	467	74	971	664	1749	630	179
工商	2715	2719	580	276	19	200	300	974	370	28
交通	2570	2610	428	184	41	151	177	1261	368	74
农业	2223	2222	157	141	147	27	276	1027	447	27
计划生育	1168	1181	163	80	7	31	69	326	505	38
技术监督	1015	1010	229	105	9	55	43	383	186	17
其他	21828	21670	3261	2088	488	1859	2373	7153	4448	499
合计	87919	88050	16356	10337	2292	8118	9400	27811	13736	2022

2004 年全国法院审理行政一审案件情况统计表　　　　单位：件

案件类型	收案	结案	其　中								结案中单独提起行政赔偿
			维持	撤销	履行法定职责	驳回诉讼请求	驳回起诉	撤诉	其他	
城建	18973	18970	3121	2796	288	2063	2331	5819	2552	543
资源	17582	17390	3057	3340	633	1079	2145	5245	1891	221
公安	11199	11247	3317	1326	117	788	1206	3167	1326	416
劳动和社会保障	5559	5496	1314	667	491	786	521	1332	385	58

续表

案件类型	收案	结案	其　中								结案中单独提起行政赔偿
			维持	撤销	履行法定职责	驳回诉讼请求	驳回起诉	撤诉	其他		
乡政府	4821	4794	466	564	262	331	493	1555	1123		560
交通	3424	3375	485	287	14	157	295	1009	1128		95
工商	3389	3381	658	298	32	238	246	1542	367		135
计划生育	1501	1456	251	137	27	47	106	268	620		23
卫生	1427	1400	194	99	224	151	92	313	327		21
农业	1225	1235	94	92	65	42	112	531	299		23
税务	1032	1041	124	70	5	149	88	338	267		11
技术监督	837	839	152	96	3	41	46	375	126		29
其他	21644	21568	3160	1864	827	1489	2428	6752	5048		977
合计	92613	92192	16393	11636	2988	7361	10109	28246	15459		3112

2005 年全国法院审理行政一审案件情况统计表　　　　单位：件

案件类型	收案	结案	其　中									其他
			维持	撤销	履行法定职责	确认违法无效	赔偿	驳回起诉	撤诉	行政赔偿调解		
城建	19197	18864	2723	2701	309	638	280	2109	5729	16		4359
资源	18974	18835	3197	3866	686	613	109	2069	5163	9		3123
公安	9514	9602	2806	969	65	191	118	884	2780	23		1766
劳动和社会保障	7171	7152	1831	945	308	39	5	714	1900			1410
乡政府	3966	3953	354	435	81	136	67	584	1618	7		671
计划生育	3480	3342	230	50	114	24	11	86	535	3		2289

续表

案件类型	收案	结案	其中								
			维持	撤销	履行法定职责	确认违法无效	赔偿	驳回起诉	撤诉	行政赔偿调解	其他
工商	2970	2979	699	322	27	55	19	304	1024	4	525
交通	2945	3011	387	241	16	90	33	258	995	6	985
农业	2022	2032	65	84	401	14	5	245	975		243
其他	25939	25937	3477	2151	504	437	160	3632	7820	61	7695
合 计	96178	95707	15769	11764	2511	2237	807	10885	28539	129	23066

2006 年全国法院审理行政一审案件情况统计表　　　　单位：件

案件类型	收案	结案	其中								
			维持	撤销	履行法定职责	确认违法无效	赔偿	驳回起诉	撤诉	行政赔偿调解	其他
城建	20693	20334	3436	2272	371	882	111	2202	6850	44	4166
资源	20752	20643	3103	2930	312	509	36	2271	6413	15	5054
公安	9313	9215	2730	842	66	178	93	743	2858	35	1670
劳动和社会保障	7411	7410	1982	846	179	59	3	580	2399	1	1361
乡政府	2752	2806	313	469	99	76	21	410	847	12	559
交通	3460	3399	351	131	30	43	42	153	1924	15	710
工商	2985	2961	555	303	21	64	10	258	1180	2	568
计划生育	2151	2282	456	44	12	17	39	128	507	80	999
卫生	1285	1229	240	40	22	8	8	72	545		294
其他	24815	24773	3613	1718	345	444	129	4745	8278	141	5360
合 计	95617	95052	16779	9595	1457	2280	492	11562	31801	345	20741

2007年全国法院审理行政一审案件情况统计表 单位：件

案件类型	收案	结案	其 中								
			维持	撤销	履行法定职责	确认违法无效	赔偿	驳回起诉	撤诉	行政赔偿调解	其他
城建	21601	21052	2912	2143	282	482	108	2450	7956	18	4671
资源	19875	19705	3447	2563	228	456	40	2337	7421	19	3194
公安	9773	9750	2836	645	42	131	82	692	3585	54	1683
劳动和社会保障	7839	7847	2358	771	125	33	3	474	2787	15	1281
交通	4160	4129	277	107	19	38	46	207	2856	20	559
技术监督	3961	3953	112	30	7	6		47	226	1	3524
工商	2904	2902	472	209	39	34	10	286	1301	5	546
乡政府	2738	2711	322	462	78	74	15	246	917	8	589
环保	2604	2584	212	28	113	6		22	738	1	1464
其他	26055	26050	3884	1642	444	352	101	2437	9423	177	7590
合计	101510	100683	16832	8600	1377	1612	405	9198	37210	348	25101

2008年全国法院审理行政一审案件情况统计表 单位：件

案件类型	收案	结案	其 中								
			维持	撤销	履行法定职责	确认违法无效	赔偿	驳回起诉	撤诉	行政赔偿调解	其他
公安	10347	10455	2907	564	47	101	75	559	4332	42	1828
资源	18902	18892	3339	2545	285	295	21	1918	6639	44	3806
城建	28324	28672	6619	2275	264	1067	85	2883	7886	26	7567
工商	2953	2968	362	213	30	41	6	310	1463	1	542
技术监督	498	520	92	13	1	4	8	17	284	1	100
环保	1583	1601	99	78	2		2	28	1065		327

续表

案件类型	收案	结案	其中								
			维持	撤销	履行法定职责	确认违法无效	赔偿	驳回起诉	撤诉	行政赔偿调解	其他
交通	3527	3628	342	110	16	39	8	136	1903	12	1062
劳动和社会保障	7911	7843	2320	699	148	23	2	506	2670	3	1472
乡政府	3657	3653	322	393	59	56	13	320	2131	19	340
其他	30696	30853	3834	1674	489	351	122	2409	10796	162	11016
合计	108398	109085	20236	8564	1341	1977	342	9086	39169	310	28060

2009 年全国法院审理行政一审案件情况统计表　　　单位：件

案件类型	收案	结案	其中								
			维持	撤销	履行法定职责	确认违法无效	赔偿	驳回起诉	撤诉	行政赔偿调解	其他
公安	9601	9563	2632	615	35	102	61	511	3739	29	1839
资源	21150	21352	2580	2301	375	303	79	2918	8722	31	4043
城建	22493	22741	2374	2328	228	619	86	2377	8836	28	5865
工商	3142	3179	358	177	14	24	7	202	1607	13	777
技术监督	519	534	56	7	5	1		50	361	4	50
环保	2647	2628	73	8	2	1		52	2162	1	329
交通	2498	2529	260	133	3	46	11	151	1236	6	683
劳动和社会保障	9172	9126	2494	752	124	33	4	778	3048	7	1886
乡政府	3548	3543	601	255	40	49	7	362	1836	6	387
其他	45542	45335	4582	1665	314	307	139	3603	14780	201	19744
合计	120312	120530	16010	8241	1140	1485	394	11004	46327	326	35603

单位：件

2010 年全国法院审理行政一审案件情况统计表

案件类型	收案	结案	判决									驳回起诉	裁定				行政赔偿调解
			维持	撤销	变更	履行法定职责	确认合法而有效	确认违法而无效	驳回诉讼请求	赔偿	不予赔偿		撤诉	移送	终结	其他	
城建	24975	25016	2046	1931	22	225	49	539	3155	88	15	2791	11326	1377	101	1318	33
资源	23218	23372	2416	1996	20	290	33	259	2007	31	9	2244	11153	1137	156	1498	123
公安	10553	10732	2564	488	33	58	27	89	1242	62	39	560	4535	466	20	526	23
劳动和社会保障	9363	9387	2320	630	2	113	22	17	1190	1		346	4195	123	28	396	4
乡政府	3568	3656	315	260		55	4	58	264	6	2	298	2104	46	16	223	5
交通	2619	2629	171	108	5	14	3	19	197	9		95	1896	61	2	42	7
工商	2723	2743	275	154	5	17	2	21	268	5	2	256	1291	62	12	373	
计划生育	6117	6133	174	66		6	17	68	53			143	3112	8	98	2383	5
卫生	1825	1869	68	34	1	6		12	64			51	668	10	748	205	2
农业	1376	1394	37	35		14		6	36	5		213	1000	24	2	18	4
税务	398	402	31	14			1	3	51	2		26	245	15	2	13	1
其他	42398	42473	4767	1624	49	344	122	363	2601	96	67	2991	16220	1083	302	11389	455
合计	129133	129806	15184	7340	137	1142	280	1454	11128	305	134	10014	57745	4412	1485	18384	662

2011年全国法院审理行政一审案件情况统计表

单位：件

案件类型	收案	结案	判决									裁定				行政赔偿调解
			维持	撤销	变更	履行法定职责	确认合法而有效	确认违法而无效	驳回诉讼请求	赔偿	不予赔偿	驳回起诉	撤诉	移送	终结	其他	
城建	24574	24898	1522	1559	20	805	276	551	3064	91	14	2295	11199	700	393	2381	28
资源	24928	24927	2103	2037	19	400	78	259	2041	33	7	2165	11140	1231	96	3292	26
公安	10153	10137	2152	428	23	64	49	85	1344	50	16	451	4847	255	31	315	27
劳动和社会保障	11121	11090	2267	698	4	132	73	104	1485	3	1	329	5214	445	12	320	3
乡政府	3247	3249	262	163	2	89	3	47	208	8	4	236	2042	88	5	82	10
交通	2445	2447	123	49	1	4		15	189	4	5	61	1796	21	1	173	5
工商	3191	3156	211	168	3	18	1	20	338	2	1	268	1649	74	14	387	2
计划生育	8428	8429	66	24	6	13	8	3	46	1		119	5228	137	260	2480	38
卫生	1808	1835	38	24		11	1	6	58			61	876	8	40	711	1
农业	1019	1020	31	16	1	22	1	6	38			8	866	4	1	28	
税务	405	399	21	9	1	1	1	3	84			25	225	9	1	19	
其他	45034	44774	4588	1769	44	576	61	468	3129	99	39	2831	20307	2518	308	7980	57
合计	136353	136361	13384	6944	123	2135	552	1567	12024	291	87	8849	65389	5490	1161	18168	197

2012 年全国法院审理行政一审案件情况统计表

单位：件

案件类型	收案	结案	判　决									裁　定					行政赔偿调解
			维持	撤销	变更	履行法定职责	确认合法而有效	确认违法而无效	驳回诉讼请求	赔偿	不予赔偿	驳回起诉	撤诉	移送	终结	其他	
城建	23385	23337	1265	1264	20	666	83	414	2628	40	4	1671	10772	2585	125	1728	72
资源	20149	20104	1731	1744	15	176	58	250	1913	17	5	1811	8839	972	114	2442	17
公安	10750	10665	1821	424	27	48	25	67	1434	37	12	365	5874	155	14	335	27
劳动和社会保障	11562	11484	2217	854	6	112	16	27	2131	4	4	317	5194	93	5	499	5
乡政府	2336	2322	291	133	2	36	5	58	150	7	3	174	1341	48	4	67	3
交通	2518	2480	133	30	2	9	2	24	226	5	6	177	1665	129	14	54	4
工商	4219	4192	214	143	2	27	6	39	484		9	190	2284	56	18	713	7
计划生育	10381	10343	90	23	1	7	16		33			140	6936	7	68	3007	14
卫生	1035	1030	23	19	1	26	1	10	58			66	546	6	7	264	3
农业	813	799	15	15	1	43	11	8	33			31	607	10	1	25	
税务	436	384	25	17		4		2	73	1		22	191	11	3	34	1
其他	41999	41485	4247	2314	37	415	43	397	3960	111	50	3580	19855	1033	175	5146	122
合计	129583	128625	12072	6980	114	1569	266	1296	13123	222	93	8544	64104	5105	548	14314	275

2013 年全国法院审理行政一审案件情况统计表

单位：件

案件类型	收案	结案	判决									驳回起诉	裁定				行政赔偿调解
			维持	撤销	变更	履行法定职责	确认合法而有效	确认违法而无效	驳回诉讼请求	赔偿	不予赔偿		撤诉	移送	终结	其他	
城建	19972	19722	1272	1355	6	253	30	498	3129	60	34	1905	8155	1005	99	1858	63
资源	18394	17957	1549	1612	11	219	34	227	2018	40	21	1755	6477	1211	45	2728	10
公安	10533	10231	1866	370	13	35	34	100	1803	35	20	395	4739	311	37	452	21
劳动和社会保障	11704	11445	2401	925	1	66	11	52	2267	5	1	345	4443	260	22	620	26
乡政府	2116	2062	209	183		40	6	55	291	14	4	241	808	39	66	105	1
交通	2497	2509	203	62		7	2	43	243	6	3	43	1638	93	5	158	3
工商	3785	3701	198	181	1	34	4	47	649	1	1	246	2038	78	10	207	6
计划生育	8203	8153	178	28		14	6	3	107			59	6158	12	3	1580	5
卫生	927	906	59	20		18	2	5	104	2	1	42	436	11	3	203	
农业	650	656	38	15		44	20	4	39			52	429	3		12	
税务	362	393	30	15	1	11		3	71	1	1	40	198	9		13	
其他	44051	42940	4797	2492	26	591	79	407	5539	145	31	3516	15002	1445	200	8527	143
合计	123194	120675	12800	7258	59	1332	228	1444	16260	309	117	8639	50521	4477	490	16463	278

单位：件

2014年全国法院审理行政一审案件情况统计表

案件类型	收案	结案	判决									裁定				其他	行政赔偿调解
			维持	撤销	变更	履行法定职责	确认合法而有效	确认违法而无效	驳回诉讼请求	赔偿	不予赔偿	驳回起诉	撤诉	移送	终结		
城建	22406	20860	855	1780	8	300	44	1329	4022	82	17	2775	5414	1797	187	2208	42
资源	19345	18658	1578	2176	13	259	21	481	2804	53	10	2495	4623	1143	105	2887	10
公安	14497	13829	2361	568	13	84	31	129	3450	40	39	858	4668	730	20	808	30
劳动和社会保障	12291	12002	2293	1167	4	123	16	44	3207	6	5	524	3366	497	12	738	
乡政府	2444	2324	134	263		65	1	120	510	13	5	287	702	44	2	169	9
交通	2188	2043	133	73	1	20	3	26	313	5	1	99	1199	66	2	97	5
工商	4434	4268	604	266	5	37	54	225	716	3	2	337	1775	83	4	156	1
计划生育	5009	5009	180	27	1	4	2	4	55	1	1	27	3653	12	39	992	12
卫生	596	599	32	26		9	1	11	109			44	287	14	2	64	
农业	643	618	28	32	1	25	3	11	55	1	6	33	338	45		39	1
税务	398	389	40	34			1	1	94			34	137	17		30	1
其他	57629	50365	6186	4040	38	956	54	1424	9418	190	43	4840	13430	2657	133	6759	197
合计	141880	130964	14424	10452	83	1882	231	3805	24753	394	129	12353	39592	7105	506	14947	308

2015 年全国法院审理行政一审案件情况统计表

单位：件

案件类型	收案	结案	判决										裁定				其他	行政赔偿调解
			维持	撤销	变更	履行法定职责	确认合法而有效	确认违法而无效	驳回诉请求	赔偿	不予赔偿	驳回起诉	撤诉	移送	终结		
城建	35726	30817	605	2268	34	764	40	1991	6286	150	73	6979	6946	1842	178	2612	49
资源	28180	25055	784	2314	7	556	38	873	4904	119	29	6168	5179	1400	71	2591	22
公安	24974	22714	1471	775	28	168	20	343	8637	81	55	3103	5084	1094	36	1783	36
劳动和社会保障	16467	15051	933	1443	11	224	13	113	5570	14	17	1362	3717	626	32	962	14
乡政府	5423	4741	67	339	1	176	12	201	1202	20	14	1022	913	199	2	557	16
交通	3187	2974	65	120		132	22	87	587	3	4	392	1327	110	2	122	1
工商	4476	3832	60	406	2	88	3	151	763	5	4	558	1453	96	4	236	3
计划生育	2188	2172	54	36	1	9	4	7	123	29		71	814	46	325	647	6
卫生	781	690	17	40		30		16	174			126	168	33		85	1
农业	490	450	8	30		40	3	20	93	1	3	79	130	9		31	3
税务	636	565	17	26		6		10	177	1		85	149	9		84	1
其他	97870	89711	5278	6784	98	2363	192	2495	20240	391	136	16227	17045	3951	226	14159	126
合计	220398	198772	9359	14581	182	4556	347	6307	48756	814	335	36172	42925	9415	876	23869	278

单位：件

2016年全国法院审理行政一审案件情况统计表

案件类型	收案	结案	判决									驳回起诉	裁定				行政赔偿调解
			维持	撤销	变更	履行法定职责	确认合法而有效	确认违法而无效	驳回诉讼请求	赔偿	不予赔偿		撤诉	移送	终结	其他	
公安	23785	24179	994	922	50	245	48	478	9052	85	100	3331	6184	745	54	1855	36
资源	27989	27551	732	2607	19	640	27	1042	5893	123	66	7582	5199	915	172	2505	38
城建	35890	35845	607	2089	22	980	73	2120	7650	276	138	10509	6682	1139	119	3372	69
劳动和社会保障	15360	15443	683	1395	13	553	21	121	5944	13	25	1549	3702	434	51	931	8
乡政府	6343	6006	99	366	1	278	6	449	1351	61	28	1383	1060	145	16	754	9
交通	3233	3226	60	152	1	55	4	87	927	16	25	440	1110	127	2	215	5
工商	4463	4437	209	476	11	34	4	107	962	2	6	861	1421	102	2	236	4
计划生育	1500	1504	57	38	2	11	4	6	147	2	3	139	412	12	169	503	1
卫生	794	792	16	39		38	5	13	227	2	4	162	149	5	3	128	1
农业	486	479	9	26	3	13		11	89	5	1	160	96	25	2	37	2
税务	683	647	6	27	2	6		4	178	1		119	216	21	2	66	1
其他	104959	104911	3636	7368	202	2624	206	3246	25026	509	224	24152	18072	3067	840	15439	300
合计	225485	225020	7099	15505	326	5477	398	7684	57446	1093	620	50387	44303	6737	1430	26041	474

2017 年全国法院审理行政一审案件情况统计表　　　单位：件

案件类型	收案	结案	结案方式						未结
			判决	不予立案	驳回起诉	撤诉	调解	其他	
合计	230432	229112	95119	14680	53512	47880	1079	16842	44164
公安	20402	21011	10225	1226	3058	5782	27	693	2236
资源	24963	25690	10327	1449	7552	4894	70	1397	4166
城乡建设	34085	34549	13851	1974	9900	7428	164	1232	6349
计划生育	338	380	155	50	74	95		6	46
工商	4830	4655	1540	104	872	1609	20	510	1193
商标	7931	5900	5404	14	76	392	2	12	4810
质量监督检验检疫	424	401	183	11	61	134	1	11	82
卫生	525	572	265	42	128	123		14	74
食品药品安全	1413	1405	511	34	176	656	5	23	156
农业	402	420	191	29	52	105	1	42	53
物价	240	269	80	6	113	64		6	17
环境保护	981	959	478	22	131	292	10	26	170
交通运输	1846	1705	593	79	208	791	5	29	298
信息电讯	183	183	74	1	80	26		2	17
邮政	44	40	15	3	15	5		2	7
专利	872	475	367	15	9	83		1	1015
新闻出版	17	15	3		7	5			2
税务	555	540	195	24	107	195	2	17	135
金融	220	213	67	23	63	54		6	51
外汇	6	6	6						1
海关	19	20	9		3	8			6
财政	356	354	188	16	68	73		9	51
劳动和社会保障	14447	14424	7006	466	1442	3004	188	2318	2056
审计	89	95	26	25	30	8		6	7

续表

案件类型	收案	结案	结案方式						未结
			判决	不予立案	驳回起诉	撤诉	调解	其他	
经贸	6	5	2		1	2			1
水利	372	376	144	13	123	81	1	14	42
旅游	34	28	12	1	7	8			15
烟草专卖	36	39	20		6	11		2	8
司法	383	423	189	37	95	85		17	57
民政	1664	1686	750	86	334	441		75	164
教育	817	848	183	99	402	147		17	45
文化	43	52	28	1	9	13		1	5
广播电视电影统计	8	10	6		1	3			2
电力	40	47	14	1	12	6		14	4
国有资产	145	168	85	5	39	33	1	5	17
外资	2	2			1	1			
盐业	154	124	39		17	58		10	35
体育	8	14	7	1	4	2			
行政监察	146	153	62	32	33	26			10
乡政府	7098	6912	2415	540	2225	1474	21	237	1470
其他	104288	103944	39404	8251	25977	19663	561	10088	19291

2018 年全国法院审理行政一审案件情况统计表　　　　单位：件

案件类型	收案	结案	结案方式						未结
			判决	不予立案	驳回起诉	撤诉	调解	其他	
合计	256656	251355	112679	17065	61186	50967	965	8493	48800
公安	18676	19012	9831	1109	2927	4633	21	491	2168

续表

案件类型	收案	结案	结案方式						未结
			判决	不予立案	驳回起诉	撤诉	调解	其他	
资源	27995	28143	10918	2102	8386	5414	81	1242	4174
城乡建设	34664	34121	13504	2147	10098	6701	207	1464	6973
计划生育	328	351	139	51	88	59	1	13	33
工商	5603	5360	1955	125	1190	1907	55	128	1452
商标	11992	9210	8593	35	76	499		7	7592
质量监督检验检疫	439	496	190	14	116	155	2	19	66
卫生	479	484	211	41	138	84		10	87
食品药品安全	1966	2014	755	68	514	614	9	54	215
农业	612	530	209	35	152	111		23	140
物价	154	154	53	8	52	33		8	18
环境保护	1499	1220	570	19	183	386	27	35	479
交通运输	1532	1568	584	69	358	533	3	21	283
信息电讯	214	211	84	21	81	24		1	25
邮政	53	51	18	6	18	9			9
专利	1536	560	423	26	5	106			1997
新闻出版	17	16	5	2	4	5			4
税务	641	693	248	36	145	238	3	23	119
金融	260	262	102	26	81	48		5	51
外汇	1	3	3						
海关	44	34	10	2	5	17			18
财政	501	519	216	15	223	56	1	8	43
劳动和社会保障	15719	15479	9662	747	1434	3244	22	370	2329
审计	139	135	62	19	34	16		4	12
经贸	11	18	9	7	2				
水利	446	398	137	31	115	105	3	7	89
旅游	43	50	22		7	18	1	2	7

续表

案件类型	收案	结案	结案方式						未结
			判决	不予立案	驳回起诉	撤诉	调解	其他	
烟草专卖	37	34	16	3	5	8	1	1	11
司法	507	472	156	62	172	53		29	93
民政	1657	1657	666	105	405	428	1	52	166
教育	751	763	153	195	221	177		17	62
文化	65	61	21	4	22	11	1	2	12
广播电视电影	19	21	12	3	4	1		1	
统计	4	3			2	1			1
电力	62	60	17	12	13	18			21
国有资产	144	141	54	25	33	26		3	20
外资	4	2	1			1			2
盐业	147	163	56	3	30	67		7	20
体育	12	9	2	1	2	3	1		4
行政监察	278	267	47	181	16	22		1	27
乡政府	9103	8981	3817	544	2814	1480	63	263	1832
其他	118302	117629	49148	9166	31015	23656	462	4182	18155

2019 年全国法院审理行政一审案件情况统计表　　　　单位：件

案件类型	收案	结案	结案方式						未结
			判决	不予立案	驳回起诉	撤诉	调解	其他	
合计	279574	284362	136134	17139	64693	55049	1142	10205	44265
公安	21572	21516	10653	1268	3492	5597	17	489	2536
资源	30506	31011	12385	1839	9463	5827	87	1410	3837
城乡建设	45626	46531	19410	2739	13104	8230	335	2713	6856
计划生育	338	343	148	60	80	42	7	6	29

续表

案件类型	收案	结案	结案方式						未结
			判决	不予立案	驳回起诉	撤诉	调解	其他	
工商	6086	6346	2557	155	1262	2197	24	151	1282
商标	14457	16697	15959	69	122	543		4	5387
质量监督检验检疫	632	646	263	38	151	172	3	19	75
卫生	918	855	299	165	186	164	7	34	161
食品药品安全	1424	1532	660	40	297	489	12	34	151
农业	842	925	388	51	286	142	11	47	81
物价	180	194	115	9	18	48		4	8
环境保护	2146	2291	1211	40	320	584	34	102	355
交通运输	2117	2295	918	211	281	661	4	220	144
信息电讯	245	236	108	11	85	27		5	32
邮政	68	59	29	6	9	6		9	15
专利	1661	1224	914	27	6	277			2614
新闻出版	16	17	8	3	4	2			3
税务	659	663	237	29	166	208	2	21	118
金融	261	253	113	12	82	39		7	56
外汇	4	4			1	3			
海关	50	59	20	3	21	14	1		12
财政	649	643	183	35	327	85		13	51
劳动和社会保障	19375	19643	12807	425	1731	4154	35	491	2178
审计	102	106	27	41	25	6		7	7
经贸	6	6	5		1				
水利	572	539	297	23	114	85	2	18	127
旅游	44	38	20	3	7	7	1		13
烟草专卖	44	49	26	3	10	10			6
司法	834	783	259	218	179	94	1	32	146
民政	1915	1960	793	103	410	622	2	30	144

续表

案件类型	收案	结案	结案方式						未结
			判决	不予立案	驳回起诉	撤诉	调解	其他	
教育	629	599	170	140	172	108	1	8	93
文化	57	63	24	6	15	14		4	8
广播电视电影	25	22	8	2	7	5			3
统计	8	9	4	2		3			
电力	75	80	24	14	17	20		5	5
国有资产	221	226	78	6	100	37		5	14
外资	30	32	2		26	4			
盐业	98	111	53	2	15	37		4	6
体育	8	9	1	1	4	3			1
行政监察	94	97	36	15	25	18		3	12
乡政府	14376	14108	5795	950	3832	2859	35	637	2144
其他	110604	111542	49127	8375	28240	21606	521	3673	15555

2020 年全国法院审理行政一审案件情况统计表   单位：件

案件类型	收案	结案	结案方式						未结
			判决	不予立案	驳回起诉	撤诉	调解	其他	
合计	260220	266312	130271	13837	56239	53423	1448	11094	38080
公安	23406	23531	11476	1347	3304	6851	39	514	2481
资源	41500	40810	17547	2723	11039	7285	169	2047	4646
城乡建设	56535	56100	24300	3104	14767	9899	544	3486	7533
计划生育	257	270	158	16	38	41	13	4	12
工商	5361	5553	2176	303	1102	1741	49	182	1113
商标	17035	15552	14860	40	90	548	3	11	6860
质量监督检验检疫	898	882	383	23	144	291	12	29	90

续表

案件类型	收案	结案	结案方式						未结
			判决	不予立案	驳回起诉	撤诉	调解	其他	
卫生	1171	1158	496	127	276	224	8	27	180
食品药品安全	1100	1126	507	33	245	298	20	23	125
农业	862	872	414	22	156	125	4	151	73
物价	47	46	18	5	13	7	3		8
环境保护	2082	2062	1138	56	207	554	45	62	381
交通运输	2882	2801	1068	100	344	1148	10	131	241
信息电讯	196	215	124	12	47	28		4	14
邮政	33	43	17	1	17	6		2	4
专利	1417	2378	1985	13	15	359	2	4	1666
新闻出版	12	12	7	1	3			1	3
税务	688	694	255	22	203	182	1	31	114
金融	516	460	174	22	191	57		16	112
外汇	10	7	4		2			1	3
海关	58	65	29	12	8	15		1	6
财政	408	414	197	32	83	89		13	45
劳动和社会保障	19843	20027	11986	490	1568	5471	56	456	2043
审计	104	92	27	30	19	12		4	19
经贸	15	15	6		6	3			
水利	728	798	340	28	230	117	7	76	77
旅游	58	59	32	2	7	16		2	12
烟草专卖	57	54	32		8	13		1	11
司法	943	949	407	122	238	122	1	59	141
民政	2268	2251	876	146	501	699	4	25	165
教育	581	578	174	115	177	105	1	6	99
文化	92	84	37	8	20	8	2	9	16
广播电视电影	17	19	7	3	3	5		1	1

续表

案件类型	收案	结案	结 案 方 式						未结
			判决	不予立案	驳回起诉	撤诉	调解	其他	
统计	4	4	2		2				
电力	102	74	25	6	24	18	1		35
国有资产	141	145	27	36	53	23		6	10
外资	2	1	1						1
盐业	77	80	44		6	30			3
体育	17	17	4	3	3	5	2		1
行政监察	212	198	76	18	45	53		6	26
乡政府	15751	15637	6391	824	3791	3583	143	905	2271
其他	62734	70179	32444	3992	17244	13392	309	2798	7439

2021 年全国法院审理行政一审案件情况统计表　　　　单位：件

案件类型	收案	结案	结 案 方 式						未结
			判决	不予立案	驳回起诉	撤诉	调解	其他	
合计	319977	298301	144010	15194	66589	59095	2142	11271	59482
公安	32292	30278	14581	1893	4880	8189	31	704	4463
资源	51835	49126	20973	2708	14095	8896	241	2213	7426
城乡建设	67195	62753	26927	2850	17497	11471	558	3450	11996
计划生育	121	115	51	10	29	24		1	14
工商	7834	7312	2694	560	1643	2118	45	252	1648
商标	18734	17506	16748	34	62	647		15	8088
质量监督检验检疫	1146	1038	473	22	191	297	21	34	198
卫生	1364	1284	551	88	328	270	10	37	263
食品药品安全	1559	1462	703	41	305	376	25	12	232
农业	757	722	357	48	179	109	1	28	104

续表

案件类型	收案	结案	结案方式						未结
			判决	不予立案	驳回起诉	撤诉	调解	其他	
物价	85	90	28	6	32	18	3	3	5
环境保护	2943	2702	1311	30	367	902	27	65	624
交通运输	2906	2853	1246	122	464	955	9	57	303
信息电讯	321	311	140	16	78	71	1	5	26
邮政	63	55	14	9	18	9		5	12
专利	1810	1814	1602	9	35	163		5	1661
新闻出版	19	22	4	3	8	1		6	
税务	1055	923	319	103	264	214	3	20	245
金融	1124	1087	212	66	610	115		84	146
外汇	6	7	5	1	1				2
海关	37	32	14		7	10		1	11
财政	785	740	488	22	107	106		17	91
劳动和社会保障	25858	24314	15362	738	2297	5391	79	447	3606
审计	89	94	36	6	30	19		3	15
经贸	38	36	8	3	6	2	13	4	6
水利	729	669	339	27	161	123	3	16	143
旅游	64	59	28	6	5	14		6	17
烟草专卖	91	89	44	6	12	24		3	12
司法	1063	997	443	114	290	116		34	211
民政	3087	2976	1075	222	754	878	8	39	273
教育	989	943	304	190	297	136	2	14	141
文化	135	118	37	4	34	36		7	32
广播电视电影	33	30	8	2	18	2			4
统计	17	13	3	1	6	2		1	4
电力	77	74	31	12	21	10			33
国有资产	212	182	55	25	71	23	1	7	40

续表

案件类型	收案	结案	结 案 方 式						未结
			判决	不予立案	驳回起诉	撤诉	调解	其他	
外资		1			1				
盐业	25	28	13	1	3	9	2		
体育	30	23	11	3	4			5	8
行政监察	212	216	71	30	67	44		4	18
乡政府	24645	21828	9364	1241	5423	4221	244	1335	5116
其他	68584	63379	27337	3922	15889	13084	815	2332	12245

2022 年全国法院审理行政一审案件情况统计表　　　单位：件

案件类型	收案	结案	结 案 方 式						未结
			判决	不予立案	驳回起诉	撤诉	调解	其他	
合计	278304	283532	139373	13998	56614	62537	1965	9045	54873
公安	28216	28475	14064	1575	4092	8175	52	517	4256
资源	38070	39569	17098	2393	10786	7308	340	1644	6034
城乡建设	49887	53506	23999	2691	13678	10066	505	2567	8635
计划生育	63	70	22	9	23	15		1	7
工商	5841	6387	2411	507	1391	1887	56	135	1118
商标	18738	15932	14969	33	79	799	3	49	10879
质量监督	1157	1142	464	39	184	391	32	32	213
卫生	1238	1215	578	100	293	223	9	12	291
食品、药品	1315	1361	696	34	189	390	30	22	197
农业	578	616	278	38	163	109	2	26	68
物价	108	74	36	4	11	19	1	3	41
环境保护	2454	2627	1702	36	257	496	49	87	464
交通	1670	1802	680	95	338	652	12	25	189

续表

案件类型	收案	结案	结案方式						未结
			判决	不予立案	驳回起诉	撤诉	调解	其他	
信息电讯	218	213	99	18	45	45	1	5	34
邮政	92	84	30	7	26	16		5	20
专利	1876	1688	1497	7	9	167		8	1851
集成电路布图设计									
反垄断	5	2	1			1			3
新闻、出版	12	6	1		3	1		1	6
税务	990	1018	419	59	293	219	1	27	221
金融	684	661	285	76	184	103	1	12	170
外汇	10	10	5	2		2		1	2
海关	44	43	18	1	8	13	1	2	13
财政	460	495	238	18	113	118	3	5	58
劳动和社会保障	24975	25314	16478	506	1985	6025	64	256	3497
审计	69	75	25	7	29	9		5	10
经贸	19	22	6		9	6		1	4
水利	539	571	232	20	194	98	6	21	118
旅游	52	59	29	2	5	16	2	5	11
烟草专卖	102	106	44	3	21	36		2	10
司法	1347	1369	523	95	318	404	2	27	190
民政	1999	2107	579	188	527	782	5	26	175
教育	779	805	216	119	335	118	2	15	120
文化	83	102	41	12	20	25		4	14
广电	13	16	5	1	9	1			1
统计	9	13	4		1	8			
电力	96	122	22	3	63	32		2	7
国资	109	129	36	9	66	15	1	2	23
外资管理	10	10	2			8			

续表

案件类型	收案	结案	结 案 方 式						未结
			判决	不予立案	驳回起诉	撤诉	调解	其他	
盐业	10	8				7	1		2
体育	27	29	6	4	10	9			5
监察	230	226	53	22	115	26		10	26
乡政府	20635	21627	10077	1161	4806	4284	228	1071	4237
其他	73475	73826	31406	4103	15936	19413	556	2412	11635

2023 年全国法院审理行政一审案件情况统计表 单位：件

案件类型	收案	结案	结 案 方 式						未结
			判决	不予立案	驳回起诉	撤诉	调解	其他	
合计	298711	295965	145081	13647	52728	71963	3556	8990	56999
公安	35541	34494	16745	1741	4580	10706	69	653	5253
资源	38754	38403	16611	1981	9391	8518	451	1451	6507
城建	49172	48633	20760	2193	11731	10894	910	2145	9181
计划生育	91	85	31	6	18	29	1		12
工商	6326	6215	2095	348	1381	2160	86	145	1174
商标	18557	20089	18945	30	69	967	4	74	9341
质量监督	1551	1541	546	35	280	625	27	28	217
卫生	1546	1529	561	108	438	367	27	28	300
食品、药品	1501	1441	538	36	202	602	44	19	235
农业	625	599	264	31	115	137	12	40	101
物价	70	94	30	4	42	18			18
环境保护	1655	1824	1003	38	174	496	50	63	294
交通	1632	1636	624	80	208	677	24	23	205
信息、电讯	375	340	158	13	83	80		6	70

续表

案件类型	收案	结案	结案方式						未结
			判决	不予立案	驳回起诉	撤诉	调解	其他	
邮政	76	77	30	10	25	11		1	18
专利	1986	2207	1939	8	13	240	1	6	1656
集成电路布图设计	1	1	1						
反垄断	12	10	4	3		2		1	5
新闻、出版	11	17	6	1	9		1		
税务	1253	1222	443	98	283	352	6	40	247
金融	971	905	379	34	273	197	1	21	240
外汇	10	11	7			4			1
海关	51	47	19	1	8	19			18
财政	626	573	329	12	106	106		20	112
劳动、社会保障	28882	28004	17949	504	1928	7196	79	348	4260
审计	59	59	23	5	19	11		1	10
内贸、外贸	13	16	8	1	5	2			3
水利	581	616	284	35	127	137	9	24	81
旅游	59	58	29	4	9	14	1	1	11
烟草专卖	157	148	61	7	28	49	1	2	19
司法行政	1432	1377	637	129	314	259	4	34	253
民政	2078	2120	411	212	449	1016	6	26	138
教育	822	821	210	126	269	200	3	13	121
文化	112	107	41	15	18	24	1	8	20
广电	32	31	6	2	17	6			2
统计	11	10	2	1	3	4			1
电力	76	77	18	34	15	6	1	3	7
国资	145	156	39	12	82	21	1	1	11
外资管理									
盐业	8	10	6	1	1	1		1	

案件类型	收案	结案	结案方式						未结
			判决	不予立案	驳回起诉	撤诉	调解	其他	
体育	21	20	7	1	7	4		1	6
监察	466	443	214	23	60	118	18	10	51
乡政府	21640	21917	9991	1012	4805	4679	298	1132	3958
其他	79724	77982	33077	4712	15143	21009	1420	2621	12842

2002—2023 年全国法院审理行政一审案件情况相关数据来源最高人民法院公报司法统计
http：//gongbao. court. gov. cn/ArticleList. html？ serial_no＝sftj

数据太多，笔者已尽力核对，如有出入，以最高人民法院公报数据为准。

附录 4　1978—2023 年人均国内生产总值与居民人均可支配收入

年度	居民人均可支配收入 （元）	居民人均可支配收入比上年增长 （%）	人均国内生产总值 （元）
1978	171	—	385
1979	207	18.4	423
1980	247	11.1	468
1981	279	10.4	497
1982	326	14.5	533
1983	365	9.7	588
1984	424	13.1	702
1985	479	3.4	866
1986	541	6.1	973
1987	599	3.3	1123
1988	709	−0.4	1378
1989	804	−3.9	1536
1990	904	9.1	1663
1991	976	4.4	1912
1992	1125	8.4	2334
1993	1385	7.3	3027
1994	1870	8.8	4081

续表

年度	居民人均可支配收入 （元）	居民人均可支配收入比上年增长 （%）	人均国内生产总值 （元）
1995	2363	7.9	5091
1996	2814	9.9	5898
1997	3070	6.1	6481
1998	3254	6.9	6860
1999	3485	8.6	7229
2000	3721	6.4	7942
2001	4070	8.6	8717
2002	4532	12.2	9506
2003	5007	9.2	10666
2004	5661	8.8	12487
2005	6385	10.8	14368
2006	7229	11.5	16738
2007	8584	13.3	20494
2008	9957	9.5	24100
2009	10977	11	26180
2010	12520	10.4	30808
2011	14551	10.3	36277
2012	16510	10.6	39771
2013	18311	8.1	43497
2014	20167	8	46912
2015	21966	7.4	49922
2016	23821	6.3	53783
2017	25974	7.3	59592
2018	28228	6.5	65534
2019	30733	5.8	70078

续表

年度	居民人均可支配收入 （元）	居民人均可支配收入比上年增长 （%）	人均国内生产总值 （元）
2020	32189	2.1	71828
2021	35128	8.1	81370
2022	36883	2.9	85310
2023	39218	6.1	89358

1978—2023 年人均国内生产总值与居民人均可支配收入数据来源国家统计局国家数据

https：//data. stats. gov. cn/easyquery. htm？cn＝C01

https：//data. stats. gov. cn/easyquery. htm？cn＝C01&zb＝A0201&sj＝2023

后　记

此书是我第一项成果《中国行政起诉制度研究》的继续和完善，《中国行政起诉制度研究》是从当事人起诉的角度研究行政诉讼的开端，本书是从法院立案的角度研究行政诉讼的开端。

此书作为国家社科基金项目"我国行政诉讼立案登记制良性运行研究"（16BFX048）的主要成果之一，得到了国家社科基金的大力支持。

感谢武汉科技大学法学与经济学院，在学院的鼎力支持下，此书得以顺利出版。

感谢恩师林莉红教授，跟随林老师二十多年，林老师对我的恩情，如何感谢都不为过。永不磨灭的专业情怀、扎实的专业素养、精益求精的专业追求，一直是我学习与追求的榜样。林老师是我人生的指路明灯，每次与林老师相聚都受益匪浅，她让我燃起了人生的希望与热情。在林老师退休之际，谨以此书，献给林老师。

感谢武汉大学出版社及张欣编辑，感谢张编为此书的策划与出版付出的心血。

感谢同门师兄弟姐妹们，这项国家社科基金项目申报的成功，同门师兄弟姐妹提供了许多宝贵建议。

感谢武汉市中级人民法院王薇庭长、李莉庭长，感谢湖北省武汉市洪山区人民法院余翠兰专委，感谢他们为我的研究提供了大量珍贵的实证资料，也为此书提供了非常有建设性的修改意见。

感谢我的研究生以及武汉科技大学法学与经济学院法学专业的同学们，感谢他们对项目的热情参与，感谢他们为附录相关资料的收集与校对付出的努力。希望本书附录能为学者们对相关问题的研究提供一些参考资料。

　　感谢家人的支持、包容与陪伴，正是有了他们的支持，我才能心无旁骛地继续学习研究，也正是他们的包容与陪伴，给了我克服困难的信心和勇气。

　　一本书的后记实在无法承载太多的感恩，惟有在今后的日子里不断地认真努力前行，以回报所有关爱我的人。最后，希望武汉科技大学法学与经济学院越来越好，朋友们工作顺利、生活幸福，家人们健康平安！

常晓云

2024 年 5 月

于湖北武汉南湖畔